JOSEPH WILTING

——

Das Reich, das nicht kam

Vierzig Jahre hinter der *prächtigen* Fassade der Zeugen Jehovas

IKS GARAMOND

Titel der Originalausgabe:
Wilting, Joseph:
Riket som ikke kom. Tidligere nær 40 år medlem av Jehovas Vitner. –
Langesund: Forlaget Ny Visjon, 1992
ISBN 82-7685-000-6

Die deutsche Bibliothek – CIP-Einheitsaufnahme

Wilting, Joseph:
Das Reich, das nicht kam. 40 Jahre hinter der *prächtigen* Fassade der Zeugen Jehovas / von Joseph Wilting. [Dt. von Friedrich Griess und Renate Grumbach] –
Jena: IKS Garamond, 2000
ISBN 3-934601-01-4

Herstellung: Libri Books on Demand

Meiner Frau Jellie und meinen erwachsenen Kindern Ingrid, Eric, Eduard und André. Ich bin zutiefst dankbar, daß ihr mich trotz der sehr traumatischen Zeit, die wir im Laufe unseres Austrittes aus der Wachtturmgesellschaft erlebten, unterstützt habt. Besonders freue ich mich darüber, daß auch ihr ein Leben in christlicher Freiheit gefunden habt.

Einleitung

Die Absicht dieses Buches

Zuallererst hoffe ich, dass meine Worte und Erfahrungen nicht als eine Art Rache aufgefasst werden, als ein Zeichen der Bitterkeit oder eine Hexenjagd auf die Zeugen Jehovas. Ich muss jedoch gestehen, dass sich solche Gefühle bei mir einstellten, als ich entdeckte, dass ich mehrere Jahrzehnte mit einem falschen und anderen Evangelium über Jesus und über seine sogenannte *Auferstehung* im Jahre 1914 betrogen worden war.

In mir brennt der Wunsch, den Zeugen Jehovas zu helfen. Wenn ich sie auf der Straße treffe, grüße ich sie; ich würde gerne mit ihnen sprechen. Dies kann ich jedoch nicht tun, da die Wachtturmgesellschaft allen Zeugen Jehovas verbietet, mit früheren Mitgliedern zu sprechen. Sie dürfen mich nicht einmal grüßen!

Die Wachtturmgesellschaft stellt mich wie einen Abtrünnigen dar. In ganz Norwegen werden Gerüchte verbreitet, ich hätte unterschlagen, andere Frauen gehabt und überhaupt ein ausschweifendes Leben geführt. Da keiner wagt, mit diesen Behauptungen an die Öffentlichkeit zu gehen, kann ich auch nicht durch Gerichtsbeschluss *beweisen*, dass sie falsch sind, und selbst wenn viele Zeugen Jehovas mich zu grüßen wünschten, trauen sie sich nicht, da die Leitung ein Verbot dagegen erlassen und mich als *bösen Knecht* dargestellt hat. Falls ein Zeuge mit mir im Gespräch gesehen wird, könnte der Betreffende ausgeschlossen werden.

Es ist deshalb von entscheidender Bedeutung, dass andere Menschen Kenntnis davon bekommen, wie die Sekte der Zeugen Jehovas aufgebaut ist, wie das System – die Wachtturmhierarchie – aufgebaut ist und wie die einzelnen Mitglieder der Sekte es erleben. Dies ist nicht zuletzt für Psychologen und andere Betreuer bei der Behandlung von Zeugen Jehovas wichtig, die durch die Wachtturmgesellschaft voll von Ängsten und verdrehten Vorstellungen sind. Unter anderem haben alle Zeugen Jehovas gelernt, es sei falsch, professionelle Hilfe aufzusuchen, es wird ihnen direkt davon abgeraten. Im WACHTTURM steht zum Beispiel zu lesen, dass Psychologen und Psychiater keine wirklichen Kenntnisse, sondern *Quasikenntnisse* haben. Außerdem behauptet die Wachtturmgesellschaft, dass diese in den meisten Fällen Atheisten und Gottesleugner sind, deren eigentliche Absicht es ist, die Zeugen vom *wahren* Weg abzubringen.

Ich hoffe daher, dass mein Buch dazu beitragen kann, zu beleuchten, wie ein Zeuge denkt und welche Taktiken und Methoden die Wachtturmgesellschaft benutzt, um über ihre Mitglieder Gedankenkontrolle auszuüben.

Wovon handelt das Buch?

Das Buch ist kein Lehrbuch über die Lehre der Zeugen Jehovas. Da es schon eine Reihe guter Bücher gibt, die deren Lehrmeinungen enthüllen, hielt ich es nicht für notwendig, im Detail auf die Theologie des Wachtturms einzugehen. Ich behandle in meinem Buch nur kurz einen Teil der wichtigsten Dogmen der Zeugen Jehovas, gehe aber nicht gründlicher auf sie ein, denn dies würde den Rahmen dieses Buches sprengen.

Das Buch ist nicht nur für *Gläubige* geschrieben, sondern für alle Menschen, die sich damit befassen möchten, wie Indoktrinierung, um nicht *Gedankenkontrolle* zu sagen, in einer Organisation funktioniert – religiös oder politisch. Es ist im Grunde falsch, den Ausdruck *Gehirnwäsche* zu gebrauchen, da dieser Zwang beinhaltet. Worüber wir hier sprechen, ist eine raffinierte Art, die Leute zu überreden, aufzuhören, selbst zu denken. Ich möchte gerne, dass der Leser versteht, welche Methoden benutzt werden, um Menschen dazu zu bringen, eine Persönlichkeitsveränderung durchzumachen.

Ich hatte ein starkes Bedürfnis, darüber zu schreiben, wie es ist, wie man sich fühlt, wenn man in einer totalitären Bewegung ist, und welche negativen und oft tragischen Folgen das für ein Individuum haben kann.

Um verstehen zu können, wie ein Mensch es in einem solchen System so viele Jahre aushalten kann, braucht man ein tieferes Verständnis der psychologischen Faktoren, die in diesem Zusammenhang eine Rolle spielen, und man sollte begreifen, wie Gedankenkontrolle funktioniert.

Heute beobachten wir in Bewegungen wie den Zeugen Jehovas und anderen neureligiösen Sekten, dass man die verfolgt, die sich an Jesu Wort halten, und dass sie durch unablässige und bewusste Schwarzmalerei der anderen Kirchen und Gemeinden ihre eigenen Mitglieder *überzeugen*, dass nur sie - und nur sie allein - die Wahrheit besitzen. Nur durch sie verkündet Gott dem Erdenvolk seine Geheimnisse und Absichten.

Wenn Menschen sich erhöhen und es vorziehen, die Bibel selbst nach eigener Anschauung und eigenem Gutdünken zu deuten, statt demütig bei *Jesu Wort zu bleiben*, führt dies nur zu Verirrungen, falschen Werten und Unterdrückung der Mitmenschen. Da wir unvollkommene, erbärmliche Menschen sind, sind wir ein schlecht ausgerüstetes Fundament, um darauf zu bauen. Unsere Meinung wird allzu oft von kurzsichtigen Wünschen und Zielen bestimmt.

Die eigene Meinung der Wachtturmgesellschaft hat einen so großen Platz eingenommen, dass sie angefangen hat, das Wort Gottes zu verfälschen. Damit die Bibel mit ihren eigenen Lehrsätzen übereinstimmt, ignorieren sie oder setzen Schriftstellen zusammen, die nichts miteinander zu tun haben. Besonders ernst wird es, wenn sie überhaupt keine Rücksicht darauf nehmen, in welcher Zeitperiode der Text geschrieben wurde, da dies in vieler Hinsicht von ausschlaggebender Bedeutung für den Sprach- und Bildgebrauch des Verfassers ist. Um die Glaubwürdigkeit ihrer Meinung zu dokumentieren, haben die Zeugen Jehovas ihre eigene Bibelübersetzung geschaffen, die, wie sie behaupten, eine genaue Übersetzung des Originaltextes der Bibel ist. Wahr ist natürlich, dass sie, um ihre eigene Lehrmeinung zu stützen, das Original verändert haben, um es dieser anzupassen. Die Übersetzung ist deshalb sehr tendenziös und beweist, wie weit einzelne Sekten gehen, um Macht über ihre Anhänger auszuüben. Es gibt keinen anerkannten Bibelübersetzer, der die Übersetzung der Zeugen Jehovas unterstützt: diese wird im Gegenteil als Machwerk bezeichnet. »Eine Beleidigung des Wortes Gottes«, schrieb die bekannte britische Autorität H. H. Rowley.

Um die Kontrolle über den Geist ihrer Mitglieder zu behalten, hat sich die Leitung der Wachtturmgesellschaft selbst zum *Orakel* ernannt, sie behauptet, der *Kanal Gottes* für die Menschen auf Erden zu sein, wohlgemerkt der einzige Kanal. Um die Menschen unter ihrer Kontrolle zu halten, wird der einzelne Zeuge von der Leitung der Organisation ständig überwacht, seine Denkfähigkeit wird kontrolliert, sein Gefühlsleben, und welche Information er bekommen soll. Von der Wiege bis zum Grabe leben sie unter der Aufsicht eines Apparates, der jedem ihrer Schritte folgt.

Wir können einen solchen Irrweg vermeiden, wenn wir uns selbst als unvollkommene Menschen sehen. Wir müssen das Wort und die Lehre der Bibel annehmen, nicht die Lehre einer von Menschen gegründeten Organisation. Jede von Menschen erfundene Lehre sollte an der Bibel gemessen werden, und wir sollten die gleiche Gesinnung zeigen wie die von Paulus gelobte Gemeinde in Beröa.

Nicht alle traditionellen Lehrmeinungen haben eine gleich solide biblische Grundlage. Es darf Differenzen geben. Viele ehrliche und aufrichtige Christen sind in Bezug auf die Fragen der Lehre zu verschiedenen Ergebnissen gekommen, aber wenn die Sache von untergeordneter Bedeutung ist, sollte man die Ansicht der anderen respektieren und nicht verurteilen. Es ist nicht zu leugnen, dass es in der Bibel unklare, dunkle und undeutliche Stellen gibt, die einem suchenden Christen Kopfzerbrechen bereiten. Oft sind es gerade diese unklaren und schwierigen Bereiche, in denen die Zeugen Jehovas meinen, eine genaue Antwort geben zu können, was vielen Menschen imponiert. Schnelle und scheinbar vernünftige Antworten auf problematische Fragen zu geben, ist das Kennzeichen von Kulten, nicht nur bei den Zeugen Jehovas, sondern bei allen Kulten.

Durch Gnade, den Glauben und Jesu leibliche Auferstehung werden wir erlöst. Ich fühle mich als Mitglied einer universellen Kirche, einer Kirche, die keine geographischen oder Gemeindegrenzen kennt. Überall dort, wo Jesus im Mittelpunkt steht, wo er das Fundament ist, da fühle ich mich zu Hause. Wenn einige meinen, dass sie etwas Besonderes sind und sie alleine die Wahrheit verwalten, so habe ich Angst. Jim Jones und Jonestown stehen als wichtiger Meilenstein in der Geschichte für das, was geschehen kann, wenn solche Kulte sich frei entwickeln.

Ich bin froh, dass es schon einige Jahre her ist, seit ich die Zeugen Jehovas verließ, bevor ich dieses Buch schrieb. Die Zeit hat die negativen Gefühle, die ich für die Zeugen Jehovas hatte, ausgelöscht und mir eine versöhnlichere Einstellung zu ihnen geschenkt. Ich sehe jetzt ein, dass viele der Wachtturmleute verführte Menschen sind, dass auch sie Opfer sind. Wir dürfen die einzelnen Mitglieder der Bewegung nicht als Unmenschen und Feinde betrachten. Es ist die Bewegung selbst, die Glaubenslehre, die gefährlich ist. Wir können den Glauben und die Lehre verurteilen, aber nicht den einzelnen Menschen.

Darum müssen wir uns in Acht nehmen, um nicht unmenschlich zu werden. Denkt daran, dass viele Sektenführer einmal geachtete Mitglieder der Kirche waren. Wir dürfen auch nicht vergessen, dass wir alle eine Neigung zum Sektiererischen in uns haben. Was die echte evangelische Sorge gegenüber fremden Bewegungen angeht, so müssen wir eingestehen, dass nur die Gnade Gottes allein eine Sekte verändern oder verwandeln und die Mitglieder in die christliche Freiheit führen kann. Es sei daran erinnert, dass im vorigen Jahrhundert auch die Baptisten und Adventisten über die Wiederkehr Jesu spekulierten. Zutiefst im Inneren hoffe ich, dass auch die Leitung im Wachtturm dies einsehen, Jesus Christus als Gottes Kanal und Mittler anerkennen und ihre selbstherrliche Lehrmeinung verwerfen wird, dass nur sie *Gottes Kanal* auf Erden sind.

Von einem pädagogisch-psychologischen Gesichtspunkt aus hoffe ich, dass meine Erfahrungen ein Muster zeichnen, das dem Leser zeigt, wie destruktive Sekten arbeiten, wie die Zeugen Jehovas denken und welche Taktiken und Methoden die Wachtturmgesellschaft benutzt, um Gedankenkontrolle über ihre Mitglieder auszuüben. Außerdem hoffe ich, dass meine negativen Erfahrungen zur Lehre und zur Warnung dienen können, dass die Leser, ihre Kinder und andere nicht in denselben Graben fallen wir ich.

Ich meine mit Nachdruck, dass eine Gemeinde *destruktiv* wird, wenn sie die Gedanken, das Verhalten, die Gefühle und die Information des Einzelnen kontrolliert. Es ist destruktiv, wenn andere bestimmen, welche medizinische Behandlung man anwenden oder anwenden lassen darf oder wenn man einem Menschen die Freiheit verweigert, an einer politischen Wahl teilzunehmen und z.B. für das Rote Kreuz oder andere sozialen Einrichtungen zu spenden.

Auch wenn bereits einiges über die Tätigkeit der Zeugen Jehovas in verschiedenen Ländern geschrieben wurde, so ist dies kein Grund, sich zur Ruhe zu setzen und zu meinen, es wäre genug. Neue Generationen kommen und müssen vor der Tätigkeit der Zeugen Jehovas gewarnt werden. Weil die Wachtturmgesellschaft in den letzten zehn Jahren einiges von ihren extremen Forderungen geändert hat und offenbar nun liberaler wirkt, so ist dies meiner Meinung nach in Wirklichkeit keine Veränderung, da die Wachtturmgesellschaft weiterhin an ihrer destruktivem Sicht der Gesellschaft festhält. Die Wachtturmgesellschaft betrachtet weiterhin die Gesellschaft und alle ihre Einstellungen als das Werk Satans.

Die Wachtturmgesellschaft behauptet weiterhin, die einzige wahre christliche Religion auf Erden zu sein. Von dieser Elitehaltung Abstand zu nehmen und anzuerkennen, dass auch andere Kirchengemeinschaften Christen sind, würde bedeuten, dass die meisten Zeugen Jehovas das schwere Joch, das ihnen auferlegt ist, von sich werfen und austreten würden. Aber das wäre das Ende der Wachtturmgesellschaft. Um den Griff auf ihre Mitglieder aufrecht zu erhalten, muss die Wachtturmgesellschaft daher ihre extrem harten Regeln und Gebote aufrechterhalten.

Um auf die *Welt* und auf die Unzufriedenheit innerhalb der eigenen Organisation Eindruck zu machen, öffnet die Wachtturmgesellschaft ab und zu etwas die Türe und bietet sogenannte Zugeständnisse an. Zum Beispiel ist es den ZJ nun gestattet, Psychiater oder Psychologen zu konsultieren. Auch ist es nun erlaubt, eine Ausbildung an einer Akademie oder Universität zu absolvieren. Wenn man aber in einer örtlichen Versammlung untersuchte, wieviele von der neuen *Freiheit* Gebrauch machen, so wäre man über die geringe Anzahl erstaunt. Noch etwas, das die Wachtturmgesellschaft zwang, die Türe ein wenig zu öffnen und gewisse *Freiheiten* zuzulassen, war die gewaltige Kritik der Gesellschaft an ihrer lieb- und gnadenlosen Politik, die sie mit ihren eigenen Anhängern betrieben hat. Dies hat viele Leute entsetzt. Auch einige weltweite Enthüllungen über die Politik der ZJ gegenüber vielen ehemaligen ZJ haben die Leiter gezwungen, ihre Politik zu ändern. Seien wir aber nicht allzu optimistisch, denn es sieht so aus, als vermittle die Wachtturmgesellschaft verschiedene Meldungen nach innen und nach außen. Der Welt kann man sagen: »Seht, ich habe die Erlaubnis, dies und jenes zu tun.« Weil sie aber weiterhin die fatalistische

Botschaft verkündet, dass die Welt bald in Harmagedon untergehen werde und Milliarden von Menschen demnächst von Jehova *geschlachtet* würden, sind es wenige, die diese neuen *Freiheiten* ausnutzen. Den Überlegungen der ZJ zufolge wäre es ungeschickt, sich mit einer Welt einzulassen, die ohnehin zugrunde geht.

Ein niederländisches Sprichwort lautet: »Ein Fuchs kann seine Haare verlieren, aber nicht seine launischen Streiche.« Dasselbe können wir über die Wachtturmgesellschaft sagen. Im Wesen ist nichts verändert und daher müssen wir ständig warnen und vor einer destruktiven Organisation auf der Wacht sein.

Aber nicht nur in der Organisation der ZJ geschehen tadelnswerte Dinge. Auch in der christlichen Welt herrscht oft Verwirrung, so dass suchende Menschen nicht mehr wissen, wo sie eine gesunde Gemeinschaft finden können. Eine bedeutende Anzahl christlicher Leiter macht sich gegenüber ihren Mitchristen verschiedener Arten von Übergriffen schuldig. Der christliche Soziologieprofessor Ronald Enroth schrieb in der Einleitung seines Buches CHURCHES THAT ABUSE[1]: *Those who make it hardest to be a Christian in this world are the other Christians.* Christliche Gemeinden sollten daher vor ihrer eigenen Türe kehren.

Zum Schluss möchte ich darauf hinweisen, dass, wenn ich auch in diesen Buch einige Kritik an der katholischen, der protestantischen und an anderen Kirchen übe, ich dennoch die Christen an der Basis in diesen Kirchen als meine Geschwister im Glauben betrachte. Es sind autoritäre Systeme und Menschen, vor denen ich warnen will. Wenn autoritäre Leiter die Macht übernehmen, kann sich jede Gemeinde in ganz kurzer Zeit in eine unterdrückerische Gemeinde verwandeln. Ein Mensch darf es nie aufgeben, selbständig zu denken. Wenn wir hingegen unseren Glauben auf Menschen bauen, erwarten uns nur Enttäuschungen.

JOSEPH WILTING

VORWORT VON ARILD ROMARHEIM

Kann sich jemand vorstellen, was im Inneren eines Menschen geschieht, wenn er die Hohlheit der Heilsorganisation entdeckt, auf die er ein halbes Leben lang gebaut hat? Können wir verstehen, wie man sich fühlt, wenn man sein ganzes soziales Netz verliert? Nur wer es selbst erlebt hat, weiß, dass es mehr ist, als ein Mensch gewöhnlich ertragen kann.

1 vgl.: Enroth, Ronald: a.a.O.

Keiner kann umhin, dieses Buch ernst zu nehmen. Aus Joseph Wiltings Geschichte können wir alle lernen. Sie ist authentisch. Sie ist echt und glaubwürdig. Als Dokumentation werden Zeit und Ort sowie die Namen der anderen beteiligten Personen genannt.

Das Allerwichtigste jedoch ist die Wärme, mit welcher der Verfasser schreibt, verbunden mit dem Schmerz über wehe Erinnerungen, an die gerührt wird, Leid über eigene Übergriffe, als er selbst eine Machtposition innehatte und gute Gefühle für viele feine Menschen, die er in der Bewegung schätzen und lieben gelernt hatte.

Das Buch ist gleichzeitig die Enthüllung eines unmenschlichen Systems und eine Liebeserklärung an die Menschen, die in diesem System gefangen sind. Es ist durch dieses Buch klar geworden, dass der Verfasser aus diesem System ausbrechen musste, weil er gerne ein wahrhaftiger und warmer Mensch sein wollte.

Ungefähr das Erste, was Joseph Wilting mir sagte, als wir uns kurz nach seinem Bruch mit den Zeugen Jehovas trafen, war: »Wir müssen diese falsche Organisation enttarnen, aber es muss mit Liebe geschehen.« Von seiten der Kirche geschahen viele Fehler durch die herablassende Art, in der sie den Zeugen Jehovas begegnete. Lesen Sie Wilting's Buch, und Sie werden hernach diese Menschen auf eine neue Weise sehen.

ARILD ROMARHEIM, ERSTER WISSENSCHAFTLICHER RAT

Teil I

Mein Leben als Zeuge Jehovas

Kapitel 1

Meine Herkunft und frühe Kindheit

Ich wurde 1932 in der Stadt Heerlen geboren, im Süden der Niederlande, nur wenige Kilometer von der deutschen Stadt Aachen entfernt. Meine Eltern waren Katholiken wie der größte Teil der Bevölkerung in diesem Gebiet. Ich selbst war der Jüngste in einer Schar von 6 Kindern.

Heerlen und die in der Nähe der deutschen Grenze liegenden Orte lagen mitten in einem Industriegebiet; über 80.000 Leute waren in 12 verschiedenen Kohlengruben beschäftigt. Das ganze Gebiet war von schwarzem Kohlenstaub überzogen, die Farbe der Dachziegel in den Städten war kaum mehr zu erkennen. Sie waren völlig von einer dicken Lage schwarzen Rußes bedeckt. Große Schornsteine versprühten ständig noch mehr Staub und Ruß, wir konnten physisch spüren, wie dieser Staub und die Kohleteilchen auf uns herabrieselten. Wir spürten, wie plötzlich *etwas* auf unser Haar fiel, das wir deshalb oft waschen mussten.

Die ganze Gegend war vom Bergbau und den immerzu rauchenden Schornsteinen geprägt. Das hügelige Gelände dieser Gegend, wenn man überhaupt irgendeinen Teil der Niederlande als hügelig bezeichnen kann, war durch viele große Schlackenberge verunstaltet. Viele von ihnen waren Dutzende von Metern hoch, man konnte sie aus weiter Entfernung erkennen. Andere waren eingeebnet und bepflanzt oder wurden auf andere Weise als Industriegebiet für die Bergwerksgesellschaft genutzt.

Es war in dieser Gegend niemals still. Tag uns Nacht hörte man Geräusche, wenn die mehrere hundert Meter langen Züge, die Kohle aus dieser Gegend in Städte und Häfen anderswo in den Niederlanden transportierten, be- und entladen wurden. Der größte Lärm kam von den Aufzügen mit den vollen Waggons, die aus den Grubenschächten kamen, wenn die Kohle entladen werden sollte. In jedem Aufzug gab es acht Waggons, diese waren auf vier verschiedene Etagen im Aufzug verteilt. Wenn die erste Etage geleert war, zog ein Mann an einer Schnur. Dann hörte man ein schrilles Signal, das dem Maschinisten galt. Es bedeutete, dass jetzt die nächste Etage auf die Ausgangsebene heraufgefahren werden konnte. Ein langer Eisenarm beförderte die Waggons aus dem Aufzug heraus und das Geräusch von Eisen, das gegen Eisen schlug, machte Tag und Nacht einen ohrenbetäubenden Lärm.

Ich selbst wohnte nur knapp einen Kilometer von den Grubenschächten entfernt, wo sie die Waggons entluden; bis heute erinnere ich mich an all die verschiedenen lärmenden Laute aus der Grube. Aber da ich in diesem

Lärm geboren war, registrierte ich ihn nicht. Der Lärm war ein Teil unseres Daseins geworden.

Mein Vater und meine beiden ältesten Brüder arbeiteten alle in der Grube. Der Grubenbetrieb stand niemals still, es wurde in drei Schichten gearbeitet. Eine Woche Vormittagsschicht, eine Woche Nachmittagsschicht und eine Woche Nachtschicht. Dann begann das Ganze von vorn, Woche für Woche, Monat für Monat. So kam es, dass immer einer, entweder der Vater oder einer der Brüder, Nachtschicht hatte, da mussten wir anderen natürlich Rücksicht nehmen. Sie brauchten so viel Ruhe wie möglich, aber es war für uns Kinder natürlich nicht immer leicht, so viel Rücksicht zu nehmen, wie wir eigentlich sollten.

Wir wohnten zu diesen Zeiten in einem geräumigen und bequemen Haus. Im Erdgeschoss gab es einen Windfang, das Wohnzimmer, ein kleines Schlafzimmer und die Küche. In der ersten Etage waren drei Schlafzimmer. Außerdem hatte das Haus einen großen Speicher und auch einen Kellerraum zum Aufbewahren und Lagern verschiedener Lebensmittel. Der Staat hatte die Häuser an die Grubenarbeiter vermietet; das war einer der wenigen Vorteile, welche die Grubenarbeiter zu dieser Zeit hatten.

Die Arbeit war sehr gefährlich und allgemein gesundheitsschädlich. Trotz großer Sicherheitsmaßnahmen war die Unfallquote hoch. Durch die ständige Staubeinwirkung bekamen viele Grubenarbeiter Silikose, im Volksmund *Staublunge* genannt. Aus den obengenannten Gründen hatten die Grubenarbeiter eine niedrige Lebenserwartung. Aber, verglichen mit anderen Bergwerken, die ich später gesehen habe, sowohl in Belgien als auch in England, waren die Behandlung, der Wohnstandard, die Arbeitsverhältnisse und die Löhne auf einem höheren Niveau. Ich erinnere mich noch gut an ein Erlebnis, 1952, wo ich mich in der südwalisischen Stadt Swansea aufhielt. Dort traf ich Grubenarbeiter auf der Straße, die auf dem Heimweg waren. Sie hatten sich noch nicht einmal gewaschen, nachdem sie aus der Grube gekommen waren. Das kam mir fast unglaublich vor, ich sah ein, dass mein Vater und meine Brüder trotz allem bessere Arbeitsbedingungen hatten als diese Leute, obschon dort die Arbeit genau so gefährlich und ungesund war.

Die Bevölkerung in unserer Gegend machte den Eindruck, als ob sie fast zufällig aus allen europäischen Nationen zusammengewürfelt wäre. Neben uns wohnte Familie Tokarski, die nach dem ersten Weltkrieg in die Niederlande gekommen war. Weiter oben in der Straße wohnten die Familien Valino und Nemeth, die aus Italien und Ungarn kamen. Ich erinnere mich auch gut an die Familie Svoboda aus der Tschechoslowakei und an Anna Winkelmann, welche die Tochter unseres jüdischen Bäckers war. Sie fuhr immer mit dem Wagen ihres Vaters umher und lieferte Brot an seine Kunden. Manchmal lud meine Mutter Anna und ihre Schwester zu einer Tasse Kaffee ein und ich erinnere mich besonders gut an das letzte Mal, als sie bei uns waren. Sie waren beide ängstlich und verzweifelt und weinten wegen des Angriffs der Deutschen auf die Niederlande und wegen des Schicksals, das sie erwartete. Sie waren sich damals noch nicht darüber im Klaren, welch schreckliches Schicksal die Juden in Europa erwartete, aber sie tauchten unter und gehörten glücklicherweise zu denen, die den Krieg überlebten. Nach dem Krieg erfuhr ich, dass die Familie Marchal auf der anderen Straßenseite mehrere Juden unter dem Fußboden ihres Wohnzimmers den ganzen Krieg hindurch versteckt gehalten hatte.

Süd-Limburg ist reich an historischen Perlen: berühmten Schlössern, Burgen, Festungen, Adelshäusern und Bauernhöfen. Über den Toren prangen die Familienwappen der mächtigen Herren der Feudalzeit. Die Gegend ist bekannt als das *Land mit den tausend Toren* und jeder einzelne Bauernhof hat seine eigene charakteristische Torbauweise. Es sind gerade die Tore, die im Wesentlichen von der Bedeutung der vielen Dörfer und Ortschaften erzählen, weil sie die dominierenden Elemente in der Architektur sind.

Auch als geologisches Gebiet unterscheidet sich Süd-Limburg von den übrigen Niederlanden. Neben Kohle findet man hier auch andere Minerale, die es in anderen Teilen des Landes nicht gibt. Viele Häuser, Kirchen und andere Gebäude sind neben dem gewöhnlichen Ziegelstein aus Mergel gebaut. Der Abbau des Mergelgesteins hat besonders in den Städten Valkenburg und Maastricht viele unterirdische Grotten hinterlassen, die später große Touristenattraktionen wurden.

Auch auf kulturellem und sprachlichem Gebiet unterscheidet sich Süd-Limburg von den übrigen Provinzen im Norden der Niederlande. Schon zu Jesu Zeiten war Heerlen, meine Geburtsstadt, eine römische Garnisonsstadt. Besonders wir Bewohner des Grenzgebietes sprachen einen Dialekt, der viele deutsche Wörter enthält. In den übrigen Niederlanden konnte man sofort hören, dass wir aus Limburg kamen, da wir mit deutschem Akzent und ohne den berühmten niederländischen *ch*-Rachenlaut sprachen.

Mit seiner starken romanischen Prägung und mit einem Konglomerat von Menschen aus verschiedenen mittel- und osteuropäischen Völkern samt den Balkanländern rechnen sich die Süd-Limburger nicht als Niederländer. Darum sprachen wir von den *Niederländern*, wenn wir von Leuten außerhalb unserer eigenen Provinz sprachen. Die Bevölkerung ist übrigens von Natur aus sehr offen. Sie haben *das Herz auf der Zunge* und sagen oft laut, was andere bloß denken.

Jeden Sonntag ging meine Familie in die katholische Kirche zur Messe. Mein Vater war ein treuer Kirchgänger und ging immer mit gutem Beispiel voran, ohne uns jedoch zu bedrängen, wenn wir keine Lust hatten, mit zur Kirche zu gehen. Dagegen kann ich mich nicht erinnern, dass meine Mutter jemals mit uns in der Kirche war. Das erschien mir als Kind auffällig und ich kann mich erinnern, dass ich sie, als ich klein war, direkt fragte, warum sie nicht mit uns anderen zur Kirche ginge. Sie antwortete dann, dass sie krank sei und darüber mit dem Pastor gesprochen habe. Er habe ihr gesagt, Gott meine, sie brauche nicht zur Kirche zu gehen, wenn sie krank sei. Später vertraute sie mir jedoch mehrere Male an, dass es ihr schwerfiele, zu glauben.

Meine Mutter wuchs unter sehr schwierigen Verhältnissen auf. Als älteste Tochter in einer großen Geschwisterschar musste sie hart arbeiten. Der Vater trank viel; das warf einen dunklen Schatten auf das Familienleben. Schon als Zwölfjährige arbeitete Mutter als Dienstmädchen für eine bürgerliche Familie. Als sie 16 Jahre alt war, arbeitete sie in einem Hotel von 6 Uhr morgens bis 18 Uhr abends. Mit 18 Jahren heiratete sie. In mancher Hinsicht wirkte es, als ob die Heirat eine Flucht aus der harten Wirklichkeit gewesen wäre, die Suche nach einer Geborgenheit, die sie sonst nicht hatte. Aber die Geborgenheit dauerte nicht an, denn nach drei Jahren starb ihr Mann an Tuberkulose. Im Laufe dieser drei Jahre hatte sie schon zwei Kinder bekommen, eine Tochter und einen Sohn. Sie wohnte mit ihnen allein, bis sie einige Jahre später meinen Vater heiratete. Sie bekamen gemeinsam vier Kinder, von denen ich das jüngste bin.

Mein Vater hatte daheim ungefähr die gleichen Erlebnisse gehabt wie meine Mutter. Seine Eltern bewirtschafteten einen kleinen Bauernhof. Auch sie waren sechs Geschwister aber das Familienglück wurde von einem alkoholisierten Vater zerstört. Im Alter von 10 Jahren hatte mein Vater ein fürchterliches Erlebnis. Sein Vater, mein Großvater, war wieder in der Kneipe gewesen und wollte wie gewöhnlich im berauschten Zustand nach Hause fahren. Das Pferd fand den Weg allein, aber mein Großvater saß tot auf dem Bock als er heimkam. Er wurde nur 40 Jahre alt.

Ohne besondere Schulausbildung begann mein Vater im Alter von 12–13 Jahren in einer der vielen Ziegelfabriken, die am Rhein lagen, zu arbeiten. Es war eine anstrengende, harte Arbeit; besonders für Jugendliche, die noch nicht ganz ausgewachsen waren, war die Arbeit schwer. Mit 18 Jahren begann er im Bergwerk zu arbeiten; erst in Belgien, später in der Provinz Limburg in den Niederlanden, wo er dann meine Mutter traf.

Wenn ich Mutter und Vater über ihre Kindheit erzählen hörte, so waren es überwiegend düstere Geschichten. Zwei der Schwestern meines Vaters verbrachten ihr ganzes Leben in einem katholischen Kloster, während zwei andere Epileptikerinnen waren. In diesen schwierigen Zeiten mit schlechter Ökonomie und ohne Sozialwesen war es vielleicht nicht so verwunderlich, dass manche Trost im Alkohol suchten, obschon dies zu noch größeren Tragödien führte und keines der schon existierenden Probleme löste.

Die schwierige Kindheit und Jugend sowie die schlechten sozialen und ökonomischen Verhältnisse in den Niederlanden zwischen den beiden Weltkriegen prägten meine Eltern sehr. Sowohl meine Mutter als auch mein Vater hatten aufgrund ihrer Kindheitserlebnisse ein negatives Gesellschaftsbild. Wenn zwei Menschen, die selbst so wenig Zuwendung bekamen, eine Kinderschar erziehen sollen, so ist es nicht zu vermeiden, dass die Kinder dadurch beeinträchtigt werden. Trotz Güte, Wärme und Liebe war es schwierig für sie, die Zuwendung weiterzugeben, die sie selbst nicht bekommen hatten. Es ist ein bekanntes Phänomen in der modernen Pädagogik, dass für die Zukunft des Einzelnen Herkunft und Milieu im Leben sehr viel bedeuten.

Aber niemand klagt an. Es war für unsere Eltern nicht leicht, eine Kinderschar zu erziehen, wenn sie selbst kein behütetes Dasein erlebt hatten. Vater war still und introvertiert, er nahm sich nie Zeit, mit mir zu sprechen oder mir vorzulesen. Ich kann mich auch nicht daran erinnern, dass ich jemals auf seinem Schoß gesessen hätte. Er grübelte ständig, war in Gedanken vertieft und hatte wohl wenig überschüssige Energie. Schon als Kind beobachtete ich, dass er den Kopf vornüber hängen ließ, wahrscheinlich aufgrund der unmenschlich harten körperlichen Arbeit, die er schon seit dem Alter von 12 Jahren leisten musste. Wenn er wirklich wegen des einen oder anderen Jungenstreiches böse auf uns war, dann schlug er unbeherrscht und ohne Pause zu. Oft musste meine Mutter ihn stoppen, indem sie sich zwischen uns stellte. Aber trotz der Prügel war ich auf meinen Vater nicht böse. Vielleicht verstand ich auf meine Weise schon damals, dass er aus Verzweiflung handelte.

Meine arme Mutter machte alles so gut sie konnte. Sie war eine phantastisch tüchtige Köchin, das hatte sie sicher als junges Mädchen im Hotel gelernt. Aber sie war auch eine schöne Frau und mein Vater duldete es überhaupt nicht, wenn jemand mit ihr zu flirten versuchte. Das kam schon einmal vor, wenn sie ins Restaurant essen gingen und einige Male endete das mit einer Schlägerei. Mein sonst so stiller Vater verwandelte sich dann in einen aggressiven Riesen und musste von drei bis vier Männern ruhiggestellt werden. Ab und zu geschah es auch, dass die Kameraden meines Vaters uns mit ihren Frauen besuchten. Dann feierten meine Eltern unten im Wohnzimmer ein Fest und es gab reichlich Alkohol. Die Feste dauerten oft bis nach Mitternacht und manchmal bis zum frühen Morgen. Ich erinnere mich an eine lustige Episode: als ich in der Küche saß und frühstückte, kam Frau Tokarski in sehr schlechter Laune hereingerauscht. Die ganze Nacht hatte man bei uns gefeiert und mein Vater und andere hatten Akkordeon gespielt. Meine Eltern tranken gerne einen guten Tropfen und freuten sich, Freunde in guter Gesellschaft zu Besuch zu haben. Die Stimmung bei diesen Festen war gewöhnlich heiter und es ging laut zu. Viele Freunde meiner Eltern sangen im Chor und auf den Festen hielten sie Festreden, sangen und grölten und vergnügten sich ihrer Meinung nach köstlich. Auch in dieser Nacht hatte es Gesang und Musik bis in den frühen Morgen gegeben und das Haus der Tokarskis lag nur 4 Meter entfernt. Damals war die Isolation bei Weitem schlechter als heute und somit sehr hellhörig. »Frau Wilting. Wir haben die ganze Nacht nicht schlafen können !« Meine Mutter antwortete trocken: »Wir auch nicht, Frau Tokarski.«

Die eher erboste Nachbarin war mit dieser Antwort natürlich nicht sehr zufrieden, aber sie konnte nichts anderes tun, als sich wieder nach Hause zu trollen. Das war die angenehme Seite der Sache, aber Feste hatten natürlich auch negative Seiten. Aller Lärm, das Geschwätz im berauschten Zustand und die endlosen Diskussionen zwischen meinem Vater und meiner Mutter haben bei mir traurige Erinnerungen hinterlassen. Aber trotz nächtlicher Festgelage versäumte mein Vater nie die Arbeit in der Grube.

Ich selbst schwänzte sehr oft die Schule. Ich wäre sehr gern ein guter Schüler gewesen, aber die Umstände um mich herum waren in dieser Zeit so turbulent. Ich glaube, die Verhältnisse zu Hause waren die Ursache für meinen Konzentrationsmangel und für die Unlust, in die Grundschule zu gehen. Der Rektor der Schule, *De Jong*, machte mir Angst. Jedes Mal ging ich mit Angst im Hals zur Schule, dennoch hatte ich den großen Wunsch, es gut zu machen. Aber ich schaffte es einfach nicht jeden Tag, den ganzen Weg zur Schule zu gehen.

Trotz ihrer Tüchtigkeit, Güte und Liebe, die jeder von meinen Eltern bewies, war es für sie schwierig, etwas zu geben und zu zeigen, was sie in ihrem eigenen Leben nicht bekommen hatten. Solange ich mich erinnern kann, prägte sich mir ein negatives Gesellschaftsbild ein. Die Einstellung war folgendermaßen: ›Es nützt nichts, die Gesellschaft und die Kirche sind korrupt, gib es auf, du bist eine große Null und andere bestimmen über dein Leben‹. Ich glaube, dass Herkunft und Milieu bei meinen künftigen Ansichten von Politik, Religion und Gesellschaft und auch bei meinen Entscheidungen, die ich später im erwachsenen Alter traf, eine große Rolle spielten.

1.2 Der Krieg kommt

Als ich vier Jahre alt war, zog meine Familie nach Brunssum, in eine Stadt, die noch näher an der deutschen Grenze liegt. Wenn ich aus dem Schlafzimmerfenster in der ersten Etage blickte, konnte ich gerade hinein nach Deutschland schauen.

Im Mai 1940 marschierten die Deutschen über die Grenze und überrumpelten die Niederlande vollständig. Ich war damals acht Jahre alt und konnte das, was geschah, mitverfolgen. Es war ein Wirrwarr von unruhigen Begebenheiten; ich erinnere mich, dass ich am Wegrand der Straße saß, die zur Grenze führte. Zehntausende und abermals zehntausende Soldaten und eine Menge Kriegsmaterial strömten ins Land. Es war, als ob die Kolonnen niemals aufhörten.

Alles, was auf dem Boden und in der Luft geschah, machte großen Eindruck auf mich. Die Gespräche zu Hause und auf der Straße waren von Angst, Verwirrung und Verzweiflung geprägt. Die Niederländer waren auf die Überrumpelung durch den großen Bruder im Osten nicht vorbereitet und nach nur fünf Tagen mit schwacher Gegenwehr mussten sie kapitulieren. Die Deutschen hatten den niederländischen Generälen ein Ultimatum gestellt: Wenn sie nicht kapitulierten, dann sollte Rotterdam mit Bomben angegriffen werden. Nachdem das Militär die Kapitulationsbedingungen angenommen hatte, sandten die Deutschen dennoch eine Armada Bombenflugzeuge und griffen die Stadt Rotterdam an. Das gesamte Zentrum der Stadt wurde vom Feuersturm der mörderischen deutschen Bombenflugzeuge dem Erdboden gleichgemacht und eine Menge unschuldiger Menschen verloren ihr Leben. Diese feige, rücksichtslose und unnötige Kriegshandlung torpedierte alle Sympathie für die deutsche Kriegsmacht und Nation. Die meisten bekamen eine Aversion gegen die Deutschen und die wachsende Widerstandsbewegung bekam so Wind in die Segel.

Eine der Nachbarinnen weinte, weil ihr Mann in der Armee war. Ich bemerkte auch die Angst der anderen Europäer, die in der Nähe wohnten. Viele hatten im ersten Weltkrieg gegen die Deutschen gekämpft; sie waren natürlich nicht besonders begeistert, dass die Geschichte sich wiederholte. Unser nächster Nachbar, Tokarski, ging immer noch vornübergebeugt wegen einer Kugel im Rücken, Familie Kramer war vor Angst gelähmt, weil Kramer 1937 gegen die Faschisten im Spanien Franco's gekämpft hatte.

Aber nicht alle waren traurig. Familie Schneller und andere deutsche Familien in der Nachbarschaft hängten die Hakenkreuzfahne heraus und das schuf in unserer Straße ein gespanntes Verhältnis. Ich erinnere mich, dass meine Mutter bei mehreren Anlässen ihre Antipathie gegenüber den Nazis nicht verheimlichen konnte. Eines Tages bekam meine Mutter deshalb einen Brief von einer deutschen Dame in unserer Straße mit dem strengen Bescheid, ihren Mund zu halten, andernfalls würde sie für den Abtransport in ein Konzentrationslager in Deutschland sorgen.

Schon meine frühesten Kindheitserinnerungen betreffen mein Verhältnis zu Gott. Ich sehnte mich nach einem Gott, der Frieden auf Erden schaffen und die Deutschen aus den Niederlanden vertreiben konnte. Die Frage nach dem Sinn des Lebens wurde für mich schon allzu früh von großer Bedeutung.

Obschon meine Eltern Katholiken waren, hörte ich zu Hause nicht so viel von Gott, aber dies sollte sich nach einer Tragödie ändern. Weil meine Mutter 1942 ernsthaft krank wurde, musste ich in ein Kloster, das als Kinderheim eingerichtet worden war. Auch meine älteren Geschwister waren früher mehrmals in ein Kinderheim geschickt worden, das hatte Vater mit der katholischen Kirche abgesprochen.

Ich war ein Jahr im Kinderheim und die erste Zeit fühlte ich mich sicher und glücklich, obschon ich die Mutter vermisste. Die Nonnen waren sehr freundlich und es gab keinen Mangel an liebevoller Zuwendung. Das Kriegsgeschehen rückte etwas in die Ferne, aber dieses Glück dauerte nicht lange. Eines Nachts erlebten wir einen Bombenangriff auf ein Industriegebiet, das nur wenige Kilometer von dem Kloster entfernt lag. Dröhnende Bombenflugzeuge entleerten ihre Last und heulende Bomben verbreiteten Tod und Zerstörung wo sie einschlugen. Leuchtgranaten glühten am Himmel auf und amerikanische Bombenflugzeuge flogen hoch oben weiter in Richtung Industriegebiet, ein Geschwader nach dem anderen. Die Explosionen ließen das Kloster erzittern und unter uns Kindern verbreitete sich Angst. Nicht einmal hier war ich vor dem Entsetzen und Grauen des Krieges sicher. Nicht einmal in Gottes eigenem Hause konnte man dem Elend des Krieges entkommen.

Ein Tag im Kloster blieb mir ganz besonders in Erinnerung. In der Klosterkapelle bat uns eine der Nonnen, zum Altar zu kommen. Wir sollten uns hinknien und jeder einzelne sollte Gott seinen größten Wunsch mitteilen. Auch wenn ich keine Ahnung von Politik hatte und nicht wusste, wer die Schuld für den Krieg und das Elend hatte, bat ich Gott inbrünstig, meinen Wunsch nach Frieden zu erfüllen und Hitler zu entfernen.

1943 kam ich wieder nach Hause. Mutter ging es wieder besser, sie hatte wieder Kräfte, sich unserer anzunehmen. Jeden Tag wurden wir an den Krieg erinnert. Das Kriegsglück der Deutschen hatte sich allerdings gewendet und unser Gebiet war kein strategisches Ziel für die Alliierten. Deutschland war jedoch nicht weit weg und dort gab es jede Nacht Luftangriffe.

Früh und spät sahen wir Hunderte von amerikanischen Bombenfliegern auf dem Weg zu deutschen Angriffszielen, wo sie ihre todbringende Last entleerten, Soldaten, Frauen und Kinder in einem Sturm von Stahl und Feuer töteten und verstümmelten. Oft geschah es, dass deutsche Jagdflugzeuge die dichten alliierten Formationen angriffen und die Luftabwehrgeschütze und Flakbatterien böllerten jedesmal los, wenn die Schwadrone sich näherten. Wenn dies nach Einbruch der Dunkelheit geschah, dann wurden Tausende von Leuchtgranaten hinaufgeschossen und große Scheinwerfer suchten wie leuchtende Finger den Himmel ab, um die Flugzeuge zu finden. Diese warfen Tausende von Silberpapierstreifen ab, um das deutsche Radarsystem und die Feuerleitzentralen zu verwirren, die von überall Echos bekamen und Probleme hatten, sich auf die Bombenflugzeuge einzuschießen.

Dennoch wurde ab und zu ein viermotoriges Bombenflugzeug getroffen, stürzte heulend in unsere Gegend herunter und verbreitete Tod und Zerstörung dort, wo es herabfiel, da die Gegend dicht besiedelt war. Wie schon erwähnt, arbeiteten rund 80.000 Menschen in den Gruben und wenn eine fliegende Festung, wie man die amerikanischen Bombenflugzeuge nannte, voll mit Bomben herunterstürzte, so kann man sich wohl das Resultat vorstellen. Direkt über unseren Köpfen spielten sich Luftkämpfe ab, Flugzeug gegen Flugzeug und deutsche Jäger oder amerikanische mit flammenden Kanonen und feuerspeienden Maschinengewehren konnten plötzlich direkt über unsere Hausdächer hinwegfliegen. Es war erschütternd zu beobachten, wie die Leuchtprojektile sich in die Flugzeuge bohrten, während die Flieger verzweifelte Wendungen machten, um aus dem todbringenden Feuer herauszukommen. Oft verschwand das ganze Flugzeug in einer einzigen alles blendenden Explosion. Ein anderes Mal begannen kleine Flammen aus den Flügeln oder dem Rumpf hervorzulodern und in Rauchschwaden gehüllt, raste das Flugzeug in einem Wahnsinnstanz zu Boden. Es geschah öfters, dass wir Kinder die Flugzeugwracks anschauten; Flieger, in zwei Teile geteilt, waren für uns kein schöner Anblick.

Mein Heim lag einige Meilen westlich von der sogenannten Siegfriedlinie hinter dem Rhein. Ungefähr drei Meilen südlich lagen die Ardennen in Belgien, wo die Alliierten eine ungeheure Panzerschlacht auskämpften. Es gab dauernd Angriffe und die Alarmsirenen heulten zum Schluss so oft, dass wir gar keine Zeit mehr hatten, zu den Schutzräumen zu laufen.

1.3 Meine Schulzeit bei Meister *De Jong*

Meine Familie ging immer noch zur Kirche, hörte die Predigten und nahm fleißig an den Ritualen teil. Gott wurde jedoch nie eine wirkliche Kraft für mich. Die Zeremonien erschienen mir großartig, aber nicht von dort erhielt ich die stärksten Eindrücke von Leben und Lehre der Kirche.

Schon in den Grundschuljahren war ein wichtiger Teil des Pensums das Auswendiglernen des Katechismus der katholischen Kirche. Wir lernten, dass die katholische Kirche für die Menschen der einzige Weg zur Erlösung sei.

Gegen Kriegsende wurde der Schulbesuch immer unregelmäßiger, da der Krieg allen Aktivitäten einen Dämpfer aufsetzte. Die Alliierten näherten sich, die Deutschen marschierten mit großen Bataillonen auf und die Bomben fielen immer dichter. Der Rektor der Schule, Meister *De Jong*, war auch Klassenlehrer in meiner Klasse. Er war streng, ehrgeizig und autoritär. Er lächelte nur selten wenn er durch die Bankreihen ging, um uns zu kontrollieren. Ich hatte oft Angst. Plötzlich konnte sein Lineal wie ein Blitz aus heiterem Himmel auf unsere kurzgeschorenen Jungennacken heruntersausen oder wir konnten an die Tafel gerufen und über Aufgaben gefragt werden, die wir nie gelernt hatten. Die Schulweisheit bedeutete mir mitten im Wahnsinn des Krieges wenig, die deutschen Soldaten waren vor unserer Schule immer in Aktion. Die Angst bewirkte, dass ich nach und nach die Fähigkeit verlor, mich auf die Schulfächer zu konzentrieren und da saß ich nun im Klassenzimmer und starrte apathisch aus den Fenstern.

Eines Tages schlich sich *De Jong* durch die Reihen. Es war ganz still in der Klasse und ich merkte nichts, saß wie gewöhnlich und starrte aus dem Fenster. Plötzlich war *De Jong* da. »Jupp, steh auf!« brüllte er und ergriff mich am Nacken. Ich hatte keine Zeit aufzustehen, denn der Meister hatte mich schon am Jackenkragen hochgehoben und ich blieb in der Luft hängen, mit den Schuhspitzen gerade noch in Berührung mit dem Boden. »Jupp, du Schlingel. Konzentrierst du dich nicht? Geh zum Katheder, schnell !«

De Jong folgte dicht hinter mir und um ein Haar wäre ich gestolpert. Das wäre ein Skandal gewesen, die ganze Klasse wäre in begeistertes Gelächter ausgebrochen bis der Meister sie unterbrochen hätte und ich würde den wilden Tanz des Meisters auf meinen Fingerspitzen verspürt haben. Aber ich schaffte es, aufrecht zu bleiben.

›Bitte, Meister, schlagen Sie nicht!‹ dachte ich, aber ich wagte nichts zu sagen, meine Hoffnung verging rasch. »Streck deine Arme vor, junger Wilting!« Ich wusste, was jetzt kam. Mit den Armen geradeaus vorgestreckt, die Handflächen nach oben gedreht, wartete ich auf das Lineal. Es war 30

Zentimeter lang, anderthalb Zentimeter dick und hatte an der Kante entlang Stahleinlagen. Da kam es! Ich schaffte es nicht, still zu stehen und aus reinem Reflex zog ich meine Hände zurück.

Der Meister schlug daneben und schrie vor Wut. »Steh still, Jupp! Ist Gehorsam nicht eine Tugend, die dich die Eltern gelehrt haben? So werde ich sie dir einbläuen!« Der Meister schlug. Ich krümmte mich zusammen, da der weißglühende Schmerz wie Feuer brannte. Die Handflächen gehören zu den empfindlichsten Stellen des Körpers und eignen sich gut zur Tortur. »Richte dich auf, du Schlingel!« Der Meister schlug noch einmal und wieder und wieder. Er gab sich erst zufrieden, als er seinen ganzen Zorn an mir ausgelassen hatte. »Geh auf deinen Platz!«

De Jong hatte sich beruhigt. Ich ging zu meinem Platz zurück mit Händen, die ich für den Rest des Tages nicht mehr gebrauchen konnte. Die Schmerzen hämmerten und schlugen im Takt mit dem Puls, ich hörte an diesem Tag nichts mehr von *de Jongs* Unterricht. Ich hatte genug mit mir selbst zu tun und träumte von einer Welt ohne Deutsche und ohne Schulmeister.

Ich konnte nicht verstehen, dass ich so hart bestraft wurde. In meinem Inneren wünschte ich mir nur, ein fleißiger, pflichteifriger Schüler zu sein, und ich konnte nicht sehen, dass ich etwas gemacht hatte, was eine solche Behandlung rechtfertigte. Später verstand ich, dass Rektor *De Jong* kein Verständnis für das hatte, was sich in einem erschreckten Kindergemüt abspielte und ich brauchte viele Jahre, bevor ich den Schulmeister *De Jong* von dem Katholiken *De Jong* unterscheiden konnte, aber da war es zu spät.

1.4 Die *Krallen* der Kirche zeigen sich

Der Rektor war ein eifriger Katholik. Eine seiner Erfindungen war, dass die Klasse über einen längeren Zeitraum jeden Tag um 8 Uhr die katholische Morgenmesse besuchen musste, um den unwissenden Kindergemütern die vielen Segnungen der Papstkirche nahezubringen. Damals fing die Schule nicht vor 9 Uhr an. Nach dem Gebet wurden die Namen aufgerufen und die notiert, welche nicht die Messe besucht hatten.

Meine Mutter war zu dieser Zeit oft krank und unter den chaotischen Verhältnissen, in denen wir damals lebten, war es nicht leicht, bei jeder Messe anwesend zu sein. Ich hatte so mit der Zeit eine Menge *Fehltage*. Das irritierte *De Jong* mächtig und eines Tages war das Maß voll.

»Jupp, du bist ein Pharisäer. Du nennst dich Katholik und gehst nicht zur Messe!« zischte er. Was ein Pharisäer war, wusste ich aus dem Katechismus. Pharisäer waren falsche, unehrliche Menschen, die den Leuten Geld abschwindelten und Glauben nur heuchelten. Ich war zutiefst verletzt, weil ich im Innersten eine große Sehnsucht nach Gott hatte.

Der Rektor fand es an der Zeit, eine neue Strafe für mich zu ersinnen, als ich einige Tage nach dem vorher erwähnten Konflikt um 9 Uhr zur Schule kam, ohne vorher in der Messe gewesen zu sein. Gleich, nachdem es in der Klasse still geworden war, klopfte es an die Tür und ein Polizeiinspektor kam ins Klassenzimmer. Ich hatte ihn schon früher gesehen. Der Mann in Uniform war einer von *De Jongs* guten Freunden, auch ein eifriger Katholik. Noch schlimmer war, dass die Polizei mit den Nazis zusammenarbeitete, die in den Niederlanden regierten; das wussten alle hier und daher hatte ich Angst vor der Polizei.

»Jupp, komm her!« Noch einmal rief *De Jong* mich vor die Klasse. Das versprach nichts Gutes. »Junger Herr Wilting. Ich habe versucht, dich Gottesfurcht und Respekt vor der katholischen Kirche zu lehren. Immer wieder habe ich dir eine Chance gegeben.« Er hielt die Luft an und schaute triumphierend in der Klasse umher. Er wirkte fast zufrieden, der Polizist hatte natürlich seine Wirkung auch auf die anderen. Er nahm sich sehr viel Zeit und drehte sich wieder zu mir. »Das hilft offensichtlich nicht. Die einzige Sprache, welche Schlingel wie du verstehen, ist Strafe und noch einmal Strafe. Du wirst mit dem Polizeiinspektor auf die Wache gehen und um dir Zeit zu geben, über deine Sünden nachzudenken, wirst du den ganzen Tag in der Zelle sitzen. Geh!«

Mit Weinen im Hals folgte ich dem Inspektor zur Polizeistation und wurde dort in eine Zelle geworfen. Es war eng dort drinnen, und die Luft war kalt und rauh. Abgesehen von einem Holzschemel an der Wand gab es nur den Steinboden, um darauf zu sitzen. Hoch oben an der einen Wand war eine Öffnung mit einem kleinen Luftloch. Nur ein Gitter war dort als Schutz vor der Außenwelt angebracht.

Ich hörte, wie das Schloss hinter mir zuschlug und dort saß ich nun, ganz allein, wie ein Strafgefangener. Ich heulte. Warum? Mutter war krank und ich musste die Arbeit daheim machen. Ich konnte nicht zur Messe gehen. Warum sollte ich dafür eine solche Strafe bekommen? Was hatte ich gemacht, dass ich das verdient hatte? Ich würde so gerne lernen und ich sehnte mich nach Gott, aber das konnten ja wohl keine Gottesmänner sein, die mich auf solche Weise behandelten.

Ich wurde ärgerlich. Die Bitterkeit gegen Kirche, Polizei und Schule wuchs in mir, aber ich fühlte mich machtlos gegenüber dem Meister und den anderen. Wenn ich klagte, würden sie mich vielleicht nie mehr herauslassen. Ich hatte von vielen Niederländern gehört, die aufgrund von Hunger und Tortur in den Gefängnissen bei der Polizei und den Deutschen starben. Vielleicht werden sie mich der Gestapo übergeben! Dann werde ich wohl nie mehr heimkommen!

Nachmittags um 16 Uhr ließ mich die Polizei frei, aber ich durfte nicht allein nach Hause gehen. Ein Polizeibeamter bekam Bescheid, mich die zwei Kilometer nach Hause zu begleiten, um meinen Eltern zu erzählen, was ich getan hatte. Er schob ein Fahrrad und ich musste neben ihm gehen. Das war natürlich die allergrößte Strafe.

»Hei, Jupp, hat die Polizei dich gefangen ?« »Jupp ist kriminell!«. Wir gingen durch Straßen, in denen die Meisten mich kannten. Die Kinder waren schon von der Schule nach Hause gekommen und die Männer von der Vormittagsschicht in den Kohlengruben. Ich fühlte mich so erniedrigt, sollte diese Erniedrigung nicht bald ein Ende nehmen?

Endlich waren wir zu Hause. Der Polizist winkte mich heran und mit gesenktem Haupte schlich ich mich zur Tür hinein. Jetzt wird alles an den Tag kommen. Aber der Polizist setzte sich auf sein Fahrrad und radelte zurück zur Station. Ich brauchte so den Eltern nichts zu sagen und erzählte diese Geschichte erst später. Natürlich wussten meine Eltern schon, was geschehen war und ebenso alle anderen. Es gab keinen einzigen Menschen in der Stadt, der nicht wusste, dass Joseph Wilting im Gefängnis gewesen war.

Meine Eltern klagten nicht. Sie verstanden die Ungerechtigkeit, die man mir angetan hatte, aber sie wagten nichts zu sagen. Sich der Obrigkeit zu widersetzen, nützte nie und in diesen Besatzungszeiten konnte es direkt lebensgefährlich sein, über irgend etwas zu klagen. Man wusste nie, wer einen bei den Deutschen angeben würde.

Wurde ich durch die Behandlung ein besserer Schüler und Kirchgänger? Ganz im Gegenteil! Es spielte keine Rolle, dass solches Strafen verboten war oder dass meine Eltern nicht unterrichtet wurden. Der Rektor und der Polizeiinspektor konnten machen was sie wollten. Meine Eltern konnten wenig dagegen ausrichten, der Rektor und der Polizeiinspektor hatten auch noch die katholische Kirche im Rücken. Mit der Priesterschaft und der Obrigkeit legte man sich nicht an, jedenfalls nicht auf die Weise, dass die Leute darüber sprachen.

15 Der Krieg geht dem Ende entgegen

Bis Ende 1942 war die Versorgung mit Lebensmitteln relativ gut. Aber mit der Zunahme des illegalen Widerstandes und der Abnahme des Kriegsglückes für die Deutschen wurde die Besatzungsmacht grausamer, härter und rücksichtsloser. Mehrere hunderttausend Juden wurden in Vernichtungslager nach Deutschland deportiert, nur ca. 6000 holländische Juden überlebten. Deutschland beschlagnahmte den größten Teil der Lebensmittel und ich erinnere mich gut, dass mich der Hunger in dieser Zeit oft sehr plagte. Ich wiederholte immer öfter mein Gebet um Frieden. 1944 wurde es in jeder Hinsicht wirklich schlimm und die Stimmung war äußerst gespannt. Nachdem die Deutschen im Juni 1944 die Schlacht in der Normandie verloren hatten, erlebten wir chaotische Zustände.

Damals ereignete sich etwas, das einen bleibenden Eindruck auf mich machte. Noch heute bekomme ich Magenschmerzen, wenn ich daran denke. Das deutsche Militär zog sich zurück und befand sich in völliger Auflösung. Viele der Soldaten hatten die Waffen weggeworfen und überall lag Munition verstreut in der Gegend. Ich selbst hatte ein deutsches Mausergewehr gefunden und benutzte es, um Zielschießen zu üben. Es war wie im wilden Westen, wenn ich jetzt daran zurückdenke.

Ich saß am gleichen Grenzweg, an dem ich im Mai 1940 gesessen hatte und sah eine Gruppe deutscher Soldaten, die auf der Flucht in die Heimat hier vorbeikamen. Viele von ihnen waren sehr alt, mehrere über 60 Jahre. Sie hatten sich aller Waffen entledigt, an den Uniformen konnten ich erkennen, dass es einfache Soldaten waren. Sie begriffen wohl, dass der Krieg verloren und für sie zu Ende war. Sie trugen ziemlich lange grüne Mäntel, die fast bis zum Boden reichten. Die Gesichter waren von tiefer Sorge, Verzweiflung und Hoffnungslosigkeit gezeichnet. Da sie schon viele Tage gegangen waren, vielleicht fast ohne Schlaf, Rast und Verpflegung, schleppten sie sich mühsam vorwärts. Sie hatten sicher nur den einen Gedanken und Wunsch, so schnell wir möglich nach Hause zu kommen. Es wirkte so sinnlos, dass diese alten Menschen einen so großen Einsatz gewagt hatten – und so wenig bekommen hatten. War der Krieg dies wirklich wert?

Nur 500 Meter von unserem Haus entfernt war ein Viadukt oder eine Art Brücke. Als die deutschen Truppen sich zurückzogen, wurde den Weg darunter vermint, da die Deutschen damit rechneten, dass die amerikanischen Truppen auf diesem Weg kommen würden. Aber es gab mehrere deutsche Truppen, die sich noch nicht zurückgezogen hatten und eines Nachts kam eine Kolonne donnernd an unserem Haus vorbei. Kurz darauf hörten wir eine Reihe von Explosionen und wir hörten Männer, die schrien. Diese Schreie werde ich wohl nie vergessen, solange ich lebe. Die Rufe und verzweifelten Schreie währten die ganze Nacht, aber niemand wagte hinauszugehen, solange es dunkel war.

Am Morgen danach liefen wir Buben hinaus, um zu sehen, was geschehen war; der Anblick war so schrecklich, dass Kinder so etwas nie sehen sollten. Menschen und Material lagen rings um den Ort der Explosion verstreut, als ob ein tollwütiger Riese Amok gelaufen wäre. Überall lagen Leichen. Einige waren noch als Menschen erkenntlich, während andere zu einer unidentifizierbaren Masse verbrannt waren. Einigen waren Arme und Beine abgerissen worden, den größten Eindruck machten auf mich jedoch die Leichen im Stacheldraht. Das Tal entlang verlief ein hoher Stacheldrahtzaun von der Art, bei denen der oberste Teil nach vorne gebogen ist, um das Hinüberklettern zu erschweren. Die Kraft der Explosion hatte die Soldaten hoch hinauf in den Zaun geschleudert. Ich erinnere mich an einen, der dort hing, ganz verbrannt, mit dem Kopf nach unten, nur mit ein paar Uniformfetzen bekleidet. Kein Kind sollte so etwas sehen. Solche Erlebnisse prägen sich tief ein und kein Kind kann solche Ängste vergessen wie die, welche ich damals erlebte.

1.6 Die Amerikaner kommen

Mitte September 1944 marschierte die amerikanische Armee in unser Gebiet ein und die Befreiung der südlichen Niederlande stand bevor. Aber es dauerte noch 8 Monate, um den Rest unseres kleinen Landes zu befreien, wo die Deutschen sich in unterirdischen Stellungen und Schützengräben festgesetzt hatten. Es dauerte einige Monate, bis die Alliierten zum Angriff gegen die stark befestigte Siegfried-Linie am Rhein ansetzten und ich erinnere mich, dass wir zu dieser Zeit mehrere amerikanische Soldaten bei uns einquartiert hatten. Als Geste der Dankbarkeit ließen wir die Soldaten in unseren eigenen Betten schlafen, während wir selbst ringsherum auf dem Boden schliefen. In diesen Monaten vor der großen Offensive lernten wir diese Soldaten auch persönlich gut kennen. Ich werde niemals einen mexikanisch-amerikanischen Soldaten vergessen, Candido Chavez. Fast alle Soldaten seiner alten Truppe waren umgekommen, jetzt war er zu einer neuen Abteilung gekommen. Er saß nur in einer Zimmerecke und war ganz apathisch. Stundenlang saß er dort und starrte vor sich hin. Die harten und unmenschlichen Erlebnisse hatten ihn stumpfsinnig und initiativlos gemacht. Wenn ich mit ihm sprach, bekam ich immer eine Antwort, aber das war nur ein kurzes *ja* oder *nein*, gefolgt von einem freundlichen Lächeln. Offensichtlich war er zufrieden und relativ glücklich, mit einer Familie zusammen sein zu dürfen. Wir konnten ebenfalls unsere Freude und Begeisterung vor unseren Befreiern nicht verbergen und das hatte wahrscheinlich einen positiven, aufmunternden Effekt auf die Soldaten. Erst später habe ich verstanden, welche Depressionen viele der Soldaten unter den damals herrschenden chaotischen Kriegszuständen empfunden haben mussten.

Plötzlich kam eines Nachts der Befehl zum Angriff. Tausende von Infanteristen wurden auf große G.M.C.-Lastwagen und große Amphibienfahrzeuge verfrachtet, 20–30 Soldaten in jedem Fahrzeug. Es war Nacht und ich hörte, dass einige der Soldaten laut weinten. Während ich auf der Straße stand, 12 Jahre alt und den Abzug der Soldaten beobachtete, weinte ich auch. Ich gab Gott ein feierliches Versprechen, niemals in meinem Leben an einer kriegerischen Auseinandersetzung teilzunehmen.

1.7 Ich beginne, den Glauben an die Kirche zu verlieren

Schon früh am nächsten Tag kamen Tausende von Gefallenen zurück, auf einen Autoanhänger gestapelt. Mein ältester Bruder Willy, 16 Jahre alt, half mir, sie zu beerdigen. In unserer Stadt Brunssum, in Margraten und in anderen nahegelegenen Orten liegen Tausende von alliierten Soldaten begraben.

Diese bitteren Erlebnisse trugen dazu bei, mein Bild von der Religion der großen katholischen und protestantischen Kirchengemeinschaften zu formen. Meine Erlebnisse mit der wirklichen, harten Welt hatten mir die Illusionen und den Glauben an die Kirche als der Kirche Gottes geraubt. In meinem Innersten hatte ich von der katholischen Kirche und von anderen großen Kirchengemeinschaften Abstand genommen. Da viele meiner amerikanischen Befreier, ebenso wie viele deutsche Soldaten, Katholiken waren, gab ich diesen die Verantwortung für den Krieg. Meiner Meinung nach hätten die Kirchen verhindern können, dass ihre Gläubigen an diesem Konflikt teilnahmen, aber sie hatten nichts Positives in dieser Richtung unternommen, ganz im Gegenteil!

Später erwies sich auch, dass meine Zweifel und meine Annahmen richtig waren. Ich hatte entdeckt, dass es viel Korruption gab und der autoritäre katholische Einfluss auf die Leute war in allen Teilen der Bevölkerung deutlich zu sehen und zu fühlen.

Zum Beispiel bekam mein Schwager erst dann eine höhere Stellung, als er zum Katholizismus konvertierte. Wenn irgend etwas bei der Arbeit schiefging oder misslang, konnte man es mit Hilfe des Pfarrers wieder in Ordnung bringen. Die Kirche hatte eine kolossale Macht und war eigentlich diejenige, die an den meisten Fäden zog und die Gesellschaft regierte, so überlegte ich. Das war auch dem gewöhnlichen Kirchenbesucher bewusst.

Auch wenn man mit Abscheu beobachtete, wie die Kirche ihre Macht durch ihre religiösen Führer missbrauchte, konnte man gegen diesen massiven Machtfaktor nichts unternehmen. Dennoch war die Kirche vorerst in meiner Kindheit kein Problem für mich, selbst wenn Respekt nicht gerade eine treffende Beschreibung meines Verhältnisses zu ihr war.

Der Krieg hatte sich in unserem Lande fest etabliert. Die Löhne stagnierten und es gab wenig Lebensmittel in den Geschäften. Die Rationierungskarten reichten selten aus, um hungrige Kindermäuler zu stopfen.

1.8 Bettelfahrt aufs Land

Materiell gesehen war meine Familie arm. Ich ging mit verschlissenen Kleidern und im Sommer barfuß, um Schuhwerk zu sparen. Ich schämte mich dessen und fühlte, dass ich nichts wert war. In diesen Zeiten ging es nicht nur uns so, auch den meisten anderen. Es half natürlich niemandem, dass es den anderen ebenso schlecht ging. 1944 gab es eine Zeit lang für die Arbeiterfamilien überhaupt kein Essen. Mutter war verzweifelt und bat mich schließlich, von Bauernhof zu Bauernhof zu gehen und um Essen zu bitten. Ich hasste diese Situation, ich hasste, zu betteln. Ich hasste es, vor den Augen der Mittelklassekinder erniedrigt zu werden, ich fühlte mich von früher her genug erniedrigt. Aber ein leerer Magen ist ein großer Überredungskünstler und er lässt den Stolz vergessen. Letztlich hatte ich keine andere Wahl, als von der Stadt aufs Land zu gehen, um Essen zu erbetteln.

Obschon ich den Gedanken, betteln zu gehen, verabscheute, war der Hunger nicht mehr zu ertragen. Darum hielt ich auch die Erniedrigung aus, von Hof zu Hof zu gehen. Viele Bauern konnten mir nichts geben und antworteten, dass sie selber auch kein Essen hätten. Sie hatten es nicht geschafft, mehr zu produzieren, als die Deutschen und die Behörden verlangten und saßen selbst mit leeren Händen da. An einzelnen Höfen bekam ich dennoch ein Stück Brot, aber ich musste es auf der Stelle aufessen, damit ich es nicht auf dem schwarzen Markt verkaufte.

1.9 Das Vertrauen zur Kirche wird noch schlechter

Wie bei einigen Kameraden aus meiner Jugend verschwanden auch bei mir die letzten Reste eines möglichen Vertrauens zur Kirche. Der Krieg war die Ursache für vieles, so auch für die Erkenntnis, dass *Wild-West* kein Kinderspiel, sondern blutiger Ernst war. Als Jugendliche gewöhnten wir uns daran, Essen zu stehlen, zuerst von den Deutschen, später von den Alliierten. Ich war ebenfalls bei einigen Einbrüchen dabei, bei dem letzten durfte ich nicht mitmachen. Dabei wurden meine Kameraden erwischt und sie gaben alles zu, auch dass ich früher mit dabei gewesen war. Sie wurden schnell verurteilt und ins Gefängnis geworfen, während ich selber davonkam weil ich Katholik war. Da ich selbst jedoch genauso schlecht gewesen war wie meine Kameraden, empfand ich das System als total verdorben und ungerecht, ich konnte nicht anders, als über meine Kirche enttäuscht sein.

Ich will nicht versuchen, den Eindruck zu erwecken, dass ich nicht froh war, ohne Strafe davongekommen zu sein, aber ich sah dennoch klar, welche Ungerechtigkeit praktiziert wurde. Während meine drei Kameraden im Gefängnis saßen bis sie 21 Jahre alt waren, also eine Zuchthausstrafe von 5-6 Jahren verbüßten, kam ich ohne Strafe davon. Natürlich war ich froh, sehr froh sogar. Doch brachte mich dies dazu, darüber nachzudenken, welche Macht die katholische Kirche über die *Gerechtigkeit* hatte. Ich selbst hatte die gleichen Verbrechen begangen wie meine drei Kameraden, aber weil ich Katholik war, wurde mir vergeben.

Es gab noch eine andere Episode, die mich erschreckte, als ich 16 Jahre alt war. Die Eltern einiger meiner Kameraden waren entweder Kommunisten oder Sozialisten, und ich half einem Kameraden, die kommunistische Zeitung FREIHEIT auszutragen. Ein Polizist hielt uns an und wollte meinen Namen wissen, den er in sein Notizbuch schrieb. Ein Jahr später bewarb ich mich bei einer Internatsschule für Seeleute; da bekamen meine Eltern Besuch von diesem Polizisten. Ich war als *Kommunist* registriert. Meine Eltern mussten ihn überzeugen, dass es nur ein einziges Mal gewesen wäre, wo ich in jugendlichem Übermut und Dummheit einem Kameraden geholfen hätte, damit er schneller fertig würde und dass ich absolut kein politisches Interesse hätte, weder in der einen noch in der anderen Richtung.

Noch einmal bewies die katholische Hierarchie ihre Macht. Hätten die Behörden an *ihren Annahmen* festgehalten, die meine *politische Einstellung* betraf, so wäre die Bewerbung abgelehnt worden. So wurde sie indessen angenommen. Das schockierte mich und wieder fühlte ich, wie machtlos der Einzelne gegenüber der großen katholischen Hierarchie war. Mein Kamerad hatte nämlich ebenfalls keine politischen Interessen, aber er war unwiderruflich abgestempelt. Weder er noch seine Eltern waren Katholiken und als Folge dieses Makels musste er in den Gruben arbeiten. Die katholische Hierarchie wollte über das Leben jedes einzelnen bestimmen und hatte offenbar auch die Mittel, dies zu tun. Ich verlor fast jeden Glauben an meine Kirche und fühlte mich mit einem Mal ohne jede Zugehörigkeit zu irgend etwas. Gleichwohl war ich der Kirche ausgeliefert.

Materiell gesehen waren wir, wie schon erwähnt, arm. Ich ging mit verschlissenen Kleidern und schlechtem Schuhwerk. Ich schämte mich über die Armut und fühlte mich im Innersten minderwertig. Die Tatsache, dass andere es nicht viel besser hatten, war kaum ein Trost. Für uns wurde es deshalb nicht besser. Ich erinnere mich, dass meine Mutter uns mit allen Mitteln das Notwendigste herbeischaffte.

Wie schon erwähnt, war mein Vater ein ganz ruhiger und besonnener Mann. Eines Tages, Mutter hatte gerade neue Rationierungskarten geholt, sagte sie, dass es an der Zeit sei, diese bei der Gemeindeverwaltung zu holen. Vater machte sich auf den Weg und bekam natürlich von dem zuständigen Beamten Bescheid, dass die Familie ihre neuen Rationierungskarten schon bekommen habe. Natürlich weiß ich nicht, was dort auf dem Amt geschah, aber als Vater nach Hause kam, leicht gerötet im Gesicht und mit einem verbitterten Zug um den Mund, hatte er neue Rationierungskarten bei sich. Hätte er gewusst, dass Mutter ihn hinter das Licht geführt hatte, so wäre er rasend geworden und darum erfuhr er dies erst nach dem Krieg.

Obschon wir in die Kirche gingen, die Predigten hörten und an den Ritualen der katholischen Kirche teilnahmen, gab uns dies keine Kraft für den Alltag. Ich verstand natürlich überhaupt nichts von dem, was gesagt wurde, da die Messe auf Latein war. Während wir in der Kirche waren, erfüllte mich eine innere Ruhe, aber sobald wir wieder draußen waren, waren wir wieder die weltlichen Menschen. Schon zu dieser Zeit vermisste ich den lebendigen Glauben, die Hoffnung, etwas, wofür zu Leben es sich lohnte. Mein Vater war ein gläubiger Mann, meine Mutter aber ging nicht in die Kirche. Ich selbst fühlte mich einsam und verloren. Das Leben wurde so hoffnungslos mit einer so großen Macht über einem. Es nützte nichts, gegen sie anzukämpfen.

Ich kann mich nicht erinnern, dass wir jemals ein Gespräch über Gott oder über den Predigttext der Messe führten. Die Kirche ermunterte uns nicht, Gottes Wort zu lesen, ja, zu dieser Zeit war es für Katholiken immer noch tabu, in der Bibel zu lesen. In unserem Heim hatten wir nie eine Bibel gesehen. Im Kloster waren die Nonnen freundlich zu mir, aber der Pastor und der Kaplan in der Kirche verletzten mich tief, als sie mir nicht erlaubten, im Chor mitzusingen. Ich hatte Mut gefasst und gefragt, ob ich mit im Chor singen dürfe, da ich gerne Chorgesang hörte. Ich glaubte, dass das Leben leichter wäre, wenn ich dort mitmachen dürfe, aber es wurde mir verwehrt. Im Ganzen gesehen war das Einzige, was die Kirche mir gab, wiederholte Enttäuschungen, eine nach der anderen.

Die Routine war wie folgt. Sonntags ging ich um 10 Uhr zur Messe, da sang der gewaltige Chor. So ferne Gott im Alltag war, so fühlte ich seine Nähe oder glaubte sie durch die phantastischen gregorianischen Gesänge zu fühlen. Gleichzeitig fühlte ich jedes Mal einen Schmerz, da ich selbst den Wunsch hatte, mitsingen zu dürfen.

Der Wahnsinn des Krieges hatte in mir eine Angst vor Regierungsmächten hervorgerufen. Die Beteiligung der großen Kirchen an den Kriegen hatte meinen Glauben an die Kirche als einer Institution, die von Gott geleitet wurde, geschwächt. In einem Alter, wo ich mich über ein sorgloses Leben hätte freuen sollen, hatte ich schon begonnen, über Dinge nachzugrübeln, die ringsum in der unruhigen Zeit geschahen. Warum ließ Gott so viele Grausamkeiten geschehen? Warum griff er nicht ein und hielt die Soldaten auf?

1.10 Der letzte Rest von Vertrauen zur Kirche verschwindet

Die Dinge, die ich aus den Gesprächen der Leute über die Priester und die Kirche erfuhr, trugen nicht gerade dazu bei, meine negative Sicht bezüglich der Kirche zu verbessern. Wenn man irgend etwas im Leben erreichen wollte, ein fleißiger Kirchgänger war und sich gut mit dem Priester verstand, konnte man mit der Hilfe der Kirche rechnen. Jeder aber, der sehen wollte und sich selbst gegenüber ehrlich war, konnte Verfall, Doppelmoral, Heuchelei und Machtmissbrauch entdecken. Wie schon früher erwähnt, wurde mein Schwager erst dann in der Grube befördert, als er vom protestantischen zum katholischen Glauben übergetreten war. Die autoritäre Machtposition der Kirche erschreckte mich.

Ich wohnte in einem Milieu, in dem aufgrund der Bergwerke und der traditionellen und liberalen Haltung, welche die Niederländer seit jeher hatten, fast alle europäischen Bevölkerungsgruppen repräsentiert waren. Das führte dazu, dass wir, obschon die meisten einfache Arbeiter waren, sehr gut darüber informiert waren, was im übrigen Europa geschah. Besonders die Haltung der Kirche zum Krieg und die Zusammenarbeit der kriegführenden Nationen mit dem Vatikan wurde heftig diskutiert. Einer meiner Nachbarn, der gegen das Franco-Regime in Spanien gekämpft hatte, kam enttäuscht zurück. General Franco hatte die rechtmäßig errichtete Republik angegriffen und mit Hilfe der loyalen Söhne des Vatikans – Hitler und Mussolini – gestürzt. Die katholische Kirche in Spanien sprach begeistert von Mussolinis faschistischem Regime und betrachtete den Krieg in Äthiopien als Triumph für das Kreuz Christi, als Wegbereiter für die Befreiung der Sklaven. Als der katholische Hitler 1933 zur Macht kam, ging die Hierarchie schnell ein Konkordat mit dem Naziregime ein. Katholische

Bischöfe und Kardinäle kamen mit Loyalitätserklärungen für Hitler und dankten ihm für den siegreichen Vormarsch der Truppen.[1]

Als ich 1955 ein großes Treffen der Zeugen Jehovas in Nürnberg besuchte, wohnte ich zusammen mit einem Zeugen Jehovas aus Oslo bei einer deutschen Witwe. Ihr Mann war einer der ersten gewesen, der beim Angriff auf Polen gefallen war. Sie war immer noch der Meinung, dass ihr Mann für eine *heilige* Sache gefallen war, um die Polen von Unterdrückung und Sklaverei zu befreien. Das lernte sie durch die deutsche Propaganda und die Kirche. Die Kirche war während des ganzen Krieges eine treue Stütze Hitlers. Alle Soldaten Hitlers trugen eine Gürtelspange mit der Aufschrift GOTT MIT UNS und alle hatten den Segen des Papstes und der Bischöfe. Das Gleiche hatten natürlich die Soldaten der anderen Seite, ausgesprochen von einem anderen Bischof.

Später erfuhr ich, dass nicht alle Laien, Geistlichen und Funktionäre der katholischen und der protestantischen Kirche mit Hitler übereinstimmten.[2] Viele von ihnen meldeten sich zu Wort und wurden als Folge aus ihren Ämtern entfernt und verfolgt. Etliche kamen in deutsche Konzentrationslager und verloren ihr Leben.

Spätere Erlebnisse verstärkten mein negatives Bild der christlichen Kirchen. 1949 schrieb der Feldpriester Kjell-Petter Dahl in der Broschüre CHRISTENTUM UND KRIEG folgendes:

> *... aber der beste Christ sollte der beste Soldat sein, d.h. der am meisten pflichtgetreue ... Er muss Methoden und Mittel lernen, die seinen edelsten Gefühlen widerstreben (z. B. das den Kommandotruppen so bekannte* silent killing*), aber da muss er hindurch. Er muss in seinen Ansichten ganz konsequent sein ... Wenn der Christ im Krieg aus Mordlust und Hass tötet, so sündigt er. Aber ein Christ kann Hass und Mordlust meiden, auch in den härtesten Kämpfen. Er kann* sachlich töten.
>
> CHRISTENTUM UND KRIEG

Aufgrund dessen, was ich während des Krieges mit eigenen Augen gesehen hatte und was ich später hörte und las, wurde der Entschluss, den ich als Zwölfjähriger gefasst hatte, nie an einer militärischen Auseinandersetzung teilzunehmen, aufs Äußerste bestärkt. Erlebnisse während und nach dem zweiten Weltkrieg formten mein Menschenbild in einer unglücklichen Weise.

1 New York Times 17-2-1940, Philadelphia Record 28-8-1940

2 Anm.d.Übers.: eine anfängliche Zustimmung in Deutschland verwandelte sich bekanntlich zunehmend in eine regimekritische Haltung.

Kapitel 2

Meine erste Begegnung mit den Zeugen Jehovas

An einem schönen Sommertag gleich nach Kriegsende beobachtete ich eine kleine Gruppe von Menschen, die an die Türen in unserer Straße klopften. Unser Haus kam dann auch an die Reihe und meine Mutter öffnete ihnen. Neugierig beobachtete ich, was passierte. Sie erzählten von einem Reich, das kommen sollte und dass die Erde ein Paradies werden sollte. Die Leute behandelten sie nicht gerade freundlich, ganz im Gegenteil. Ich hörte und sah auch, wie meine eigene Mutter sie verspottete, während einige andere zuhörten. Das veranlasste einige Kinder, ihnen mit Schimpfworten zu begegnen und Steine nach ihnen zu werfen. Als ich sah, wie schlecht die Leute sie behandelten, war mir zum Weinen zumute. Gleichzeitig schämte ich mich für meine eigene Mutter, welche die Zeugen Jehovas ironisch und spottend behandelte.

Es waren ganz besonders zwei Dinge, die sich mir einprägten. Zum Ersten war ich sehr beeindruckt, dass sie mutig und eifrig an alle Türen klopften. Zum Anderen imponierte mir, dass sie Hohn und Spott ertrugen, ohne etwas zu entgegnen.

Diese Eindrücke waren wichtige Momente, die später dazu führten, dass ich Zeuge Jehovas wurde. In den folgenden Jahren konnte ich dieses Erlebnis nicht vergessen. Im Gegenteil, ich dachte immer öfter über diese Menschen nach, die so anders waren als diejenigen, die ich aus meiner katholischen Heimatstadt kannte. Diese Menschen waren in vieler Hinsicht genau so, wie ich selbst in der Schule gewesen war, sie wurden verfolgt, aber sie schafften es, die Bürde mit erhobenem Haupte zu tragen.

So begann der Lauf der Dinge. Eines Tages zog eine neue Familie in unsere Straße und die Gerüchte besagten, dass der Mann eine hohe Stellung bei den Zeugen Jehovas hatte. Das kam vielleicht daher, dass der Mann Bischof hieß, aber das war sein Name – nicht sein Titel. In der Nachbarstraße wurden die Schwestern Margje und Zanna sowie ihr älterer Bruder Thomas Zeugen Jehovas. Von diesen kannte ich besonders die Schwestern gut, die in meinem Alter waren. Auch einer meiner alten Klassenkameraden, Tony Grunsven, wurde Zeuge Jehovas. Der Klatsch nahm zu und die negativen Bemerkungen über die Zeugen Jehovas lösten eine Zeitlang die nach und nach langweilig werdenden Diskussionen über die Priester in der katholischen Kirche ab.

Ich verstand das nicht. Priester und Katholiken kannte ich und ich verstand die Kritik, die gegen sie gerichtet war. Aber diese Menschen, die jetzt Zeugen Jehovas geworden waren, kannte ich als einfache, aufrichtige Menschen. Ich konnte den Grund für all das Gerede, das sie umgab, nicht verstehen.

Als die Zeugen Jehovas ein Treffen in Venlo, das ganz in der Nähe lag, veranstalteten, versuchte eine Volksmenge unter der Leitung der katholischen Priester, die Veranstaltung zu verhindern. Bevor das Treffen begann, gingen die Zeugen Jehovas von Haus zu Haus, um die Leute zu fragen, ob sie einen oder mehrere Zeugen Jehovas während des Treffens beherbergen könnten. Dies war eine von den vielen Taktiken, die benutzt wurden, um mit den Leuten in Kontakt zu kommen und sie so mit ihrer Botschaft zu erreichen.

Die katholische Kirche warnte ihrerseits die Leute von der Kanzel: »Lasst die Zeugen Jehovas nicht in euer Haus«, lautete die Warnung. Aber diese Warnung wie auch der Aufmarsch der Gegner dieses Treffens hatten genau die entgegengesetzte Wirkung. Die meisten Menschen waren sich im klaren darüber, wofür die Kirche eintrat, viele standen ihr sogar sehr kritisch gegenüber. Die Zeitungen zeigten an der Sache Interesse und die meisten Leute wurden neugierig. Die Zeugen Jehovas hatten für dieses Treffen eine Halle in der Stadt gemietet und hatten darüber auch einen Vertrag abgeschlossen. Aber auf Druck des örtlichen Priesters musste der Besitzer den Vertrag mit den Zeugen Jehovas brechen.

Da sie keine Halle mieten konnten, bekamen die Zeugen Jehovas schließlich doch noch ein großes Zelt geliehen. Während des Eröffnungsvortrages zu diesem Treffen hatten die örtlichen katholischen Priester eine große Menge Pöbel versammelt und diese riefen, schrien und tobten fürchterlich mit der Absicht, dass die Anwesenden den Redner nicht verstehen sollten. Der Redner, Herr Reintjes, der auch juristischer Ratgeber für die Wachtturmgesellschaft in den Niederlanden war, verkündete über den Lautsprecher, dass dies nach niederländischem Recht eine Gesetzesverletzung sei und verlangte, dass die Polizei die katholischen Priester verhaftete, die für die Ungesetzlichkeit verantwortlich waren. Die Priester wurden danach tatsächlich verhaftet und für ihr Verhalten verurteilt. Die Demonstration löste sich von selbst auf, nachdem die Priester verhaftet waren. Jeder Mob muss einen Führer haben und wenn der Führer entfernt wird, löst sich der Mob von selbst auf.

Es begann auch ein Gerücht zu kursieren, dass Jehovas Zeugen nachts in weiße Laken gekleidet umherwanderten und die Leute fragten, ob sie sich fürchteten zu sterben. Diese Geschichte war natürlich erfunden, sie war von Katholiken in die Welt gesetzt, welche die Zeugen Jehovas in ein schlechtes Licht bringen wollten. Diejenigen, welche die Gerüchte verbreiteten, wurden ebenfalls verhaftet und verurteilt. Diese Ereignisse stärkten nicht gerade mein Bild von der Kirche als der *Kirche Gottes*.

Das Ergebnis all dessen war, dass die Sympathie für die Zeugen Jehovas zunahm statt abnahm, also gerade das Gegenteil dessen, was die katholische Kirche beabsichtigt hatte. Auch ich selbst begann mit den Zeugen Jehovas zu sympathisieren.

2.2 Die Zeugen Jehovas werden von *allen* verfolgt

Mein Schwager wurde zum Sprengmeister in einer der Kohlengruben befördert. Er erzählte mir, dass die Gestapo sich 1942 während der Besatzungszeit die Mühe machte, in die Grube einzufahren, um einen seiner Männer, Hennes Piper, der Zeuge Jehovas war, zu verhaften. Er wurde sofort in ein Konzentrationslager nach Deutschland gebracht, da er deutscher Abstammung war. Er wäre allerdings, auch wenn er nicht Deutscher gewesen wäre, dorthin gekommen, da alle Zeugen Jehovas zu dieser Zeit interniert wurden. Man brauchte nicht einmal Zeuge Jehovas sein, es genügte, wenn die Deutschen einen WACHTTURM oder ein ERWACHET! bei jemandem zu Hause fanden.

Vier von Pipers Schwestern waren auch Zeugen Jehovas, sie entkamen natürlich auch den Deutschen nicht. Sie alle wohnten mit ihren Familien nicht weit weg von mir. In der Nähe meiner Wohnung wurden verschiedenen Personen verhaftet und in deutsche Konzentrationslager gebracht, ebenso wie Hennes Piper, weil sie Verbindung mit Zeugen Jehovas hatten oder selbst Mitglieder waren. Diejenigen, die überlebten und zurückkamen, waren oft nicht mehr fähig, normale Arbeit auszuführen. Man erklärte mir, dass die Ursache dafür die Leiden der Konzentrationslager waren und diese Menschen waren Zeugen Jehovas, bevor sie verhaftet wurden. Wie erwähnt, genügte es, einen WACHTTURM oder DAS GOLDENE ZEITALTER (heute: ERWACHET!) zu besitzen, um verhaftet zu werden. Warum sie überhaupt verhaftet wurden, verstand ich zuerst nicht, aber nach und nach begriff ich es. Die Deutschen betrachteten die Zeugen als Bedrohung, da sie konsequent den Kriegsdienst verweigerten. Sie verweigerten nicht nur den Dienst mit der Waffe, sondern auch den Zivildienst. Letzteres, so meinten sie, sei nur ein Ersatz für den Militärdienst und deshalb ein Bruch mit ihrer christlichen Integrität. Da diese Einstellung sie auch als Arbeiter in den Waffenfabriken untauglich machte, begann Hitler sie selbst und auch ihre Sympathisanten zu verfolgen.

Die eigentliche Ursache, warum die Zeugen Jehovas während des Krieges verfolgt wurden, war nicht in erster Linie die Kriegsdienstverweigerung. Die Wachtturmgesellschaft verbot ihnen auch, zivile Dienste auszuüben, somit konnten die Behörden sie zu gar nichts gebrauchen und das machte sie rasend. Als Resultat der Politik der Wachtturmgesellschaft wurden Tausende von Zeugen Jehovas – ganz unnötigerweise – in den Konzentrationslagern getötet. Ich wusste damals nichts davon, aber es wurde mir später klar.

Ebenfalls später entdeckte ich, dass auch die Leiter der ZJ durch viele extreme Forderungen wie z.B. das Verbot der Bluttransfusion und der Transplantation von Organen unnötigerweise Tausende von Menschen in den Tod getrieben haben. Auf diese Weise haben gewissenlose Leiter Märtyrer geschaffen. Aus dem Beweggrund, mehr Macht, Geld und Aufmerksamkeit zu erlangen, wurden hunderte Gerichtsverfahren, oft wegen unwesentlicher Dinge, bewusst hervorgerufen.[1] Um die Aufmerksamkeit auf sich zu lenken, war es notwendig, ein Kriegsklima zu erzeugen und dafür zu sorgen, dass man angeklagt wurde, während man gleichzeitig den Eindruck zu vermitteln suchte, man werde verfolgt. Es war auch bewusste Politik der Wachtturmgesellschaft, sich bei den Menschen verhasst zu machen. Die vielen lächerlichen Verbote wie das Feiern von Geburtstagen, Weihnachten, Ostern, Pfingsten und nationalen Festtagen usw. wurden den Zeugen bewusst auferlegt. Auf diese Weise sah es so aus, als ob die Zeugen wegen Ihres Glaubens Märtyrer seien. Zu den unmöglichsten Zeiten an die Türen der Leute zu klopfen, sehr früh am Vormittag oder am Sonntagvormittag oder -nachmittag ist ein bewusst gewähltes Mittel, um diesen *Hass* an Leben zu halten.

2.3 Jehovas Zeugen unterstützten Hitler

Heutzutage ist bekannt, dass Jehovas Zeugen in Hitlerdeutschland verfolgt wurden, dagegen weiß kaum jemand, dass die Wachtturmgesellschaft am Anfang versucht hat, Hitler zu besänftigen. Sie unterstützte sogar seinen Aufruf gegen die Juden! Diese Tatsache haben die Geschichtsfälscher der Wachtturmgesellschaft aus dem einen oder anderen Grund *vergessen*. Um

1 William J. Schnell, 30 Years Watch Tower Slave, Hoofstuk 12

die Erinnerung daran aufzufrischen, werde ich ganz kurz erzählen, was eigentlich geschah.

1929 schrieb Präsident Rutherford das Buch LIFE, das projüdisch war. In der Zwischenzeit revidierte Rutherford ungeheuer rasch seine Meinung über die Juden und 1932 kam ein neues Buch mit dem Titel VINDICATION[2] heraus. Ich werde ein wenig daraus zitieren:

> *Die Juden wurden aus Palästina vertrieben und* euer Haus wird euch öde gelassen werden, *weil sie Jesus Christus verwarfen, Jehovas geliebten und auserwählten König. Bis heute haben die Juden diese böse Tat nicht bereut, die von ihren Vorvätern verübt wurde. Viele von ihnen sind . . . aus egoistischen und sentimentalen Gründen . . . nach Palästina zurückgekehrt . . .Den Juden wurde mehr Aufmerksamkeit gewidmet, als sie in Wahrheit verdienen.*[3]
>
> RUTHERFORD

1933 reisten Rutherford und Knorr nach Berlin und dort wurde in Eile ein Kongress einberufen. 7000 deutsche Zeugen Jehovas waren anwesend und es wurde ein Beschluss gefasst. In diesem unterstützt die Wachtturmgesellschaft zum Teil das Judenbild der nationalsozialistischen Regierung Hitlers und enthält klare antijüdische Aussagen. Nach dem Treffen wurden 2,1 Millionen Kopien dieses Beschlusses über ganz Deutschland verteilt und an alle Regierungsstellen gesandt.[4] Die Wachtturmgesellschaft erweckt heute den Anschein, als ob dieser Beschluss einen klaren Standpunkt gegen Hitler und seine Regierung bezogen hätte[5], aber das ist beim besten Willen nicht korrekt. Das Ganze war ein Versuch, den Führer und seine Partei zu besänftigen, ein Versuch, Hitler dazu zu bewegen, die Zeugen frei arbeiten zu lassen, wie es unter anderem die Kirche tun konnte.

Obschon die Wachtturmgesellschaft betonte, dass sie von Hitlers Nazipartei deutlich Abstand nähme, so steht im YEARBOOK OF JEHOVAH'S WITNESSES 1974, dass viele Teilnehmer am Treffen in Berlin von der *Resolution* enttäuscht waren und dass sie eine stärkere Verurteilung der Nazis wünschten. Tatsache ist, ob sich jetzt die Zeugen Jehovas daran *erinnern* oder nicht, dass die Wachtturmgesellschaft immer sehr deutschfreundlich war. In dem Jahrbuch wird nämlich auch ein Brief der Gesellschaft an Hitler zitiert, in

2 Rutherford, Joseph Franklin: Vindication; Brooklyn: Watch Tower Bible and Tract Society, 1931-32

3 Vindication: Seite 257-258

4 Yearbook 1974, Seite 110–111

5 Jehovah's Witnesses in the Divine Purpose, Seite 130

dem u.a. stand, dass in den USA die Führungsschicht der Wachtturmgesellschaft lange Gefängnisstrafen bekam, da sie sich weigerte, in zweien ihrer Blätter antideutsche Propaganda drucken zu lassen.

Neben vielem anderen, was man über diese Behauptung sagen könnte, ist sie auch eine blanke Lüge. Es ist richtig, dass die Leitung ins Gefängnis kam, aber der Grund war nicht der vorhin erwähnte. Der Prozess gegen die Wachtturmleitung begann am 3. Juni und die Anklage, die gegen sie erhoben wurde, war sehr umfassend. Unter anderem wurden sie angeklagt, dass sie

auf ungesetzliche und verbrecherische Weise und mit Absicht versucht hätten, zu Ungehorsam und Illoyalität aufzurufen und die Leute zu ermuntern, den Dienst beim Militär und bei der Marine der USA zu verweigern. Als Beweis wurde eine Reihe von Publikationen genannt, darunter Band 7 der SCHRIFTSTUDIEN, der WACHTTURM und andere. Es machte natürlich die Sache für die Wachtturmgesellschaft nicht leichter, dass der zuständige Richter ein großer Gegner des *religiösen Pazifismus* war, aber dieser Umstand war den Verteidigern nicht bekannt. Das Urteil in dieser Sache spiegelte auch die Ansicht des Richters in dieser Sache wider und bei der Zusammenfassung sagte Richter Hower unter anderem folgendes:

> *Die religiöse Propaganda, die diese Menschen betreiben, ist schädlicher als eine Division (1.200 Mann) deutscher Soldaten. Sie haben nicht nur ihre Zweifel gegenüber den Gerichten und dem Nachrichtendienst des Heeres geäußert, sondern auch alle Priester in sämtlichen Kirchengemeinschaften angeklagt. Die Strafe muss sehr streng sein.*[6]
>
> HO"-WER

Sie wurde es auch, denn am 22. Juli 1918 wurden alle zu 20 Jahren Gefängnis verurteilt.[7]

Lassen Sie uns deshalb ein wenig den Inhalt dieser Resolution betrachten, die u.a. Hitler übersandt wurde.

Es ist auf lügnerische Weise von unseren Feinden behauptet worden, dass wir für unsere Arbeit finanzielle Unterstützung von den Juden bekommen haben. Nichts ist weiter von der Wahrheit entfernt . . . Das größte und unterdrückerischeste Imperium der Erde ist das anglo-amerikanische Imperium. Damit ist das britische Imperium gemeint, von dem die Vereinigten Staaten von Amerika ein Teil sind. Es waren die kommerziellen Juden im britisch-amerikanischen Imperium, welche die ökonomische Großmachtpolitik als Mittel der Ausnutzung und Unter-

6 Faith on the March S. 9
7 Jehovah's Witnesses in the Divine Purpose, Kapitel 12

drückung von Menschen vieler Nationen aufgebaut und entwickelt haben . . . Diese Tatsache ist in Amerika unbestritten, es gibt sogar ein Sprichwort darüber, die Stadt New York betreffend, welches lautet: »Die Juden besitzen sie, die irischen Katholiken regieren sie und die Amerikaner bezahlen die Rechnung«.[8]

Als ob das bisher Erwähnte nicht kompromittierend genug wäre, fährt die Wachtturmgesellschaft fort: *Die jetzige Regierung in Deutschland hat gegen die* Big Business-*Unterdrücker Stellung bezogen und ist gegen falschen religiösen Einfluss auf die politischen Angelegenheiten der Nation. Das ist auch unsere Einstellung . . .Anstatt Gegner dieser Prinzipien zu sein, welche die deutsche Regierung vertritt, stehen wir ganz und fest zu diesen Prinzipien und weisen darauf hin, dass Gott Jehova durch Jesus Christus die volle Verwirklichung dieser Prinzipien bringen wird.*[9]

Hitler glaubte jedoch nicht Brooklyns Propheten, vielleicht auf Grund der folgenden Aussage im Buch DIE REGIERUNG DER ZUKUNFT von 1931 (dänische Ausgabe). Auf Seite 298 schreibt Rutherford: . . . *die Regierung der Vereinigten Staaten (die Regierung, welche doch die idealste auf der Welt ist.)*

Hitler begann mit der Verfolgung der Zeugen und erst dann verurteilte ihn die Wachtturmgesellschaft. Dies nur zur Korrektur der Geschichte!

8 1934 Yearbook, S. 134 1934 Yearbook, S. 135, 136, 138-9
9 1934 Yearbook, S. 135, 136, 138f.

Kapitel 3

Die Indoktrinierung beginnt

3.1 Ich will nicht Soldat werden

Da ich nicht Soldat werden wollte, glaubte ich, dass es jetzt an der Zeit wäre, Stellung zu nehmen. Wie sollte ich den Behörden klar machen, dass ich nicht zum Militär wollte? Was sollte ich sagen? Ich musste meinen Standpunkt zum Krieg und meine Ansichten über den Staat auf ehrliche und glaubwürdige Weise klarlegen, und ich wusste, dass die Einberufung zum Militär 1948 oder 1949 kommen würde.

In den Jahren nach dem zweiten Weltkrieg drehten sich meine Gedanken oft um meine pazifistische Haltung; ich war mir darüber im klaren, dass ich alles tun würde, um dem Militärdienst zu entgehen.

Mit der Zeit begegnete ich immer mehr Zeugen Jehovas. Es war fast unvermeidbar, da sie ständig von Haus zu Haus gingen und ihre Literatur anboten. Sie machten dies auch auf der Straße. 1949 fuhr ich zur See und segelte u.a. auf norwegischen Booten. In den verschiedenen Teilen der Welt traf ich Zeugen Jehovas eifrig bemüht bei der gleichen Tätigkeit wie in den Niederlanden. Einmal übernachtete ich in einem kleinen Hotel in den USA und fand auf dem Nachttisch die Schriften WACHTTURM und ERWACHET! Auch in New York sah ich sie ebenfalls damit beschäftigt, ihre Literatur anzubieten. Diese Erlebnisse überzeugten mich, dass die Zeugen Jehovas eine große internationale Organisation waren und mein Respekt vor den Zeugen wuchs.

Als ich 18 Jahre alt war, bekam ich die Einberufung zum Militär, aber da ich zur See fuhr, konnte ich mich zu diesem Zeitpunkt nicht melden. Jetzt konnte ich dies jedoch nicht länger aufschieben und musste deshalb in die Niederlande reisen, um die Sache zu klären.

Wieder daheim in den Niederlanden, nach einem kurzen Aufenthalt in Norwegen, begann ich nach den Zeugen Jehovas zu suchen. Wo sollte ich sie finden? Familie Bischof, von denen ich wusste, dass sie Zeugen Jehovas waren, hatte in unserer Straße gewohnt. Jetzt waren sie in eine andere Ecke der Stadt verzogen, aber es gelang mir, ihre neue Adresse ausfindig zu machen.

Ich hatte – wie schon erwähnt – mehrere Bücher und Hefte gelesen, bevor ich Bischofs aufsuchte. Neben den Büchern des Wachtturms hatte ich in den letzten drei Jahren viel in der Bibel gelesen und das, was ich gelesen hatte, hatte mich mit Freude und Sicherheit erfüllt. Obschon ich viel

Zeit damit verbrachte, die Bibel und biblische Literatur zu studieren, behielt ich meine Angst vor der Religion als Institution. Die großen Kirchen hatten mich tief enttäuscht, ich konnte niemals ihre Rolle während des Krieges vergessen. Ich hielt immer noch Ausschau nach der *wahren* Gemeinde und glaubte, dass Familie Bischof mir bei dieser Suche helfen könnte.

Eines Montags Morgen klopfte ich an ihre Tür. Herr Bischof öffnete die Tür und ließ mich herein. Ich entdeckte bald, dass sie Besuch von anderen Bekannten hatten. Margje van Ling und ihr Mann Henk waren da. Ich kannte sowohl Margje als auch Bischofs von früher, da sie alle Nachbarn in unserer Straße gewesen waren.

Sie waren erstaunt, mich zu sehen, aber empfingen mich mit Freude. Margje war eine nette und liebenswürdige Frau und ihre hellblauen Augen strahlten, als sie mich sah. Seit ich nach Norwegen gereist war, hatte sie mich nicht mehr gesehen. Auch Henk war ein feiner Mensch, leider war er kränklich.

Es störte mich nicht, dass diese Menschen Zeugen Jehovas waren, jedenfalls waren sie nicht solche Zeugen wie die, über welche die Leute in der Straße sprachen. Sie waren nicht aufdringlich und hielten auch nichts von Fanatikern. Sie waren zudem über alles freundlich und angenehm. Für mich gab es so viel Neues zu besprechen und zu fragen, dass die Zeit sehr schnell verging und ich bald nach Hause gehen musste.

Henk und Margje erzählten mir, dass sie jeden Dienstag bei sich daheim ein Buch studierten, sie luden mich ein, an diesem Studium teilzunehmen. Nach kurzer Zeit sollte ich zurück nach Norwegen, aber ich versprach gleichwohl zu kommen, solange ich zu Hause war.

3.2 Mein erstes *Bibelstudium*

Am Tage danach, einem Dienstag, klopfte ich abends einige Minuten vor acht an ihre Tür. Den ganzen Tag über hatte ich nachgedacht, wie dieses Treffen wohl verlaufen würde und deshalb war ich ziemlich unsicher. Aber Henk und Margje strahlten vor Freude, als sie mich kommen sahen und ich stellte fest, dass die Unsicherheit völlig unbegründet war.

Van Lings hatten vier Kinder, lauter Mädchen. Die Stube war nicht größer als 25 Quadratmeter und spärlich eingerichtet. Da Henk sehr oft krank war, hatten sie nicht soviel Geld. Mitten im Wohnzimmer hatten sie den Esstisch ausgezogen und zusätzliche Stühle um den Tisch herum gestellt. Ich verstand deshalb, dass ich nicht der einzige Gast an diesem Abend sein würde und mit der Zeit strömten mehr Leute herein und setzten sich um den Tisch herum.

Etwas, an das ich mich erinnere, war, dass alle eine kleine Tasche mit sich trugen. Zum Schluss waren wir eine Gruppe von 10 Leuten, darunter einige Teenager. Zuletzt kam ein junger Mann im Anzug und mit Schlips, der nicht viel über 20 Jahre alt sein konnte.

Er setzt sich an den strategisch wichtigsten Platz ans Tischende und ich verstand, dass er das Studium leiten sollte. Ich war eigentlich ein wenig darüber enttäuscht, denn in meinen Augen war Henk älter und reifer und zudem ein sehr einfühlsamer Mensch. Später erfuhr ich, dass der Studienleiter, wie die Zeugen Jehovas ihn nannten, einen besseren Ruf bei den Zeugen Jehovas hatte, weil er eifriger als Henk die Botschaft von Tür zu Tür verkündigte.

Alle öffneten ihre Taschen und nahmen ein rotes Buch heraus, eine Bibel und ein Gesangsbuch. Diese legten sie auf den Tisch neben sich. Ich sah, dass sie in ihren Taschen auch andere Bücher und Blätter hatten. Henk erzählte mir später, dass alle Zeugen Jehovas eine solche Tasche bei sich hätten, wenn sie den WACHTTURM oder andere Literatur studierten oder von Haus zu Haus verkündeten.

Ohne Musikbegleitung begannen sie eine für mich fremde Melodie zu singen. Sowohl der Text als auch der Rhythmus konnten einen an deutsche Kampflieder erinnern, wie ich sie oft während des Krieges gehört hatte, aber diese Melodie hatte ich nie vorher gehört. Nach dem Lied begann der Studienleiter zu Jehova zu beten und dankte ihm, dass er ein Streiter für ihn sein und mit zu Jehovas theokratischer Organisation gehören durfte.

Bevor er sein Buch öffnete, stellte er ein paar Fragen zu den Themen, die vorige Woche besprochen worden waren. Danach schlug er ein Kapitel im Buch auf, gab eine kurze Übersicht über das Thema des Abends und stellte noch eine Frage. Die Hände flogen in die Höhe, wie ich es aus der Schule kannte. Der Studienleiter zeigte auf jemand und sagte »Bruder« oder Schwester. Es war offensichtlich, dass dies die Anrede bei den Zeugen Jehovas war.

Der Reihe nach beantworteten alle Anwesenden Fragen aus dem Abschnitt im Buch. Einige antworteten mit eigenen Worten, während andere die Antwort aus dem Buch vorlasen. Ich hatte bemerkt, dass die meisten die Sätze, welche die Antwort auf die Fragen enthielten, mit roter oder blauer Farbe unterstrichen hatten.

Neben mir saß ein Kind. Einige Male zeigte die Mutter auf einen Abschnitt im Buch des Kindes und flüsterte ihm gleichzeitig etwas ins Ohr. Das Kind hob die Hand und gab eine kurze Antwort. Oft war die Antwort nicht länger als einige Wörter. Zum Schluss war der Studienleiter offenbar mit den Antworten zufrieden und forderte einen der *Brüder* auf, den Abschnitt als Ganzes zu lesen. Danach ging er zum nächsten Abschnitt oder Paragraphen weiter.

Die Methode erinnerte sehr an die Grundschule, aber wenn ich die Gesichter der Anwesenden betrachtete, beobachtete ich, dass sie es ernster als eine gewöhnliche Schulstunde nahmen. Später verstand ich, dass die Leitung der Wachtturmgesellschaft damit mehrere psychologische Ziele erreichte. Man musste nämlich, bevor man zum *Studium* kam, jeden einzelnen Abschnitt mehrere Male durchlesen, um die richtigen Antworten unterstreichen zu können.

Danach wird der Stoff gründlich beim Buchstudium durchgearbeitet und zum Schluss, wenn der Studienleiter mit allen Nuancen der *Wahrheit* zufrieden ist, wird der Abschnitt nochmals laut gelesen.

Wir wurden während dieser Sitzung ständig daran erinnert, die Vorbereitungen zum Studium pflichtgemäß durchzuführen, denn dann konnten wir (sowohl im Studium als auch beim Gang von Haus zu Haus) auf alle Fragen kurz und korrekt antworten und konnten die kostbare Zeit auf möglichst effektive Weise nutzen. Da *das Ende nahe war*, war die Zeit kostbar.

Hatte man sich nicht vorbereitet, so hatte man ein schlechtes Gewissen. Da ich nur wenige Jahre in der Schule verbracht und keine Ahnung von Studientechnik hatte, nahm ich die Vorschläge begierig an. Der Studienleiter hielt sich streng an den Stoff im Buch und ließ kein anderes Gespräch zu.

Nach einer Stunde wurde das Treffen mit einem weiteren Lied und einem kurzen Gebet abgeschlossen.

3.3 Harmagedon wird zum ersten Mal vorgestellt

Als das Buchstudium beendet war, bemerkte ich, dass der Studienleiter mit zwei Mädchen sprach, die daran teilgenommen hatten. Er war hektisch mit einem bedruckten Blatt beschäftigt, das INFORMATOR hieß. Ich verstand aus dem Gespräch, dass die Mädchen Aufgaben zugeteilt bekamen, die sie bei einem anderen Treffen später in der Woche ausführen sollten.

Margje wandte sich diskret zu mir und sagte: »Joseph, willst du ein wenig länger bleiben?«

»Ja, gerne«, antwortete ich und erwartete eine Tasse Kaffee, ein Stück Kuchen und ein gemütliches Beisammensein mit Freunden.

Henk und Margje servierten Kaffee, aber das Gespräch wurde anders als ein alltägliches Geplauder. Ich fühlte mich sehr schnell wichtig, begriff, dass Joseph Wilting wirklich etwas bedeutete und bekam den Eindruck, dass dies etwas Großes war.

»Joseph«, begann Margje, »du wunderst dich sicher, warum wir diese Treffen zu Hause haben, statt bis zum Sonntag zu warten und uns im *Königreichssaal*[1] zu versammeln«.

»Jaja«, antwortete ich unsicher. Ich hatte wahrlich nicht gerade darüber nachgedacht, aber die Frage von Margje war so gestellt, dass ich nicht anders konnte, als mich jetzt gerade darüber zu wundern.

»Weißt du, wir haben auch sonntags Treffen, aber diese Treffen sind noch wichtiger. Während des Krieges sind viele von uns eingesperrt und von den Deutschen getötet worden, weil wir den Namen Jehovas heilig hielten. Die Versammlung brach fast zusammen und die Organisation wurde während der Kriegsjahre in ganz Europa nahezu vernichtet. Daher mussten wir etwas unternehmen«.

Henk fuhr fort: »In naher Zukunft wird die Welt nochmals einen Krieg sehen. Die schreckliche Schlacht von Harmagedon wird alle vernichten, die den Namen Jehovas verwerfen und wir müssen vielleicht nochmals in Deckung gehen«.

»Ach ja?« Ich verstand nicht ganz, was er meinte.

»Die privaten Treffen sind für den Fall wichtig, dass die Versammlungen in den Untergrund gehen müssen. Da ist es besser, sich in kleinen Gruppen zu sammeln, weil man da die Treffpunkte schnell wechseln kann, bald bei dem Einen, bald bei jemand Anderem«.

Verfolgung macht die Botschaft spannend.

»Ja, aber es gibt doch jetzt keine Gefahr mehr?« wollte ich wissen.

»Wir können nicht wissen, wann der Feind wieder zuschlägt. Denn soweit wir informiert sind, können die Kirche und die Behörden uns jetzt in diesem Augenblick überwachen.« Das hörte sich an wie der Anfang eines billigen Kriminalromans. Die Hysterie um den kalten Krieg, die nach ein paar Jahren des Friedens schon wieder da war und die Angst vor einem neuen Krieg verbreiteten sich an vielen Orten in Europa. Die Atomwaffen waren eine neue Bedrohung und Stalin war die größte Gefahr für die Freiheit, das wussten alle. Aber hier warnten Henk und Margje mich vor Gefahren aus unseren eigenen Reihen? Ich verstand ganz einfach nicht, was sie meinten, aber ich wagte auch nicht, zu fragen.

»Joseph, du hast sicher beobachtet, dass die Mitglieder unseres Studien-

1 Königreichsaal ist die Bezeichnung für den Versammlungsort.

kreises nacheinander oder in kleinen Gruppen mit mehreren Minuten Abstand kamen.«

Margje wollte auf etwas hinaus, was ich ebenfalls bemerkt hatte. Aber was war denn daran so Besonderes, dass die Leute nicht gleichzeitig kamen? Wenn wir zu Hause Gäste hatten, so kamen niemals alle gleichzeitig. »Dadurch, dass wir die Leute zu verschiedenen Zeiten kommen lassen, wird es für den *Feind* niemals verdächtig aussehen. Und wir stellen auch Essen und Getränke bereit, wenn wir auch niemals während der Studien essen, damit das Ganze für den Fall eines *Feindangriffes* wie ein gemütliches Freundestreffen aussieht.«

Gerade auf das mit dem Essen hatte ich bereits reagiert und ich hätte mich darauf gefreut. Ich muss auch gestehen, dass ich sehr enttäuscht war, dass keiner der Anwesenden Anstalten machte, sich zu bedienen und ich als Gast konnte das natürlich auch nicht tun.

Henk und Margje erklärten weiter, ohne dass ich daraus besonders klüger wurde. Mit der Zeit kamen sie auf andere Gesprächsthemen. Ich bekam da eine unglaubliche *Wahrheit* nach der anderen serviert, aber im Nachhinein muss ich bekennen, dass ich die Geschichten mit Haut und Haar aufsog. Ich hatte mit eigenen Augen gesehen, wie hasserfüllt Katholiken und Protestanten sein konnten und die Erinnerungen an den Krieg standen mir noch besonders lebhaft vor Augen.

In den darauffolgenden Wochen führte ich viele Gespräche mit Margje, Henk, dem Studienleiter und anderen Mitgliedern der Versammlung. In der Versammlung gab es mehrere solche Gruppen, die privat studierten und jede solche Gruppe war ein *Dienstzentrum*. Der Leiter jedes Dienstzentrums (der Studienleiter) hatte die Verantwortung für seine kleine Gruppe. Eine der Aufgaben, welche die Versammlung ihm zuteilte, war, die Aufsicht über das Studienprogramm zu führen. Das bedeutete, dass neue Zeugen von einem anderen Zeugen, der schon länger in der *Wahrheit* war, bei der *Verkündigungsarbeit* unterstützt wurden.[2] Jeden Monat musste der Studienleiter dem *Versammlungsdiener* (Vorstand) Bericht erstatten, es sollte möglichst jedes Mal ein Bericht über Fortschritte sein. Er sammelte auch wöchentlich die Felddienstberichte[3] von allen in der Gruppe ein, und diese wurden dem *Hilfsversammlungsdiener* übergeben. Dieser las alle Berichte

2 Die Zeugen Jehovas fragen einander nie, wie lange sie schon Mitglieder gewesen sind, sondern, wie lange dieser oder jener schon *in der Wahrheit* ist.

3 Dieses System wurde seinerzeit vom Präsidenten der Wachtturmgesellschaft, Rutherford, geschaffen und ging darauf hinaus, dass jeder einzelne Zeuge Jehovas jede Woche einen Berichtzettel ausfüllen musste. Hierin sollte die Verkündigungszeit von Haus zu Haus und der Verkauf der Zeitschriften WACHTTURM und ERWACHET! aufgeführt werden. Die Blätter und

gründlich durch und gab dem Studienleiter Bescheid, wer *Unterstützung* brauchte, um für den Felddienst eingeteilt zu werden. Diejenigen, welche *Unterstützung* brauchten, waren natürlich die, welche die wenigsten Stunden mit der Arbeit von Tür zu Tür verbracht hatten.

In regelmäßigen Abständen sollten der Versammlungsdiener, der Hilfsversammlungsdiener oder der Buchstudienleiter das Dienstzentrum besuchen, um dem Studienleiter persönliche Ratschläge zu geben. Nach drei oder vier Besuchen hielten sie beim Abschluss eines Buchstudiums eine kleine Rede vor dem Studienring. Diese Rede war meist eine Aufzählung dessen, wodurch die einzelnen Zeugen ihren Dienst verbessern könnten, auf Berichten beruhend, die von jedem einzelnen Mitglied abgegeben wurden und natürlich auch auf denen, welche der Studienleiter über jeden einzelnen abgegeben hatte.

3.4 Die Dienstvorschriften werden vorgestellt

Der Studienleiter sollte auch bei jedem einzelnen Mitglied einen Hausbesuch machen. Zweck dieses Besuches ist es, dem Einzelnen persönliche Ratschläge zu geben, wie er oder sie ihren Dienst bei den Zeugen Jehovas verbessern könnten oder anders ausgedrückt, wie man noch mehr Stunden in der Woche darauf verwenden könnte, den WACHTTURM oder ERWACHET! zu verkaufen.

Ich erinnere mich, wie nach dem dritten oder vierten Besuch der Hilfsversammlungsdiener kam und genau erklärte, wie viele Dienststunden diejenigen, die zu seinem Dienstzentrum gehörten, im Durchschnitt geleistet hatten. Er zeigte auch eine große Karte vor auf der vermerkt war, wie viele Stunden die Versammlung mit Verkündigungsarbeit in den verschiedenen Bezirken zugebracht hatte, wie viele Bibelstudien die Versammlungsmitglieder zu Hause bei interessierten Menschen geleitet hatten und wie viele Bücher und Hefte in jedem Monat des Jahres verkauft worden waren.

»Diese Karte ist das Barometer der Versammlung«, sagte er. »Es zeigt, wieviel Liebe jede einzelne Versammlung als ganze Jehova bezeugt.«

Später habe ich erfahren, wie diese *Dienstkarten* benutzt werden. Jeden Monat wurden die Resultate zum Hauptquartier der Wachtturmgesellschaft geschickt und zwei- bis dreimal im Jahr bekam die Versammlung den Besuch eines reisenden *Aufsehers* der Gesellschaft. Aufgrund dieser Berichte wussten diese genau, wo sie den Hebel ansetzen mussten. Zudem zeigte

Bücher sollten getrennt aufgeführt werden, so dass die Wachtturmgesellschaft jederzeit den vollen Überblick über den Gesamtverkauf und die Tätigkeit des einzelnen Mitgliedes hatte.

die Praxis ein anderes Phänomen, das sich bei den Zeugen Jehovas und bei den meisten destruktiven Kulten findet.

Die Erlösung, das ewige Leben, ist von der Arbeit für die Sekte und nicht von der Gnade Gottes abhängig. Viele Versammlungsmitglieder wurden durch die *Schelte* entmutigt, die sie von ihren Hirten bekamen. Sie hatten gearbeitet so gut sie konnten, aber das war niemals genug. Immer mussten sie *noch härter an ihrer Erlösung arbeiten*. Gnade ist ein Fremdwort bei den Zeugen, und ich bezweifle heute sehr, ob überhaupt jemand von ihnen weiß, was dieses Wort bedeutet!

Es dauerte nicht lange, bis ich diese Karte wieder sah. Schon bei meiner ersten Teilnahme an einer Versammlung im Königreichssaal hatte ich eine Karte bemerkt, welche deutlich sichtbar vorne im Raum plaziert war. Ich verstand damals nicht, was alle diese roten Zahlen bedeuteten. Jetzt wurde diese Karte eine Mahnung, dass wir die ganze Zeit mehr für Jehova hätten tun können und ich schielte ständig zur Karte hin, um einen Eindruck zu bekommen, wie es mit dem *Dienst* stand.

Wie der Leser merken wird, war ich gerade dabei, mit vollen Segeln in den Hafen der Zeugen Jehovas zu steuern und man vertraute mir immer mehr *Wahrheiten* der Versammlung an. Sie luden mich auch zu den Donnerstagstreffen ein, die in die theokratische Dienstschule und das Diensttreffen geteilt waren.[4]

Wenn ich Lust hatte, konnte ich weiterhin am Buchstudium an den Dienstagen teilnehmen, aber ich musste etwas vor sieben Uhr abends kommen. Sie gingen nämlich gewöhnlich eine Stunde vor dem Beginn des Studiums in der Nachbarschaft von Haus zu Haus. Man gab mir auch das Buch, das sie im Buchstudium studierten, es hatte den Titel DIES BEDEUTET EWIGES LEBEN.[5] Da ich Ferien und viel Zeit hatte, las ich das Buch sofort.

3.4.1 *Die* Wahrheit *wird vorgestellt*

Der Inhalt des Buches baute auf einer Schriftstelle, Joh 17,3, auf. Zufolge der eigenen Bibelübersetzung der Zeugen Jehovas, der Neuen-Welt-Übersetzung, sagte Jesus: *Das bedeutet ewiges Leben, dass sie sich von dir Kenntnisse*

4 Das Diensttreffen und die Theokratische Dienstschule sind Versammlungen, welche die Aufgabe haben, die Versammlungsmitglieder zu tüchtigen Verkäufern von Büchern, Blättern und der Botschaft der Zeugen Jehovas auszubilden. Die Unterweisung geschieht nach den gleichen Prinzipien wie auf jeder anderen kaufmännischen Schule und wird überall auf der Welt gleich administriert. Letzteres ist sehr wichtig, um ein *Einheitsgefühl* zu schaffen. Dies ist wieder für die Administration einer wirksamen Gedankenkontrolle von entscheidender Bedeutung.

5 Dies bedeutet ewiges Leben. Englische Ausgabe WTG, 1950, deutsche Ausgabe WTG, 1952

aneignen, dem einzigen wahren Gott, und von dem, den du aussandtest, Jesus Christus. Das Buch lehrte mich mit der Zeit, an welche *Wahrheiten* ich glauben sollte und ich fasse hier die wichtigsten Lehrsätze des Buches zusammen:

Kenntnisse über Jehova führen zum ewigen Leben auf einer paradiesischen Erde (und nicht der Glaube an Jesus und sein Annehmen als Erlöser, wie die Bibel lehrt).

- Jesu eigene Kenntnisse über den einzigen wahren Gott bedeutete auch ewiges Leben für ihn.
- Jesu war identisch mit dem Erzengel Michael, und er war Gottes erstes Geschöpf.
- Gottes Reich wurde 1914 errichtet.
- Satan wurde 1914 aus dem Himmel geworfen.
- Der neue Bund ist kein persönlicher Bund, den gläubige Menschen mit Gott schließen, sondern ein Bund zwischen Gott und einer theokratischen Organisation, dargestellt durch 144.000 Auserwählte, die in den Himmel kommen sollen.
- Die *große Schar* oder die *anderen Schafe* sollen in aller Ewigkeit hier auf Erden leben, und sie gehören nicht zum Neuen Bund.
- Damit alles angemessen und ordnungsgemäß geschieht, hat Gott hier auf der Erde eine theokratische Organisation. Der Gott Jehova ist die oberste Instanz, und er hat Jesus übergeordnete Vollmachten gegeben. Jesus ist nach Jehova der Nächste in der Rangfolge.
- Alle *Diener* in der theokratischen Organisation sind von Jehova und Jesus durch den heiligen Geist[6] ernannt, und diese *Diener* haben daher Anspruch auf Gehorsam.
- 1914 begann die *Endzeit* und innerhalb der Generation, die 1914 lebte (und die damals mindestens 15 Jahre alt war), sollte Harmagedon, der Krieg am großen Tag des allmächtigen Gottes, alle vernichten, die nicht Zeugen Jehovas waren. Die Kinder sollen von klein auf in der Arbeit von Haus zu Haus unterwiesen werden. Ein Kind kann niemals zu klein sein, um es anzulernen. Die Eltern sind für die Unterweisung verantwortlich, sie werden in der Harmagedonschlacht getötet, wenn sie dieser Pflicht nicht nachkommen. Das gilt auch für die Kinder.

6 Die Zeugen Jehovas schreiben *heiliger Geist* immer mit kleinem Anfangsbuchstaben.

- Gottes Feinde werden zu Staub und die, welche den wahren Glauben haben, werden *vielleicht* in Harmagedon gerettet.
- Wie kann man die Harmagedonschlacht überleben?
    1. Durch Studium der Bibel mit zuverlässigen biblischen Hilfsmitteln.
    2. Durch den Besuch der Versammlungen.
    3. Durch Weitergabe der Kenntnisse an andere, die man sich über Jehova aneignet. Das geschieht durch die Arbeit von Haus zu Haus.

3.5 Was die Zeugen Jehovas lehren

Die ZJ betrachten sich als eine christliche Organisation (und die einzige wahre). Sie betrachten daher die Bibel als ein von Gott inspiriertes Buch und als Autorität, aber sie haben ihre eigene Bibelübersetzung *New World Translation – Neue-Welt-Übersetzung*, denn sie meinen, die *klassischen* Übersetzungen enthielten in einigen wichtigen Punkten Fehler. Umgekehrt haben *gewöhnliche Christen* behauptet, die ZJ hätten eine *unbiblische* Lehre und deshalb müssten sie ihre eigene Version der Bibel haben. Die zentralen heutigen Merkmale des Lehre der ZJ sind:

1. 1914 kam Jesus auf *unsichtbare Weise* auf die Erde zurück.
2. Jesus hat eine sichtbare Organisation errichtet, durch die er seine Botschaft *in diesen letzten Zeiten* vermittelt.
3. Gott hat die ZJ als sein *einziges* Sprachrohr auserwählt: *Denk daran, dass Jehovas Organisation die einzige Organisation auf der ganzen Erde ist, die vom heiligen Geist Gottes geleitet wird.*[7] Diese drei grundlegenden Lehrsätze sind eng miteinander verbunden: Die Leitung hat ihre Autorität dadurch, dass Jesus 1914 kam. Wenn Jesus nicht 1914 kam (oder wenn der Zeitpunkt für seine unsichtbare Wiederkunft noch nicht gekommen ist), verschwindet die Grundlage für die Autorität der Organisation.
4. *Nur die Wachtturmgesellschaft ist in der Lage, die Bibel zu interpretieren. Jehova Gott hat seine unsichtbare Organisation hervorgebracht . . . um den*

7 WT 15.11.73 S. 519

Christen in allen Nationen zu helfen, die Bibel zu verstehen ... wenn wir nicht mit diesem Mitteilungskanal in Kontakt stehen, den Gott verwendet, werden wir auf dem Weg des Lebens keine Fortschritte machen, unabhängig davon, wieviel wir in der Bibel lesen.[8]

5. Zwischen Jehovas Organisation und dem Rest der Weltbevölkerung, die als *Die Welt* bezeichnet wird, wird eine klare Grenze gezogen. Die *Welt* beinhaltet jede öffentliche Verwaltung und jede andere religiöse Tätigkeit.

6. Im Laufe einer Generation nach 1914 (das wurde vor kurzem geändert) wird sich Harmagedon ereignen. Dies wird ein Strafgericht und eine Vernichtung (die Lehre von der Verdammnis und ewigen Pein in der Hölle wird verworfen) für alle bedeuten, die sich nicht der Lehre Jehovas angeschlossen haben. Besonders gilt dies für Mitglieder in anderen christlichen (falschen) Organisationen: *Ja, seit dem Nachkriegsjahr 1919 waren die Religionen der Christenheit in den Augen Jehovas, des souveränen Herrn, eine verlassene Wüste. Sie machen den hervorragendsten Teil vom* Babylon der Großen *aus, dem Weltreich der falschen Religion. – Das abgefallene System wird in kurzer Zeit völlig vernichtet, wenn Jehovas* Tag der Rache *über die ganze Erde kommt.*[9]

7. Für Mitglieder der ZJ ist die Zukunft heller: a) Ein himmlisches Paradies für 144.000 im vorhinein auserwählte Mitglieder der ZJ, die mit Jesus im Himmel regieren werden. b) Ein irdisches Paradies, das für die übrigen Mitglieder der ZJ bestimmt ist.

8. Aber außer der Mitgliedschaft bei den JZ werden noch andere Forderungen gestellt, damit man Harmagedon überleben kann. Die Schrift der Wachtturmgesellschaft WAS MUSST DU TUN, UM IM WIEDERGEWONNENEN PARADIES LEBEN ZU DÜRFEN?[10] fasst dies so zusammen:

   - Bibelstudium: *Wenn du Gottes Segen erlangen willst, dann musst du zu allererst sein Wort, die Bibel, studieren*[11]
   - Gemeinschaft mit anderen Zeugen Jehovas: *Was musst du als nächstes tun, um dich auf das Leben im neuen Paradies vorzubereiten?*

8 WT 15.6.82 S. 25
9 WT 1.5.84 S. 28
10 Was musst du tun, um im wiedergewonnenen Paradies leben zu dürfen? WTG, 1958, S. 242- 249
11 a.a.O. S. 242

Du musst mit anderen Menschen zusammenkommen, welche die selben Kenntnisse und den selben Glauben haben, denn diese bilden heute die Gesellschaft einer neuen Welt.[12]

- Sei Jehova ergeben und diene ihm: *Nur jene, die Gottes Reich verkünden, können erwarten, dass sie im Laufe der Fährnisse dieser Welt beschützt werden und Harmagedon überleben und in die neue Welt gelangen werden.*[13]

9. Der Zeitpunkt für Harmagedon war schon seit den Zeiten Russells als *nahe bevorstehend* betrachtet worden. Der Zeitpunkt für Harmagedon wurde seit 1914 mehrmals auf 1931 und 1975 verschoben. Nach 1975 hat die Wachtturmgesellschaft behauptet, er werde sich noch im Laufe dieses Jahrhunderts ereignen[14], aber man könne keinen genauen Zeitpunkt mehr angeben.[15] Außerdem wird nicht mehr darüber gesprochen, dass jemand von 1914 noch leben wird, wenn Harmagedon kommt. Das Wesentliche in der neuen Generationenlehre ist, dass über eine zukünftige Generation gesprochen wird, welche das Zeichen der Endzeit und der Gegenwart Jesu sieht, aber nicht danach handelt, was sie sieht. Während früher das Augenmerk auf die gerichtet war, die überleben sollten, so ist es jetzt auf die gerichtet, die in Harmagedon vernichtet werden.

Robert M. Bowman[16] schlägt folgendes Verfahren vor, um die Lehrsätze der ZJ logisch miteinander zu verbinden:

1. Von den Adventisten inspiriert, schloss Präsident Russell, man könne die Lehre von *ewiger Strafe und Verdammnis* logisch nicht mit der Lehre von Gottes Liebe vereinen.

2. Da nicht alle in der Ewigkeit bei Gott sein würden, müsse Gott (zunächst einmal) alle Menschen vernichten, die sterben.

3. Da Jesus tatsächlich am Kreuz starb, muss dies bedeuten, dass Jesus nur ein gewöhnlicher Mensch war.

4. Folglich ist die Dreieinigkeitslehre falsch.

12 a.a.O. S. 244
13 a.a.O. S. 249
14 WT 1.1.89 S. 8
15 WT 15.10.95 S. 22–23 und WT 1.5.97 S. 29
16 Bowman, Robert M.: Understanding Jehovah's Witnesses: why they read the Bible the way they do / Robert M. Bowman, Jr. Grand Rapids, Mich.: Baker Book House, 1991. S. 91–92

5. Und da Jesus tatsächlich bei seinem Tod vernichtet wurde, kann sein Leib nicht auferstehen.
6. Dass Jesus aus dem Grab auferweckt wurde, muss daher bedeuten, das dies als ein *Geistwesen* geschah.
7. Das bedeutet weiter, dass seine Wiederkunft auf die Erde nicht in körperlicher Gestalt, sondern als Geistwesen erfolgen wird.
8. Folglich ist die Wiederkunft Jesus unsichtbar, ausgenommen für die, welche geistliche Einsicht haben.
9. Weiters ist Jesus also nur ein Geist und wird für immer im Himmel sein. Aber gleichzeitig lehrt die Bibel, dass eine körperliche Auferstehung stattfinden wird und dass einige mit Christus leben und an seiner Natur teilhaftig werden. Das muss sich also auf zwei verschiedene Gruppen beziehen: Der ersten Gruppe wird eine körperliche oder irdische Auferstehung zuteil, der anderen eine geistige oder himmlische Auferstehung.
10. Da es also zwei Klassen gibt, muss es einleuchtend sein, dass für die Zugehörigkeit zu diesen Klassen verschiedene Bedingungen gestellt werden. Es ist recht und billig, Glaube und Werke zu verlangen, um der irdischen Auferstehung würdig befunden zu werden, aber man muss zusätzlich von Gott besonders auserwählt sein, um auch der himmlischen Berufung teilhaftig zu werden. Dies macht es möglich zu erklären, warum einzelne Teile der Bibel darüber sprechen, dass Gehorsam und gute Werke eine Voraussetzung für das Heil sind, während andere Teile über ein ewiges Leben mit Gott als bedingungsloses Geschenk reden.

Es gibt einige Literatur, welche die Lehre der Zeugen Jehovas behandelt. Sie ist in erster Linie von apologetischer Art, d.h. sie stellt zuerst die Lehre der ZJ dar, um darauf gegen sie von einem christlichen Standpunkt aus zu argumentieren (siehe Literaturverzeichnis). Leider kenne ich keine Literatur, welche die Lehre der ZJ in einem eher objektiven und wissenschaftlichen Zusammenhang behandelt.

3.6 Die Baubehörde der Neuen Welt

Wenn wir von Freiheit sprechen, werden die meisten selbstverständlich glauben, dass die Zeugen Jehovas in der Neuen Welt, im Reiche Gottes, eine gewisse Freiheit erhalten werden. Da irren sie sich aber, das ist in den Plänen der Wachtturmgesellschaft für das nächste Leben nicht inbegriffen. Auf einem Kurs für vorsitzführende Aufseher – sowohl in Porsgrunn als auch in Amsterdam – lernte ich, dass kein Zeuge selbst entscheiden dürfe, wo er sich in der Neuen Welt, im Reiche Gottes mit vollkommenem Glück, niederlassen wolle. Nein, wir Ältesten sollten die *Fürsten auf Erden* sein, von denen die Bibel spricht, und wir sollten das entscheiden – das Ganze in ein System bringen. Schon im Buch REGIERUNG, das 1928 erschien, legte Präsident Rutherford dieses *Faktum* fest. Er schreibt: *Diese treuen Männer oder Fürsten werden sichtbare Repräsentanten für Gottes Regierung auf Erden sein. Sie werden die höchsten Führer des Volkes sein . . .*

Es wird jedoch darauf hingewiesen, dass die Zeugen Jehovas sich des Radios in alle Ewigkeit erfreuen werden, denn dieses *gehört dem Herren*[17]. *Offenbar wird es viele in der* Neuen Welt *geben, welche die* Wahrheit *nicht kennen, und der Herr wird deshalb das Radio benützen, um alle zu erreichen.*[18] Die Leute im Reiche Gottes sollen auch nicht schwere Steuerlasten tragen müssen, Die Zeugen Jehovas dürfen sich statt dessen darauf freuen, *vernünftige Steuern zu bezahlen.*[19] Von der heutigen Situation aus gesehen dürfen sie sich auch darüber freuen, dass es keine Arbeitslosigkeit geben wird, aber *es wird von allen nützliche Arbeit verlangt.*[20] Alles Unkraut wird von den Bewohnern dieses Superstaates ausgerissen werden, *der Herr wird es sie lehren.*[21] Übrigens ist es beruhigend zu wissen dass *die richtigen sanitären Maßnahmen getroffen werden* und dass *Ärzte und andere Quacksalber kranke Menschen nicht mehr ausnützen können.*[22]

Ich könnte noch mehrere andere *gute Neuigkeiten* berichten, denn ich bin sicher, dass diese für den Leser neu sind. Stellen Sie sich vor, wir würden so glücklich sein, in alle Ewigkeit weniger Steuern zu bezahlen, so dass die Leitung der Zeugen Jehovas diese zum Besten aller benützen kann. Welch phantastisch gute Neuigkeiten!

17 Regierung, a.a.O. S. 306
18 a.a.O. S. 306
19 a.a.O. S. 307
20 a.a.O. S. 309
21 a.a.O. S. 310
22 a.a.O. S. 311

3.6.1 *Von Haus zu Haus*

Beim nächsten Mal kam ich kurz vor 19 Uhr zum Buchstudium. Fünf andere waren auch schon gekommen und nun sollte die Zeit vor dem Buchstudium mit Verkündigungsarbeit von Haus zu Haus verbracht werden.

Der Studienleiter betete ein kurzes Gebet, danach bekam ich ein *Gebiet* zugeteilt, in dem ich arbeiten sollte. Die Arbeit wurde so organisiert, dass jeder einzelne *Verkündiger* seinen eigenen Bezirk oder seine Straße bekam, und er oder sie sollten dort die verschiedenen Hausgemeinschaften besuchen. Ich war sowohl gespannt als auch ängstlich, aber ich machte mich stark für die Aufgabe und dachte: ›Halt durch, Joseph, es geht um die Wahrheit über das Reich Jehovas!‹

Zu Beginn war es sehr schwierig für mich, von Haus zu Haus zu gehen. Natürlich hatte ich schon früher mit Leuten über die Bibel gesprochen, aber mit Leuten, die ich kannte, und darüber, was ich gelesen hatte und worüber ich begeistert war. Nun war die Situation ganz anders. Wenn ich jetzt bei fremden Leuten anklopfte, sollte ich die Zeugen Jehovas repräsentieren und deren Bücher und Hefte verkaufen. Die Verkündigungsarbeit lief darauf hinaus, allen Menschen von der Lehre der Wachtturmgesellschaft über das Reich Gottes zu erzählen. Das hatte ich vorher nicht getan.

Zu diesem Zeitpunkt glaubte ich wirklich an die Botschaft, die ich verkündete, und das half mir am Anfang.

In den folgenden Wochen benutzte ich jeden Dienstag zum *Felddienst*, wie die Zeugen Jehovas diese Haus-zu-Haus-Besuche nennen. Es vergingen indes nur wenige Wochen, bis ich merkte, dass ich bei dieser Arbeit nicht mehr von derselben Freude erfüllt war wie zu Beginn. Ich war darüber verwundert und enttäuscht und besprach die Sache mit Hennes Piper, der Versammlungsdiener in unserer Versammlung war. Der Grund, warum ich gerade ihn um Rat fragte, war, dass ich ihn bewunderte, weil er mehrere Jahre in Konzentrationslagern in Deutschland verbracht hatte.

Ich erzählte ihm von meiner Freude darüber, anderen von meinen Erlebnissen zu erzählen, die ich damals hatte, als ich die Bibel selbständig las, und dass mir jetzt die Kraft fehlte, die mich damals dazu trieb, mit anderen darüber zu sprechen. Er hatte natürlich eine Antwort darauf, aber ich konnte mich mit dieser Antwort nicht zufriedengeben. Ich war der Meinung, dass seine Antwort etwas zu mechanisch war, um ein Rat in einer mitmenschlichen Beziehung zu sein.

»Joseph, Gottes Geist und wirksame Kraft haben dich zu seiner Organisation geführt. Weil du allein warst, ohne Kontakt mit seiner sichtbaren Organisation, gab er dir eine besondere Kraft und führte dich zur Organi-

Der wöchentliche Dienstbericht des Verkündigers für ....
(Monat)

Name .... Montag .... bis Sonntag ....
(Datum) (Datum)

	Bücher	Brosch.	Std. im Felddienst	Neue WT und Erw.! Abon.	Einzel-hefte	nochmaliger Besuch
Mo						
Di						
Mi						
Do						
Fr						
Sa						
So						
Summe						

Tabelle 3.1: Beispiel für einen *Dienstbericht* der Zeugen Jehovas. Ein solcher Bericht musste jede Woche ausgefüllt und dem Hilfsversammlungsdiener abgegeben werden. Diese Praxis gilt auch noch heute.

sation. Du kannst die gleiche Freude wieder erleben, wenn du die Literatur gründlich studierst und mit Gottes Volk gemeinsam an allen Versammlungen teilnimmst.«

Schon zu diesem Zeitpunkt war *mehr Arbeit* das Rezept für fehlende Zufriedenheit. Es zeigte sich, dass es das Universalmittel für alle Probleme der darauffolgenden Jahre sein sollte.

3.7 Die Bedeutung der Wachtturmgesellschaft wird vorgestellt

Im Laufe der kurzen Zeit, die ich in den Niederlanden verbrachte, besuchte ich Hennes Piper mehrmals. Er hatte Frau und fünf Kinder, aber die Frau und die erwachsenen Kinder sprachen fast niemals, während ich bei ihnen zu Besuch war. Hennes dagegen war sehr gesprächig. Ich musste ihn fast unterbrechen, um überhaupt zu Wort zu kommen. Der Mann war sehr von sich und seinen eigenen Werken eingenommen. Erst mit der Zeit verstand ich, warum ihn einige nicht leiden konnten. Er war sehr starrsinnig und fürchterlich stur. Andererseits kannte man ihn als gelehrten und belesenen Mann, der auf die meisten biblischen Fragen antworten konnte. Ich lernte deshalb von ihm viel über die Bibel und über die Lehre der Zeugen Jehovas.

Hennes Piper zufolge wirkt Jehova nicht durch einzelne Menschen, sondern durch den *treuen und verständigen Sklaven*[23]. Die Meinung der Gesellschaft wurde ständig im Wachtturm wiederholt, und schon seit Russells Zeit vertrat die Gesellschaft die Meinung, ihre Literatur sei für den einzelnen wichtiger als die Bibel selbst. Um dies zu illustrieren, kann ich ein Zitat aus dem Wachtturm anführen:

> *Außerdem finden wir nicht nur, dass die Leute den göttlichen Plan nicht sehen können, wenn sie allein die Bibel lesen, sondern wir meinen auch, wenn jemand die Schriftstudien beiseite legt, nachdem er sie 10 Jahre lang studiert hat und mit ihnen vertraut geworden ist, sie ignoriert und sich nur an die Bibel hält, selbst wenn er die Bibel schon 10 Jahre lang verstanden hat, er unserer Erfahrung nach innerhalb von zwei Jahren im Dunkeln tappen wird. Wenn er dagegen nur die* Schriftstudien[24] *mit Erklärungen gelesen hat und keine Seite in der Bibel, so wird er nach diesen zwei Jahren im Lichte wandeln, denn er wird im Besitz des* Lichtes der Schrift *sein.*[25]
>
> WACHTTURM

Piper erklärte mir, welche Rolle *der treue und verständige Sklave* in Brooklyn für alle Menschen auf Erden spielte, welche die *Wahrheit* kennenlernen wollen. Dieser *treue und verständige Sklave*, erzählte er, verkörpere *Gottes Mitteilungskanal* auf Erden. Für mich sei es jetzt lebenswichtig, mich eng an *Gottes Organisation* anzuschließen, das sei weit wichtiger, als die Bibel auf eigene Faust zu lesen.

Piper wies mich ausdrücklich an, alles Forschen und Interpretieren der Leitung in Brooklyn zu überlassen, die Gottes Werkzeug sei. Ihr hatte Gott die Verantwortung übertragen, sein Wort zu verwalten und uns geistige Nahrung zur rechten Zeit zu geben, die wir der großen Schar angehörten, die ewig auf Erden leben sollte. Er erzählte, dass viele Prophezeiungen der Organisation schon in Erfüllung gegangen seien. Unter anderem sagte er,

23 Die Zeugen Jehovas glauben, dass der *treue und verständige Sklave*, von dem Jesus spricht, der *Speise zur rechten Zeit* geben sollte, durch die *leitende Körperschaft* im Hauptquartier der Wachtturmgesellschaft in Brooklyn, New York, USA, repräsentiert wird. Jedes Wort von ihr wird so angesehen, als ob es von Gott selbst käme. Wer ein solches Wort nicht als ein von Gott gegebenes annimmt, wird aus der Organisation ausgeschlossen. Die *Leitende Körperschaft* hat folglich eine einzigartige Position, da *Gott durch sie handelt.* Sie ist die einzige, welche die Bibel deuten und verstehen kann. Jede Lehrmeinung, die von dieser *Leitenden Körperschaft* kommt, wird gutgeheißen, ungeachtet dessen, was die Bibel dazu meint.

24 Studies in the Scriptures. Brooklyn, London [etc.]: International Bible students association, o.J.

25 The Watch Tower, 15. September 1910, S. 298

dass Russell, der Gründer der Zeugen Jehovas, die Welt schon vor vierzig Jahren vor dem ersten Weltkrieg gewarnt habe.

Er gab mir den Rat, mich in die Lehre des Wachtturms zu vertiefen, mir viel Wissen anzueignen und ein eifriger Verkünder von Jehovas Reich zu werden. Dann würde ich Frieden und Freude wiederfinden. Ich nahm seine Erklärung und seinen Rat an, da ich keine vernünftigen Gegenargumente hatte.

Ich empfand tatsächlich auch ein wenig Freude beim Lesen und Studieren der Literatur der Gesellschaft, so wie Piper erzählt hatte, aber es war nicht die gleiche Freude, die ich früher beim Lesen der Bibel erlebt hatte. Die Freude, die ich jetzt erlebte, kann man mit dem vergleichen, was ein Student beim Lesen und Studieren weltlicher Literatur erlebt, die ihn interessiert, wenn er entdeckt, dass er immer mehr lernt.

Ich begann ein intensives Studium der Literatur der Zeugen Jehovas. Bald hatte ich gelernt, was ich glauben sollte und was man in Glaubensfragen nicht gutheißen konnte.

Erneut zeigte sich hier die angewandte Psychologie zur Ausübung der Gedankenkontrolle über die Versammlungsmitglieder. Informationskontrolle ist ein sehr wesentliches, vielleicht das wesentlichste Moment in diesem Prozess. Da ich ausschließlich einseitig informiert und gleichzeitig mit den Aufgaben der Gesellschaft in Aktion gehalten wurde, bekam ich keine Gelegenheit, *schädliche* Information aufzunehmen. Oder anders ausgedrückt – Information, welche die Wachtturmgesellschaft entlarven konnte. Diejenigen Leser, welche George Orwell's 1984[26] kennen, werden vielleicht hellhörig.

Zu dieser Zeit sehnte ich mich nach Norwegen zurück, und es bestand ja schon die ganze Zeit die Absicht, dass ich dorthin zurückkehren sollte. Ich konnte jedoch nicht zurückkehren, bevor ich die Angelegenheit mit meinem Militärdienst bei den Behörden geklärt hatte, und sie nahmen auch sofort Kontakt mit mir auf.

Sobald ich in die Niederlande zurückkam, wurde ich an der Grenze registriert, und nach einigen Wochen musste ich mich in der Kaserne melden. Hier verbrachte ich drei Tage mit den obligaten physischen und psychischen Tests. Schon vom ersten Tag an gab ich klar zu erkennen, dass ich den Militärdienst verweigern wollte.

Nach drei Tagen wurde ich entlassen. Während dieser drei Tage in der Kaserne sprach ich nur über die Bibel und meine Frustration über den mili-

26 Orwell, George: 1984: a novel / by George Orwell ; with a special preface by Walter Cronkite ; and an afterword by Erich Fromm. New York, N.Y.: New American Library, 1983

tärischen Apparat. Was nun eigentlich ausschlaggebend war, weiß ich nicht, aber ich wurde jedenfalls entlassen.

Kapitel 4

Ich treffe meine Frau und ihre Familie

Gleich nach meiner Entlassung aus dem Militärdienst kam ich mit der Familie van Brug in Kontakt. Jellie, die später meine Frau werden sollte, war damals 15 Jahre alt. Das ist ja heute lange her und ich erinnere mich nicht mehr sehr genau daran, was damals geschah. Jeder hat ja wohl einmal eine Jugendliebe gehabt und weiß, wie hingerissen man da ist. Ich erinnere mich daher in erster Linie an Jellie, andere Dinge habe ich vergessen. Eine ganze Woche war ich Gast der Familie van Brug und im Laufe dieser Woche wurde ich mit der jüngsten Tochter des Hauses gut bekannt. Wir verbrachten den meisten Teil der Woche mit verschiedenen Aktivitäten. Wir machten Radausflüge, spielten Handball und taten, wozu wir sonst Lust hatten.

Die Wahrheit ist, dass ich mich schon in dieser ersten Woche, in der ich mit der Familie beisammen war, in sie verliebte, aber ich wusste selbstverständlich, dass daraus nichts werden konnte. Dazu war Jellie viel zu jung. Ich erinnere mich noch gut, dass ich eher im Scherz zu ihr sagte, sie müsse schnell erwachsen werden, damit ich zurückkommen könne, sie zu holen. Ich will jedoch nicht leugnen, dass in meiner Bemerkung ein ernster Unterton lag.

Auch wenn ich mit Jellie zusammen viel Spaß hatte, versäumte ich doch nicht meine Arbeit für die Wachtturmgesellschaft. Wie gewöhnlich achtete ich darauf, die Quote, die mir zur Verkündigung aufgetragen war, zu erfüllen, ich ging auch zu den Treffen der Versammlung und zu verschiedenen Studien. Es war eine sehr schöne Zeit und ich bekam Kraft und Mut, weiterzumachen. Die gute Laune und die Begeisterung erreichten nun ihren Höhepunkt.

4.1 Die Familie meiner Frau

Meine Schwiegereltern gehörten beide der reformierten Kirche an und mein Schwiegervater war dort Diakon, Ältester in der örtlichen Kirche. Als Kirchenältester wurde er als Hilfspriester herangezogen, er übernahm oft sogar die Aufgaben des Priesters, wenn dieser aus irgendeinem Grund nicht anwesend war. Jeden Tag las die Familie ein Kapitel aus der Bibel, wenn die Familie um den Mittagstisch versammelt war und es wurde vor und nach den Mahlzeiten gebetet.

Die Familie lebte ein puritanisches und ernsthaftes Leben. Die Religionsausübung wirkte sich auch auf das Privatleben aus und Dinge wie Stricken und Radfahren waren zum Beispiel an Sonntagen nicht erlaubt. Die Mädchen der Familie durften nicht in Hosen gehen und sollten möglichst Zöpfe tragen. Die Mitglieder der reformierten Kirche hatten auch viele Kinder, Jellies Eltern hatten 10 an der Zahl, 5 Jungen und 5 Mädchen, von denen Jellie das zweitjüngste Kind war. Meine Schwiegermutter war 46 Jahre alt, als sie das letzte Kind bekam und sie war sehr froh, als die Natur ihrer Produktivität ein Ende setzte. Mein Schwiegervater Jan war indessen ein pflichteifriger Mann und es war eine Ehre für ihn, sich seiner Familie zu widmen, wie es sich für Christen gehört. Obschon er streng war, war er doch auch gerecht.

Meine Schwiegereltern hatten beide ein südeuropäisches Aussehen und Gepräge. Während die Bevölkerung Frieslands überwiegend groß ist und hellblonde Haare hat, waren die beiden klein und dunkelhaarig. Die Schwiegermutter, die übrigens Boukje hieß, stammte von einer französischen Hugenottenfamilie ab und trug weiterhin den lateinischen Namen Canrinus. Sie war eine sehr gütige Frau und besonders lieb zu den Kindern.

Große Teile Frieslands sind Gebiete, die dem Meer abgerungen wurden. Die Gegend ist voller Deiche und die Hälfte des Landes liegt unter der Meeresoberfläche. Diese Gegend war sehr fruchtbar, die Viehwirtschaft war die Haupterwerbsquelle. Die meisten Höfe hatten zu dieser Zeit etwa 80 Milchkühe.

Mein Schwiegervater Jan war 1896 geboren und ging bis etwa zu seinem 19. Lebensjahr zur Schule. Für die damalige Zeit hatte er eine ziemlich gute Ausbildung. Er sollte eigentlich Lehrer werden, aber er brach seine Studien ab, angeblich weil seine Eltern die Ausbildung nicht länger bezahlen konnten. Tatsache war, dass die Bauern der Umgebung jedes Jahr einen Geldbetrag gaben, damit er ein weiteres Schuljahr beginnen konnte. Dieses Geld musste er jedoch selbst einsammeln und diese Erniedrigung fiel ihm von Jahr zu Jahr schwerer. Schließlich gab er auf und begann stattdessen, in einem Molkereilaboratorium zu arbeiten.

Die Schwiegermutter stammte aus bürgerlichen Verhältnissen, ihre beiden Eltern waren gläubige Christen. Der Vater starb an Tuberkulose, als meine Schwiegermutter erst zwei Jahre alt war. Er war gerade 36 Jahre alt geworden. Die Tuberkulose hatte in dieser Familie arg gewütet, bereits vier der Kinder waren daran gestorben. Da man damals kein soziales Sicherheitsnetz kannte, musste ihre Mutter schwere Arbeit annehmen, um die Kinderschar am Leben zu erhalten, denn sie hatte noch vier Kinder, für die sie sorgen musste.

Der zweite Weltkrieg war auch für die Familie meiner Schwiegereltern eine aufreibende Zeit. Obwohl die Familie in einer reichen Ackerbaugegend wohnte, gab es fast nichts zu essen. Alle waren mehr oder weniger unterernährt, da die Deutschen die meisten Lebensmittel, welche die Niederländer produzierten, requirierten, um sie in ihr eigenes Land und zu den Soldaten an der Front zu bringen. Aber alle wussten auch genau, dass die Bauern viele Lebensmittel vor den Deutschen versteckten und damit diese nicht entdeckt wurden, verbargen sie diese auch vor ihren eigenen Landsleuten. Dieser Geiz bewirkte, dass viele über den Bauernstand verbittert waren.

Mein Schwiegervater hatte als Diakon der reformierten Kirche die Verantwortung für die Lebensmittelverteilung. Mehrere der Ältesten und Diakone der Kirche waren Gutsbesitzer und in dieser schwierigen Zeit kam oft der Geiz zum Vorschein. Mein Schwiegervater sah, wie diese Ältestenbrüder und Diakone den Hungernden und Armen die Nahrung verweigerten und wurde immer frustrierter und verbitterter über die Art, wie die Kirche ihre Untertanen behandelte, zutiefst nahm er Anstoß an dem, was er sah und erlebte.

Zwei Söhne der Familie, etwa 17 und 19 Jahre alt, mussten nach Deutschland reisen und dort auf verschiedenen Bauernhöfen arbeiten. Sie kamen beide mit größeren oder kleineren Problemen zurück und hatten allen Glauben an den Staat wie auch an die Kirche verloren. Beim Jüngsten hatte der Krieg so große Probleme verursacht, dass er für den Rest seines Lebens Invalide war. Die Schäden des älteren Sohnes waren anderer Art. Krieg und Gewalt bringen viele Atheisten hervor, auch er entwickelte sich in diese Richtung.

Der Wahnsinn des Krieges und die direkte Mitwirkung der Kirche daran vertrieben allen Glauben an einen liebenden Gott, an die Politik und an die Kirchen. Seiner Meinung nach hätten die Kirchen ihre Stimme erheben sollen. In dieser Beziehung waren wir einer Meinung. Sie hätten Emporkömmlinge wie Hitler und Mussolini verhindern können. Als er Ende 1945 frustriert und niedergeschlagen nach Hause kam, merkte die Familie schnell, welche Veränderung mit dem Jungen geschehen war. Obschon auch die Eltern ihre Enttäuschung erlebt hatten, so gingen sie doch weiterhin in die Kirche und behielten ihren Glauben an einen gerechten Gott.

Der ältere Sohn hegte einen gewaltigen Hass auf die Kirche und die Gesellschaft und proklamierte, dass er nie wieder seinen Fuß in eine Kirche setzen würde. Er schlug gegen die Wand, heulte und schrie, verfluchte alles, was Kirche und Priester hieß.

In diesem Augenblick der Depression klopften die Zeugen Jehovas an die Tür. Ihnen erklärte er seinen Hass und seinen Abscheu gegen die Christen und die übrige Gesellschaft. Die Zeugen Jehovas kamen, von ihrem Standpunkt aus betrachtet, zur rechten Zeit. Der Hass des Jungen passte ihnen ausgezeichnet, denn in ihrer 75-jährigen Geschichte waren die Repräsentanten der Wachtturmgesellschaft immer unter den Ersten gewesen, die ihren Hass gegen die Kirche und die Priester kundtaten und den Hass und die Frustration der Anderen zu ihrem eigenen Vorteil nutzten. Sie stimmten in den Protest ein und gaben der Raserei meines Schwagers noch mehr Munition. Sie erzählten ihm, dass die Welt und besonders die Christenheit von Satan geführt und dass Gott in naher Zukunft diese *ungöttliche Welt* zunichte machen würde. Die Zerstörung würde mit der Christenheit beginnen, da diese nach der Meinung der Zeugen Jehovas für das ganze Elend auf dieser Welt verantwortlich wäre.

Die Zeugen Jehovas kamen immer wieder zur Familie meiner Schwiegereltern. In den Wochen nach dem ersten Besuch wurde mein Schwager mit einer Reihe von *Informationen* gefüttert, die seine Verbitterung verstärkten. Die Zeugen Jehovas behaupteten unter anderem:

> *Die sogenannte Christenheit benutzt auf betrügerische Weise den Namen Christi und der Teufel hat diesen Namen gewählt und benutzt ihn in der offensichtlichen Absicht, das Volk zu verführen und zu betrügen und von Gott abzuwenden . . . Das Christentum ist die am höchsten entwickelte und verführerischeste Form der unsichtbaren Organisation Satans . . . Beim Schlag von Harmagedon wird die Christenheit vollständig zugrunde gehen, ohne jede Barmherzigkeit.*[1]
>
> KINDER

4.2 WIE SIE VON DER WACHTTURMGESELLSCHAFT EINGEFANGEN WURDEN

Einmal in der Woche setzte sich die ganze zwölfköpfige Familie zusammen mit zwei Zeugen Jehovas um den Wohnzimmertisch, um das Buch KINDER[2] zu studieren. Der Schwiegervater entdeckte jedoch bald die tiefe theologische Kluft zwischen der Lehre der Zeugen Jehovas und der traditionellen christlichen Lehre und versuchte deshalb, der *Unterweisung* einen Riegel vorzuschieben. Aber jedes Mal, wenn er das Studium beenden wollte, bekamen sie Mitleid mit dem Studienleiter. Sie waren sehr von seinem Eifer, seiner Begeisterung und seinem Opferwillen angetan. Oft war es spiegelglatt auf den Straßen oder ein schreckliches Unwetter, dennoch kam er die 15 km zu Fuß, um das Bibelstudium zu leiten. Und er musste denselben Weg wieder zurückgehen! Das machte kolossalen Eindruck auf sie und

1 Vakttårnet (Der Wachtturm), 1. Februar 1938 und 1. April 1940
2 Children. WTG, 1941; Kinder. WTG, 1942

so unterließen sie es, das Bibelstudium abzubrechen. Sie machten keinen Unterschied zwischen Sache und Person.

Nach einiger Zeit wurde dieser Mann, er hieß Jan de Jong, in einen anderen Bezirk zu einer anderen Versammlung versetzt. Er diente als *Pionier*[3] in der Zeit, als er mit meinen Schwiegereltern studierte, als Pionier unterlag er einer Art Berufungssystem der Wachtturmgesellschaft. Später wurde er *Sonderpionier*, was bedeutete, dass er eine geringfügige Vergütung von der Gesellschaft bekam, aber dafür monatlich 150 Stunden Verkündigungsarbeit von Haus zu Haus leisten musste, zusätzlich zu allen anderen Aufgaben mit Versammlungen usw. Er wurde später Kreisaufseher und hielt die ganze Zeit guten Kontakt mit der Familie meiner Schwiegereltern. Wenige Jahre später wurde de Jong sehr krank und starb praktisch an einem blutenden Magengeschwür. Da die Gesellschaft keine Versicherung für ihre Pioniere und Kreisaufseher hatte, konnten die meisten eine Operation oder einen Krankenhausaufenthalt nicht bezahlen, wenn sie nicht selbst eine Versicherung abgeschlossen hatten, welche die Kosten übernahm. Alle, die arbeiteten, waren durch den Arbeitgeber versichert, aber solche Abkommen gab es für die Angestellten der Wachtturmgesellschaft nicht. Es war daher für einen Repräsentanten der Wachtturmgesellschaft höchst gefährlich, krank zu werden, da die Möglichkeiten für eine ärztliche Behandlung auf Grund der ökonomischen Verhältnisse stark reduziert waren.

Wie andere Pioniere der Wachtturmgesellschaft hatte er sich mit ein oder zwei Tagen Teilzeitarbeit in der Woche am Leben erhalten, die restliche Zeit brauchte er, um die Botschaft vom Reich der Wachtturmgesellschaft zu verkünden.

Nachdem Jan de Jong den Bezirk verlassen hatte, übernahm ein Verkünder der örtlichen Versammlung das Bibelstudium und die Familie hatte zu dieser Zeit auch zwei Pioniere bei sich wohnen. Diese wohnten gratis, obschon das Haus klein und die Einkünfte gering waren. Mein Schwiegervater war ein wenig ärgerlich darüber, da die Familie selbst so beengt wohnte. Der älteste Sohn trug inzwischen zum Familieneinkommen bei und bezahlte außerdem etwas Kostgeld für einen der Pioniere.

Einer von ihnen, Jan de Berg, war eine typische *Feuerseele*. Als Zehnjähriger war er während des Krieges einer der ca. 400 niederländischen Zeugen Jehovas, die von der Gestapo verhaftet und in Konzentrationslager nach

3 Ein Pionier ist ein Verkündiger, der mindestens 100 Stunden im Monat (heute sind es 90) unbezahlte Verkündigung von Haus zu Haus betreibt. Oft haben sie eine Teilzeitarbeit nebenbei, um leben zu können, oder sie sind von den Almosen gutherziger Menschen oder Versammlungsmitglieder abhängig. Die einzige Unterstützung durch die Wachtturmgesellschaft besteht in Literatur zu einem reduzierten Preis.

Deutschland gebracht worden waren. Der Aufenthalt und das Leben im Konzentrationslager hatten ihn zu einem erbitterten Feind jeglicher Staatsmacht und der Priesterschaft der Kirchen gebracht. Als er zu meinem zukünftigen Schwiegervater kam, war er so mager, dass er einem Skelett glich. Er konnte nicht ohne großes Kissen auf einem normalen Stuhl sitzen. Der andere Pionier war, wie schon erwähnt, Hendrik Meex, der später mit mir nach Norwegen ging.

Ebenso wie mir imponierte meinem Schwiegervater der Eifer der Zeugen Jehovas. Es überzeugte sie, dass Jan bereit war, sein Leben für die *Wahrheit vom Reiche Jehovas* zu geben.[4]

Mit der Zeit wurden alle in der Familie vom Eifer der Pioniere angesteckt und meine Schwiegereltern und neun der zehn Kinder wurden aktive Zeugen Jehovas. Mehrere der Kinder wurden sogar Pioniere.

Nach und nach heirateten die Kinder andere Zeugen Jehovas, heute sind sie, Kinder und Enkelkinder mitgerechnet, über 50 Personen, die alle aktiv in der Sekte sind. Einige der Männer in der Familie haben leitende Stellungen in der Organisation.

Das Tragische an dieser Geschichte ist, dass die *liebevolle* Politik der Wachtturmgesellschaft ihnen keinen Kontakt zu uns erlaubt. Sie erhalten von der Wachtturmgesellschaft nicht einmal die Erlaubnis, mit uns zu sprechen. Für sie sind wir leider gestorben. Nicht, dass unsere Familie selbst es so wünschte, sondern weil sie keine andere Wahl haben, wenn sie weiterhin Zeugen Jehovas bleiben wollen. Wenn sie mit uns Kontakt aufnehmen oder dulden, dass wir zu ihnen Kontakt aufnehmen, werden sie selbst als *Abgefallene* verstoßen.

4.3 Die Kirche stiess sie in die Arme der Zeugen Jehovas

Zu Beginn besuchte mein Schwiegervater sowohl die reformierte Kirche als auch die Versammlungen der Zeugen Jehovas. Vermutlich tat er das, weil er immer noch von nagenden Zweifeln geplagt wurde. Der Kirchenrat beging jedoch einen katastrophalen Fehler. Sie schlossen ihn und die ganze Familie aus der Kirche aus. Der Schwiegervater war besonders betroffen darüber, dass der Kirchenrat sowohl seine Frau als auch die 10 Kinder ausgeschlossen hatte, ohne sich mit ihm oder anderen in der Familie zu beraten.

4 Jene Zeugen Jehovas, die sich bereit erklärten, ein Dokument zu unterzeichnen, dass sie von ihrem Glauben abliessen, wurden aus den deutschen Konzentrationslagern entlassen. Dies kam jedoch während des Krieges fast nie vor; die Zeugen standen fest zu ihrem Glauben.

Hier handelte die Kirche genauso, wie die Zeugen Jehovas es in ihrer Schwarzmalereipropaganda behaupteten und dem Schwiegervater wurde so bestätigt, wie *bösartig* und *teuflisch* die Kirche war. Genauso wenig wie ich, sah mein Schwiegervater den Unterschied zwischen *Weizen* und *Spreu* und verwarf alle Kirchen und Gemeinden. Die tadelnswerte Handlung der Kirche schaffte so einen Nährboden für das Keimen und Wachsen der Sekten und man könnte dieses Verhältnis mit der etwas abgegriffenen Floskel ausdrücken: »Die Kirchen bekommen die Sekten, welche sie verdienen.«

4.4 Zurück nach Norwegen

Gleich nach meinem Besuch bei Familie van Brug entschloss ich mich, nach Norwegen zurückzureisen. Ein anderer Zeuge Jehovas, Hendrik Meex, wollte mit mir nach Norwegen reisen, denn er hatte die Grubengegend, in der er wohnte, gründlich satt. Um nicht mit dem Zug reisen und etliche Male umsteigen zu müssen, entschlossen wir uns, die Reise mit dem Schiff zu machen. Ich kaufte deshalb Fahrkarten für das Passagierschiff ASTREA, das uns von Amsterdam nach Stavanger brachte, wo ich eine Zeitlang leben wollte, Meex hatte nichts dagegen. Wenn ich mich richtig erinnere, bezahlte ich damals etwa 400 Kronen für die Fahrkarte. Ich hatte, wie schon erwähnt, im Jahr zuvor in Norwegen gewohnt und war danach auf verschiedenen norwegischen Schiffen gefahren, nun war es an der Zeit, einen neuen Ort zu finden. Einen Ort mit neuen und spannenden Herausforderungen.

Ich war noch Junggeselle und hatte mich das letzte Mal in Stavanger wohlgefühlt. So glaubte ich, dass es für mich natürlich sei, dorthin zu fahren. Unmittelbar nach meiner Ankunft fragte ich auf der Polizei nach der Adresse eines Leiters der Versammlung der Zeugen Jehovas in Stavanger. Er hieß Viggo Markussen und war Versammlungsdiener in dieser Stadt.

Viggo und seine Frau Karen waren sehr gastfreundliche Menschen und in den ersten Monaten, die wir in Stavanger waren, durften wir bei ihnen wohnen. Sie waren beide sehr eifrige Zeugen Jehovas. Es sah aus, als ob sie unerschöpfliche Energiereserven hätten. Sie hatten drei süße Kinder, lauter Mädchen, dennoch waren sie jeden Tag bei der einen oder anderen Aktivität der Versammlung dabei. Wenn es nicht eine Versammlung oder die Vorbereitung einer Versammlung war, so war es die Verkündigungsarbeit von Haus zu Haus. Wir sprachen natürlich viel von der *Wahrheit* und ich wurde in dieser Zeit ständig mehr indoktriniert.

Ich kann über Markussen viel Positives sagen. Er war eine charismatische Persönlichkeit und wirkte mit seinem übergroßen Eifer sehr inspirierend auf andere. Er stellte an sie hohe Ansprüche, aber verlangte das Gleiche von sich selber und war auf diese Weise eine typische Führerpersönlichkeit. Zu dieser Zeit war ich sehr eifrig und die tägliche intensive Aktivität mit Versammlungen und Verkündigungsarbeit, zusätzlich zu meiner Arbeit in der Fabrik, hatte mich ganz erschöpft. Nach drei Monaten bekam ich Schlafstörungen. Oft lag ich nächtelang schlaflos da. Wenn ich zu Bett gehen sollte, schwirrten meine Gedanken in einem einzigen Chaos umher, das Blut stieg mir zu Kopf, ich bekam Schweißausbrüche. Diese Erlebnisse machten mich nervös. Als ich einen Arzt aufsuchte, fand der natürlich keine physische Ursache.

Erst später begriff ich, dass dies eine der effektivsten Methoden ist, die man benutzen kann, um über andere Menschen Gedankenkontrolle auszuüben. Steven Hassan sagt:

> *Jemand psychologisch zu desorientieren kann sehr wirkungsvoll sein. Schlafentzug ist eine der gebräuchlichsten und wirkungsvollsten Methoden, die man benutzen kann, um jemanden zusammenbrechen zu lassen.*[5]
>
> STEVEN HASSAN

Ich erwähne Hassans Buch, weil ich darin mein ganzes Leben als Zeuge Jehovas wiedererkannte und ab und zu werde ich ein Zitat von ihm anführen, welches zu den entsprechenden Ereignissen passt.

Um etwas mehr Ruhe zu bekommen, entschloss ich mich, ein eigenes Zimmer zu mieten. Ich hatte Glück und fand in Sandnes eine neue Arbeit und auch ein Zimmer. Hendrik wohnte weiterhin bei Markussens. Ich erwartete, dass sich meine Situation bessern würde, sobald ich meine Zeit selber einteilen und mein Leben in meinem eigenen Rhythmus leben könnte.

Eines Tages lag ich auf dem Sofa und ruhte nach der Arbeit aus. Und wie ich das genoss! Wie schön war es, sich entspannen zu können und aller Hetzjagd zu entfliehen. Ich fühlte, wie ich wieder ruhiger wurde und ich war sicher, dass Schlaflosigkeit und Erschöpfung ein abgeschlossenes Kapitel waren. Da klopfte es an der Türe.

5 Steven Hassan: Combatting Cult Mind Control, S. 65

Draußen stand die Feuerseele Markussen. Er konnte es nicht verstehen, dass ich als junger Mensch Ruhe brauchte und meinte, es sei wichtiger, jetzt *ins Feld* zu gehen, wo die Endzeit bevorstünde.

Markussen machte das psychologisch Richtige, um die Gedankenkontrolle aufrechtzuerhalten. Er ließ mich nicht *frei*, sondern übte kräftigen psychologischen Druck aus. Ich bekam keine Gelegenheit, mich zu besinnen, und wurde ständig in einem Karussell von *theokratischen* Aktivitäten herumgewirbelt. Das war wirkungsvoll und ich wurde nach und nach so eifrig wie Markussen selbst.

1953 veranstalteten die Zeugen Jehovas ein großes Treffen in New York. Über 165.000 Menschen versammelten sich dort und viele spekulierten, dass Harmagedon vielleicht eintreffen würde, wenn ein großer Teil des *Volkes Gottes* bei einer solchen Begebenheit versammelt war. Nie zuvor hatten sich so viele Zeugen zu einem Treffen versammelt. Markussen meinte, es sei möglich, dass Harmagedon ein Jahr später, 1954, eintreffen würde, da es dann 40 Jahre seit Jesu Wiederkunft wären.[6] Eine Generation währte ungefähr 40 Jahre und das sei eine *passende* Zeit.

Eine junge Schwester im Twen-Alter verliebte sich und heiratete einen Mann, der 40 Jahre älter war als sie. Da Harmagedon so nahe war und er ohnehin gleich danach wieder ein junger Mann sein würde, war der Altersunterschied kein Hinderungsgrund. Obschon manche den Kopf schüttelten, konnten sie doch keine ernsthaften Einwände machen, da alle glaubten, Harmagedon könne jeden Augenblick eintreffen und da würde er wieder jung werden. Darum war der Altersunterschied völlig ohne Bedeutung. Ich kannte den Mann persönlich und kann nur Gutes von ihm berichten. Er war ein ganz besonders lieber Mensch und diente damals als Kreisaufseher. Diese Geschichte erzähle ich nicht, um sie oder ihn zu kritisieren, sondern um zu zeigen, wie tief verwurzelt der Glaube an Harmagedon war, sie zeigt, dass wir glaubten, dieser Krieg würde in allernächster Zukunft ausbrechen. Es waren eher Monate als Jahre.

Anstelle des gewöhnlichen Sommertreffens, das die Zeugen Jehovas im Juli zu arrangieren pflegten, wurde jetzt eine sogenannte *Echozusammenkunft* in Bergen veranstaltet.[7] Manche wichtigen Vorträge, die in New York gehalten worden waren, sollten jetzt vor norwegischen Brüdern gehalten werden. Die Hauptsache für mich war der Vortrag DIE GESELLSCHAFT DER NEUEN WELT, ANGEGRIFFEN AUS DEM FERNEN NORDEN. 1958 vertiefte die Wachtturmgesellschaft das Thema betreffend der Könige des Nordens und

6 Die Zeugen Jehovas glaubten immer noch, dass Jesus 1914 unsichtbar wiedergekommen war. Bis 1929 lehrte die Wachtturmgesellschaft jedoch, dass Jesus 1874 wiedergekommen sei.

7 das bedeutete, dass die Gesellschaft das gleiche Programm wie in New York benutzte.

des Südens im Buch YOUR WILL BE DONE ON EARTH[8]. Das war das *neue Licht*, das die Wachtturmgesellschaft aus der Prophetie Daniels über den König des Nordens und des Südens erhalten hatte.

Die totalitären Mächte und der Kommunismus repräsentierten den König des Nordens und diese würden bald die Zeugen Jehovas angreifen. Damit würden sie jedoch an Jehovas Augapfel rühren und Jehova würde sie vernichten. Der Harmagedonkrieg würde dann wirklich stattfinden. Alle, die wir an diesem Treffen teilnahmen, sowohl 1953 als auch 1958, waren von diesen Neuigkeiten sehr begeistert und wurden angespornt, in der kurzen Zeit, die uns verblieb, noch härter zu kämpfen.

Auf diesem Treffen, das im September 1953 stattfand, wurde ich als Zeuge Jehovas getauft. Die Taufzeremonie fand im Kurbad im Zentrum von Bergen statt.

Der Aufenthalt in Stavanger und Sandnes waren der Ausgangspunkt für den weiteren Dienst für Jehova. Ich war dort mit einer Reihe phantastischer Menschen bekanntgeworden. Zusammen mit anderen Versammlungsmitgliedern aus Stavanger war ich fast zu allen Inseln im Ryfylkefjord gefahren, das bedeutete für mich, außer dem *geistigen Wachstum* eine angenehme Ablenkung. Auf einer dieser Fahrten erlebte ich mein erstes Treffen im Freien. Die Versammlung hatte donnerstags ihre festen Treffen und da wir bei diesen Besuchen von *freien Bezirken*[9] keinen Zutritt zu einem Königreichssaal hatten, hielten wir das Treffen im Freien ab. Am Donnerstag waren wir jedoch bis spät abends mit Verkündigung beschäftigt und die Dienstschule, wie sie hieß, wurde deshalb sonntags abgehalten. An dieses Treffen erinnere ich mich sehr gut, da ich hier meinen ersten *Auftrag* bekam.[10]

Meine erste Rede in der *Theokratischen Dienstschule* war eine achtminütige Predigt über die Seele und ihre Sterblichkeit, natürlich war ich fürchterlich nervös. Erstens war ich ja *neu* in der Organisation, zum anderen war ich kein Norweger. Es war etwas anderes, mit Leuten zu reden, als auf dem Podest zu stehen und einen Vortrag zu halten. Aber es ging gut und Markussen machte nach der Predigt eine Bemerkung darüber, wie ich den Auftrag erfüllt hatte. Im Großen und Ganzen war er zufrieden.

Markussen betonte ständig, wie wichtig es sei, die noch verbleibende Zeit vor Harmagedon auf eine kluge und vernünftige Weise zu nutzen. Er

8 Your Will be done on Earth. WTG, 1958; Dein Wille geschehe auf Erden. WTG, 1960

9 *Freie Bezirke* werden Gebiete genannt, die nicht von einer bestimmten Versammlung *bedient* werden. Damit die Leute an solchen Orten auch die Botschaft der Zeugen hören sollen, teilen sich mehrere Versammlungen die Verantwortung dafür.

10 *Auftrag* ist die Bezeichnung für eine Schülervortrag in der *Theokratischen Dienstschule.*

wies darauf hin, dass die Literatur der Wachtturmgesellschaft dies auf das Stärkste unterstrich. Das einzige Wichtige sei jetzt, so viel Zeit wie möglich für die Arbeit von Haus zu Haus zu verwenden.

Kapitel 5

Kindererziehung im theokratischen Geist

Als Ältester musste ich auf Eltern und Kinder Druck ausüben. Im Leben der Kinder gibt es keine richtige Ordnung, da diese von klein an auf alle Treffen mitgenommen werden sollten. Besondere Zusammenkünfte für Kinder, wie zum Beispiel eine Sonntagsschule, gibt es nicht. Mehrmals pro Woche gehen die Kinder spät zu Bett, weil sie mit ihren Eltern auf den vielen Treffen der Zeugen Jehovas sein müssen. Die Mütter schaffen es nicht, in das Leben der Kinder einen normalen Rhythmus zu bringen, das wirkt sich natürlich auf die Konzentrationsfähigkeit der Kinder in der Schule aus. Viele Male erlebte ich, wie Kinder Schläge bekamen, weil sie bei den Treffen zu einer Zeit nicht still sitzen wollten, wo sie normalerweise schon im Bett liegen sollten. Das erwähne ich nicht, um andere zu kritisieren – mein eigenes Gewissen ist in diesem Punkt ganz sicher nicht gut. Beschämenderweise muss ich gestehen, dass dies auch bei meinen eigenen Kindern passierte, als sie klein waren.

Wir lehrten die Kinder in der Versammlung, von Tür zu Tür zu gehen, um Literatur zu verkaufen. Wir lehrten sie verschiedene Verkaufstechniken und waren uns vollkommen klar darüber, dass Kinder große Mengen von Büchern und Heften umsetzen. Da sie vielen Menschen leid taten und diese glaubten, ihnen durch den Kauf zu helfen, forderten wir die Eltern auf, die Kinder von klein an auf die Verkündigungsarbeit mitzunehmen.

5.1 Wir vermissen Kinder

Jellie war gerne Hausfrau. Aber für mich zu kochen, die Böden zu wischen und von Haus zu Haus zu gehen, um zu verkündigen, war dennoch auf die Dauer nicht zufriedenstellend. Sie wünschte sich Kinder. Die Ansicht der Wachtturmgesellschaft betreffend Kinderwünsche jetzt in der Endzeit hatte schon frühzeitig unsere Ehe erschüttert. Ich werde später in diesem Buch dokumentieren, dass die Leitung des Wachtturms der Ansicht war, es sei jetzt, wo Harmagedon so nahe sei, unvernünftig, Kinder in die Welt zu setzen. Ich glaubte fest an die wiederholten Aussagen des Wachtturms: »Wir stehen kurz vor Harmagedon!« Ich war der Meinung, Kinder würden uns daran hindern, die Botschaft vom Reiche Gottes, das 1914 im Himmel errichtet wurde und innerhalb unserer Generation auf die Erde kommen würde, zu proklamieren. Das glaubte Jellie auch, aber sie konnte ihre große

Sehnsucht nach Kindern nicht verbergen. Natürlich wollte auch ich Kinder haben, aber zwischen uns standen die Propheten des Wachtturms.

Es waren die Natur und der Mutterinstinkt, die siegten. Mit der Zeit bekamen wir vier prachtvolle Kinder. Erst ein Mädchen, dann drei Jungen. Als gute Zeugen Jehovas mußten wir die Konsequenzen ziehen und die Kinder zu allen Treffen mitnehmen, egal wie klein sie waren. Dadurch nahm sowohl die psychische als auch die physische Belastung für uns zu. Es wurde erwartet, dass wir eifrig Dienst tun sollten und ständig wurde sowohl in der Literatur als auch auf den Treffen auf die Möglichkeit hingewiesen, als Ferienpionier zu dienen.

Die Gesellschaft hatte wenig dafür übrig, dass das Familienleben ein Hindernis für die Verkündigungsarbeit sein dürfte, die Kinder benötigten jedoch auch Betreuung. Kinder fragen nicht um Erlaubnis, Bedürfnisse zu haben. Ihre Bedürfnisse sind da, ob der Wachtturm das nun gerne sieht oder nicht.

Die Wachtturmgesellschaft sprach in dieser Sache praktisch auch mit zwei Zungen. Einerseits erwartete sie, dass man sich in verantwortlicher Weise um seine Kinder kümmerte, andererseits überhäuften sie jeden Zeugen Jehovas mit soviel Arbeit, dass man ganz einfach keine Zeit hatte, sich der Kinder in vernünftiger Weise anzunehmen, wenn man der *Arbeitsliste* folgen wollte. Das führte dazu, dass wir uns wie zwischen zwei Stühlen sitzend fühlten: Sollten wir uns nun Zeit für die Kinder nehmen, auf die sie doch Anspruch hatten, oder sollten wir der Verkündigungsarbeit den Vorzug geben?

Da die Wachtturmgesellschaft empfahl, die Kinder nicht in den Kindergarten zu schicken, und sogar behauptete, es zeige eine unreife Einstellung, wenn man seine Kinder nicht selbst erziehe, hatten wir in dieser Hinsicht keine Entlastung. Man solle seine Kinder nicht Vorschullehrern anvertrauen, die ein Teil dieser Welt seien. Viele der Vorschullehrer seien noch dazu religiös und somit ein Teil von Babylon der Großen, die in Harmagedon zum Tode verurteilt sei. Seien sie nicht religiös, so sei es ebenso falsch, da sie dann wahrscheinlich Atheisten wären und daher ohnehin dem Satan gehörten. Kein Christ wünsche sich, dass Atheisten seine Kinder erziehen sollten. Die Kinder sollten nur die Pflichtschule besuchen und darüber hinaus in den theokratischen Aktivitäten zu Hause oder in der Versammlung unterwiesen werden.

Unsere Kinder konnten natürlich auch nicht an irgendeiner Sonntagsschule teilnehmen, da man dort eine andere Religion lehrte als die, an die wir ganz und fest glaubten. Die Ansicht der Wachtturmgesellschaft über die Sonntagsschule kommt deutlich im Wachtturm zum Ausdruck:

Warum für kleine Kinder eine Sonntagsschule organisieren mit der einen oder der anderen dummen Frau, die nichts von der Bibel weiß . . . das ist ein Unternehmen des Teufels und ist von seinen Verbündeten mit dem Ziel durchgeführt worden, die Kinder von Gott abzuwenden und sie gegen ihre Eltern aufsässig zu machen . . . Die Sonntagsschule war zum Schaden für die christlichen Eltern . . . sie bewirkt, dass die Kinder den Respekt vor ihren Eltern verlieren.[1]

VAKTTÅRNET

Aber was war das eigentliche Motiv, den Kindern die Sonntagsschule zu verbieten? Lesen wir in derselben Zeitschrift weiter:

Ihr sollt eure Kinder lehren, dass der große Höhepunkt gekommen ist und dass es Gottes ausdrückliche Absicht ist, in kurzer Zeit alle zu vernichten, die böse sind . . . Die Gründe für die Ablehnung der Sonntagsschule sind folgende: Sonntagsschulen trennen die Jüngeren von den Älteren, die Kinder können nicht vom Verhalten der Eltern lernen . . . Sie haben befähigte Leute von der Zeugnisarbeit von Tür zu Tür abgehalten. Diese Lehrer der Kinder haben dies als Entschuldigung benützt, um nicht an der Zeugnisarbeit von Tür zu Tür teilnehmen zu müssen.[2]

VAKTTÅRNET

Dieses Zitat zeigt das eigentliche Motiv. Die Sonntagsschulen stehlen Zeit. Die Kinder sollen nämlich dazu erzogen werden, Literatur zu verkaufen! Im ERWACHET! vom 22. August 1957 (Norwegisch) wiederholen die Zeugen Jehovas ihre Ansicht in einem Artikel mit der Überschrift: SONNTAGSSCHULE GEWOGEN UND ZU LEICHT BEFUNDEN.

Schlimmer war, dass die Kinder auch nicht an anderen Aktivitäten für Kinder und Jugendliche teilnehmen konnten. Dies wurde so betrachtet, als opfere man seine Kinder auf dem Altar des Satans, was dazu führen konnte, dass man selbst in Harmagedon verloren wäre, ungeachtet wie groß der Verdienst für Jehova gewesen war. Die einzige Alternative sei deshalb, mit dem WACHTTURM und ERWACHET! von Tür zu Tür zu gehen.

Wieder sehen wir ein Beispiel für angewandte Psychologie, um andere Menschen zu steuern. Die Gesellschaft schafft sich äußere Feinde und weist ständig darauf hin, wie *böse* und *gefährlich* diese seien. Das ruft den Eindruck hervor, als ob alle außerhalb der Sekte vom Satan seien. Die Mitglieder werden dazu erzogen, einen solchen Einfluß wie die Pest zu fürchten.

1 Vakttårnet 15. Juni 1938, S. 181
2 Vakttårnet 1. Juli 1938, S. 198

Das ist das wichtigste Element, dessen sich ein Kult bedient, um gefühlsmäßige Kontrolle auszuüben.

5.2 KINDER, DIE NICHT VON TÜR ZU TÜR GEHEN, WERDEN GETÖTET WERDEN

Im Nachhinein erscheint es mir unglaublich, dass auch ich daran beteiligt war, Kindern mit dem Tod zu drohen, falls sie an dieser Arbeit nicht teilnehmen wollten. Die Zeugen Jehovas machen das tatsächlich und ich war bei dieser abscheulichen Kindesmißhandlung selbst dabei. Wenn sie bei dieser *Arbeit* nicht mitmachten, würden sie sterben, erzählten wir ihnen. Der Wachtturm warnt die Eltern folgendermaßen:

> *Eltern, die ihre Kinder lieben* und wünschen, *dass sie in Gottes neuer Welt* leben sollen, *werden sie ermuntern und dazu anhalten, dieses Ziel zu erreichen, das mit* vermehrtem Dienst *und Verantwortung zu tun hat.* [3]
>
> VAKTTÅRNET

Denkende Menschen werden jetzt natürlich glauben, dass wir mit Rücksicht auf die Kinder vorsichtiger waren, aber da täuschen sie sich leider. Die Kinder erhielten haargenauen Bescheid, dass sie getötet würden, wenn sie nicht Gott dienten und um Gott zu dienen, mussten sie ins *Feld* gehen, d.h. von Tür zu Tür. Das Buch, das wir als Beweis benutzten, heißt VOM VERLORENEN ZUM WIEDERGEWONNENEN PARADIES[4]. Dieses Buch wurde für die Studien mit Kindern benutzt, und auf Seite 249 steht:

> Nur die, *welche Gottes Reich* verkünden, *können erwarten, dass sie im Laufes des Weltendes beschützt werden; sie* werden Harmagedon überleben *und in das neue Reich kommen. Wir müssen mehr tun, als nur die Botschaft vom Reich annehmen, um erlöst zu werden. Wir müssen sie auch verkünden, um zu zeigen dass wir daran glauben.*[5]

3 Vakttårnet 1. August 1962 (Hervorhebungen von mir)

4 Vom verlorenen zum wiedererlangten Paradies. Englische Ausgabe. WTG, 1958; Deutsche Ausgabe. WTG, 1960

5 Vom verlorenen zum wiedergewonnenen Paradies, a.a.O. S. 249 (Hervorhebungen von mir)

Wir lehrten die Kinder auch noch, dass es Gottes Engel wären, die sie töten würden, wenn sie nicht Gott dienten. In einem anderen Kinderbuch der Zeugen Jehovas, AUF DEN GROSSEN LEHRER HÖREN[6], heißt es:

> *Es gibt auch noch eine andere Arbeit, welche die Engel ausführen sollen, und es dauert nicht mehr lange, bis sie diese ausführen werden. Die Zeit, da Gott* alle Bösen vernichten wird, *ist nahe. Alle, die nicht den wahren Gott anbeten,* werden vernichtet . . . *Keiner der Bösen wird entkommen.* Die Engel werden sie allesamt finden . . . *Wir werden vor nichts mehr Angst haben müssen,* wenn wir Jehova dienen.[7]
>
> VOM VERLORENEN ZUM WIEDERGEWONNENEN PARADIES

Wir lehrten die Kinder auch, dass es nicht genug war, es einmal zwischendurch zu machen. Wir machten es zur Bedingung, dass Kinder wie Erwachsene einen festen Dienst ausführen sollten und die Wachtturmgesellschaft ermunterte uns dazu in ihrer Literatur. Noch ein Beispiel dazu aus dem Wachtturm:

> *Die Bibel zeigt, dass auch ihr Kinder* das Vorrecht *besitzt, am Dienst teilnehmen zu dürfen und das solltet ihr eigentlich tun . . . wöchentliche Dienste . . .* jeden Tag in den Ferien . . . *regelmäßig.*[8]
>
> VAKTTÅRNET

Eine besonders große Verantwortung lag auf mir als Vater, natürlich auch auf allen anderen Vätern, da die Väter die Verantwortung für die Familie trugen. So früh wie möglich im Kindesalter sollte ich ihnen von Jehova, dem Paradies und Harmagedon erzählen. Wir nahmen das sehr ernst. Lange bevor sie lesen und schreiben konnten, saßen die Kinder auf dem Schoß und bekamen Bilder aus den *Kinderbüchern* des Wachtturms gezeigt.

In mehreren der *Kinderbücher* wurde die ganze biblische Geschichte neben dem geschriebenen Text auch noch in Bildern wiedergegeben. Dazu gehörten auch viele schreckliche Bilder, wie Jehova alle Nicht-Zeugen in Harmagedon töten würde. Die Bilder zeigten, wie die Gebäude brannten, zusammenstürzten und die Menschen lebend begruben. Große Gruppen von Menschen mit Todesangst in den Gesichtern suchten verzweifelt Hilfe

6 Die genaue Titelaufnahme des Buches war nicht zu ermitteln. Das Kinderbuch liegt dem Autoren vor

7 a.a.O. S. 102 (Hervorhebungen von mir)

8 Vakttårnet 1. Januar 1963 S. 9 (Hervorhebungen von mir)

oder Zufluchtsstätten, aber die gab es nicht in den eingestürzten Gebäuden und vom Himmel fallenden Steinen und Feuer. Kolossale Risse in der Erdoberfläche schluckten Menschen, Autos und Häuser.

Solche schreckenerregende Bilder gibt es in allen Wachtturmbüchern seit den letzten hundert Jahren. Als Zeuge Jehovas glaubte ich nicht an die ewige Verdammnis. Unseren Kindern wurde jedoch ständig mit diesen Schreckensbildern *von Harmagedon* gedroht. Zu dieser Zeit empfanden weder ich noch meine Frau dies als Bedrohung, sondern wir glaubten aufrichtig, dass es vernünftig sei, dies den Kindern beizubringen. Das hatte ich selbst in einem Kurs für Älteste in der Versammlung gelernt. Im Nachhinein ist es darum erschreckend, daran zu denken, was ich wohl an meinen eigenen Kindern sowie an anderen Kindern begangen habe.

Jedes Mal, wenn meine Kinder an eine Tür klopfen sollten, sah ich ihre angespannten Gesichter. Sie wurden mit einer Aufgabe betraut, für die sie keine Voraussetzung hatten, aber das verstand ich damals nicht.

5.3 Kinder sind ein unerwünschtes Hindernis

Kinder waren ganz allgemein bei den Zeugen Jehovas ein *Unding*. Die Literatur riet ständig jungen Paaren ab, Kinder in die Welt zu setzen. Taten sie es dennoch, so mußten sie die ständigen Sticheleien der Repräsentanten in Kauf nehmen.

Als Versammlungsdiener in Kragerö in den sechziger Jahren bekam ich einmal Besuch von Willy Holgersen, der reisender Kreisaufseher der Gesellschaft war. Normalerweise boten meine Frau und ich diesen an, bei uns zu wohnen, und man nahm dies gewöhnlich auch dankend an. Auch Holgersen tat dies, aber es war deutlich zu merken, dass ihm unsere Kinder missfielen. Er mochte keine Kinder und gab meiner Frau Jellie Bescheid, dass er *in einem Haus ohne Kinder wohnen wolle, wenn er das nächste Mal nach Kragerö käme.*

Diese irdischen *Repräsentanten Gottes* und *Prinzen auf Erden* nahmen gerne unsere Gastfreundschaft an, sie aßen und tranken, was sie bekommen konnten. Doch machte es ihnen nichts aus, uns für unsere Gastfreundschaft mit groben Frechheiten zu danken.

Nach der Geburt der beiden Kleinsten wurde ich von einem Kreisaufseher direkt kritisiert und er sagte, ich sei mir doch völlig klar darüber, dass es unklug sei, jetzt kurz vor Harmagedon Kinder in die Welt zu setzen und dass dies von der Wachtturmgesellschaft nicht empfohlen sei. Zu diesem

Zeitpunkt war ich vorsitzender Aufseher und er meinte, ich sei ein schlechtes Vorbild für die Versammlungsmitglieder.

Wie willst du deinen Verpflichtungen in der Versammlung nachkommen können?, wollte er wissen.

Ich war tief enttäuscht und in mir begann eine Aggression gegen die Organisation und ihre Leitung zu wachsen. Bewusst zählte ich nun auf, was ich alles für die Sache Gottes getan und was ich aus Rücksicht auf die Gesellschaft nicht an notwendigen Dingen für meine Frau, für meine Kinder und für mich selbst getan hatte.

Ich fühlte mich verraten und verkauft. Mir kam zum Bewusstsein, dass Brooklyn meine besten Lebensjahre ausgenutzt und meiner Frau und meinen Kindern Zeit und Kräfte geraubt hatte, die eigentlich ihnen zustanden. Dazu kam noch, dass der Wachtturm meiner Frau wertvolle Zeit und Kräfte geraubt hatte, die sie gut für die Kinder und für mich selbst hätte brauchen können. Das Schlimmste war, dass die Kinder darunter leiden mussten, dass sie zu wenig Aufmerksamkeit bekamen. Die Wachtturmgesellschaft verlangte, als erste angebetet zu werden, und wenn wir ihr alles geopfert hatten, waren wir in der Regel zu müde, den Kindern und eventuellen anderen Familienmitgliedern das zu geben, worauf sie Anspruch hatten.

Kapitel 6

Richter und Henker

1973 war ich vorsitzführender Aufseher für eine große Versammlung und ich nahm zum zweiten Mal an einem zweiwöchigen Kurs für leitende Kreisaufseher teil. Dieser Kurs fand in Amsterdam statt. Mehrere Vorträge hatten zum Thema, wie wir die Organisation reinhalten könnten und wie wir Älteste uns in diesem Punkt verhalten sollten. Somit wurde die Praxis der Wachtturmgesellschaft, Mitglieder auszuschließen, ein wesentliches Thema dieses Kurses. Vieles von dem, was ich dort lernte, erschreckte mich und zeigte mir, wie wichtig es für die Gesellschaft war, ihre Untertanen mit eisernem Griff festzuhalten. Bisher hatten sie alles im Griff und sie dachten nicht daran, ihn zu lockern.

Der Kanadier Paul Kusnir, der den Kurs leitete, brachte mehrere Beispiele aus der umfassenden Kartothek der Zeugen Jehovas, einer Kartothek, die Informationen über jedes einzelne Mitglied der Versammlung enthält, das *gesündigt* hat.

Es nützt nichts, von einem Ort zum anderen zu ziehen, um ein neues Leben zu beginnen. Würde ein *Sünder* sich im brasilianischen Urwald verbergen, so würde er dennoch für den internationalen Apparat der Gesellschaft nicht verschwunden sein, sagte Kusnir. Der Wachtturmgesellschaft ist von jedem einzelnen Mitglied bekannt, wo auch immer es sich auf der Erdkugel befindet. Wenn ein Zeuge von einem Ort zu einem anderen umzieht, wird sein Registerauszug an den Ältesten in der neuen Versammlung geschickt.

Das Nachrichtensystem der Zeugen Jehovas ist ganz besonders effektiv. Jeder Einzelne, der zu einer Versammlung kommt und behauptet, ein Zeuge Jehovas zu sein, wird augenblicklich kontrolliert. Das geht sehr schnell, da das Zentralbüro der Wachtturmgesellschaft alle Informationen besitzt, außerdem befinden sich diese auch in den Zentralbüros der einzelnen Länder. Einige Informationen finden sich auch in der Versammlung, welcher der Betreffende früher angehörte.

Diese Informationen mussten wir kennen, da wir als Kreisaufseher der Versammlung die Aufgabe hatten, *die Herde zu beschützen*. Paul Kusnir nahm sich viel Zeit, uns beizubringen, wie wir uns in unserer Eigenschaft als Richter in der Versammlung zu verhalten hatten. Die internen Gerichtsverfahren werden im Prinzip genauso abgehandelt wie *gewöhnliche* Gerichtsverfahren, mit Anklage, eventuellen Zeugen und drei Richtern. Der Unterschied ist einzig und allein der, dass der Angeklagte immer der verlierende Teil sein wird. Der Angeklagte wird keine Gelegenheit bekommen, seine eigene Verteidigung zu übernehmen oder Zeugen beizubringen. Verteidiger für den Angeklagten können nicht ernannt werden und Zeugenaussagen wird man nicht überprüfen können. In den meisten Fällen wird der Angeklagte nicht in Erfahrung bringen können, wer ihn angeklagt hat und er bekommt ebenfalls nicht zu wissen, welche Anklagen vorgebracht wurden. Er hört einzig und allein die Version des Richters.

So ist es auch nicht der Zweck interner Gerichtsverfahren, die Schuldfrage zu klären. Die Schuld ist von vornherein festgelegt und die *Gerichtsversammlung* hat zwei Aufgaben, nämlich dem Schuldigen Reue und Strafe aufzuerlegen und das Urteil zu verkünden.

Wir bekamen auch gründliche Unterweisung in den verschiedenen Verhörtechniken. Diese sollten wir anwenden, um vom Angeklagten während der Gerichtsverhandlung detaillierte Informationen zu bekommen.

Als *Richter* hatte ich schon mehrere Jahre Erfahrung. Ich war mit dabei, als Menschen wegen Handlungen ausgeschlossen wurden, die in der Bibel nicht als Sünde angesehen werden. Das *Verbrechen* dieser Menschen war, dass sie gegen die Lehre und die Regeln der Wachtturmgesellschaft verstoßen hatten; dies wurde als ebenso ernster Verstoß betrachtet, als wenn sie gegen Gebote der Bibel verstoßen hätten. Das war dasselbe. Der *treue und verständige Sklave* in Brooklyn war von Gott ernannt und Gott handelte durch die Wachtturmgesellschaft. Alle Verordnungen der Wachtturmgesellschaft kamen daher von Gott, diese Idee stand also dahinter.

Als Beispiele für solche *ernsthafte Verbrechen* kann ich erwähnen: Einen Geburtstag oder den Nationalfeiertag gefeiert oder eine Kirche besucht zu haben. Es konnte auch vorkommen, dass die Wachtturmgesellschaft es nicht mochte, wie ein Ehepaar im eigenen Schlafzimmer den ehelichen Verkehr vollzog und dafür wurden sehr viele zeitweise ausgeschlossen.

Ich schäme mich heute wirklich, wenn ich an die sogenannten *Gerichtsverfahren* zurückdenke, in die ich einbezogen war. Mehrere Male habe ich öffentlich, u.a. in Zeitungsartikeln in den Niederlanden und in Norwegen, unsere Opfer um Vergebung gebeten.

6.1 Rechtssicherheit – was ist das?

Was sexuelle Dinge betraf, so erinnere ich mich an Fälle, bei denen der *Sünder* einen vollständigen Nervenzusammenbruch bekam. Einzelne Mit-*Richter* waren nicht immer zufrieden, nur zu hören, dass der Betreffende aufgrund mangelnder Kontrolle gesündigt hatte. Oft, besonders wenn Frauen angeklagt waren, wollten die Richter – die immer Männer waren – gerne jedes einzelne Detail wissen, wie der *Sündenfall* begonnen hatte und weiter verlaufen war. Sie verlangten oft eine eingehende Beschreibung der sündigen Handlung. Oft wurden perverse Fragen gestellt. Eine ehemalige Zeugin Jehovas schreibt:

> *Der Ausschuss war nicht mit meinem Geständnis zufrieden, dass ich mit einem Mann geschlafen hatte, sondern wollte auch intime Details wissen wie z.B.: »Fühltest du während des Beischlafs Befriedigung?« »Nahm er dich von vorn oder von hinten?« »Wart ihr beide nackt?« »Bekam er einen Orgasmus?« Nach diesen Fragen hatte ich überhaupt keine Lust, Reue zu zeigen. Kurz danach wurde ich ausgeschlossen.*

Ein Teil der *Richter* schien an solchen Verhören große Freude und Befriedigung zu haben. Der Vorgang erinnerte an die katholische Inquisition des Mittelalters, wo die Angeklagten, oft junge Damen, nackt vor den *Richterpriestern* gehängt wurden. Diese hatten jedoch in der Gesellschaft die Macht und richterliche Gewalt, sich solche *Freuden* zu gestatten, was den Standgerichten der Zeugen Jehovas heutzutage glücklicherweise verwehrt ist.

Ich erinnere mich an noch einen Fall, in dem ich als *Richter* fungierte und wo wir zu einem todkranken Mann gerufen wurden. Er war früher Zeuge Jehovas gewesen, war aber ausgeschlossen worden, weil er rauchte. Jetzt hatte er Krebs und lag zu Hause im Sterben. Da er über 30 Jahre lang Zeuge Jehovas gewesen war, glaubte er zu wissen, dass er nicht auferstehen werde, ohne vorher wieder in die Versammlung aufgenommen worden zu sein und deshalb wurden wir zu ihm gerufen. Er wünschte, wieder aufgenommen zu werden, um die Möglichkeit der Auferstehung zu erlangen.

Schon vom ersten Moment an, als ich in das Zimmer kam, hatte ich ein beklemmendes Gefühl und wusste nicht, was ich sagen oder tun sollte. Hier lag ein Mensch auf dem Totenbett und unsere Aufgabe war – wie wir tatsächlich glaubten – zu entscheiden, ob dieser Mensch auferstehen solle oder nicht! Die Lehre der Wachtturmgesellschaft ist in diesem Punkt kristallklar und als ich jetzt plötzlich auf diese Weise mit der Wirklichkeit konfrontiert wurde, war diese *Richterfunktion* blutiger Ernst geworden. Ich glaubte, dass unser *Urteil* maßgebend für das zukünftige Schicksal dieses armen Kerls sein würde! Gleichwohl empfand ich tiefe Scham darüber, am Totenbett *zu Gericht* zu sitzen. Der Mann wurde zwar am Tag nach unserem Besuch wieder in die Versammlung aufgenommen und starb als Zeuge Jehovas, aber diese Episode schuf mir zum ersten Mal Probleme mit der Macht und dem richterlichen Gewicht, die wir Ältesten in der Versammlung hatten. *Wenn die Lehre der Wachtturmgesellschaft richtig war, so lag es an uns zu entscheiden, ob ein Mensch ewiges Leben haben sollte!*

Ein anderer Fall, der zeigt, welche Barmherzigkeit diese *Standgerichte* ihren Opfern erweisen, ist eine Episode mit einem 102 Jahre alten Mann. Dies geschah nicht in meiner Versammlung, sondern mein Schwager erzählte mir davon. Er saß in diesem Gremium und erzählte mir später, dass er deshalb ein schlechtes Gewissen hatte. Die Ältesten der Versammlung hatten erfahren, dass dieser Mann Schnupftabak nahm. Wie es Sitte in der Versammlung der Zeugen Jehovas ist, hatte ein *treuer* Bruder oder eine ebensolche Schwester von diesem unerhörten Verbrechen erfahren und hatte – genau nach Vorschrift – den Sünder vor dem Ältestenrat entlarvt. Der Mann wurde zum Verhör bestellt und natürlich ausgeschlossen. Ein Mensch, 102 Jahre alt, der plötzlich alle Freunde verliert, sitzt mit weniger als nichts da. Niedergeschlagen und psychisch zerstört starb er kurz darauf. Hinzu kam natürlich seine große Angst, da er sein *Todesurteil* vorgelesen bekam. Der Leser muß sich darüber im Klaren sein, dass die Zeugen Jehovas dies glauben. Sie glauben, dass ein Ausschluss den Tod bedeutet, falls sie es nicht schaffen, in die *Arche* zu gelangen oder wieder in die Versammlung aufgenommen zu werden, bevor das Ende kommt.

Obwohl es nicht in den offiziellen Instruktionen der Gesellschaft steht, gingen viele sehr weit in diesen erniedrigenden *Gerichtsverhandlungen*. Ich kann mit Sicherheit sagen, dass viele Älteste, die als *Richter* fungierten, weitaus *päpstlicher als der Papst* waren, wie ein Sprichwort lautet. Ich meine, dass die Ursache dafür in der allumfassenden autoritären Macht liegt, die das Hauptquartier in Brooklyn seinen Versammlungsältesten überträgt. Die *Richter* hatten immer die Oberhand, so dass der Angeklagte keine Chance hatte. Der Angeklagte wusste, dass Widerspruch zu unmittelbarem Ausschluss führte, was in der Terminologie der Zeugen gleichbedeutend mit einem Todesurteil ist.[1]

Die weitreichende Macht der *Richter* ist allen Zeugen Jehovas wohlbekannt. Der Angeklagte weiß, dass Proteste gegen perverse oder intime Fragen nichts nützen. Viele Zeugen Jehovas, die vom *Richtergremium* zu solchen Verhören einberufen wurden, waren mit Angst erfüllt; ich habe selbst erlebt, dass Leute davongelaufen, buchstäblich geflüchtet sind.

1 Theoretisch kann nämlich ein Ausgestoßener in die Versammlung zurückkehren. Früher gab es eine *Sperrfrist* von einem Jahr, heute jedoch ist es Sache der Ältesten, zu entscheiden, ob der *Sünder genug* bereut hat! Wirkliche Reue kann man nur beweisen, indem man während der Zeit des Ausschlusses keine einzige Zusammenkunft versäumt und außerdem eine besonders demütige Haltung gegenüber jedem Ältesten einnimmt, dem man begegnet.

In einem Fall besuchten wir ein weibliches Mitglied der Versammlung. Als sie sah, wer da kam, zog sie schnell einen Mantel an und lief aus dem Haus.

Ein anderes Mal geriet die betreffende Frau in Panik, als wir zu ihr nach Haus kamen. Sie heulte und schrie und es endete damit, dass sie aus dem Zimmer floh, alle Treppen hinauflief und sich auf dem Dachboden versteckte.

Ein solch *respektloses* Betragen wurde nie akzeptiert. Wenn jemand nicht mit dem Gremium sprechen wollte, wurde er nach der Regel ausgeschlossen. Man nahm an, der er einen Grund hatte, nicht mit uns sprechen zu wollen und dass dies das schlechte Gewissen sei.

Die Wachtturmgesellschaft behauptet in ihrer Literatur, dass man ein Berufungsrecht hat und dass dies vor Fehlurteilen schützt. In der Praxis ist dieses Berufungsrecht eine reine Farce. Aus meiner Zeit als Ältester kenne ich nur einen einzigen Fall, wo jemand mit seiner Berufung angehört wurde und die, welche eventuell so etwas versuchen wollten, mussten ja auch weiterhin in der lokalen Versammlung leben. Eine Klage an die Gesellschaft über ungerechte Behandlung hätte zu Repressalien geführt, mit denen es unmöglich gewesen wäre, weiterhin in der Versammlung zu leben. Die Antwort, die ein Ausgeschlossener normalerweise auf irgendeinen Brief an die Wachtturmgesellschaft, sei es eine Berufung oder etwas anderes, erwarten kann, ist Schweigen. Vollständiges Schweigen.

In den Augen jemandes, der Mitglied einer Sekte ist und von ihr vollständig abhängig wurde, ist ein Ausschluss unter allen Umständen zu vermeiden. Da die Angst vor dem Ausschluss noch größer ist als die Angst vor den Richtern, bekommen letztere in der Regel auf jede beliebige Frage eine Antwort, ungeachtet wie persönlich sie ist. Der Angeklagte ist sich völlig darüber im Klaren, welche katastrophale Folgen ein Ausschluss haben kann und möchte diesen um jeden Preis vermeiden. Jedoch weiß er oder sie auch, dass der *Richter* beim geringsten Verdacht, es wären nicht alle Fakten mitgeteilt worden, unwiderruflich einen Ausschluss verhängen kann. Viele Angeklagte wagen auch nicht, sich zu verteidigen, da jeder Versuch einer Verteidigung als mangelnde Reue ausgelegt wird, was ebenfalls zum Ausschluss führt. In Anbetracht dessen, was sie selbst, die Familien und die Freunde bei einem Ausschluss mitmachen würden, nehmen angeklagte Zeugen Jehovas alles in Kauf.

Sie befinden sich zwischen zwei Stühlen und haben keine andere Möglichkeit, als sich zu hundert Prozent der Gnade des Henkers zu übergeben. Selbst wenn sie innerlich über die ungerechte Behandlung am liebsten laut aufschreien möchten, wagen sie es nicht, dazu sind die Terrormittel der Wachtturmgesellschaft zu effektiv. Sie wagen es ganz einfach nicht, um keinen Preis. Diese Situation, die das Leben der ganzen Versammlung prägt, erzeugt bei den Zeugen Jehovas ernsthafte psychische Leiden. Wissenschaftliche Untersuchungen deuten darauf hin, dass Nervenprobleme bei den Zeugen Jehovas fünf- bis zehnmal häufiger auftreten können als in der übrigen Gesellschaft, abhängig davon, welche Kriterien man heranzieht, um nervöse Leiden zu charakterisieren.

Für *Rechtsangelegenheiten* der Versammlung hatten wir Ältesten ein Buch, das wir zu Rate ziehen sollten: GIB ACHT AUF DICH SELBST UND AUF DIE GANZE HERDE.[2] Leider muß ich aus eigener Erfahrung gestehen, dass die *Gerichte* unbegrenzte Macht ausübten und selten etwas oder jemanden zu Rate zogen. Diese Macht und ihre Ausübung kann nur mit einem totalitärem Regime verglichen werden.

6.2 TERROR UND FURCHT HALTEN DIE VERSAMMLUNG ZUSAMMEN

Mitglieder, die anderes zu sagen oder zu schreiben wagen, als was der offiziellen Politik entspricht, oder die andere Kirchen oder Versammlungen besuchen, werden zu heimlichen *Gerichtsverhandlungen* einberufen, die hinter verschlossenen Türen abgehalten werden und in der Regel keine Gelegenheit bieten, dem Ankläger von Angesicht zu Angesicht zu begegnen. Wie schon erwähnt, hat der Angeklagte auch keinen Verteidiger. In GIB ACHT AUF DICH UND DIE GANZE HERDE werden die Rechte, die der Angeklagte angeblich hat, beschrieben, aber diese Rechte stehen nur auf dem Papier. Ich weiß als Mitglied des sogenannten *richterlichen Gremiums* und als *Richter* in mehreren solchen Fällen darüber Bescheid.

Wir Ältesten machten was wir wollten. Unsere Aussagen wurden in jedem Fall berücksichtigt, schon aus unserer Stellung in der Struktur der Organisation. Wir waren die *Getreuen*, die Anderen waren die *Sünder*. Bei den Zeugen Jehovas gibt es niemand, der auf das Wort eines Sünders irgend einen Wert legt und eine eventuelle Klage wird als Bestätigung der *bösen Gesinnung des Abtrünnigen* betrachtet.

Da das Buch GIB ACHT AUF DICH SELBST UND DIE GANZE HERDE nur den Versammlungsältesten zugänglich ist, hat der einfache Zeuge Jehovas keine Ahnung, dass ein solches Buch existiert und noch weniger davon, dass es Rechte für den Angeklagten gibt.

2 Gib Acht auf dich selbst und auf die ganze Herde. WTG. Es handelt sich hierbei um ein internes Buch, welches nur an ernannte Älteste abgegeben wird. Bei Entbindung, Rücktritt etc. muss es zurückgegeben werden. Das Buch ist nicht käuflich zu erwerben, ist aber im Internet downloadbar und auch von verschiedenen Kopierdiensten zu beziehen.

Bei einem normalen Rechtsfall wird der Angeklagte auf seine Rechte aufmerksam gemacht, aber in *Rechtsfällen* der Wachtturmgesellschaft gibt es kein solches Entgegenkommen. Der Angeklagte ist dort, weil er etwas verbrochen hat und das ist ein Umstand, den niemand vergisst. Die Ältesten sind gleichzeitig Richter, Jury, Ankläger, Verteidiger (!) und Urteilsvollstrecker.

Wie ich angedeutet habe, kann der Verurteilte Berufung einlegen. Die Ältesten, die in dieser Sache urteilen, haben jedoch keinen unbedeutenden Einfluß auf die Zusammensetzung der Berufungsinstanz, weil diese gewöhnlich aus den Ältesten der selben Versammlung besteht, oder, falls die Anzahl der Ältesten dieser Versammlung zu gering ist, aus den Ältesten der Nachbarversammlung. Diese *Wahrung der Rechte des Verurteilten* ist nicht mehr nur komisch, sie ist tragisch.

Der totale Mangel an gerechter Behandlung der Vorfälle kann eine fatale Wirkung auf einen Menschen haben, besonders dann, wenn das Selbstbewusstsein des Angeklagten stark geschwächt ist und er vielleicht einige tadelnswerte Dinge begangen hat. Ich kenne mehrere solcher Fälle in Norwegen und auch in anderen Ländern, in denen Menschen, die in seelischer Not waren und zu einer Urteilsverkündigung bestellt waren, sich unmittelbar vorher das Leben nahmen.

Für einen Zeugen Jehovas ist dies nämlich eine sehr ernste Sache. Ich kannte Menschen persönlich, die sich aus diesem Grund das Leben nahmen. Andere standen die Urteilsverkündung durch und begingen später Selbstmord. Wenn das *Todesurteil* von den Henkern der Wachtturmgesellschaft kam, wollten sie nicht länger leben. Ich kenne persönlich etwa 30 Fälle von Selbstmord unter den Zeugen Jehovas in Norwegen, was mehr als alle Worte beschreibt, welche ungeheure Macht wir Ältesten in den Versammlungen der Wachtturmgesellschaft hatten (und haben). Dies sagt viel über den Geist aus, der dort herrscht und zeigt, welch begrenzte Kenntnis die Henker der Wachtturmgesellschaft von allem anderen außer von ihren eigenen Regeln und Lehrsätzen haben.

Der amerikanische Psychologieprofessor Jerry Bergman[3], selbst ehemaliger Zeuge Jehovas, der mehrere Bücher über dieses Thema geschrieben hat, gibt viele unheimliche und beunruhigende Informationen über diese Verhältnisse. Ich möchte allen empfehlen, seine Bücher zu lesen.

Die autoritäre und arrogante Haltung der Gesellschaft gegenüber der Rechtssicherheit des Einzelnen fing an, mir Angst zu machen. Bisher war

3 Bergmann, Jerry R.: Jehovas Zeugen und das Problem der seelischen Gesundheit. Münchner Texte und Analysen zur religiösen Situation. München: o.V., 1992

ich Richter und Henker und hatte noch keine Anklage gegen mich erlebt. Andererseits hatte ich absolut keine Garantie dafür, dass dies so weitergehen würde, das sagte mir meine Erfahrung von Oslo und Kongsberg. Es gab interne Reibereien und Intrigen bei den Zeugen Jehovas, bei denen der Angeklagte keine Möglichkeit hatte, eventuellen Beschuldigungen zu widersprechen; das alles bewirkte, dass ich mich dort nie sicher fühlen konnte. Das nächste Mal konnte ich derjenige sein, der als Angeklagter vor dem *Richterstuhl* saß.

Das gilt natürlich für alle Ältesten und die beste Methode, dem zu entgehen, war das Einhalten einer strengen Disziplin, mit der man alle, die möglicherweise Probleme schaffen konnten, aus dem Wege räumte. Oft konnten Hinweise, die nur auf Gerüchten begründet waren, uns zu Ohren kommen, und wir als *Hirten* der Versammlung sahen es als unsere Pflicht an, diese zu untersuchen. Natürlich entstanden oft daraus Probleme, die dazu führen, dass der arme Kerl vor den Richter mußte.

Die Organisation wurde vorgestellt als, und ist auch, ein selbständiger Staat im Staat. Sie hat ihre eigene Regierung in Brooklyn. Sie hat, genau wie richtige Staaten, eigene Gerichte und eigene Gesetze. Der Unterschied ist nur, dass die von der Wachtturmgesellschaft selbst eingesetzten Gerichte und festgelegten Gesetze über den Gesetzen und Gerichten des Landes stehen, in dem man lebt. Aus diesem Grund empfiehlt man den Zeugen Jehovas unter anderem, vor einem weltlichen Gericht nicht die Wahrheit zu sagen, selbst wenn dies zu einer Verurteilung wegen Mißachtung des Gerichtes führen sollte. Die Wachtturmgesellschaft bestimmt, was sich zu sagen *geziemt*.[4]

Eine der wichtigsten Freiheiten, die ein Mensch in einem demokratischen Staat hat, ist das Recht auf eine ehrliche und rasche Rechtsprechung mit der Garantie für eine gerechte Behandlung. Dieses Recht wird dem genommen, der Zeuge Jehovas wird, aber nicht von dem Land, in dem derjenige wohnt, sondern von dem eigenen juristischen System der Zeugen Jehovas. Ich begriff jetzt, dass alle Kontakte mit der Umwelt abgeschnitten waren.

4 Dies wird besonders deutlich in der Broschüre „Preparing for Child Costody Cases", in der die Wachtturmgesellschaft den Zeugen, Ältesten und Kindern empfiehlt, vor Gericht die „Wahrheit zu verbergen" und das Gericht zum Glauben zu verleiten, die Bedingungen, unter denen die Kinder aufwachsen, seien das gerade Gegenteil der Wirklichkeit. Für die Kritiker der Wachtturmgesellschaft ist diese Broschüre eine „Gabe des Himmels", da Präsident Franz niemals zuvor so viele Lügen drucken ließ und diese in ein konsequentes System brachte, wie es hier geschah.

Mit der Zeit bekam ich Probleme mit der Verantwortung, die ich als *Richter* des Wachtturms hatte. Einige Jahre, nachdem meine Schwester Witwe geworden war, heiratete sie einen Mann, der Advokat war. Mein neuer Schwager war mehrere Jahre hindurch Richter in einer größeren Stadt in den Niederlanden gewesen. Es soll hier erwähnt werden, dass mein Schwager nicht Zeuge Jehovas war, jedoch ein tüchtiger Jurist. Bei unseren Gesprächen erzählte er mir, dass er 10 Jahre lang Recht studiert habe, bevor er sich für die Aufgabe als Richter, die er jetzt ausübte, qualifiziert habe. Das brachte mich zum Nachdenken über meine eigene Verantwortung und meine Kompetenz. Hier sollte ich, ein ungebildeter Mensch, ohne Kenntnis des Rechtswesens, der Psychologie oder der Pädagogik, in Angelegenheiten Richter sein, in denen ich überhaupt keine fachlichen Voraussetzungen besaß, die Arbeit auf zufrieden stellende Weise auszuführen. Meine einzige *Ausbildung* war der Kurs für Älteste der Wachtturmgesellschaft und wie die Leser sicher schon bemerkt haben, war das, was wir dort lernten, kein genügendes Rüstzeug, welches Psychologen oder Juristen akzeptieren würden.

Viele Vorfälle, welche die Polizei oder Gerichte nach Gesetzesvorschriften beurteilt haben würden, wurden bei den Zeugen Jehovas von unqualifizierten Menschen und hinter geschlossenen Türen behandelt. Dies konnten Fälle von Diebstahl, Narkotika oder Inzest sein. Solche Dinge wurden den Behörden des Landes niemals gemeldet, sondern sollten von der Versammlung selbst in Ordnung gebracht werden. Die Zeugen Jehovas brauchen die Behörden nicht. *Die Wachtturmgesellschaft steht über den* weltlichen *Gesetzen, wir kümmern uns natürlich auch nicht darum, was die Behörden von unseren Angelegenheiten halten.* Wir hielten es nicht für unsere Pflicht, Gesetzesübertretungen zu melden, da die Gesellschaft uns den Befehl erteilt hatte, diese Dinge selbst zu ordnen und nichts zu unternehmen, was *Gottes Organisation* schaden könnte.

Um zu zeigen, welche groteske Formen die Indoktrinierung, der wir ausgesetzt waren, annehmen konnte, möchte ich ein Beispiel anführen:

In einer der Versammlungen, in denen ich Ältester war, hatten wir u.a. einen Inzestfall zu dem wir Stellung nehmen sollten. Es handelte sich um einen Familienvater Anfang dreißig, der seine Tochter öfters sexuell missbraucht hatte. Das hatte sich über einen längeren Zeitraum erstreckt und die Tochter war etwa 10 Jahre alt, als wir über diese Sache informiert wurden. Wir wurden übrigens von der Mutter über das Verhältnis aufgeklärt, die schon länger Verdacht hegte, aber keine Beweise hatte und sie hatte auch dem Versammlungsältesten nichts von ihrem Verdacht erzählt. Es sei noch erwähnt, dass das Ehepaar später geschieden wurde.

Das Interessante an dieser Geschichte war, dass unser einziger Gedanke war, *die Versammlung rein zu halten*, das heißt, den Mann loszuwerden. Das psychische Leid oder Wohl des Kindes spielte bei unserem Beschluss keine Rolle, es wurde auch nicht erwogen, für eine Untersuchung des Kindes zu sorgen. Die Psychologen und Psychiater waren unserer Meinung nach in der Gewalt des Teufels. Darauf hatte die Wachtturmgesellschaft des Öfteren in der Literatur hingewiesen, es fiel uns deshalb nicht ein, dass das Kind solcher Hilfe bedurft hätte.

Wir beschäftigten uns auch nicht mit der Frage, ob vielleicht auch der Vater Hilfe nötig hätte. Als Versammlungsälteste waren wir im Gegenteil am meisten damit beschäftigt, zu verhindern, dass einer der beteiligten Partner solche Hilfe suchte, da die Geschichte *dem Ruf und Ansehen der Zeugen Jehovas und der Wachtturmgesellschaft schaden konnte.* Aus dem gleichen Grund wurden auch die Behörden nicht von dem Missbrauch unterrichtet. Ich kann ehrlich sagen, dass kein einziger von uns auf einen solchen Gedanken gekommen wäre. Er wurde nie in Betracht gezogen, weil wir ganz einfach einen solchen Gedanken nicht einmal gedacht hatten. Damit hatten die Behörden nichts zu tun, das war eine Sache der *Versammlung*.

Heute ist es für mich unvorstellbar, dass ich so ohne gesunden Menschenverstand und ohne Gefühl für die wirklichen Bedürfnisse anderer Menschen handeln konnte. Aber so war das System eben. Am schlimmsten war es natürlich für das Kind, aber wir glaubten ehrlich, dass es keine Not leiden würde, wenn wir nur dafür sorgten, dass es *im Schoße der Versammlung blieb.*

6.4 Verbrechen, Strafe und Angeberei

Die Leute wurden außerdem noch für eine Reihe anderer *ernsthafter* Vorfälle verurteilt, z. B. wenn jemand seinen Geburtstag gefeiert hatte oder Eltern ihren Kindern erlaubt hatten, bei der Weihnachts- oder Ostervorbereitung in der Schule Bilder zu malen. Das konnte zum Ausschluss führen, da wir das als Abgötterei betrachteten. Indem sie ihren Kindern erlaubten, an heidnischen Aktivitäten in der Schule teilzunehmen, machten sie sich selbst *geistiger Untreue* schuldig und ich selbst war damals überzeugt, es sei meine Pflicht, solche aus der Versammlung zu entfernen. Das Gleiche galt für jemanden, der seinem Kind erlaubt hatte, in der Schule das Vaterunser zu beten.

Eines der Dinge, die ich mitverurteilt hatte, betraf einen Vater, der zusammen mit seinem Sohn zehn Jahre lang bei den Spielen zum 17. Mai [5] zugesehen hatte. Das war ein Bruch des Neutralitätsprinzipes und konnte zum Ausschluss führen. Der Mann war auch Ältester in der Versammlung und der erste Gedanke, der uns als Richter kam, war, dass er kaum weiterhin dazu berufen wäre, als Ältester in der Versammlung zu wirken. Wir schrieben deshalb einen Brief an unser Zweigbüro mit der Anfrage was wir machen sollten. Da der Mann bereute, dass er den Kinderspielen zugesehen – nicht daran teilgenommen – hatte, wurde ihm erlaubt, als Ältester weiterzuarbeiten. Wenn aber andere an seinem *Neutralitätsbruch* Anstoß nähmen, so würde er die Stellung verlieren.

Ich werde immer noch rot und schäme mich, daran zu denken, bei welch wahnsinnigen *Urteilen* ich dabeigewesen bin und welche Folgen unsere *gerechten Urteile* für andere Menschen hatten.

Da ich ein eifriger Zeuge war und fest an die *Wahrheiten* der Zeugen Jehovas glaubte, war ich streng und kompromißlos gegenüber *Übertretern*. Ich versuchte nach bestem Wissen und Können die Regeln und Gebote der Gesellschaft zu praktizieren, wozu es auch, wie ich meinte, gehörte, die Versammlungsmitglieder regelmäßig auszuspionieren. Ich muss hier bemerken, dass dies nicht eine besondere Eigenheit von mir, sondern unter den Ältesten üblich war. Wir forderten auch die übrigen Versammlungsmitglieder auf, uns alle *Unregelmäßigkeiten* zu berichten, wenn auch nur der Verdacht auf einen ernsten Vorfall bestand. Im Buch der Wachtturmgesellschaft für die Jugend, FRAGEN JUNGER LEUTE, PRAKTISCHE ANTWORTEN[6], sagt die Wachtturmgesellschaft auf Seite 68/69, dass ein christlicher Jugendlicher die Pflicht hat, die Sünden der anderen zu melden. Das ist keine Angeberei, sondern christliche Pflicht.

Ich fühlte mich fast wie ein Polizist, dessen Aufgabe es war, die Versammlung von der Sünde und den Sündern freizuhalten und ich war immer bereit, alle, die gegen die Gesetze und Regeln der Zeugen Jehovas sündigten, zu strafen.

Dieser militante Geist, von dem wir besessen waren, war eine beabsichtigte, genau ausspekulierte Persönlichkeitsveränderung, ausgeklügelt von der obersten Leitung der Wachtturmgesellschaft in der Absicht, absolute Kontrolle über jedes einzelne Mitglied der Versammlung zu behalten. Wir versuchten, so gut wir konnten, in den Fußspuren des Wachtturms zu gehen. Die militante Haltung, die wir den *Abtrünnigen* gegenüber hatten, kam

5 norwegischer Nationalfeiertag
6 Fragen junger Leute, praktische Antworten. Englische und deutsche Ausgabe WTG, 1989

in einem Interview mit einem Zeugen Jehovas im Stern vom 8. März 1984 deutlich zum Ausdruck. Dieser Zeuge Jehovas sagte zu dem deutschen Journalisten: *Leider können wir die Abtrünnigen nicht töten. Wäre Gottes Regierung jetzt an der Macht, so würden wir es tun. Bis dies der Fall ist, behandeln wir diese so, als ob sie schon tot wären.*

Die Wachtturmgesellschaft wird behaupten, dass sie dies nie gesagt oder geschrieben hat und wenn jemand zu Zeugen Jehovas sagt, dass dies im Stern gestanden habe, werden sie sofort darauf bestehen, dass es falsch zitiert wurde. Darum will ich hier ein Zitat aus dem WACHTTURM anführen, bei dem es für die Zeugen Jehovas etwas schwieriger sein wird, es zu leugnen:

> *Wir leben heute nicht in theokratischen Nationen, wo solche Mitglieder unserer irdischen Familien wegen des Abfalls von Gott und seiner theokratischen Organisation ausgerottet werden können, so wie es im Volke Israel möglich und auch vorgeschrieben war.*[7]

Da wir damals die Richter der *theokratischen Organisation Gottes* waren, fanden wir keinen Grund, darüber nachzudenken, was wir taten, solange wir den Regeln der Organisation folgten. Die Gesetze des Landes kannten wir nur wenig, da wir darin nie unterrichtet wurden und das bekümmerte uns auch nicht. So war es schon immer bei den Zeugen Jehovas und so ist es noch heute.

Ich habe den gleichen Fanatismus bei vielen Zeugen Jehovas beobachtet. Das ist ein Geist, der in der Organisation mittels einer raffinierten Manipulation durch das *neue Licht* gezüchtet wird, wie man es in der Literatur nennt. Den ständigen Hinweisen und der kontinuierlichen Bombardierung mit den *tatsächlichen Verhältnissen*, die gemäß der Wachtturmgesellschaft darin bestehen, dass sie selbst im Auftrage Gottes handelt, entgeht kein Zeuge Jehovas.

Ich fühlte, dass ich Macht besaß, und nachträglich muß ich zugeben, dass dies eine Art Besessenheit war. Nachdem ich mit der Organisation gebrochen hatte, hatte ich Angst, durch die Persönlichkeitsveränderung, die ich durchgemacht hatte, ernsthaften Schaden erlitten zu haben. Ich begriff dann, dass dies nicht von Gott kommen konnte, der unmöglich ein solches Benehmen gegenüber seinen *Schafen* zulassen konnte. Nur wenige

7 Vakttårnet 15. Mai 1953, S. 159. Dies wurde auch in VG's (Anm. d. Übers.: Verdens Gang, Sonntagsausgabe vom 22. 9. 1991) berichtet.

Menschen können sich die abgrundtiefe Angst vorstellen, die viele Zeugen Jehovas vor dem Gericht der Versammlungen haben.

Kapitel 7

Die letzte grosse Prophezeiung

Harmagedon sei so nahe, sagten die Zeugen Jehovas, dass Jellie, die zu dieser Zeit zur Volksschule ging und sieben Jahre alt war, diese wahrscheinlich nicht einmal beenden könnte, bevor der Harmagedonkrieg begänne. Sie erzählten ihr, dass sie ebensogut nach einem achtjährigen Schulbesuch (der zu dieser Zeit der Grundschule in den Niederlanden entsprach) aufhören könne, da es wenig Sinn hätte, zu studieren. Sie war eine gute Schülerin und der Lehrer wurde wütend, als er zu hören bekam, welche Pläne die Familie hatte. Besonders in Mathematik war sie sehr begabt und hätte selbst gerne die Schule weiter besucht. Der Schulinspektor übernahm die unangenehme Aufgabe, ihre Eltern zu besuchen, da es ja auch um die anderen Kinder der Familie ging. Aber er musste unverrichteter Dinge wieder umkehren. Nach Ansicht der Zeugen Jehovas gab es nur diesen einen vernünftigen Standpunkt, dass Schule vergeudete Zeit war. Sie kamen mit noch mehr Behauptungen:

> *Alles deutet daraufhin, dass Harmagedon sehr nahe ist . . . Die Zeit bis zum universellen Krieg in Harmagedon ist nun kurz . . . Die theokratische Regierung ist nahe. Die von Gott auferlegte Pflicht besteht jetzt darin, der Welt die gute Botschaft zu verkünden.*[1]
>
> Vakttårnet

7.1 Wie nahe war das Ende?

Nach Ansicht des damaligen Präsidenten Rutherford waren es 1941 nur noch wenige Monate bis zum Krieg Gottes, dem Harmagedon und der Wachtturm benutzte Wendungen wie *in den wenigen Monaten, in denen die alte Welt noch besteht.*

Heute haben ich und mit mir viele andere diese Politik der Wachtturmgesellschaft enttarnt. Sie haben schon immer mit Endzeitprophezeiungen spekuliert und diese haben immer eine erhöhte Aktivität und höhere Mitgliederzahlen bedeutet. Die Prophezeiungen von 1914, 1915, 1918, 1925, 1941 und 1975 zeigen das deutlich. Eine Untersuchung aus neuerer Zeit und statistische Zahlen für die Periode 1970–1975 verdeutlichen, warum es für die Wachtturmgesellschaft von größter Bedeutung ist, dass Harmage-

1 Vakttårnet, 15. September 1940 und 1. Oktober 1941

don nahe bevorsteht. Die Furcht, in Harmagedon zu sterben, muss wachgehalten werden und wenn jemand glauben sollte, er hätte noch genug Zeit, so könnte er möglicherweise die Gelegenheit nutzen, die Lehre der Wachtturmgesellschaft zu untersuchen. Wenn sie nun wissen, dass sie dafür ausgestoßen werden können und Harmagedon jeden Augenblick kommen kann, so sind es nur wenige, die sich der Gefahr aussetzen, dabei ihr Leben für immer zu verlieren.

7.2 Ende in 1975?

Für mich war 1966 ein wichtiges Jahr. Ich nahm an einem zweiwöchigen Kurs für Versammlungsaufseher in Porsgrunn teil. Der Koordinator der Zeugen Jehovas in Norwegen, Thor Samuelsen, war vor kurzem mit dem letzten Buch der Wachtturmgesellschaft, EWIGES LEBEN IN DER FREIHEIT DER KINDER GOTTES, aus den USA zurückgekommen. In diesem Buch wurde behauptet, dass das tausendjährige Reich wahrscheinlich 1975 errichtet würde. Die Hauptidee hinter den Erwartungen, die sich auf dieses Jahr richteten, war, dass jeder Schöpfungstag für sich 7000 Jahre lang war. Gottes *Ruhetag*, ebenfalls 7000 Jahre lang, begann nach der Erschaffung von Adam und Eva.

Mit diesen Vorstellungen werden die *tausend* Jahre im 20. Kapitel der Offenbarung verknüpft. Diese tausend Jahre, in denen Satan gefesselt werden soll und in denen die Gesalbten, die 144 000 Zeugen Jehovas, mit Christus regieren sollen, stellt man sich als den letzten Teil von Gottes Ruhetag vor. Diesen Ruhetag kann man auf folgende Weise als eine besondere Woche für die Menschen betrachten. Nach 6000 Jahren Not und Leid wird die Menschheit einen Sabbat erleben und durch die Teilnahme am letzten Siebentel dieses Tages Gottes Gnade erfahren.

Nach der Chronologie des Wachtturms wurde Adam im Jahre 4026 vor Christus erschaffen. Die 6000 Jahre seit Adam sollten nach dieser Chronologie 1975 zu Ende sein.

Die logische Schlussfolgerung war, dass die Zeit der Menschen auf der Erde praktisch mit Gottes Ruhetag zusammenfiel und dass das tausendjährige Reich 1975 zu erwarten war. Die Aussagen, die bis 1975 immer wieder in der Literatur des Wachtturms hervorgehoben wurden, stützten diese These. Thor Samuelsen, der den Kurs leitete, erzählte uns, dass die Leitung in Brooklyn voll und ganz an die 1975-Doktrin glaubte und dass sie noch wahrscheinlicher das Jahr 1974 für das Jahr des Weltunterganges hielt. Mein Schwager, der an einem ähnlichen Kurs in Amsterdam teilnahm, bekam dort genau den gleichen Wortlaut von einem der Leiter der Gesellschaft in den Niederlanden, Arthur Winkler, zu hören.

Dieser hatte die Informationen auf dem gleichen einjährigen Kurs erhalten, an dem auch Thor Samuelsen in New York teilgenommen hatte. Neben dem genannten Buch veröffentlichten die Hefte WACHTTURM und ERWACHET! und das Monatsblatt KÖNIGREICHSDIENST in den Jahren nach 1966 eine Unzahl von Artikeln, die alle auf das Jahr 1975 als Jahr des Unterganges und des tausendjährigen Reiches hinwiesen.

In regelmäßigen Abständen wurde darauf aufmerksam gemacht, dass es jetzt nur noch so und so viele Jahre, Monate oder Wochen bis 1975 seien. In dieser Literatur wurde denjenigen, die ihre Häuser und Grundstücke verkauften, großes Lob gezollt, ebenso denjenigen, die beschlossen, als Pioniere den Rest ihrer Tage in dieser alten Zeitordnung zu *dienen*. Diese wurden gelobt, weil sie *die kurze Zeit, bis diese Welt in Harmagedon untergehen würde*, nutzen wollten.

In der norwegischen Ausgabe von RIKETS TJENESTE (Königreichsdienst), Mai 1974, S. 3, fanden wir folgenden Artikel, der übrigens in der ganzen Welt publiziert wurde:

> *Wir haben gehört, dass es Brüder gibt, die ihr* Haus und ihren Besitz verkaufen *und vorhaben, den Rest ihrer Tage in dieser alten Ordnung im Pionierdienst zu verbringen. Es ist* wirklich vernünftig, *die kurze Zeit, die noch bleibt, bis diese böse Welt endet, auf diese Weise zu nutzen. – (Hervorhebung von mir)*
>
> 1 JOH 2,17

1975 war ich bei einem Treffen der Zeugen Jehovas in den Niederlanden, auf dem der niederländische Koordinator der Wachtturmgesellschaft, Rob Engelkamp, eine feurige Rede über das nahe bevorstehende Ende hielt, das man für 1975 erwartete. Lassen Sie mich hier wiedergeben, was er auf diesem Treffen in Utrecht sagte:

> *Der treue und verständige Sklave, Gottes Kanal in Brooklyn, fragt: Ist es möglich, 4 1/2 Millionen Menschen auf unserem Treffen im September (1975) zu versammeln, die alle die Zeit der großen Bedrängnis überstehen sollen? Ist es das, was wir alle wünschen, Brüder und Schwestern? (großer Applaus)... Wer weiß, was die bevorstehenden Wochen und Monate uns bringen werden! Wenn Gottes sichtbare Organisation eine Einladung an 4,5 Millionen Menschen richtet und sie direkt fragt: »Wie wird es dir gehen, wenn du vor Gottes Thron stehst?« Fang an, etwas zu tun! Und wenn wir soweit gekommen*

sind, dass wir das verstehen, ja, dann verkaufst du alles, was du hast und dann kannst du sagen: Kann ich denn von den Zinsen meiner Bankeinlagen leben? Wie lange kann ich das machen? So lange? Fort mit dem Schrott! Fang an, als Pionier zu arbeiten! (unterbrochen von gewaltigem Applaus).[2]

ROB ENGELKAMP

Auf diese Weise wurden wir alle stimuliert und angefeuert, dem Ende des Jahres 1975 entgegenzusehen. Ohne Ausnahme sollten wir alle hart arbeiten und viel Literatur verteilen. Rob Engelkamp fuhr fort:

> *Wir müssen alle zusammen, Brüder und Schwestern, weiterhin den Verkauf der Hefte* WACHTTURM *und* ERWACHET! *steigern. Wir müssen uns entschließen, in der Versammlung eine feste Quote zu bestellen. Entscheidet euch: Ich will in diesen letzten Monaten, um diese absterbenden Dinge zu ordnen, die Menschen mit Wachtturmliteratur begraben! (Riesiger Beifall)*

ROB ENGELKAMP

Aber 1975 ging zu Ende. Wie 1914, 1915, 1925 und 1941 glänzte Harmagedon durch Abwesenheit. Wieder einmal hatte die Wachtturmgesellschaft, *Gottes Mitteilungskanal*, sich als falscher Prophet erwiesen.

7.3 NEIN, DAS ENDE WIRD VOR DEM JAHR 2000 KOMMEN

Aber der *Prophet* wagte eine neue Voraussage. Die Freunde erfuhren, dass ihre Verkündigungsarbeit von Haus zu Haus in nächster Zukunft beendet sein werde. Die letzte Hoffnung war, dass das Ende vor dem Abschluss des 20. Jahrhunderts eintreffen sollte, aber diese Voraussage wurde 1995 aufgegeben und die Wachtturmgesellschaft erhielt ein neues *justiertes Verständnis.* betreffend den *Beginn dieser Generation.*[3]

2 Een Schokkende Ontdekking (Eine schockierende Entdeckung). Geestbrug (Niederlande): Voerman, 1976, S. 6–7

3 Vakttårnet vom 1. Januar 1989, erste gedruckte Ausgabe, S. 8; 15. Oktober und 1. Dezember 1995

KAPITEL 8

MACHTDEMONSTRATIONEN UND FRUSTRATIONEN

8.1 EINE ZEIT DER ENTTÄUSCHUNGEN BEGINNT

Die zweite Hälfte der siebziger Jahre war für mich eine Zeit der Offenbarung. Die fehlgeschlagenen Prophezeiungen von 1975 zwangen mich, die Endzeitverkündigung der Organisation zu analysieren. Gleichzeitig bekam ich als Ältester und vorsitzender Aufseher einen tieferen Einblick in die innere Organisation. Mich erschreckte, was ich hinter den Kulissen erlebte. Lange Zeit hatte ich die Entdeckung von Unstimmigkeiten in der Lehre und auch die gnadenlose Behandlung der Menschen durch die Wachtturmgesellschaft verdrängt. Sowohl die fehlgeschlagenen Prophezeiungen als auch die Entdeckung des wirklichen Gesichts der Organisation bereiteten mir große psychische Probleme.

Auf den Sommerkongressen in Jordal Amfi und in der Ekeberg-Sporthalle in Oslo, 1973 und 1974, merkte ich am Inhalt der verschiedenen Vorträge, dass die Wachtturmgesellschaft versuchte, die Erwartungen zu dämpfen, welche sie selbst fast 10 Jahre lang in Verbindung mit 1975 geschürt hatte.

Wie wir alle wissen, kam 1975 und verging wieder, ohne dass die Prophezeiungen der Wachtturmgesellschaft eintrafen. Auf dem Treffen in der Ekeberg-Sporthalle hielt Paul Bruun, einer der Kreisaufseher der Wachtturmgesellschaft in Norwegen, eine Rede, in der er auf Jesu Worte bei Mt. 24, 45-52 zu sprechen kam. Er betonte, dass der *böse Sklave*, der die anderen Sklaven übertreffen möchte, ein Feind des *treuen und verständigen Sklaven* in Brooklyn sei, der die *leitende Körperschaft* der *sichtbaren Organisation Gottes* repräsentierte. Der *böse Sklave* war derjenige, der die Lehre der Wachtturmgesellschaft kritisierte.

Ich war mit der Erklärung nicht recht zufrieden und entschloss mich daher, persönlich mit ihm zu reden. Nach dem Vortrag traf ich ihn auf dem Zeltplatz und hielt ihn an. Ich fragte ihn, ob ein gewöhnlicher Zeuge Jehovas, der eine kritische Einstellung hatte, auch zu den *bösen Sklaven* zählte. »Ja«, sagte er und beeilte sich wegzukommen.

Meiner Erfahrung nach hatte die oberste Leitung es immer eilig, wenn ich oder andere sie etwas fragen wollten. Die Antwort schockierte mich. Ich fühlte einen unmittelbaren Zusammenhang zwischen dem Ausbleiben des vorausgesagten Ereignisses 1975 und den jetzt deutlichen Warnungen der Gesellschaft gegen die, welche wider Erwarten die falschen Prophezeiungen des *klugen und verständigen Sklaven* zu kritisieren wagten. Die Vorbereitungen zur *Hexenjagd* auf diese *bösen Sklaven* war im Gang, und der *treue und verständige Sklave* sollte um jeden Preis beschützt werden.

8.1.1 Die Wachtturmgesellschaft gibt sich als falscher Prophet zu erkennen

Die Organisation war (und ist) ein Demagoge, der alle meine Kräfte verzehrte, solange ich alles, was gesagt wurde, guthieß, der mich jedoch als *Aufrührer* klassifizierte, sobald ich mit Fragen kam, die zu beantworten sie aus irgend einem Grund peinlich fanden. Ich folgte nicht länger blind den Aufforderungen und hatte plötzlich große Probleme, alles gutzuheißen, was der *treue und verständige Sklave* mir erklärte.

Ein Teilnehmer eines Versammlungs-Studienkreises, den ich leitete, brachte Kritik an der Prophezeiung für 1975 vor. Dieser Zeuge war sehr bibelfest, er bewies ohne den geringsten Zweifel, dass der Sprachgebrauch und die Ausdrucksweise des Wachtturms im Hinblick auf 1975 nicht misszuverstehen war. Ich konnte ihm nur bestätigen, dass er recht hatte. Zu diesem Zeitpunkt begannen die Leiter der Gesellschaft bei den Zeugen den Eindruck zu erwecken, als hätten wir gewöhnlichen Verkündiger alle 1975 betreffenden Aussagen missverstanden und als hätten wir den Worten mehr Bedeutung zugemessen, als die Gesellschaft beabsichtigt hatte. Viele Zeugen schluckten offensichtlich diese Erklärung, vielleicht meist auch aus Furcht vor Repressalien der Leitung. Ich gab jedoch dem Mann aus dem Studienkreis in seiner sprachlichen Wertung recht. Das führte dazu, dass einige *loyale* Zeugen mich bei den Ältesten anklagten, ich *auf den Teppich* beordert wurde und eine Warnung erhielt, ich müsse mich gegenüber der Lehre des Wachtturms loyal verhalten.

Sätze und Worte, die der Wachtturm über 1975 immer wieder benützte, waren:

»Wir können also erwarten« und »selbstverständlich fällt 1975 das Ende von 6000 Jahren Menschheitsregierung mit dem Beginn des siebenten Tages von 1000 Jahren zusammen«. . . »Sehr wahrscheinlich . . . eine passende Zeit für Jehova, ein Sabbatjahrtausend für das ganze Menschengeschlecht«. . . »Innerhalb höchstens einiger weniger Jahre soll das, was von den Prophezeiungen der Bibel noch aussteht, in Erfüllung gehen.«

In der ganzen Nachkriegsliteratur wurde auf das Jahr 1914 großer Wert gelegt. Die Jahreszahl war der Grundstein unserer Verkündigung. Gottes Reich wurde in diesem Jahr errichtet und Jesus Christus kam auf den Himmelsthron, so verkündigten wir. Bevor die Generation von 1914 ausgestorben wäre, würde das Ende für diese ungöttliche Welt kommen und zwar 1975.

Die Menschheit, einschließlich mir und meiner Familie, hatten die Hoffnung, dass wir einmal nicht mehr sterben müssten! Eine solche Hoffnung war es wirklich wert, dafür zu kämpfen und zu leben, meinte ich. Als Zeuge Jehovas glaubte ich, dass das Reich zu meiner Lebzeit kommen würde. Dieses Wissen und die Erwartung schufen bei mir und den anderen Zeugen Jehovas eine ungeheure Begeisterung. 1976 brachte der Wachtturm einen Artikel, der deshalb bei den meisten Zeugen Jehovas, mich eingeschlossen, Abscheu hervorrief. Der Wachtturm versuchte sich aus der Affäre zu ziehen, indem er ganz einfach behauptete, der einzelne Zeuge Jehovas habe die Verantwortung für die fehlgeschlagene Prophezeiung im Jahr 1975. Der Wachtturm vom 1. Dezember 1976 schrieb auf Seite 540:

> *Es kann vorkommen, dass jemand, der Gott gedient hat, sein Leben unter einer falschen Annahme über das geplant hat, was genau an einem bestimmten Datum oder in einem bestimmten Jahr geschehen sollte. Aber es ist nicht ratsam, ein bestimmtes Datum ins Auge zu fassen und alltägliche Dinge zu versäumen, die wir als Christen sonst besorgen, z.B. Dinge, die wir oder unsere Familien wirklich brauchen . . . Falls jemand enttäuscht wurde . . . soll er sich jetzt darauf konzentrieren, seine Meinung zu korrigieren und zu verstehen, dass es nicht Gottes Wort war, das sich irrte oder ihn betrog oder ihm Enttäuschung bereitete, sondern dass sein eigenes Verständnis auf falschen Annahmen beruhte.*[1]
>
> WACHTTURM

Falsche Berechnungen und der bewusste Versuch der Gesellschaft, die Verantwortung von sich zu schieben, verursachten eine Vertrauenskrise in der Organisation. Mehrere hunderttausend begannen, die Sekte zu verlassen. Aufgrund des dramatischen Rückganges der Mitgliederzahlen wurde die Gesellschaft gezwungen, ihre Taktik zu ändern und gewisse Eingeständnisse zu machen. Raymond Franz, ein früheres Mitglied der *leitenden Körperschaft* und jetzt selbst Ex-Zeuge Jehovas, wurde beauftragt, diese Erkenntnis zu formulieren. In seinem Buch DER GEWISSENSKONFLIKT[2] schreibt er: *Es hat fast vier Jahre gedauert, bis die Organisation durch ihre Leitung zum Schluss erkennen musste, dass sie sich geirrt und dass sie ein ganzes Jahrzehnt auf falsche Erwartungen gesetzt hatte.*

1 Wachtturm, 1. Dezember 1976, S.540

2 Franz, Raymond: Crisis of conscience / Raymond Franz. Atlanta: Commentary Press, 1992.

Wie war ich eigentlich zu einer solchen Auffassung gekommen, an den Glauben an das Ende der Welt im Jahre 1975?

Hatte ich selbst diese falschen Prophezeiungen ausgedacht?

Wieso hatte ich gerade an dieses Jahr geglaubt?

Hatte ich mir die Idee aus den Fingern gesogen?

War es nicht der *kluge und verständige Sklave*, der mir dieses *Verständnis* als *Speise zur rechten Zeit* gegeben hatte?

Wen konnte man in erster Linie dafür verantwortlich machen?

War es meine eigene Einsicht, die mich für 1975 an Harmagedon hatte glauben lassen?

Waren es die Verkündiger in den Versammlungen, die das Ende für 1975 prophezeit hatten, oder war es die Wachtturmgesellschaft?

Was mich am meisten betrübte, war, dass die Organisation, die ich als *Mutter* angesehen hatte, nicht ehrlich war. Es konnten nicht die einzelnen Mitglieder in der Organisation gewesen sein, die mit diesen *Prophezeiungen* gekommen waren. Die Wachtturmgesellschaft behauptet nämlich:

> *Durch seine Organisation bringt Gott das Licht hervor, das, wie das Buch der Sprüche sagt, die Lehre oder das Gesetz der Mutter ist. Wenn wir im Licht der Wahrheit wandeln, müssen wir nicht nur den Gott Jehova als unseren Vater anerkennen, sondern auch die Organisation als unsere Mutter.*[3]
>
> WATCH"-TOWER

Wenn die Gesellschaft uns jetzt die Schuld gab, ihre Artikel über 1975 falsch gedeutet zu haben, betrachtete ich sie als Lügnerin und Heuchlerin, weil sie nicht ehrlich genug war, ihre Fehler einzugestehen. Ich hörte, wie die Leiter der Gesellschaft, die selbst das Ende für 1975 verkündet hatten, jetzt die einfachen Verkündiger beschuldigten. Eine solche Heuchelei zu sehen war widerlich und abscheulich, dieser Meinung war ich offenbar nicht allein. Nach 1975 verließen ungefähr eine Million Zeugen die Organisation, die meisten aufgrund von Enttäuschungen. Hatten sie allesamt falsch gelesen?

3 WATCHTOWER 1. Mai 1957, S. 274

Hier möchte ich nochmals die Aufmerksamkeit auf die Gedankenkontrolle und die Praxis solcher Kulte richten. Der Psychologe Steven Hassan schreibt:

> *Die Lehrsätze sollen akzeptiert, nicht verstanden werden . . . Die Macht entspringt der Behauptung, dass dies die einzige Wahrheit sei; dass sie alles umfasst. Eine solche Gedankenkontrolle ist davon abhängig, dass man im Individuum eine neue Identität schafft; die Lehrsätze von Kulten bedingen immer, dass jemand nicht auf sein eigenes Ich vertraut. Die Lehre wird zum* Master-Programm *für alle Gedanken, Gefühle und Handlungen. Da dies die perfekte und absolute* Wahrheit *ist, wird jeder Fehler an ihr als Spiegelbild der eigenen Unvollkommenheit des Gläubigen angesehen. Er wird dazu erzogen, der vorgeschriebenen Formel zu folgen, selbst wenn er sie nicht versteht. Gleichzeitig wird ihm erklärt, dass er versuchen müsse, noch härter zu arbeiten und noch mehr zu glauben, dann würde er mit der Zeit die Wahrheit besser zu verstehen beginnen.*[4]
>
> STEVEN HASSAN

Man sollte wissen, dass Hassan über seine Erfahrungen mit der Moon-Kirche in den USA und in ähnlichen Kulten schreibt, aber ich bin der Meinung, dass seine Beschreibung ebensogut auf die Praxis der Zeugen Jehovas passt.

8.2 DEUTLICHER BESCHEID: IHR SEID DUMM GEWESEN!

Ich war zu dieser Zeit unglaublich enttäuscht; dies wurde auch durch die arrogante Haltung der Gesellschaft nicht besser. Wir wollen jetzt noch ein wenig eine Rede betrachten, die der Repräsentant der Wachtturmgesellschaft, Herr Wijngarden, am Sonntag, dem 18. Juli 1976, in der Rheinhalle in Arnhem hielt. Der Titel des Vortrages hieß: WARTET WEITERHIN AUF DAS ENDE! Wijngaarden sagte unter anderem:

> *Wir sollten eifriger sein als je zuvor. Arbeite nicht auf ein bestimmtes Datum hin. Du solltest dein Leben nicht darauf ausrichten, dass du zu einem bestimmten Zeitpunkt alle deine Kräfte aufgebraucht hast, so dass du dann keine Einkünfte und keine weiteren Reserven mehr hast, mit leeren Händen dastehst und vielleicht von der Hilfe anderer Brüder abhängig wirst. Da wir nicht die Erfüllung unserer Erwartungen*

4 Steven Hassan: Combatting Cult Mind Control, S. 79

erlebt haben, gehen die Aktivitäten unserer Brüder und Schwestern leider zurück, sie laufen mit offenen Augen in die Falle des Satans und beladen sich so mit zusätzlichen Bürden. Und dies gerade jetzt, kurz vor dem Ende. Man zahlt Schulden zurück, kauft ein teureres Auto, kauft ein Haus und ist monatelang mit Restaurierungsarbeiten beschäftigt. Andere Brüder besuchen Kurse, um besser bezahlte Arbeit zu bekommen. Familien fangen plötzlich an, Wert auf Zuwachs zu legen. Alles das, worauf man in den letzten Jahren verzichtet hat, gönnt man sich jetzt und das so nahe vor dem Ende. Zeichen eines gesunden Menschenverstandes ist, Dinge zu tun, die du für dich selbst und deine Familie tun solltest und diese nicht zu verschieben. Gibt es etwas an deinem Haus, was repariert werden muss? Mach es! Muss sich jemand in deiner Familie einer medizinischen Behandlung unterziehen? Verschiebe es nicht, weil du glaubst, Harmagedon käme jetzt sofort. Hast du für unvorhergesehene Ereignisse in deiner Familie, z. B. einen Todesfall, Vorsorge getroffen? Eine Frage an die Unverheirateten unter uns. Meinst du wirklich, dass es notwendig ist, zu heiraten, oder – um es mit den Worten des Paulus zu sagen – vor Begierde zu brennen *und hattest du Pläne, mit der Heirat bis nach der großen Drangsal zu warten? Gut, tue das, was du für notwendig hältst. Es ist keine Sünde. Suche einen passenden Ehepartner. Gebrauche deinen gesunden Menschenverstand.*

WIJNGAARDEN

Als ich von dieser Rede durch niederländische *Freunde* erfuhr, war ich ebenso enttäuscht wie wütend. Vor 1975 wurde ich von der Wachtturmgesellschaft aufgefordert, alles zu verkaufen, was ich besaß und ein Ganzzeitpionier zu werden *in der kurzen Zeit, die noch bleibt.*

Ich selbst verkaufte kein Haus, da ich kein Haus besaß. Was passiert wäre, wenn ich ein Haus gehabt hätte, weiß ich nicht. Ich hatte jedoch meine Baupläne aufgegeben, da uns ja nur noch *kurze Zeit* blieb. Dann sollten wir Berechnungen anstellen, ob wir z. B. von den Zinsen der Bankeinlagen leben konnten, um Gott die ganze Zeit zu *dienen*. Versicherungen sollten gekündigt werden, was ich z. B. tat.

Die Art und Weise, wie man uns den Plan präsentierte, ließ uns annehmen, dass es ungefährlich sei, ein großes Darlehen aufzunehmen, unter anderem um es der Gesellschaft zu ermöglichen, ihre Tätigkeit auszuweiten, da es nie dazu kommen würde, es zurückzahlen zu müssen. Die Wachtturmgesellschaft forderte die Brüder ständig auf, ihr ein zinsenloses Darlehen zu gewähren. Das macht sie bis heute so.

In der letzten Hälfte der siebziger Jahre geschahen noch andere Dinge, die mir halfen, die Augen für das wirklich harte und unbarmherzige System zu öffnen, das die Wachtturmgesellschaft konstruiert hatte. Ich erkannte, wie wenig der einzelne Mensch für die Wachtturmgesellschaft bedeutet.

Die Zeit um 1975 war eine Periode mit Mitgliederzuwachs in der Versammlung. Wir mussten den Königreichssaal erweitern, da es in der *theokratischen Dienstschule* sehr viele Schüler gab. So wie die Situation jetzt war, verging zuviel Zeit, bis ein Schüler wieder einen *Auftrag* erhalten konnte. Es war geplant, noch ein weiteres Lokal zu eröffnen. Auf diese Weise würden wir zwei *Klassen* gleichzeitig unterrichten können. Wir begannen deshalb, das Lokal auf 70 Quadratmeter auszudehnen. Im Einklang mit der Praxis der Gesellschaft wurde alle Arbeit in freiwilligem Einsatz der Versammlungsmitglieder geleistet. Manche zeigten eine phantastische Einsatzbereitschaft und nach dreimonatiger harter Arbeit war alles fertig. Wir waren stolz und freuten uns über das gute Ergebnis.

Zusätzlich zu dem enormen Einsatz beim Bau hatten die rund 100 Verkündiger noch jeder 7 oder 8 Stunden Dienst von Haus zu Haus geleistet, was wirklich lobenswert war. Mit Stolz sahen wir dem Besuch des Kreisaufsehers entgegen. Er reagierte überhaupt nicht auf das erweiterte Lokal, sondern kam mit niederschmetternder Kritik, dass wir als Verkündiger in den letzten 6 Monaten durchschnittlich je Verkündiger *nur* 7 oder 8 Stunden Dienst geleistet hatten. Er sagte frei heraus zur Versammlung:

> *Aus dem Bericht der letzten 6 Monate ist deutlich zu erkennen, dass die Versammlung das Erlösungsopfer Jesu nicht schätzt. Ihr schließt die Augen vor der Wirklichkeit (Harmagedon).*

Viele waren vom harten Einsatz in den letzten Monaten ganz einfach überanstrengt. Einige Männer waren so müde, dass sie ohne jede Ursache in Tränen ausbrachen. Sie hatten rund 40 Stunden pro Woche ihre normale Berufsarbeit geleistet und abends am Königreichssaal gearbeitet. Zudem waren sie noch bemüht gewesen, jeden Monat 7 oder 8 Stunden zu verkündigen, Buchstudien und Zusammenkünfte der Versammlung zu besuchen und sich für diese gründlich vorzubereiten. Allein die Treffen und die Vorbereitung hierzu erforderten mindesten 10 Stunden pro Woche. Infolge dieser Belastung hatten viele längere Zeit hindurch nicht mehr als 5 - 6 Stunden täglich geschlafen.

Die Versammlung nahm die Kritik des Kreisaufsehers mit einer schockähnlichen Stille entgegen. Sie fühlten sich wie gelähmt. Als wir Ältesten und ich als vorsitzführender Aufseher ein Treffen mit dem Kreisaufseher hatten, verlangte ich, er solle die Versammlung für seine groben und lieblosen Aussprüche um Entschuldigung bitten. Ich zeigte ihm eine Liste mit 28 Namen, von denen ein halbes Dutzend um die 80 Jahre alt waren. Einige hatten ernsthafte Erkrankungen, mehreren war die Diagnose *manisch depressiv* gestellt worden. Viele brauchten *Nerventabletten* oder Antidepressiva.

Trotz allem wies er meine Argumente zurück und behauptete, wir Ältesten müssten *einen ungewöhnlich hohen Einsatz* bei dieser *bedeutenden Arbeit* leisten, die wir von Gott als Auftrag bekommen hatten. Ich erinnerte ihn an Jakob im Alten Testament, der mit Rücksicht auf die Älteren, Kranken, Frauen und Kinder das Tempo verlangsamte. Solche Beispiele verfehlten jedoch die Wirkung auf den Repräsentanten der Wachtturmgesellschaft, der auf keinen Fall jemanden um Entschuldigung bitten wollte. Im Gegenteil, er wiederholte auf der Stelle vor uns, dass er seine Meinung nicht geändert hätte und die Kritik unverändert fortbestehe.

Dieser Einstellung der harten und unversöhnlichen Haltung war ich bei den meisten Kreisaufsehern der Zeugen Jehovas begegnet. Ich wage soweit zu gehen und zu behaupten, dass die meisten psychopathische Züge hatten, da sie trotz eindeutiger Beweise nie einen Fehler zugeben mochten. Einen Psychopathen erkennt man häufig an einem solchen Mangel an Erkenntnis seiner Fehler. Die Praxis in der Organisation der Zeugen Jehovas war (und ist) hingegen, dass wir diejenigen waren, die irrten und nicht die Gesellschaft. Wir verstanden nichts, sie hatten immer recht, egal, was geschehen war. Obwohl die Versammlung und die meisten Ältesten über die Peitsche schockiert waren, die über sie geschwungen wurde, und mit mir einig waren, wagte es niemand, sich offen meinen Äußerungen anzuschließen, wahrscheinlich aus Angst vor Repressalien des *Großen Bruders*.

Ein anderer Ältester hatte in der Woche vor diesem Treffen in eine Rede gesagt, wir sollten das neue Lokal schätzen und eifrig beim Dienst sein, sonst könnte es geschehen, dass Gott uns das Lokal wieder wegnähme. Auf diesem Treffen kam ich deshalb auf diese Äußerung zu sprechen und wies darauf hin, dass diese mich erschreckt hatte. Der Versammlung zu erzählen, nachdem sie 3 Monate lang heldenhaft gearbeitet hatte, dass es Gott einfallen könnte, ihnen den Königreichssaal wieder wegzunehmen, wenn sie nicht aktiv genug wären, war eine Art von Repressalie, die mir nicht gefiel. Jedoch hatte er recht. Nicht Gott, aber die Wachtturmgesellschaft hatte mehrmals bewiesen, dass gerade dies geschehen kann. Sie schalten und walten in diesen Dingen nach ihrem Kopf ohne andere Rücksicht als die auf ihr eigenes Wohlbefinden. Die nächste Geschichte zeigt dies deutlich.

Nach diesen Treffen ging ich sehr deprimiert nach Hause. Ich fragte mich selbst: ›Josef, bist du verrückt oder ist es der Kreisaufseher?‹

Ich meinte, wenn ich es war, der nichts verstand, ich, der ich sogar vorsitzführender Versammlungsaufseher war, dann könnte Gott Jehova mit mir nicht einverstanden sein und ich würde in der Neuen Welt das ewige Leben nicht erhalten.

Von diesem Zeitpunkt an begann ich, Selbstmordgedanken zu hegen. Ich tauge nichts, habe falsche Motive und eine *unreife* Einstellung, bekam ich vom Repräsentanten der Gesellschaft zu hören. Ich selbst meinte, aufrichtig gewesen zu sein, in bester Absicht gehandelt und das Beste für die Versammlung gewollt zu haben. Jetzt war plötzlich weiß zu schwarz geworden und umgekehrt. Ich war nicht sicher, ob ich es schaffen würde, in einer solchen Situation zu leben, wie sie sich jetzt am Horizont abzeichnete.

Ein anderes Erlebnis, das etwa gleichzeitig geschah, zeigte mir, wie wenig der einzelne Mensch in der Organisation der Zeugen Jehovas wert ist und dass der erwähnte Älteste in meiner Versammlung recht hatte. Folgendes ereignete sich:

Unsere Nachbarversammlung hatte 25 Jahre lang versucht, ihr eigenes Versammlungslokal zu bekommen, in *theokratischer* Sprache *Königreichssaal* genannt. Endlich gelang es ihnen, ein älteres Haus zu kaufen, das sie zu diesem Zwecke umbauen konnten. Mehrmals reiste eine Abordnung von Brüdern und Schwestern unserer Versammlung zu ihnen, um ihnen beim Umbau zu helfen. Es war ein großes und fröhliches Fest, als alles fertig war.

Kurze Zeit später wurde in der Nähe ein anderes großes Lokal gebaut bei einer anderen Versammlung der Zeugen Jehovas in der Nachbarschaft. Als es fertig war, befand die Wachtturmgesellschaft, dass diese Versammlung mehr Verkündiger brauche, um die Ausgaben für das neue Lokal decken zu können. Der neue Königreichssaal war nämlich für diese Versammlung allein viel zu groß und die Ausgaben waren deshalb zu hoch, als dass die Versammlung sie hätte bezahlen können. Wenn jedoch die Versammlung ihren Verpflichtungen nicht nachkommen konnte, musste in so einem Fall die Wachtturmgesellschaft diese Versammlung mit einem Geldbetrag unterstützen, was in ihren Augen das Gegenteil eines *richtigen* Geldeinsatzes gewesen wäre. Deshalb sollte die Versammlung, der wir geholfen hatten, aufgelöst werden. Man fragte nicht, ob dies günstig sei oder ob jemand sich eine solche Lösung vorstellen konnte. Sie erhielten ganz einfach Bescheid, dass sie von jetzt an zu einer anderen Versammlung gehörten und das war jene Versammlung, die ihre Schulden nicht bezahlen konnte. Ich erinnere mich, dass der vorsitzführende Aufseher, der mit allen anderen solange darum gekämpft hatte, ein eigenes Lokal zu bekommen, auf der Bühne stand und weinte, als er die Order der obersten Leitung vorlas. Vollständige Unterwerfung, absoluter Gehorsam ohne Fragen und Gegenargumente, das allein zählt für die Wachtturmgesellschaft, nicht die Menschen.

In einer anderen Versammlung, die dabei war, ein großes Lokal zu bauen, gab es unter den Mitgliedern einige Meinungsverschiedenheiten, das Bauprojekt betreffend. Die Gesellschaft bereinigte die Probleme ganz einfach dadurch, dass sie ohne Rücksicht auf die persönlichen Gefühle oder die ökonomischen Konsequenzen, die das für viele Mitglieder hatte, die ganze Versammlung auflöste. Sie mussten in eine andere Stadt fahren, um Treffen der Zeugen Jehovas zu besuchen. Das führte zu erhöhten Kosten und zu einem erhöhten Zeitaufwand, den jedes Mitglied für die Aktivitäten der Gesellschaft aufbringen musste.

8.3 Harte Arbeit macht mich noch verwirrter

Die siebziger Jahre waren für mich eine Zeit enormer Aktivität – besonders in Verbindung mit den Erwartungen, die wir für das Jahr 1975 hatten – aber auch eine Zeit großer Konflikte und Frustrationen. Viele Jahre hindurch hatte ich großen Respekt vor meinen Leitern gehabt; ich war ihnen ohne Zögern vertrauensvoll gefolgt, ohne ihre Urteile und Befehle in Frage zu stellen. Aber in meiner persönlichen Begeisterung und Aktivität als Ältester und vorsitzführender Aufseher machte ich Dinge oder setzte ich Unternehmen in Gang, die mich in direkten Konflikt mit der Leitung der Organisation brachten. Ich hatte die Menschen in *meiner* Versammlung gern und bat Gott oft, er möge mir helfen, die rechten Dinge für die Versammlung zu tun.

Während einer Reihe von Jahren waren wir ein fein aufeinander abgestimmter Kreis. Neben den fünf wöchentlichen Treffen hielten wir ab und zu besondere Treffen ab, auf denen jene gelobt wurden, die hart gearbeitet hatten; das betraf besonders die Frauen in der Versammlung. Normalerweise arbeiteten die Frauen bei den Zeugen Jehovas nicht außer Haus, sie verbrachten statt dessen viel Zeit mit Versammlungsarbeit.

Ab und zu organisierte ich eine Fahrt mit der Versammlung, z. B. in einen Vergnügungspark, oder wir unternahmen einen Museumsbesuch. Wir kamen zu einer gemeinsamen Bootsfahrt zusammen oder wir trafen uns, um Fußball zu spielen, oder zu anderen Freizeitaktivitäten.

Hierdurch war ich wieder *ins Fettnäpfchen getreten*. Die Gesellschaft hatte solche Treffen nicht empfohlen, sie hatte ganz einfach keine Vorschriften für Extratreffen im Königreichssaal, ganz im Gegenteil. Solche Unternehmen würden der Verkündigungsarbeit *schaden*. Man räsonierte nämlich bei der Leitung so, dass man ja auf einem Tivoli keine Schriften und Bücher verkaufen könne und zu solch einer Aktivität könne man daher nicht ermuntern. Die Gesellschaft schickte mir daher eine Ermahnung und gab klar und unzweideutig Order, es sei mir nicht erlaubt, andere Treffen als die von der Wachtturmgesellschaft festgesetzten, zu organisieren. Die Zeit konnte besser genutzt werden, indem man in den noch verbleibenden Jahren von Haus zu Haus ging. Für Freizeitaktivitäten würde man in der Neuen Welt noch genug Zeit haben, jetzt aber sollte die Arbeit getan werden und man dürfe sich nicht mit unnützen und *leeren* Aktivitäten beschäftigen.

Offen gesagt, jedesmal wenn ich Gott um Rat gebeten hatte, auf welche Weise ich mich am besten des Wohles und Wehes der Versammlung annehmen könne und wenn ich das ins Leben rief, wozu der Geist mich geleitet hatte, kam eine negative Reaktion von der Wachtturmgesellschaft. Ich wurde wiederholte Male ermahnt, ich solle nicht eigene Unternehmen starten, sondern warten, bis Vorschläge und Vorgangsweisen im monatlichen Blatt *Königreichsdienst* besprochen wurden. Meine eigenen Unternehmungen beschrieb die Wachtturmgesellschaft in ihrer Literatur als *der Organisation Gottes vorauseilen*.

Meine eigenen Ideen zeugten von unabhängigem Denken und dass ich versuchte, *dem Lichte Jehovas vorauszueilen*. Das machte mich immer verwirrter. Mein Wirken und meine Begeisterung sowie die der anderen Ältesten führten zu einer glücklichen Gemeinschaft unter uns. Die Versammlungsmitglieder waren froh und begeistert und die Zahl der Verkündiger nahm zu. Ich fragte mich selbst: ›Wie konnte etwas, das ausschließlich positive Resultate ergab, falsch sein?‹

Jetzt, heute, verstehe ich es! Ich als Einzelner durfte nicht glauben, dass ich etwas besser als *Gottes Organisation* wusste. Die Wachtturmgesellschaft wollte unter keinen Umständen den Zugriff auf das einzelne Mitglied verlieren; ich konnte eine Gefahr für sie werden, wenn mir erlaubt würde, mit eigenen Unternehmungen fortzufahren. Die Gesellschaft soll für jedes einzelne Mitglied denken, wir sollten nicht einmal selbst die Bibel studieren dürfen, sogar das sollte die Gesellschaft für uns tun. Sie schreibt:

> *Wir könnten vielleicht denken, dass Studieren harte Arbeit ist und gründliche Untersuchungen verlangt. In der Organisation Jehovas ist es jedoch nicht nötig, viel Zeit mit dem Studium zu verbringen, weil es in der Organisation Brüder gibt, die bereits gerade damit gearbeitet haben, um dir zu helfen, der du nicht soviel Zeit dafür hast. Diese*

Brüder bereiten das gute Material im Wachtturm und in anderen Publikationen der Gesellschaft vor.[5]

WATCHTOWER

Solche Dinge wie die oben erwähnten führten dazu, dass ich mit der Zeit große Konflikte mit mir selbst bekam.

5 Watchtower 1. Juni 1967, S. 338

Kapitel 9

Ist die Wachtturmgesellschaft ehrlich?

Ich begann, die Ehrlichkeit der Wachtturmgesellschaft ernstlich in Frage zu stellen. Auf den verschiedenen Kursen für die Versammlungsältesten wurde ich dazu erzogen, zu *legalisierten* Lügen zu schweigen, wenn *feindliche* Menschen wie die Polizei oder andere Behördenvertreter uns Dinge fragten, die mit der *theokratischen* Organisation zu tun hatten. Wir wurden dazu angehalten, uns im Voraus zu überlegen, welche Antwort wir geben sollten, wenn wir einer Situation ausgesetzt waren, die eine direkte Antwort verlangte. Wir sollten in solchen Fällen Lügen gebrauchen. Im Sprachgebrauch der Wachtturmgesellschaft sind das keine Lügen, sondern das ist *theokratische Kriegsführung*. Wenn die Arbeit in einem Land verboten wird und die Leute fragen: »Bist du Zeuge Jehovas?«, dann sollten wir antworten: »Nein, ich bin Christ.«

Die meisten Menschen, welche Zeugen Jehovas kennen, werden sicher nicht glauben, dass der Gebrauch purer Lügen einen Teil der *Erziehung* im Versammlungsleben darstellt. Jehovas Zeugen ist es nicht nur erlaubt, Lügen zu benutzen, wenn es im Interesse der Organisation liegt, sie werden dazu auch direkt aufgefordert. Die Zeugen Jehovas werden selbstverständlich protestieren, da dies in ihren Augen keine Lügen sind. Die massive Propaganda der Wachtturmgesellschaft hat die einzelnen Mitglieder dazu gebracht, schwarz als weiß und *Lügen* als *theokratische Kriegsführung* und als Hilfsmittel im Dienste für Gott anzusehen.

Eines der vielen nachzuahmenden Beispiele, welche die Wachtturmgesellschaft im Laufe der Jahre publiziert hat, ist die Geschichte einer Zeugin Jehovas, die in der früheren DDR von Tür zu Tür ging, wo die Verkündigung der Zeugen Jehovas verboten war. Sie hatte gerade an der Tür eines Gegners der Zeugen Jehovas geklingelt und begriff, dass dieser die Polizei benachrichtigen würde. Sie ging deshalb in den Eingang des Nachbarhauses und wechselte schnell ihre rote Bluse gegen eine grüne aus. Als sie auf die Straße kam, war gerade ein Polizist angekommen und der kommunistische Offizier fragte sie: »Hast du soeben eine Dame mit einer roten Bluse hier im Aufgang gesehen?« Sie antwortete: »Nein«. Erzählte sie da eine Lüge? Nein, das tat sie nicht, schreibt der Wachtturm. Sie war keine Lügnerin. Sie gebrauchte die Strategie der *theokratischen Kriegsführung*, um in Wort und Tat um des Dienstes willen die Wahrheit zu verheimlichen. Rahab, die Hure, die eine Herberge in Jericho betrieb, wird gewöhnlich als Betrügerin beurteilt. Sie versteckte zwei israelische Spione in ihrem Haus und log vor den Dienern des Königs und sagte: »Ich weiß nicht, welchen Weg sie nahmen.«

Diese Geschichte ist im WACHTTURM vom 15. Juni 1956 abgedruckt, und auf Seite 276 heißt es dort: *War es eine unmoralische Lüge, die sie bei dieser Gelegenheit gebrauchte? Beachte, dass zu dieser Zeit Krieg war. Die Feinde durften die Wahrheit nicht erfahren, damit sie den Dienern Jehovas nicht schaden oder sie einer Gefahr aussetzen konnten. Wenn Krieg ist, ist es angebracht, einen wolfsähnlichen Feind auf eine falsche Spur zu leiten.*

Der WACHTTURM vom 1. Januar 1961 sagt auf Seite 24: *Als Christi Soldaten nehmt ihr an einem theokratischen Krieg teil, und ihr müsst die größte Vorsicht walten lassen, wenn ihr es mit den Feinden Gottes zu tun habt. Die Bibel zeigt uns, dass es richtig ist, die Wahrheit vor Gottes Feinden zu verheimlichen in der Absicht, Gottes Interessen zu beschützen.*

Menschlich gesehen ist es leicht zu verstehen, dass diese Frau, die illegal von Haus zu Haus ging, mit den kommunistischen Unterdrückern keinen Ärger bekommen wollte, aber dass der Wachtturm sie und andere auf solche Weise offen zu *theokratischen Lügen* ermuntert, ist sehr ernst.

Wurde Petrus von Jesus verteidigt, als er log und leugnete, ihn zu kennen? Er war in der gleichen Situation wie die Dame in der DDR und war in Gefahr, als wahrer Jünger Jesu festgenommen zu werden. Lobte Jesus ihn, weil er ein tüchtiger Mensch war und die *theokratische Kriegsführung* benutzte? Nein, die Bibel erzählt, dass Jesus ihn nur ansah und Petrus bitterlich weinte und sich für sein Handeln schämte.

Wie viele hunderttausend christliche Märtyrer hätten ihr Leben retten können, hätten sie nur die Strategien der *theokratischen Kriegsführung* benutzt, da ihr Leben ja von der gleichen Frage abhängig war, welche der Zeugin in der DDR gestellt wurde: »Bist du ein Christ?« Die Bejahung bedeutete für viele den Tod.

Der frühere Präsident Frederick William Franz wird in der Wachtturmliteratur als hervorragender Bibelforscher dargestellt und zufolge eines anderen früheren Leiters der Zeugen Jehovas, A. H. Mcmillan, war er des Hebräischen kundig.[1] Bei einem Gerichtsverfahren in Schottland behauptete Präsident Franz, er beherrsche eine Reihe Sprachen, darunter Hebräisch und Griechisch. Als er gebeten wurde, den Text Gen. 2, 4 aus dem Englischen ins Hebräische zu übersetzen, musste er jedoch bekennen, dass er das nicht konnte. Was seine Ausbildung und andere Fragen in der Gerichtssache betraf, so benutzte er offensichtlich auch Lügen. Unter anderem behauptete er, es sei ihm eine sogenannte *Rhodes Scholarship*, eine Art Stipen-

1 Vakttårnet 1. November 1977. Faith on the March, 1/1957

dium, angeboten worden. Ich besitze eine Kopie von THE RHODES SCHOLARSHIP TRUST vom 14. Januar 1981, unterzeichnet von William J. Barber, die eindeutig erklärt, dass sie niemals etwas von diesem Frederick William Franz gehört haben.

Theokratische Kriegsführung bedeutet sogar, dass es keine Rolle spielt, vor einem Gericht einen Meineid zu leisten! Auch meine Erfahrung mit leitenden Aufsehern in der Organisation überzeugte mich, dass sie die Ehrlichkeit nicht höher achteten als der Präsident. Alle Zeugen mussten jeden Monat über ihre Dienste berichten, sie mussten einen schriftlichen Bericht über ihre Verkündigungsarbeit abliefern und anführen, wieviel Literatur sie verkauft hatten. Für viele war es eine schwere Aufgabe, die *Quote* von etwa 10 bis 12 Stunden pro Monat zu erreichen, besonders für einen Familienvater oder eine Mutter mit kleinen Kindern. Die Pioniere waren oft Leute ohne familiäre Verpflichtungen, aber diese bemühten sich auch, ihre 100 oder 150 Stunden im Monat zu erreichen, abhängig davon, ob sie *Pioniere* oder *Sonderpioniere* waren.

9.1 DER SCHWINDEL MIT DEN BERICHTSFORMULAREN

Ich kann eines der vielen Beispiele von Betrug unter den leitenden Aufsehern erwähnen, wie andere Pioniere aufgefordert wurden, das Gleiche zu tun. Eigentlich sollte jemand, der die Dienststunden aufführen soll, von dem Moment an zu zählen beginnen, wo er an die erste Tür klopft. Wenn z. B. ein Verkündiger zwei Stunden mit dem Auto fährt, bis er in den *Bezirk* kommt, dort zwei Stunden verkündet und dann zwei Stunden zurückfährt, kann er nur zwei Stunden Dienstzeit aufführen. Da die meisten Probleme hatten, die hohe Stundenzahl, welche der Wachtturm verlangt, zu erreichen, erfanden sie einige Tricks. Ich kannte einen Aufseher, der jeden Tag zeitig aufstand und sich ungefähr um sieben Uhr morgens mit den Blättern WACHTTURM und ERWACHET! vor dem Bahnhof aufstellte. Um 9 Uhr sollte er zu einer Verabredung, um andere Zeugen zu treffen, die auch *ins Feld* sollten. Gemeinsam mit den anderen besprach er den *Tagestext*, orientierte über die Wachtturmliteratur, die sie heute anbieten sollten, brachte Beispiele und vielleicht eine kleine Demonstration, wie ein bestimmtes Blatt angeboten werden sollte.

Bis das Ganze vorbei war, war vielleicht eine Stunde vergangen, dennoch rechnete er diese Zeit als *Felddienst*. Die Zeit durfte *angerechnet* werden, da er *schon so früh begonnen hatte*.

Das ist natürlich besonders *effektiv*, wenn die Zeugen Jehovas nach auswärts in einen Bezirk fahren mussten, wohin sie z. B. eine Stunde brauchten. Während *gewöhnliche* Verkündiger in der Versammlung treu ihre *Arbeit* nach der Ankunft beginnen, machen diese oft einen Besuch bei jemandem, liefern einige Zeitschriften ab und fahren dann weiter zu ihrem eigentlichen Ziel. Die Reisezeit führen sie elegant als aktive Verkündigungszeit auf. Dies beunruhigte das Gewissen vieler, wurde aber von den ausgebildeten und leitenden Repräsentanten des Wachtturms praktiziert und empfohlen. Natürlich litt das Gewissen einzelner darunter, da sie ja wussten, dass viele aufgeführte Stunden keine Verkündigung waren.

Eine andere Sache, die mich beunruhigte, war die heuchlerische Aufforderung an die Mitglieder, gegenüber allen staatlichen Behörden ehrlich zu sein. Gleichzeitig wusste ich aufgrund meiner Erfahrung als Hirte der Versammlung, dass viele überanstrengt waren, psychische Probleme hatten und krank waren, da sie ein viel zu anstrengendes Leben führten. Viele waren lange Zeit hindurch krankgemeldet, lebten auf Kosten des Staates oder wurden Invaliden. In meinen Augen war dies eine Form von Betrug, da diese Menschen nicht aufgrund ihrer Berufsarbeit überanstrengt waren, sondern wegen der unmenschlichen Belastungen durch die Organisation. Man sollte annehmen, dass ein Mensch, der krankgeschrieben ist und nicht arbeiten geht, unfähig wäre, an einem freiwilligen Einsatz für die Versammlung teilzunehmen oder von Tür zu Tür zu gehen, aber das war bei weitem nicht immer der Fall. Der Bau des neuen Hauptbüros in Norwegen ist ein treffendes Beispiel dafür.

9.2 Zeit zum Reden - wann?

Das war die Überschrift eines ganz besonderen Wachtturm-Artikels. Hierin erklärt die Wachtturmgesellschaft, wie man *theokratische Kriegsführung* auch am Arbeitsplatz dem Arbeitgeber gegenüber verwenden kann. Es ist nun einmal so, dass viele Menschen Zugang zu vertraulichen Unterlagen haben und deshalb der Schweigepflicht unterliegen. Jedoch nicht die Zeugen Jehovas! Es ist nicht so, dass sie nicht den gleichen Pflichten wie alle anderen unterworfen wären, aber sie nehmen keine Rücksicht darauf! Nach den strengen Regeln der Wachtturmgesellschaft bedeutet es Ausschluss, wenn man den Vorschriften zuwiderhandelt. Die Vorschriften besagen, dass ein Zeuge Jehovas die Schweigepflicht brechen soll. Die Gesetze der Gesellschaft stehen über den Gesetzen des Staates. Lassen Sie mich aus dem Wachtturm zitieren, der einen hypothetischen Fall von *Mary* schildert, die in einem Krankenhaus arbeitet.

Eines Tages kommt Mary in ein Dilemma. Während der Arbeit mit medizinischen Berichten entdeckt sie eine Information darüber, dass eine Patientin, eine Mitchristin, sich einem Abort unterzogen hat. Hatte sie nun nach der Schrift die Pflicht, dies den Ältesten der Versammlung mitzuteilen, auch wenn dies dazu führen könnte, dass sie ihre Arbeit verlor, auch wenn sie angezeigt werden und der Arbeitgeber rechtliche Probleme bekommen könnte? Oder würde das Buch der Sprichwörter, 11,13, es rechtfertigen, dass sie die Sache geheim hielte: „Wer als Verleumder umhergeht, gibt Geheimnisse preis; der Verlässliche behält eine Sache für sich". (Ähnlich Spr. 35, 9-10)

Dieser Befehl der obersten Autorität des Universums übertrug dem einzelnen Israeliten die Verantwortung, den Richtern jede ernste Sünde, die entdeckt wurde, zu berichten, so dass die Sache behandelt werden konnte. Obwohl die Christen streng genommen nicht den Gesetzen des Mose unterworfen sind, gelten seine Gesetze immer noch in der christlichen Versammlung. Deshalb kann es Fälle geben, bei denen ein Christ verpflichtet ist, die Ältesten auf eine Sache aufmerksam zu machen. Allerdings ist es in vielen Ländern verboten, Nichtautorisierten zu zeigen, was man in vertraulichen Archiven gefunden hat. Aber wenn ein Christ nach gründlichem Abwägen und Gebet meint, dass er einer Situation gegenübersteht, wo das Gesetz Gottes es verlangt, dass er aussagt was er weiß, obwohl niedrigere Gesetzgeber es ihm verbieten, so ist dies eine Verantwortung, die er um Jehova willen auf sich nimmt. Es gibt Zeiten, in denen ein Christ „Gott mehr gehorchen muss als den Menschen". (Apg 5,29)

Obwohl man Eide und Versprechen nicht leicht nehmen soll, kann es Fälle geben, wo von Menschen verlangte Gelöbnisse in Konflikt geraten mit der Forderung nach ausschließlicher Hingabe an unseren Gott . . .

Da diesbezüglich Probleme zu erwarten sind, haben einige Brüder, die Advokaten, Ärzte, Steuerberater usw. sind, schriftliche Richtlinien ausgearbeitet. Man hat die Brüder, die sie zu konsultieren beabsichtigen, gebeten, diese Richtlinien durchzulesen, bevor sie vertrauliche Mitteilungen machen. Auf diese Weise wird von vornherein Verständnis dafür erwartet, dass, wenn eine ernste Sünde zutage kommt, der, welcher falsch gehandelt hat, aufgefordert wird, mit der Angelegenheit zu den Ältesten der Versammlung zu gehen. Es ist klar, dass, wenn er es nicht tut, der Ratgeber (Arzt, Advokat, Steuerberater usw.) sich verpflichtet fühlen wird, es zu tun.

Es kann Situationen geben, in denen ein treuer Diener Gottes aus eigener Überzeugung, die auf dem Wissen vom Worte Gottes beruht, die Regeln der Vertraulichkeit aufgrund der höheren Forderung des göttlichen Rechts ausdehnt oder sogar bricht. Mut und Diskretion werden dazu nötig sein. Die Absicht dabei ist nicht, die Freiheit des anderen zu kontrollieren, sondern Sündern zu helfen und die Versammlung rein zu halten. Geringfügige Übertretungen können übersehen werden. In solchen Fällen „deckt die Liebe eine Menge Sünden zu" und wir sollen „bis zu siebenundsiebzig Mal" vergeben (Mt 18, 21-22). Das ist „die Zeit zum Schweigen". Aber dort, wo es ein Versuch ist, ernste Sünden zu verbergen, kann es „Zeit zum Reden" sein.[2]

WATCH"-TOWER

Im WACHTOWER steht:

Die Schrift sagt, dass es richtig ist, die Wahrheit vor den Feinden Gottes zu verschweigen, um die Interessen Gottes zu wahren.[3]

WATCH"-TOWER

Wir wurden immer aufgefordert, loyale Diener der Wachtturmgesellschaft zu sein, aber die Wachtturmgesellschaft war *und ist* gegenüber ihren Dienern nicht loyal. Bei einer Versammlung in Amerika starben drei kleine Kinder an Sonnenstich. Jerry Bergman als Psychologe und ein Arzt hatten auf diesem Platz die Verantwortung für die Erste Hilfe. Sie wandten sich an die Administration und baten den Versammlungsleiter, über die Lautsprecheranlage eine Mitteilung durchzugeben, dass alle Mütter ihre kleinen Kinder wegen der extremen Wärme in den Schatten bringen sollten. Die Administration weigerte sich, diese wichtige Mitteilung zu vermitteln und sagte: »Wir können den Gebrauch der Lautsprecheranlage für *persönliche* Mitteilungen nicht zulassen«. Das Ergebnis dessen, dass solche *persönliche Mitteilungen* des Gesundheitspersonals (mit seinen *Quasikenntnissen*) nicht bekanntgemacht wurden, war also, dass drei Kinder starben!! Dies schockierte den Arzt so sehr, dass er später, genau wie Bergman, sich von der Organisation der Zeugen Jehovas dankend verabschiedete.[4] Ist das ehrlich?

2 Watchtower vom 1. August 1987, S. 12-15

3 Watchtower, 1. Juni 1960, Seite 352

4 Bergman, Jerry: Mental Health of Jehovah's Witnesses. Clayton, Ca 94517: Witness Inc. o.J. deutsch: Bergman, Jerry R.: Jehovas Zeugen und das Problem der seelischen Gesundheit. / Jerry R. Bergman. - Gekürzte dt. Ausg. München: Evang. Presseverb. für Bayern, 1994 und: Bergman, Jerry R.: Zur seelischen Gesundheit von Zeugen Jehovas. Zur seelischen Gesundheit von Zeugen Jehovas / Jerry R. Bergman. [Dt. von H. Lasarcyk] Ahrensburg, Süderoogstieg 17: H. Lasarcyk, 1991 - 80 S.

Ein kleiner Kommentar: Es scheint vielleicht, dass einige der Behauptungen von Bergman und von mir unglaubwürdig, an den Haaren herbeigezogen und lächerlich wirken. Ich muss meine Leser darauf hinweisen, dass ich eine internationale Organisation beschreibe. Die Lehre ist auf der ganzen Welt die gleiche, aber die Ausführung und die Auffassung der unzähligen Regeln und Gebote der Wachtturmgesellschaft können von Land zu Land verschieden sein. Hier will ich gerne etwas wiederholen, was in diesem Buch schon früher erwähnt wurde, dass nämlich viele Zeugen Jehovas das Maß bei weitem überschreiten und, wie das Sprichwort sagt, *päpstlicher als der Papst* sind. Dies erfuhr ich besonders bei Personen, die in einem autoritären Milieu aufgewachsen waren. Extreme Praktiken findet man in jedem diktatorischen und autoritären System.

9.3 FORSCHUNG

Etwa ein Prozent der Zeugen Jehovas haben akademische oder höhere Ausbildung. Einige von ihnen haben viele Jahre für die Erforschung von biblischen und anderen Themen aufgewendet. Auch andere Leute, welche keine formale akademische Ausbildung erhielten, haben bedeutende Forschungsarbeit geleistet. Als Beispiel kann ich erwähnen, dass Carl Olof Jonsson, ein Zeuge Jehovas aus Schweden, der viele Jahre hindurch Ältester war, ein Thema sieben Jahre lang studiert und erforscht hatte, das Forschungsdokument war mehrere hundert Seiten stark. Als er nun das Manuskript an das Hauptbüro der Wachtturmgesellschaft in Brooklyn sandte, war die Antwort: »Wir werden es uns ansehen, wenn wir dazu Zeit haben«. Nach vielen Monaten Wartens wandte er sich wieder an Brooklyn und fragte, ob sie nun das Manuskript gelesen hätten. Das Ergebnis war, dass er einen *Maulkorb* bekam. Die Ergebnisse sollten anderen Zeugen Jehovas nicht mitgeteilt werden. Als Jonsson meinte, es sei unmoralisch, nicht zuzugeben, dass ein wesentlicher Lehrsatz erwiesenermaßen falsch war, wurde er ausgeschlossen. Ist das ehrlich?

Ein amerikanischer Forscher erhielt ebenfalls die Antwort: »Wir haben keine Zeit.« Er wurde inzwischen wütend und fragte, was die Leute tun sollten, wenn sie fänden, dass das Brot, das sie aßen, vergiftet wäre. Sollten sie mit dem Entfernen des Giftes warten und hoffen, dass es sie nicht töten würde? Die Anstrengungen waren selbstverständlich ohne Ergebnis, denn die Wachtturmgesellschaft wird sich in Fragen der Lehre niemals beugen. Ist das ehrlich?

9.4 VERMEIDE UNABHÄNGIGES DENKEN

> *...Satan stellte Gottes Art, die Dinge zu tun, in Frage. Er leistete dem unabhängigen Denken Vorschub. (...) Wie macht sich unabhängiges Denken bemerkbar? Gewöhnlich so, dass es Fragen an die Ratschläge stellt, die von Gottes sichtbarer Organisation kommen.*[5]
>
> WATCH"-TOWER

Dies ist die unehrliche Einstellung der Wachtturmgesellschaft. Und die ist noch extremer. Die Wachtturmgesellschaft verlangt, dass die Zeugen Jehovas jeden beliebigen Lehrsatz gutheißen, auch wenn er falsch ist! Das Heil ist davon abhängig, ob man die Lehre der Wachtturmgesellschaft befolgt, ohne Rücksicht darauf, was die Bibel dazu meint. Da meine Behauptung eher extrem wirken könnte, zitiere ich ein wenig aus dem Rechtsbuch von Douglas Walsh Trial, Schottland, in dem der frühere Präsident der Gesellschaft, Frederick William Franz, antwortet:[6]

Frage: Akzeptieren Zeugen Jehovas Lehren und Auslegungen, welche über die Leitung von der Wachtturm-, Bibel- und Traktatgesellschaft kommen, ohne Fragen?

Antwort: Ja.

Der Sekretär der Gesellschaft dieser Zeit, Grant Suiter, wurde hinsichtlich der Bedeutung des Jahres 1874 im Zusammenhang mit den Veröffentlichungen im Wachtturm folgendes gefragt:[7]

Frage: Kann man nur mit Hilfe der Veröffentlichungen (der Wachtturmgesellschaft) ein richtiges Verständnis der Schrift erhalten?

Antwort: Damit stimme ich überein.

Frage: Ist das nicht Arroganz?

Antwort: Nein.

Frage: Man hörte Beweise dafür, dass man fand, 1874 sei nicht ein buchstäblich wesentliches Datum ... wurde zu dieser Zeit von den Zeugen Jehovas dessen absolute Annahme als Wahrheit verlangt?

Antwort: Das ist richtig.

Der frühere Vizepräsident der Wachtturmgesellschaft, Hayden C. Covington, wurde auch in dieser Rechtsangelegenheit gefragt:[8]

5 Watchtower, 15. Januar 1983, S. 22
6 Douglas Walsh: Trail, Scotland, 1954 (Ausgabe 1958) S. 91
7 Douglas Walsh Trail, Scotland, 1954 (Ausgabe 1958) S. 504
8 Douglas Walsh Trail, Scotland, 1954 (Ausgabe 1958) S. 347–348

Frage:	Es wurde eine falsche Prophezeiung gemacht?
Antwort:	Damit stimme ich überein.
Frage:	Diese musste von den Zeugen Jehovas akzeptiert werden?
Antwort:	Das ist richtig . . . Unser Ziel ist es, Einheit zu haben.
Frage:	Einheit um jeden Preis?
Antwort:	Einheit um jeden Preis.
Frage:	Einheit, begründet auf erzwungener Gutheißung falscher Prophezeiungen?
Antwort:	Das wird als richtig betrachtet.

Auf Seite 114 in den Gerichtsdokumenten gibt F. W. Franz übrigens zu, dass die von der Gesellschaft verbreiteten Prophezeiungen zeitweise verrückt waren, aber die Wachtturmgesellschaft verlangt dennoch, dass alle Zeugen Jehovas auf der ganzen Welt sie gutheißen sollen! Die oben angeführten Zitate stammen, wie erwähnt, aus Gerichtsprotokollen und sind deshalb starke Beweise. Sie sind daher überzeugende und erschreckende Beweise für die uneingeschränkte und unehrliche Machtposition der Wachtturmgesellschaft.

- In der Druckerei in Brooklyn war ein junger Mann, der in der Druckerpresse seine Hand einbüßte. Er bekam die Anordnung, heimzufahren, da man ihn nicht mehr brauchen konnte. »Du kannst Pionier werden«, sagte die Leitung. Der Mann musste heimfahren, ohne einen Groschen Entschädigung.

- Die ständige Nörgelei wegen Kleidermoden, Haarschnitt und der Rocklänge der Frauen erzeugt ein nervöses und unbehagliches Klima. Auch bestimmte Brillenfassungen waren verbannt. Ich fragte regelmäßig meine Frau, ob mein Haar kurz genug sei. Ich lebte in ständiger Angst, ob mein Aussehen gutgeheißen würde. Wenn man ein privates Gespräch zwischen zwei Zeugen Jehovas auf Band hätte aufnehmen können, so hätte man festgestellt, dass sich das Gespräch oft um Kleidung, äußerliche Dinge und das Aussehen drehte. Ein Patient in einem psychiatrischen Krankenhaus drückte es einmal so aus: »Leute mit sehr kurzen Haaren sind entweder geistesgestört oder sie sind Zeugen Jehovas«.

- Jehova regiert vom Zentrum des Himmels. »Er wohnt«, sagte die Wachtturmgesellschaft, »auf dem Stern Alcyon, im Sternbild der Plejaden. Gut zu wissen!«[9]

9 Studies in the Scriptures, Band 3, S. 327; Watchtower 15/5 1895, S. 1814

- Und hier ist noch eine Behauptung: *Weiße Menschen, die in China leben, werden mit der Zeit chinesische Nachkommen zeugen – ohne das Blut zu vermischen – als Folge des Einflusses von Erdbeschaffenheit und Klima* [10]
- *Die Neger wurden schwarz, weil sie von Gott bestraft wurden. Dies rührt von der Verbannung aus Kanaan her. Übrigens hat die weiße Rasse Eigenschaften, welche die schwarze nicht hat. Inzwischen sieht es so aus, als ob sich das wieder gäbe, da die Gesellschaft vor vielen Jahren die Welt damit erfreuen konnte, dass gläubige Neger mit der Zeit ihre* originale *Hautfarbe wiedererlangen – als Erhörung ihres Gebetes!*[11]
- Weiße Brautkleider und Eheringe seien heidnischen Ursprungs, sagte die Wachtturmgesellschaft. Dennoch wurden diese die ganze Zeit über benützt. Offensichtlich kann man einzelne heidnische Gebräuche akzeptieren, solange es die Gesellschaft ist, die bestimmt, welche heidnischen Gebräuche für Gott in Ordnung zu sein scheinen.

Die Wachtturmgesellschaft erwartet, dass die Zeugen Jehovas ihre Behauptungen verteidigen, bis sie *neues Licht* erhalten. Etwas anderes zu behaupten kann zum Ausschluss wegen Aufruhr gegen *Gottes Mitteilungskanal auf der Erde* führen. Dies führt dazu, dass der Intellekt der Zeugen in ständigem Konflikt mit den dummen und unehrliche Behauptungen der Wachtturmgesellschaft steht, und das ist an sich für die geistige Gesundheit abträglich. Oder anders ausgedrückt: wie angenehm wäre es dem Leser, solche *lebensspendende Wahrheiten*, wie ich sie oben erwähnt habe, suchenden Menschen verkünden zu müssen?

9.5 Die Bibel und Literatur der Wachtturmgesellschaft *ist eine Beleidigung des Wortes Gottes*

Die *Bibelübersetzung* der Zeugen wird von führenden Bibelforschern als *Verhöhnung des Wortes Gottes* bezeichnet, was James Penton[12] ebenfalls dokumentiert und ich beschloss daher – völlig verwirrt – zu untersuchen, ob das wirklich stimmen könnte. Lehrsätze zu verdrehen war eine Sache, aber die Bibel selbst zu verfälschen, das ging doch zu weit, dachte ich – selbst für die Wachtturmgesellschaft.

Es half mir sehr, die Literatur von Bibelexperten wie William Barclay, Walter Martin, James W. Sire, F.F. Bruce und mehreren anderen zu lesen.

10 Watchtower 15/7 1902, S. 3043
11 Watchtower 1/10 1900, S. 2706; Watchtower 15/7 1902, S. 3043
12 vgl. Penton, James: Apocalypse Delayed. a.a.O.

Lassen Sie mich zitieren, was die bekannte britische Autorität H. H. Rowley dazu meint:

> *Die Übersetzer haben ihre eigenen Ansichten betreffend der hebräischen Grammatik, ziehen es aber vor, diese Ansichten unkundigen Lesern zu unterbreiten, bevor sie die Berechtigung dieser Ansichten von des Hebräischen kundigen Personen überprüfen lassen. . . . Sie behaupten, eine Übersetzung in modernes Englisch zu bieten, die (dem Urtext) so getreu wie möglich entspricht. Tatsache ist, dass die Sprachform, welche sie benützen, kaum überhaupt noch Englisch ist . . .*[13]
>
> H. H. ROWELEY

Was die Auffassung der Wachtturmgesellschaft bezüglich der *eigentlichen* Bedeutung betrifft, ist sein Standpunkt klar formuliert:

> *Es ist eine Beleidigung des Wortes Gottes.*[14] *. . . Selbst Leser, die nur Englisch verstehen, werden sich wundern, wie ein Verfasser, der so schlecht imstande ist, seine eigene Sprache zu schreiben, wirklich eine Autorität für hebräische Grammatik sein kann! . . . Vom Anfang bis zum Ende ist dieses Buch ein leuchtendes Beispiel dafür, wie man die Bibel nicht übersetzen soll und eine Erinnerung daran, dass die Bibel bedeutende Literatur ist, welche verdient, von jemandem übersetzt zu werden, der Gefühl für Stil hat, das Original versteht und den Sinn mit Gewandtheit ausdrücken kann.*[15]

Wir könnten Lügen oder *theokratische Strategie* gebrauchen, um unsere Feinde in die Irre zu führen. Zusätzlich möchte ich ein Paar Dinge erwähnen, die mich bedrückten, wenn die Leute mich fragten, ob ich erlöst und wiedergeboren sei oder an Heilung glaubte. Wir waren dazu angehalten, mit *ja* zu antworten, aber wir wussten, dass dies eine Lüge war.

1. Lügen
2. die Wahrheit zu umgehen

13 H. H. Roweley: How Not To Translate The Bible, The Expository Times, S. 41, November 1953

14 H. H. Roweley: How Not To Translate The Bible, The Expository Times, S. 42, November 1953

15 Demjenigen, der noch die Meinungen anderer Autoritäten wissen möchte, ist zu empfehlen: The Christian Century, Band 72: 1145, 1146, 5. Oktober 1955, und Band 70: 1133, 1134, 7. Oktober 1953

3. den Eindruck zu erwecken, etwas anderes zu lehren, als sie tatsächlich tun

4. *um den Brei herum zu gehen*, indem man nicht darauf antwortet, was man gefragt wurde, sondern eigentlich auf etwas anderes.

Die Zitate stammen aus dem *theokratischen* Lehrbuch UNTERREDUNGEN ANHAND DER SCHRIFTEN[16] und beschreiben, wie die Zeugen Jehovas ihren Glauben anderen erklären sollen.

Jemand sagt . . . Ich bin erlöst. [17] Du kannst antworten: »Das ist schön zu hören, denn da weiß ich, dass du an Jesus Christus glaubst. Die Arbeit, an der ich teilnehme, ist eine Arbeit, die Jesus seinen Nachfolgern auferlegte, nämlich anderen von seinem Reich zu erzählen (Mt 24,14).« So kannst du vielleicht fragen: »1) Was ist dieses Reich? Was wird es für die Welt bedeuten (Dan 2,44)? 2) Wie wird es hier auf Erden unter dieser himmlischen Regierung aussehen (Ps 37, 11 NW; Offb 21,3-4)?« Oder du kannst sagen: »Du weißt sicher, was der Apostel Paulus hier in der Apostelgeschichte 4,12 sagt . . . Hast du schon einmal darüber nachgedacht, wer den Namen Jesu unter die Menschen brachte, damit wir daran glauben sollen?« So kannst du vielleicht sagen: »1) Das sagt Jesus selbst (Joh 17,3) 2). Beachte, dass Jesus sagte, er habe den Namen seines Vaters verkündet (Joh 17,6-26). Wie lautet sein persönliche Name? Woran wirst du dabei erinnert (2 Mos 3, 14-15; 34, 5-7)?«

Bist du erlöst? [18] Du kannst antworten: »Ja, bis jetzt. Es gibt einen Vorbehalt, denn mir ist der biblische Rat bewusst, dass wir über unsere Stellung nicht allzu sicher sein dürfen. Kennst du diese Schriftstelle (1 Kor 10,12)?« So kannst du vielleicht sagen: »Was ist der Grund dafür? Der Apostel Paulus schrieb an Menschen, die neu geboren waren und auf himmlisches Leben hofften (Hebr 3, 1).« Er sagte zu ihnen: ». . .(Hebr 3, 12-14). Wir können unseren Glauben durch vermehrtes Bibelwissen stärken.« Oder du kannst sagen: »Darauf kann ich gut mit *ja* antworten. Aber ist dir klar, dass die Bibel über mehr als über eine Erlösung spricht? Hast du zum Beispiel über die Bedeutung von Offenbarung 7, 9-10 u.14 nachgedacht? . . . Einige sollen also durch

16 Unterredungen anhand der Schriften. WTG, 1985

17 Nach der Lehre des Wachtturms stimmt das nicht, ganz im Gegenteil. Alle, die *erlöst* sind, sind Nicht-Zeugen und werden von Jehova und Jesus in Harmagedon vernichtet werden.

18 Nach der Lehre des Wachtturms ist die Antwort ganz einfach „Nein!"

die kommende große Drangsal erlöst werden, um hier auf der Erde zu leben – Mt. 5, 5.«

Jemand sagt . . . Ich bin neugeboren [19] Du kannst antworten: »Das bedeutet, dass du dich darauf freust, einmal mit Christus zusammen im Himmel zu sein, nicht wahr? . . . Hast du einmal darüber nachgedacht, was die, welche in den Himmel kommen, dort tun sollen?« So kannst du vielleicht sagen:»1) Sie werden Könige und Priester sein und zusammen mit Christus herrschen (Offb 20, 6; 5, 9–10). Jesus sagte, dass diese nur eine *kleine Herde* sein werden (Lk 12, 32). 2) Wenn es Könige geben wird, dann muss es auch Untertanen geben, über die sie herrschen können. Wer wird das sein? . . . Hier gibt es einige Punkte, die mir sehr interessant erschienen, als ich darauf aufmerksam gemacht wurde (Ps 37, 11; 29; Spr 2,21-22 NW; Mt 5,5).«

Bist du neugeboren? [20] Du kannst antworten: »Mir ist aufgefallen, dass die Leute mit dem Ausdruck *neugeboren* nicht immer das gleiche meinen. Kannst du mir sagen, was dies für dich bedeutet?« Oder du kannst sagen: »Du möchtest gerne wissen, ob ich Jesus als meinen Erlöser aufgenommen habe und ob ich den heiligen Geist bekommen habe? Ich kann dir versichern, dass die Antwort *ja* ist. Andernfalls hätte ich nicht mit dir über Jesus gesprochen.« So kannst du vielleicht sagen: »1) Aber wenn ich daran denke, den heiligen Geist zu haben, fällt es mir auf, dass die Früchte dieses Geistes leider bei vielen von denen fehlen, die behaupten, Christen zu sein (Gal 5,22-23). Möchtest du hier auf Erden leben, wenn alle diese göttlichen Eigenschaften widerspiegeln (Ps 37,10-11, NW)?« Eine andere Möglichkeit: »Wenn du daran denkst, wie weit ich Jesus als meinen Erlöser aufgenommen habe, ist die Antwort *ja*. Alle Zeugen Jehovas haben dies getan. Aber für uns beinhaltet es viel mehr, neugeboren zu sein.« So kannst du vielleicht sagen: »1) Als Jesus davon sprach, neugeboren zu werden, sagte er, dass dies notwendig sei, wenn man in das Reich Gottes hineinkommen wolle, das heißt, wenn man ein Teil vom Reiches Gottes werden wollte, von seiner himmlischen Regierung (Joh 3, 5). 2) Die Bibel zeigt auch, dass viele Menschen, die Gottes Willen tun, hier auf Erden als glückliche Untertanen dieses Reiches leben werden (Mt 6, 10; Ps 37, 29 NW; Mt 5,5).« Noch ein Vorschlag: »Die, welche

19 Nach der Lehre des Wachtturms ist das nicht möglich, denn nur 144.000 Zeugen Jehovas sind das.

20 Nach der Lehre des Wachtturms ist die Antwort ganz einfach NEIN. Das ist den 144.000 vorbehalten und nichts für gewöhnliche Versammlungsmitglieder.

der himmlischen Klasse angehören, könnten antworten: Ja, das bin ich. Aber die Bibel warnt uns alle davor, allzu sicher bezüglich unserer Stellung zu sein. Wir müssen uns ständig prüfen, um uns zu vergewissern, dass wir wirklich das tun, was Gott und Christus von uns verlangen (1 Kor 10, 12).« So kannst du vielleicht sagen: »Welchen Auftrag gab Jesus seinen wahren Jüngern? (Mt 28, 19-20; 1 Kor 9, 16)«

Ich könnte zu obigem noch vieles sagen, aber ich traue dem Leser so viel Intelligenz zu, dass ich die Zitate ohne weitere Kommentare von meiner Seite stehen lasse.

Wenn man mehr über die *Kriegsstrategie* der Zeugen Jehovas wissen will, sollte man das neue Buch des Psychologen Dr. Jerry Bergman, DIE THEOKRATISCHE KRIEGSLEHRE. WARUM ZEUGEN JEHOVAS VOR GERICHT LÜGEN[21] lesen. Don Nelson hat zu diesem Buch das folgende Vorwort geschrieben:

> *Jerry Bergman hat bereits mehrere Bücher über die mentale Gesundheit der Zeugen Jehovas verfasst. Gestützt durch seine eindrucksvollen Kenntnisse aus Psychologie, Biologie und Soziologie – wie auch durch seine Erfahrung als Gutachter in etwa 150 Gerichtsfällen, an denen Zeugen Jehovas beteiligt waren – hat Dr. Bergman diesmal die schwere Artillerie auf einen weiteren Grundsatz der Wachtturmgesellschaft gerichtet, indem er auf die faszinierende Lehre von der* theokratischen Kriegführung *zielt. Diese Doktrin erlaubt es Anhängern des Wachtturms, mit gutem Gewissen Tatsachen zu verheimlichen, andere in die Irre zu führen, falsch zu informieren und sogar zu lügen – unter Eid! Dieses informative Buch beschreibt und definiert die berüchtigte* Rahab-Technik, *die empfiehlt, dass Jehovas Zeugen (mit der vollen Genehmigung und dem Segen der Gesellschaft) die Wahrheit vor Gericht verdrehen und zurückzuhalten. Die Technik beruht auf der Grundlage, dass sich die Zeugen Jehovas* im Krieg *mit der Welt und den Gerichten befinden und dass diese Gerichte als Feinde es nicht nötig haben, die Wahrheit zu erfahren.*
>
> DON NELSON

Dr. Bergman verfolgt nüchtern die einzigartige Kriegsstrategie des Wachtturms seit ihrem Ursprung 1936 unter der Leitung des zweiten Prä-

21 herausgegeben von Witness Inc. P. O. Box 597, Clayton, CA 94517. Deutsch: Bergman, Jerry: Theokratische Kriegslist: Das Lügen vor Gericht, Unehrlichkeit, Zitatenverfälschung und -mißbrauch durch die Zeugen Jehovas / Jerry Bergman ; Mehmet Aslan. – 1. Ausg. Grenzach-Wyhlen: Aslan, 1997; Online im Internet: URL: http://www.xzj-infolink.de/rubriken/rubrikthemen.htm [Stand: 14.2.2000]

sidenten bis zu ihrem gegenwärtigen Stand der der Wachtturm-Taktiken bei Gericht (insbesondere bei Sorgerechtsfällen). Die Lehre wurde von den ehemaligen Präsidenten des Wachtturms, Charles Taze Russel und Fredrick Franz, praktiziert, die beide unter Eid bezüglich ihrer Sprachkenntnisse gelogen haben.

Kapitel 10

Ich nehme Paulus ernst

Im Laufe der Jahre hatte ich mit einiger älterer Literatur aus Russells und Rutherfords Zeit Bekanntschaft gemacht. Paulus schreibt in der Bibel, dass die Christen von Beröa *edler gesinnt* waren, weil sie das, was sie hörten, mit der Schrift verglichen, ob es mit ihr übereinstimme. Da ich jetzt so langsam anfing, meinen eigenen Verstand zu gebrauchen und mir erlaubte, selbst zu denken, entschloss ich mich, die Worte des Paulus ernst zu nehmen.

Ich begann all diese Literatur zu studieren und entdeckte viele Fehldeutungen, Erklärungen und falsche Rechtfertigungen, welche die Gesellschaft in den vorangegangenen Jahren verfasst hatte, aber ich hatte damals gelernt, alles mit den Augen des Wachtturms zu sehen. In jeglicher Literatur wurde die Meinung und das Verständnis der Organisation zu dem Zeitpunkt, in dem die Literatur verfasst worden war, mit einem *zunehmenden Licht* erklärt; um dieses Phänomen zu erklären, verwies die Gesellschaft auf Salomons Sprüche 4,18. *Doch der Pfad der Gerechten ist wie das Licht am Morgen, es wird immer heller bis zum vollen Tag.*

Mit einer zweideutigen Interpretation dieses Bibelverses versuchte (und versucht) die Wachtturmgesellschaft ständig, sich fehlgeschlagener Prophezeiungen und dem Umstand, dass alte *Wahrheiten* plötzlich nicht mehr Wahrheiten sind, zu entziehen. Sie haben sich nicht geirrt, sondern *neues Licht* bekommen. Alle Fehler werden damit erklärt, dass das Licht damals nicht so klar schien und dass *sie heute alles viel klarer sehen.*

Was mich betrifft, so hatte ich diese Erklärung vollständig akzeptiert, bis die großen Erwartungen, welche die Gesellschaft um das Jahr 1975 geweckt hatte, vollständig fehlschlugen. Das bedeutet nicht, dass ich nicht auch noch nach 1975 daran glaubte, aber von da an hatten sich schleichende Zweifel in meinem Unterbewusstsein festgesetzt. Nicht so sehr deshalb, weil die Wachtturmgesellschaft sich geirrt hatte, sondern ganz einfach, weil sie leugneten, dass sie sich geirrt hatten. Indem sie erklärten, ich hätte sie missverstanden, weckten sie ein schlafendes Gehirn, das nach vielen Jahren nach und nach aufzuwachen begann.

Ich hatte von verstorbenen Zeugen aus verschiedenen Versammlungen einige ältere Literatur geerbt. Das, was ich hier las, gab mir einen guten Einblick in das Leben und die Geschichte der Wachtturmgesellschaft. Ich will nicht verheimlichen, dass mich das, was ich las, beunruhigte; dennoch hielt ich an der Erklärung der Wachtturmgesellschaft über das *voranschreitende* Licht fest. Dies tat ich, obwohl mir ganz klar wurde, dass die Wachtturmgesellschaft in einer Reihe von Fällen falsch *prophezeit* hatte und dass viele Lehrsätze mehrmals verändert wurden.

10.1 Was die Gesellschaft ihre Schüler wissentlich gelehrt hatte

Wenn ich im Nachhinein daran denke, gibt es einige wichtige Dinge dazu zu bemerken, die beweisen, wie das Gehirn der Zeugen Jehovas gewaschen ist. Sowohl ich als auch viele andere Zeugen Jehovas lasen natürlich von Zeit zu Zeit alte Literatur. Da wir aber an die Erklärungen der Wachtturmgesellschaft von dem *neuen Licht* glaubten, hatten wir einen *angenehmen Abstand* zu dem Gelesenen. Wir lasen über alte *Prophezeiungen* und lachten lauthals darüber, dass jemand so etwas hatte glauben können. Als Beispiel für solche *lustige Geschichten* kann ich ein paar Dinge aus einem einzigen Buch, Das vollendete Geheimnis[1] zitieren:

- Wollte Gott Millionen von Versammlungen und Gemeindemitgliedern vernichten und in diesem Jahr sollte die Christenheit ausgelöscht werden.
- Im Herbst 1920 wird Anarchie über die ganze Welt hereinbrechen.
- Die Wiederkunft des Herrn hatte 1874 stattgefunden.
- Behemot (Hiob 40, 10-19) war ein Bild der stationären Dampfmaschine.
- Die Hüften waren z. B. der Dampfkessel und der Schwanz der Schornstein. Andere *physikalische* Phänomene wurden übrigens auch im Detail beschrieben.
- Leviathan (Hiob 40,15-41, 25) war die Dampflokomotive, wo die Zunge z. B. den Verbindungshaken symbolisieren sollte, die Nasenlöcher sollten gleichsam die Signalpfeife sein und andere phantasievolle Auslegungen dieses merkwürdigen Wesens.
- Die entschlafenen Heiligen standen 1878 von den Toten auf.
- 1918 sollten die Christen (nicht die Zeugen Jehovas) von Dämonen besessen werden und die Christen in den christlichen Versammlung

1 Das vollendete Geheimnis In: Schriftstudien, Band 7

wurden respektvoll die *Schweineklasse* genannt. Diese sollten verschiedene Sachen treiben, was rasende Menschenmengen dazu bewegen würde, sie in diesem Jahre auszurotten.

- Die Stimme in der Offenbarung 9,13 war der Adventist William Miller in der Zeit von 1829 bis 1844.
- Die *kleine Herde* von Bibelstudenten, die damals lebten, wird 1918 *verherrlicht* (in den Himmel erhoben) werden.
- Der Knabe in der Offenbarung 9,13 war das römisch-katholische Papsttum.
- Michael und seine Engel (Offenbarung 12,7) waren der Papst in Rom und seine Bischöfe.
- Die sieben Bände der Buchserie SCHRIFTSTUDIEN waren die sieben Engel in der Offenbarung 15,1.

Ich hätte fortfahren können und die Liste wäre unheimlich lang geworden, obschon ich mich nur an das eine Buch gehalten habe. Das Unglaubliche ist, dass wir darüber lachen konnten und es lustig fanden. Wenn CONSOLATION[2] schreibt, dass es ein guter Rat sei, wenn man ein Kind dazu bringen wollte, mit dem Weinen aufzuhören, es unter kaltes Wasser zu halten, so konnten wir darüber nur lachen.

Auch wesentliche Lehrmeinungen sind verändert worden, und das Bedenkliche daran ist, dass die Gesellschaft oft so tut, als ob die Version des Tages eigentlich die ursprüngliche Lehre Russells sei. Sie verfälscht regelrecht die historischen Tatsachen. Der Begründer der Zeugen Jehovas, Charles Taze Russell, lehrte, dass das Jahr 1914 das absolute Ende für diese alte Welt bedeute. Er lehrte nicht, wie die Zeugen Jehovas heute fälschlicherweise sagen, dass die Endzeit dann beginnen sollte. Er lehrte auch nicht, dass Jesus in diesem Jahr die Königsherrschaft übernehmen und zurückkehren sollte. Russell behauptete, dass dies 1874 geschah. Daran hielt die Wachtturmgesellschaft bis 1929 fest.

Sehen wir, was die New Yorker Zeitung THE WORLD darüber am 30. August 1914 schrieb. Der Titel des Artikels lautete DAS ENDE ALLER REICHE IST 1914, was die *Millenisten schon 25 Jahre lang verkündeten* und kam auf Seite 4 der Sonntagsbeilage der Zeitung groß heraus. In diesem Artikel

2 Consolation (engl.), Trost (deutsch), WTG. Zeitschrift, Vorgänger des heutigen ERWACHET!, erschien zweimal pro Monat, das norwegische Datum eines bestimmten Artikels dürfte wie auch der deutsche Artikel ca. 6 - 8 Wochen nach der engl. Ausgabe liegen.

stand unter anderem: »*In Anbetracht dieser offenkundigen biblischen Beweise*«, *schrieb Pastor Russell 1889*, »*betrachten wir es als unumstößliche Wahrheit, dass Ende 1914 n. Chr. das Ende dieser Reiche auf Erden und die Errichtung des Reiches Gottes eine Tatsache ist*« . . . *Er und seine Schüler warten in Ruhe ab – sie warten bis zum Oktober, den sie für das wirkliche Ende im Jahre 1914 erwarten.*

Auf diesem Artikel wird auch in ZUM PREDIGTDIENST BEFÄHIGT[3] Bezug genommen. Russell schrieb selbst:

> *Da das Jahr 1878 als Jahr der Machtübernahme des Herren gilt, kann man annehmen, dass da auch sein Reich begann und dass der erste Abschnitt die Errichtung seines Leibes, der Kirche, sein werde, aus der die schlafenden Mitglieder vorausgehen sollen . . . Unser Herr, der ernannte König, ist jetzt nahe, war es schon seit Oktober 1874 und die formelle Übernahme der Königsmacht wird auf den April 1874 datiert und das Reich, auf das der Herr in seinen Gleichnissen und Prophezeiungen hinwies (die Sammlung seiner Auserwählten) ist nun wirksam.*[4]
>
> RUSSELL

Im Gegensatz zur Behauptung der heutigen Zeugen Jehovas, dass Russell das Jahr 1914 als Zeitpunkt für diese Ereignisse voraussah, hielt Russell an der Lehre der Wiederkunft des Herrn im Jahre 1874 bis zu seinem Tode fest.[5]

> *Im Laufes des Jahres 1914 wird der Herr alles unter seiner Kontrolle haben. Heidnische Regierungen werden verworfen sein; die Glieder des Leibes Christi werden geheiligt sein; Jerusalem wird nicht länger unterdrückt sein; die Blindheit Israels wird vorüber sein; es wird weltweite Anarchie herrschen und Gottes Königreich wird die Stelle der menschlichen Regierungen übernommen haben.*[6]
>
> RUSSEL

> . . . der Krieg am Tage Gottes, den Allmächtigen *(Offb. 16,14), der 1914 mit der völligen Vernichtung der derzeitigen Regierungen der Erde enden wird.*[7]
>
> RUSSEL

3 Zum Predigtdienst befähigt, S. 308f.

4 Studies in the Scriptures, Band 3, S. 234. Siehe auch Band 2, S. 101 und Band 4, S. 621

5 Die Zeugen Jehovas hielten an der Lehre von 1874 bis zum Ende der zwanziger Jahre fest und diese wurde von Russell an den *Richter* Rutherford vererbt, der nach ihm den Chefsessel einnahm.

6 Studies in the Scriptures, Band 2 (frühere Ausgabe) S. 76, 78

7 Studies in the Scriptures, Band 2 (frühere Ausgabe) S. 101

Je näher das Jahr 1914 kam, desto vorsichtiger wurde indessen der *Prophet* in Brooklyn. Wenn man früher todsicher war, so begann man jetzt zu zweifeln und schon 1907 konnten die Zeugen Jehovas, die damals *Die Internationalen Bibelforscher* hießen, folgendes lesen:

> *Wir haben niemals darauf bestanden, dass die Zeitprophezeiungen sicheres Wissen waren oder auf indiskutablem Beweismaterial, Tatsachen, Kenntnissen beruhten; unsere Behauptung war immer, dass sie auf Glauben beruhten . . . Aber lassen Sie uns eine Möglichkeit betrachten, die weit entfernt ist von dem, was wir erwarten. Für den Fall, dass 1915 kam und verging, alle Weltgeschäfte weiterhin intakt waren und es bewiesen war, dass nicht alle* Auserwählten verwandelt *wurden und das fleischliche Israel nicht wieder aufgerichtet wurde, wie es im neuen Testament versprochen war. Was dann? Würde das beweisen, dass unsere Chronologie falsch war? Ja, selbstverständlich . . . Was wäre das für ein Schlag! Eine der Saiten unserer* Harfe *wäre gerissen! Jedoch wären, liebe Freunde, immer noch alle anderen Saiten unserer Harfe intakt und dessen kann sich keine andere Versammlung von Gottes Volk auf Erden rühmen.*[8]
>
> ZIONS WATCH"-TOWER

Nun begann der *Prophet* das Jahr 1915 anzudeuten, aber die Geschichte zeigt ja, dass auch 1915 nicht den Harmagedonkrieg zum Wohle der Zeugen Jehovas brachte. Russell starb kurz danach und der *Richter* Rutherford folgte ihm als Präsident der Wachtturmgesellschaft. Er war nicht schlechter als sein Vorgänger, schon 1917 schrieb der Wachtturm (15/10), dass u.a. Abraham 1925 auferstehen sollte und kurz vor 1925 stand im gleichen Blatt zu lesen: *Wir können damit rechnen, dass die Ernte fünfzig Jahre nach 1874 oder am Jahresende 1924 zu Ende sein wird.*

Rutherford proklamierte, das Ende werde 1925 kommen, die alten Heiligen wie Abraham, Jefta und König David sollten in diesem Jahre von den Toten auferstehen. Viele Zeugen Jehovas verkauften ihr Eigentum und einzelne Bauern weigerten sich bisweilen, zu säen, weil ja das Ende kommen sollte. Der Wachtturm folgte der Prophezeiung Rutherfords: *Schon vor 1925 wird die große Drangsal eintreffen und in Wahrheit vorüber sein.*[9]

In der Zeit zwischen den beiden Weltkriegen setzten die Zeugen Jehovas ihre Angriffe gegen alle christlichen Kirchen und evangelischen Gemeinden

8 Zions Watchtower 1. 10. 1907
9 Watchtower 1. September 1922, S. 262

fort. Sie warteten immer noch auf die baldige Zerstörung der Welt. Beachte folgende Aussagen der Literatur der Gesellschaft:

- „Gottes Wort zeigt deutlich, dass dieses geistige System in der Schlacht von Harmagedon, die nun bevorsteht, vollständig vernichtet wird."[10]
- „Der Tag der Schlacht nähert sich . . . die Christenheit ist ein Teil von Satans Organisation."[11]
- „Harmagedon ist nahe und wir müssen uns starkmachen in unserem Kampf für die Sache des Königs . . . die Christenheit hat den Namen des Herren angenommen, ist jedoch die Repräsentantin des Teufels."[12]
- Die Zeichen weisen deutlich, dass die Zeit für Gottes glückliches Werk nahe ist und dass von den Feinden genaueste Rechenschaft verlangt wird . . . der Untergang der Feinde ist bedrohlich nahe.[13]

In den Zwischenkriegsjahren glaubten die Zeugen Jehovas, wie schon erwähnt, dass das Ende bald kommen würde und Rutherford hatte, nachdem 1914, 1915 und 1919 fehlgeschlagen waren, das Ereignis auf 1925 festgelegt. 1920 kam sein berühmtes Buch heraus, MILLIONEN JETZT LEBENDER MENSCHEN WERDEN NICHT MEHR STERBEN[14]. Die Verkündigung von Rutherfords neuer *Prophezeiung* war so umfassend und intensiv, dass sie zum Schlagwort wurde. Viele der ältesten Zeugen Jehovas hier im Lande können sich noch an diese Kampagne erinnern.

1925 brachte zum Wohle der Menschheit auch nicht den Harmagedonkrieg und 1941 proklamierte Rutherford in seiner letzten Buchausgabe *Kinder*, dass es nur noch wenige Monate bis Harmagedon seien.[15]

Dieses Buch begannen Jellie und ihre Familie 1946 zu studieren. Sie erhielt damals Bescheid, dass sie nicht einmal mehr die Volksschule beenden könne, bevor der Harmagedonkrieg diese böse Welt vernichten werde.

Nach dem Krieg behauptete Brooklyn trotz aller falschen Prophezeiungen weiterhin, dass der Harmagedonkrieg wohl in meiner Generation kommen würde. Ich suchte damals in der Literatur nach Aussagen, wann dies

10 Vakttårnet 1. März 1934
11 Vakttårnet 15. März 1935; Watchtower 15. Januar 1935, S. 20–21]
12 Vakttårnet 15. September 1935; Watchtower 1. Mai 1935
13 Vakttårnet 15. August 1935
14 Rutherford: Millionen jetzt lebender Menschen werden nie sterben, engl.: WTG, 1920 deutsch: Bibliographie war nicht zu ermitteln.
15 Genau dieselbe Meldung erschien übrigens im Wachtturm.

geschehen sollte und glaubte ganz sicher, dass die Gesellschaft mir das sagen könne. Sie war trotz allem *Gottes sichtbare Organisation auf Erden.*

10.2 Was ich zu bedenken vergass

Wir vergaßen jedoch eine sehr wichtige Sache! Diese Dinge standen in den offiziellen Lehrbüchern der Wachtturmgesellschaft zu lesen – und zu der Zeit, in der diese *Wahrheiten* geschrieben wurden, auch diesmal als *neues Licht* präsentiert, wurden Menschen, die diese Lehre nicht anerkannten, von der Gesellschaft zum Tode in Harmagedon verurteilt. Die Gesellschaft verlangte, dass damals alle an die Lehrsätze glaubten; das war eine Vorbedingung, um ewiges Leben zu erhalten!!!

Was wir damals nicht wussten, war, dass wir, wenn wir das gelesen und uns darüber amüsiert und das Ganze als mehr oder wenig guten Witz betrachteten, die Gesellschaft ihre Absicht erreicht hatte. Wir nahmen die früheren falschen Prophezeiungen nicht ernst, aber anerkannten gleichwohl das *neue Licht*, das ständig kam. Mit anderen Worten, man hatte uns auf den Leim geführt.

Die Aussagen, welche meine Hoffnung, das Ende der Ordnung der Dinge werde noch in meiner Generation kommen, am Leben erhielten, waren unter anderem die unten angeführten. Beachten Sie jedoch, wie die Wachtturmgesellschaft schrittweise die Definition von *einer Generation* veränderte. Sie versuchten verzweifelt, noch einige Jahre zu gewinnen, da für die Generation von 1914 die Zeit jetzt schon sehr schnell abläuft.

1946 *Harmagedon ist eine Schlacht, die allen Anzeichen nach noch in dieser Generation beginnen wird.*[16]

1953 Generation: Von 1914 bis Harmagedon. Die durchschnittliche Lebenserwartung, ein Mannesalter.[17]

1967 Generation: Von 1914 bis Harmagedon. Die Generation, die alt genug war, die Bedeutung dessen, was sich 1914 ereignete, zu verstehen, ist nicht mehr jung.[18]

1969 Die Generation: Von 1914 bis Harmagedon. Man kann annehmen, dass Menschen, die dieser Generation angehören, 1914 mindestens 15

16 Vakttårnet 15. September 1946
17 Vakttårnet 1. November 1953
18 Vakttårnet 1. September 1967

Jahre alt gewesen sein müssen, um die Bedeutung der Ereignisse zu verstehen.[19]

1979 Die Generation: Von 1914 bis Harmagedon. Die Neugeborenen von 1914 können nicht zu dieser Generation mitgerechnet werden.[20]

1981 Die Generation: Von 1914 bis Harmagedon. Die damals (1914) Zehnjährigen können jetzt zu dieser Generation dazugerechnet werden. Ein Teil von ihnen werden im Jahre 2000 noch leben, wenn die Welt dann noch besteht.[21]

1985 Die Generation: Von 1914 bis Harmagedon. *Die 1914 Geborenen rechnet man jetzt auch zum Begriff* Generation. *Da viele, die, jetzt 80, 90 oder 100 Jahre alt sind, zum Begriff Generation gerechnet werden, könne jene, die 1914 geboren wurden, auch 100 Jahre alt werden.* Die Zeitdauer einer Generation ist auf diese Weise mindestens bis 2014 verlängert worden.[22]

1989 *Er legte auch den Grundstein zu einer Arbeit, die nun im 20. Jahrhundert vollendet werden sollte.* Die Zeitdauer einer Generation ist mit dieser Formulierung etwas begrenzt worden, aber noch wichtiger ist die offensichtliche Schlussfolgerung. Harmagedon ist wieder zeitlich festgelegt, diesmal am Ende unseres Jahrhunderts.[23]

Wenn wir die Bibel studieren, so sehen wir, dass diese schrittweise zeitliche Verlängerung des Begriffes *Generation* sich mehr und mehr vom biblischen Gebrauch dieses Begriffes entfernt hat, da die Bibel von einer Generation als von *dreißig oder vierzig Jahren* spricht.[24] Ein Jahrhundert wird auch als aus drei Generationen bestehend gerechnet.[26] Mit anderen Worten versteht die Bibel eine Geschlechterfolge oder Generation ganz anders, als die Zeugen Jehovas von heute sie verstehen, auch wenn sie behaupten, ihren Aussagen liege ein biblisches Verständnis zugrunde.

19 Våkn Opp! (Erwachet!) 22. April 1969. Awake! 10/8 1968, S. 13f.
20 Vakttårnet 15. März 1979, S. 24
21 Vakttårnet 15. April 1981, S. 30
22 Våkn Opp! 8. März 1985, S. 7
23 Vakttårnet 1. Januar 1989
24 Darüber wird oftmals in der Bibel berichtet, u. a. in Num. 14, 30–35, wo über ein solches Lebensalter gesprochen wird. Das Thema wird in VINE'S EXPOSITORY DICTIONARY[25] auf Seite 44 behandelt.
26 Colin Brown, Dictionary of New Testament Theology, S. 35

Die Wachtturmgesellschaft hat sich, wie gezeigt, schon immer sehr mit dem Weltuntergang beschäftigt und dieser war immer sehr nahe. Diese Botschaft wurde daher weiterhin in den fünfziger-bis sechziger Jahren ausposaunt. Nach dem Tode Rutherfords wurde 1942 Nathan Homer Knorr der neue Präsident der Wachtturmgesellschaft.

Er begann ein umfangreiches Unterrichtsprogramm für alle Zeugen Jehovas und errichtete unter anderem Gilead, die Missionarschule der Gesellschaft, im Staate New York. Da der einzelne Zeuge Jehovas nicht besonders tüchtig darin war, die Lehre der Gesellschaft den Leuten zu verkünden[27], rief Knorr auch die *theokratische Dienstschule* in jeder lokalen Versammlung ins Leben. Hier wurde jedem Mitglied der Versammlung beigebracht, kurze, drei bis fünf Minuten lange Präsentationen des WACHTTURMS oder von ERWACHET! zu halten. In leicht abgeänderter Form werden die gleichen Präsentationen auch heute noch benutzt. Es wurden Lehrbücher der Rhetorik herausgegeben und es gab viele verschiedene Themen, welche die Literatur der Gesellschaft behandelte. Besonders die Zeitschrift ERWACHET! begann, Themen wie Medizin, Soziologie, Geographie, Archäologie und andere populärwissenschaftliche Gebiete zu behandeln. ERWACHET! versucht, den Eindruck zu vermitteln ein hohes wissenschaftliches Niveau zu halten. Aber die Themen und Zitate sind oft anderen Zeitschriften und Büchern entnommen, die nicht die der Zeugen Jehovas sind, sondern von der Wachtturmgesellschaft wiedergegeben und bearbeitet werden, um offensichtlich die eigene Lehrmeinung zu dem Thema zu stützen. Einen ganz besonders zweifelhaften, um nicht zu sagen, verbrecherischen Gebrauch macht die Gesellschaft von Quellenzitaten. Man sollte immer die Quelle untersuchen, und wenn drei Punkte (. . .) im Text stehen, kann man fast immer davon ausgehen, dass der Text vollständig aus dem Zusammenhang gerissen ist.[28]

Auf einem Treffen im Crowded-Stadion, 1953, sagte Knorr: *Lass deine Hände nicht sinken . . . Eines ist ganz sicher, die Zeit ist kurz ! Erhebe deine Hände und beginne mit voller Kraft zu arbeiten . . . Beginn mit der abschließenden*

27 Unter Rutherford gingen die Verkünder u.a. mit handbetriebenen Trichtergrammophonen umher und spielten Platten mit Rutherfords Reden ab. Es wurden auch sogenannte *Zeugniskarten* benutzt, auf denen eine kurze Darstellung der Botschaft geschrieben stand. Diese Karten wurden interessierten Menschen gezeigt.

28 Als Beispiel sei erwähnt, dass sich im Blatt der Wachtturmgesellschaft SOLL MAN AN DIE DREIEINIGKEITSLEHRE GLAUBEN?, einem Blatt mit 32 Seiten einschließlich Umschlag, mehr als 80 Fälschungen dieser Art finden.

Arbeit . . . Jehovas Krieg – Harmagedon, die größte Schlacht aller Zeiten – nähert sich mit raschen Schritten.[29]

Die Erfüllung kommt in unserer Zeit . . . die Vollstreckung des Urteils erfolgt in den Tagen dieser Generation.[30]

Außer mit diesen zahlreichen Andeutungen und Vorspiegelungen des baldigen Weltendes wurde ich auch oft mit mündlichen Überlieferungen und Gerüchten gefüttert. Außer den Jahreszahlen, die deutlich in der Literatur erwähnt sind, nämlich 1874, 1878, 1914, 1915, 1818, 1919, 1925, 1941 und 1975, gab es Gerüchte, dass das Ende 1954 und später 1958 und 1984 kommen könnte. Obwohl diese Jahreszahlen nicht offiziell in der Literatur erwähnt wurden, war sich die Gesellschaft natürlich im Klaren über die Gerüchte, die verbreitet wurden. Wer der Urheber der Gerüchte war, erfuhr ich nie, aber die Wachtturmgesellschaft hat solchen Gerüchten nie widersprochen. Wahrscheinlich war es der Wunsch der Organisation, dass diese Gerüchte kursierten, denn die Gerüchte waren ein wichtiger Beitrag dazu, die Aktivitäten in Gang und den Verkauf von Literatur auf einem hohen Niveau zu halten.

29 Våkn Opp! 8. März 1985, S. 7
30 Vakttårnet 15. Juni 1952

Kapitel 11

Die Lieblosigkeit und Arroganz der Wachtturmgesellschaft führte zum Zusammenbruch

11.1 Liebe, was ist das?

Obwohl mein eigener Verstand ernstzunehmende Fehler in Verbindung mit früher prophezeiten Ereignissen, das lieblose Benehmen der Leitung und unzählige anderer Missstände wahrzunehmen begann, war es doch schwierig, sich von einem so raffiniert ausgedachten System zu befreien oder mit den starken, schmerzenden Ketten, die uns banden, zu brechen. Ich war immer noch überzeugt, dass die Zeugen Jehovas die *Wahrheit* besaßen und dass mit mir etwas nicht in Ordnung war. Die Wachtturmgesellschaft war *Gottes Organisation*.

Menschen, welche die Zeugen Jehovas nicht aus persönlicher Erfahrung kennen oder nicht auf andere Weise mit Menschen Erfahrung haben, die persönlichkeitsverändernden Techniken ausgesetzt sind, werden sich ganz einfach nicht vorstellen können, wie schwierig es ist, mit einem religiösen Kult wie den Zeugen Jehovas zu brechen. Jahrelang war ich in ihrer Macht, und aus dieser Situation auszubrechen ist ein so traumatisches Erlebnis, dass die wenigsten es sich vorstellen können. Ich bin mir heute darüber im Klaren, dass es trotz aller Dunkelheit eine leitende Hand gab, die mich in die Freiheit führte, und ich will gerne zugeben, dass ich es *allein* nicht geschafft hätte.

In den achtziger Jahren geschahen Dinge in der Versammlung, die mich wieder völlig aus dem Gleichgewicht brachten. Ich musste eine Botschaft verkündigen, an die ich selbst nicht mehr glaubte. Ein nagender Zweifel und eine vage Ahnung tief in meinem Innersten sagten mir, dass mit der Organisation der Zeugen Jehovas etwas ganz und gar nicht stimmte, aber ich schaffte es nicht, dies zu konkretisieren. Ja, es war merkwürdig. *Alle* klagten darüber, dass es in der Versammlung nicht genug echte Liebe gab. Als Resultat zogen viele ständig in neue Versammlungen um und glaubten, dass es die jeweilige Versammlung war, die nichts taugte. Aber wenn sie in eine neue Versammlung kamen, entdeckten sie nach kurzer Zeit, dass die neue Versammlung genauso wie die war, die sie gerade verlassen hatten. So sind manche jahrelang von einer Versammlung zur anderen gezogen. Der Fehler lag eigentlich nicht bei der einzelnen Versammlung, sondern in der unbiblischen Struktur der Versammlungen der Zeugen Jehovas, da sie von Gesetzen und Regeln zusammengehalten wurden, die von Menschen gemacht waren. So ist es in allen Versammlungen der Zeugen vom Nordkap bis nach Malawi.

11.2 Die Probleme meiner Tochter

Ingrid, das älteste unserer vier Kinder, begann schon als Teenager an der Lehre der Zeugen Jehovas zu zweifeln. Sie war in der Schule sehr fleißig und wollte immer ihr Bestes geben. Diese Einstellung hatte sie auch, was den *Dienst* für Jehova betraf. Sie versuchte immer, den hohen Ansprüchen und Erwartungen, welche die Organisation an die Mitglieder stellte, zu entsprechen. Wir hatten unsere Kinder immer mit Hilfe der Wachtturmliteratur unterrichtet, in deren Büchern eindeutig erklärt wurde, dass Kinder und Jugendliche, die nicht von Haus zu Haus gingen, in Harmagedon sterben würden. Das hört sich vielleicht brutal an, aber es ist so. Sogar in den Büchern für die Allerkleinsten steht das Gleiche. Verkünde, mach es so, wie der Wachtturm sagt – oder stirb!

Ingrid versuchte es, aber sie schaffte es nicht. Sie erkrankte an anorexia nervosa. Sie überwarf sich mit der Versammlung. Das macht man nicht ungestraft unter Jehovas *liebevollen* Leuten. Sie zog sich daher freiwillig aus der Versammlung zurück und wurde selbstverständlich so behandelt, als wäre sie ausgeschlossen worden. Sie wohnte, zu dieser Zeit in den Niederlanden und begann, frustriert wie sie war, ein ausschweifendes Leben zu führen, was ihre Gesundheit noch mehr verschlechterte. Sie hatte keine Freunde mehr. Die Versammlung und die über 50 Verwandten betrachteten sie als gestorben. Einige frühere Freunde und die Verwandten wohnten nur wenige Minuten zu Fuß entfernt von ihr, aber sie waren für sie keine Hilfe. Die Ausgeschlossenen soll man hassen und ihnen Verachtung zeigen. Es spielte keine Rolle, dass sie nicht ausgeschlossen worden war, sondern sich selbst von der Versammlung zurückgezogen hatte. Niemand war interessiert daran, wie die Sache von ihrer Seite aus aussah, Brooklyn's Propheten hatten gesprochen. Brooklyn's Wort ist Gesetz und dies war Brooklyn's Befehl.

Die Einsamkeit wurde für sie immer unerträglicher. Obwohl Ingrid von der Versammlung als Ausgeschlossene betrachtet wurde, entschloss sie sich, einen Kreiskongress zu besuchen, wohl wissend, dass ein großer Teil ihrer Vettern, Kusinen, Onkel und Tanten anwesend sein würde. Wenn sie auf Trost oder menschlichen Kontakt oder zumindest auf ein kleines Zeichen, dass sich jemand trotz allem um sie bemühte, gehofft hatte, so wurde die Hoffnung schnell zunichte.

Niemand von ihnen grüßte. Niemand zeigte irgend einen Ausdruck von Freundlichkeit. Niemand gab zumindest einen freundlichen Blick oder Wink. Für sie existierte Ingrid nicht mehr.

Man kann es nicht fassen, dass eine Organisation ihre Mitglieder so beeinflussen kann, dass sie bei solch einer bösartigen und vernichtenden Politik mitmachen. Ingrid fuhr verzweifelt mit sorgenvollem Herzen nach Hause. Sie hatte in ihrer stillen Art auf ein kleines Zeichen von Mitgefühl gehofft, doch vergebens. Danach hatte sie keine Lust mehr, zu leben und unternahm innerhalb kurzer Zeit drei Selbstmordversuche. Einer dieser Versuche geschah einige Tage, nachdem sie von dem Kreistreffen nach Hause gekommen war und war das unmittelbare Resultat der *christlichen Liebe* der Zeugen Jehovas. Sie verbrachte ein ganzes Jahr in einem psychiatrischen Krankenhaus. In diesem Krankenhaus befanden sich auch noch andere Zeugen Jehovas, ein deutliches Zeichen dafür, dass es im *geistigen Paradies* Probleme gab.

Im Laufe dieses Jahres besuchten außer Jellie und mir sie niemand von den Verwandten. Für die übrigen Verwandten, die alle Zeugen Jehovas waren, war sie schon tot. Heute bin ich sehr dankbar, dass ich damals nicht die Politik der Wachtturmgesellschaft auf diesem Gebiet akzeptierte. Ingrid war meine Tochter, ich schaffte es ganz einfach nicht, sie als *tot* zu betrachten. Sie war trotz allem unsere eigene Tochter und irgendwo musste es ja Grenzen geben!

Als Ingrid aus dem Krankenhaus heimkam, machte ihr das Einsamkeitsgefühl immer noch zu schaffen. Sie beschloss, die Versammlung zu ersuchen, sie wieder als Mitglied aufzunehmen, da sie es nicht vermochte, auf diese Weise weiterzuleben. Völlig allein in der Welt, ohne Freunde und Verwandte, ohne jeden Umgang, ohne jemanden, mit dem man sprechen konnte; das war ganz einfach zu hart für sie. Doch erst jetzt erhielt sie den härtesten Schock. Viele Zeugen Jehovas und alle Verwandten wurden plötzlich ungewöhnlich freundlich, selbst die weit entfernt wohnenden schrieben und telefonierten. Sie hatte den Forderungen der Wachtturmgesellschaft nachgegeben, obwohl sie in ihrem Inneren nicht mit der Lehre des Wachtturms übereinstimmte. Wie war es möglich, die Freundschaft zurückzuerhalten, nur weil man als Bittsteller zu einem aus drei Männern bestehenden *richterlichen Komitee* gekrochen kam? Welche Art von Freundschaft und Liebe war das? Wer kann sich von einer Freundschaft und Liebe angezogen fühlen, die von Brooklyn dirigiert wird?

Wieder unternahm sie einen Selbstmordversuch und fast wäre er ihr gelungen. Als sie nach vielen Stunden im Krankenhaus wieder zu Bewusstsein kam, sagte der Arzt: »Es ist unfassbar, dass du es geschafft hast, du musst einen Schutzengel gehabt haben«.[1]

Als ich alles dies mit unserer Tochter erlebte, überkam mich eine Verzweiflung, die ich eigentlich nicht mit Worten beschreiben kann. Ich würde es gerne tun, aber ich schaffe es nicht. Die Hoffnung, welche die Lehre der Zeugen Jehovas uns gab, brachte uns in dieser Situation weder Linderung noch Trost. In der Versammlung geschahen Dinge, die mir unbegreiflich waren. Gott ließ mich das wahre Antlitz der Organisation sehen, aber damals begriff ich nicht, was ich eigentlich sah. Meine jahrelangen Gebete um Hilfe wurden erhört, aber nicht auf die Weise, wie ich es gedacht hatte. Es waren die guten Dinge in der Organisation, an die ich mich geklammert hatte, aber jetzt wurde *das Böse* so offenkundig, dass ich es nicht mehr länger übersehen konnte.

11.3 Das *geistige Paradies*

Die Zeugen Jehovas hatten mich gelehrt, dass Gott ein liebender Gott sei und dass sein Geist der Liebe in der Organisation wirkte. Durch meine Tätigkeit als Hirte konnte ich jedoch sehen, in welcher elenden psychischen Verfassung viele der Versammlungsmitglieder waren und unbewusst begannen Fragen in mir aufzutauchen. Fragen, die ich mir selbst nicht einmal zu stellen wagte. Als ich eine Liste aller Versammlungsmitglieder anlegte, kam zutage, dass ungefähr 70 % größere oder kleinere psychische Probleme hatten. Über 50 % der Mitglieder nahmen *Nerventabletten* oder Antidepressiva. Mehrere hatten eine längere psychiatrische Behandlung mitgemacht und drei hatten einen missglückten Selbstmordversuch unternommen. Das war eine traurige Entdeckung, die mich erstaunte und zutiefst erschütterte. Es kam mir vor, als ob mir jemand etwas sagen wollte, ich jedoch die Nachricht nicht richtig verstand.

Ich erinnere mich gut an einen öffentlichen Vortrag, den ich 1984 in Skien in der Versammlung Gjemsø der Zeugen Jehovas hielt. Die Rede handelte davon, zueinander nachsichtig zu sein. In der Disposition der Rede[2]

1 Es ist für mich erfreulich, sagen zu können, dass es Ingrid jetzt sehr gut geht. Sie hat zu studieren begonnen und freut sich darüber, eine ordentliche Ausbildung absolvieren zu können. Auch die anderen Kinder haben eine gute Ausbildung erhalten. Ich kann sagen, dass meine Frau, meine Kinder und ich uns einer besseren mentalen Gesundheit erfreuen und dass es mit uns aufwärts geht.

2 Viele, die zu einem sogenannten *öffentlichen Vortrag* kommen, glauben, dass der Vortragende der Verfasser ist. Diese falsche Vorstellung haben auch viele Versammlungsmitglieder. Tatsache ist, dass alle öffentlichen Vorträge vom Hauptbüro der Wachtturmgesellschaft in Broo-

(von der Wachtturmgesellschaft für Versammlungsälteste herausgegeben) wurde erklärt, dass einige in der Versammlung physisch krank sein mögen, während andere Nervenprobleme haben könnten. Zu dieser Zeit war ich mit meinem Studium der Sozialpädagogik fast fertig. In Verbindung mit diesem Studium hatte ich eine Anzahl Statistiken studiert, die über den durchschnittlichen Umfang von psychischen Leiden in der norwegischen Bevölkerung Auskunft gaben. Als Quellenmaterial benützte ich das Buch von Prof. Nils Johan Lavik, EIN GESUNDER GEIST IN EINER KRANKEN GESELLSCHAFT[3], wo Lavik nachweist, dass ein Viertel bis ein Drittel der Bevölkerung Norwegens psychische Probleme der einen oder anderen Art hat.

Nachdem ich auf diese Tatsachen hingewiesen hatte, die übrigens mit der Disposition der Rede seitens der Wachtturmgesellschaft übereinstimmten, außer, dass dort keine Zahlen enthalten waren, weil die Zeugen Jehovas der Gesellschaft zufolge *die gesündesten und mental ausgeglichensten Menschen der Welt* waren, sagte ich zu den Zuhörern:

»Lavik zeigt, dass 25 - 30 % der Bevölkerung Norwegens in der einen oder anderen Form psychisch erkrankt sind. Wir sind keine Ausnahme, denn meine persönlichen Notizen und Untersuchungen zeigen, dass wir eine noch höhere Durchschnittszahl haben als die, welche Lavik angibt.«

Ich wusste als Ältester und vorsitzführender Aufseher, dass gut 50 % der Versammlungsmitglieder dort in Telemark die eine oder andere Art von Nervenmedizinen oder Antidepressiva nahm, was man per Definition nicht tut, ohne dass man an irgendwelchen Problemen leidet. Ich war in anderen Versammlungen gewesen, sowohl in Norwegen als auch in den Niederlanden, wo diese Zahl gegen, in einzelnen Fällen über, 40 % lag. Dies war auch höher als von Lavik angegeben.

Bei diesem Vortrag waren mehrere Zeugen Jehovas aus der psychiatrischen Klinik der Stadt anwesend. Ich arbeitete zu dieser Zeit im Krankenhaus und diese Patienten hatten *frei* bekommen, um meinen Vortrag zu hören. Meine Kenntnisse des Themas, sowohl als Ältester und vorsitzführender Aufseher einer Versammlung durch Jahre hindurch, als auch als An-

klyn, New York, ausgearbeitet und in die erforderliche Anzahl Sprachen übersetzt werden. Auf diese Weise geht die Gesellschaft sicher, dass die gleichen Informationen, ob richtig oder falsch, überall verkündet werden. Ein Zeuge in Norwegen, der mit einem Zeugen in Dänemark spricht, wird die gleichen *Wahrheiten* kennen. Das ist wichtig, um die Illusion des freien Willens und die *selbständige* Denkfähigkeit des Einzelnen aufrechtzuerhalten. In Wirklichkeit ist dies einer der wichtigsten Bausteine im Indoktrinierungsprozess, ein Umstand, den alle Fachleute auf diesem Gebiet bestätigen können.

3 Lavik, Nils Johan: En sunn sjel i et sykt samfunn. (Ein gesunder Geist in einer kranken Gesellschaft) Oslo, 1984

gestellter des Krankenhauses mit eigenen Problemen und Studien, waren daher sehr gut und die Informationen, die ich gab, gut untermauert. Unter anderem teilte ich der Versammlung mit, dass Leute, welche psychische Probleme oder *Nervenprobleme* haben, Fachleute aufsuchen sollten, da diese mithelfen könnten, eine Lösung für die Probleme jedes einzelnen zu finden.

Zeugen Jehovas psychiatrische Hilfe zu empfehlen ist aus der Sicht der Wachtturmgesellschaft dasselbe, wie *in der Kirche fluchen*. Den Zeugen wurde in der Literatur (damals) davon abgeraten, Psychologen oder Psychiater aufzusuchen. Man betrachtet es als *unreif*, dies zu tun. Nach der Versammlung kamen indessen mehrere Versammlungsmitglieder zu mir, dankten mir für den Vortrag und erklärten sich einer Meinung mit mir. Während der Rede beobachtete ich, dass viele mit dem Kopf nickten und mit der Problemstellung, die ich aufzeigte, offensichtlich einig waren. Es gab jedoch einige, denen meine Darstellung der wirklichen Verhältnisse missfiel, dies waren natürlich die Ältesten der Versammlung.[4] Gunnar Skarheim, einer der Ältesten, war nicht mit dem einverstanden, was ich gesagt hatte. Zeugen Jehovas sollten keine psychiatrische Hilfe aufsuchen, meinte er und er war der Ansicht, ich sollte ein *Verkündiger und kein Sozialarbeiter sein*. Vom Rednerpult der Versammlung aus zu sagen, Menschen mit psychischen Problemen sollten Fachleute aufsuchen, könne er in seiner Versammlung nicht akzeptieren.

»Skarheim«, sagte ich, »Bist du dir darüber im Klaren, welche Verantwortung du trägst, wenn du einen kranken Menschen daran hinderst, einen Arzt aufzusuchen? Auch wenn ein Mensch psychisch krank ist, ist er letzten Endes krank. Eine fehlende psychologische Behandlung kann schlimmstenfalls mit persönlichen und familiären Tragödien enden, im allerschlimmsten Fall mit Selbstmord! Bist du bereit, die Verantwortung dafür zu übernehmen?«

Es ist unnötig, dem Leser die Reaktion und Gesichtsfarbe dieses *verantwortungsbewussten* Ältesten auf meine Frage zu schildern und das Resultat war natürlich, dass ich der Wachtturmgesellschaft wiederum als *Aufrührer* gemeldet wurde, der nicht den Regeln der Gesellschaft folgte.

Der Dschungeltelegraph begann erneut zu ticken und der Kreisaufseher Walther Larsen gab mir einen Verweis, weil ich wieder ins Fettnäpfchen getreten war und mich nicht an das von der Wachtturmgesellschaft

4 Der Ordnung halber muss ich anführen, dass ich selbst nicht zur Versammlung in Gjemsø gehörte.

vorgeschriebene Manuskript gehalten hatte. Wieder einmal bekam ich eine Anmerkung in meiner Akte im Hauptquartier.

Die Einstellung der Gesellschaft zu Psychologen und Psychiatern hat sich etwas gewandelt und es scheint nicht mehr so zu sein, dass einem *abgeraten* wird, sie aufzusuchen. In ERWACHET! vom 22. Oktober 1987 auf Seite 11 wird z.B. Menschen mit Depressionen empfohlen, Ärzte oder professionelle Berater aufzusuchen. So war das jedoch nicht zu meiner Zeit.

11.4 Die Geschichte von *Trine*

Ich möchte erzählen, was letzten Endes das Fass für mich zum Überlaufen brachte.

Eine junge Dame, nennen wir sie Trine, wurde ausgeschlossen, weil sie mit einem *weltlichen Jungen* zusammen war und mit ihm auch ein Kind hatte. Drei Jahre später rief mich ihre Mutter an und bat mich, zu ihr nach Hause zu kommen, da ihre Tochter mit mir sprechen wollte; ich war zu dieser Zeit dort Versammlungsältester. Sie hatte schon früher ein paarmal die Versammlung besucht, nachdem sie ausgeschlossen worden war und ich hatte ihr auf die Schulter geklopft und gesagt, es sei nett gewesen, sie zu sehen. Vielleicht wollte sie deshalb mit mir in Kontakt treten, da ich der einzige war, der ihr etwas Mitgefühl gezeigt hatte. Umgehend besuchte ich Trine, die bei ihrer Mutter zu Besuch war.

Sie erklärte mir, dass sie wieder in die Versammlung eintreten wolle, da sie es nicht länger ertrage, in Einsamkeit zu leben. Sie hätte ebenfalls keine Freude daran, in der Welt Trost zu suchen, sagte sie. Sie wolle ein reines Leben nach den Geboten der Bibel führen und wünsche sich Hilfe von der Versammlung, um in einer so schwierigen Welt bestehen zu können. Wenn sie wieder aufgenommen wäre, hätte sie gerne, dass jemand mit ihr die Bibel studiere.

Trine fragte mich, was sie machen solle, um wieder als Versammlungsmitglied aufgenommen zu werden. Ich sagte ihr, sie müsse einen Brief an den Versammlungsausschuss schreiben, der sie ausgeschlossen hatte. Sie fragte mich, ob ich ihr helfen könnte, diesen Brief zu schreiben, was ich natürlich auch tat. Wir schrieben alles, was sie mir gesagt hatte, in diesen Brief und erwähnten auch alle positiven Wünsche, die sie hatte und nach denen sie sich sehnte.

Froh und begeistert übergab ich den Brief einem der Ältesten, nennen wir ihn Sven Dalgren, der dabei war, als sie ausgeschlossen wurde und sagte, ich freue mich, dass sie wieder in die Versammlung kommen wolle. Dalgren reagierte jedoch keineswegs mit Freude und es war nicht eine Spur von der Haltung zu erkennen, die Jesus im Gleichnis vom verlorenen Sohn erzählt. Seine direkte negative Reaktion bewegte und enttäuschte mich zutiefst. Ich traf wieder auf die gleiche arrogante Haltung, die mich schon früher fast zum Wahnsinn getrieben hätte. Dalgren antwortete:

»Es kann so viele Gründe geben, die Trine veranlassen, zurückzukommen. Sie hat nicht nur reine Motive, sie muss zuerst beweisen, dass sie wirklich bereut. Das heißt, sie muss ein Jahr lang regelmäßig alle Treffen besuchen.« Ich fragte ihn entsetzt, ob er wirklich meinte, was er sagte. »Ja«, sagte er.

Da geschah etwas in mir, was ich früher noch nie so stark erlebt hatte. Man muss allerdings bemerken, dass die Antwort von Sven Dalgren, was die Teilnahme an den Versammlungen betrifft, völlig mit der *Vorschrift* übereinstimmt, aber zu diesem Zeitpunkt hatte ich begonnen, die Ungerechtigkeit des Systems zu erkennen. Andererseits konnte ich nicht verstehen, wie Dalgren ihre Motive kennen konnte, ohne überhaupt mit ihr gesprochen zu haben! Ich erklärte ihm, dass ich nicht mit ihm einverstanden sei und das Hauptbüro von meinen Ansichten in dieser Sache unterrichten wolle. Ich fragte Dalgren, ob er versuchen könne, sich in Trines Lage zu versetzen.

»Als ausgeschlossener junger Mensch bei einem Treffen auf der hintersten Bank mit einem unruhigen Kleinkind und schlechten Nerven zu sitzen, ist eine unmenschliche Forderung. Wenn sie dazu noch zur Krönung des Ganzen in einer Atmosphäre leben soll, wo sie keiner grüßt, keiner ein freundliches Wort an sie richtet, wo alle sie als nichtexistent betrachten, kannst du dir vorstellen, wie das sein muss, Dalgren?« fragte ich ihn. Natürlich bekam ich keine Antwort darauf; nur einen seltsamen, abschätzigen Blick.

Ich versuchte daher, mit den anderen beiden zu reden, die dabei waren, als Trine ausgeschlossen wurde, aber es zeigte sich, dass alle drei Ältesten vom *richterlichen Komitee* der Versammlung gleich hart und unversöhnlich waren. Weder Bredesen noch Haglund[5] waren bereit, ihr zu vergeben.

Da alle drei Trine gegenüber voreingenommen waren, empfahl ich, dass sich ein unparteiisches Komitee der Sache annehmen sollte. Das war ein Recht, das sie den eigenen Gesetzen und Regeln der Wachtturmgesellschaft zufolge hatte und ich zeigte Dalgren, Bredesen und Haglund anhand der Literatur der Gesellschaft, dass sie das Recht hatte, ihre Sache von einem

5 die Namen sind erfunden

neutralen Komitee behandelt zu sehen. Obwohl ich ihnen die Rechte zeigte, die sie nach den schriftlichen Regeln der Gesellschaft hatte, nämlich eine neue Behandlung durch eine unparteiische Auswahl zu erwirken, wiesen sie diese Möglichkeit glatt zurück. Die Gesellschaft beschreibt dieses Recht im Buch GIB ACHT AUF DICH SELBST UND AUF DIE GANZE HERDE, ein Buch, das nur den Ältesten der Versammlung zugänglich ist und von dem *gewöhnliche* Zeugen Jehovas oft nicht einmal wissen, dass es existiert. Die meisten Ältesten unterrichten auch ihre Mitglieder gar nicht über ihre *Rechte*, sondern dominieren alles nach eigenem Gutdünken.

Ich fühlte mich verletzt und schrieb einen Brief an den Ältestenrat der Versammlung und an das Hauptbüro der Wachtturmgesellschaft in Norwegen. Es hatte mich schon lange gewundert, warum wir Ausgeschlossene nicht fragen durften, wie es ihm oder ihr ging. Ich fragte deshalb die Leitung, ob nicht das Gleichnis vom verlorenen Sohn für uns heute ein gutes Beispiel sei.

Wenn dieser Brief auch viele verschiedene Beweggründe enthält, so halte ich es dennoch für richtig, ihn hier in Gänze wiederzugeben. Zunächst gibt er einen guten Einblick in meine damaligen Gefühle und ich kann dem Leser versichern, dass viel geschehen muss, bevor ein Zeuge Jehovas es wagt, die Praxis der Gesellschaft zu hinterfragen. Da dieser Brief auch für meinen späteren *Status* in der Versammlung so große Bedeutung hatte, meine ich, dass es billig ist, wenn der Leser dieselbe Möglichkeit wie die Wachtturmgesellschaft erhält, meine ernste *Sünde* zu beurteilen.

An den Ältestenrat der Versammlung Langesund, und an die Wachtturmgesellschaft.

Langesund, am 14. November 1983

Heute, am 14. November 1983, rief mich Schwester XXXX an. Sie fragte, ob ich Zeit hätte, zu ihr nach Hause zu kommen, weil Trine, *ihre Tochter, mich zu sprechen wünschte. Da* Trine *schon einige Jahre lang ausgeschlossen war, nahm ich an, dass die Bitte, mit mir sprechen zu dürfen, wahrscheinlich mit ihrem Status als Ausgeschlossene zu tun hatte. Dies wurde auch in unserem Gespräch bestätigt. Ihre Haltung war demütig. Sie erklärte, wieder Ordnung in ihr Leben bringen und ein reines Leben nach den Geboten der Bibel führen zu wollen.*

Da der Vater von Trines *Tochter nicht die Verantwortung als Ehemann übernehmen wollte, hatte man ihn gebeten, sich von ihr fernzuhalten. Nun war ihr nach einiger Zeit klargeworden, dass sie falsch gehandelt hatte und nur sich selbst und niemandem anderen Vorwürfe machen könne. Sie fühlt sich schwach und wünscht Hilfe von der Versammlung, um in Zukunft ihr Leben bestehen zu können. Darum möchte sie gerne, sobald sie wieder in der Versammlung ist, ein Bibelstudium machen.*

Als ich ihr Ansuchen um ein Zusammentreffen mit dem Ausschuss übergab, war ich sehr enttäuscht über die Haltung, die Bruder S. Dalgren vertrat. Es kann so viele Dinge geben, die sie veranlassen, zurückzukommen. Sehr negative Haltung. Sie muss zuerst Früchte zeigen, die zur Reue passen, meinte er. Das heißt, sie muss zu allen Versammlungen kommen. Bruder S. Dalgren benützte Xxxx Xxxxxx als Beispiel für jemand, der dadurch Reue zeigte, dass er zu den Versammlungen kam. Ist dies nicht ein grobes Missverstehen von Jesu Wort? Wo ist Xxxx Xxxxxx? Nicht mehr bei den Versammlungen zu sehen. Müssen wir ihn da wiederum ausschließen, weil die Teilnahme an den Versammlungen als entscheidendes Kennzeichen für Reue gewertet wird?

Nein, lasst uns die Werke, die zur Reue passen oder die Früchte, die zur Reue passen, näher betrachten. (Apg 26,20. Mt 3,8) Die Frage ist, in welchem Maße oder wie lange der Schuldige Frucht getragen hat, die zur Reue passt!

1. *Lasst mich einige* Werke *oder* Früchte *nennen, wir können auch* Etappen *sagen. Wenn jemand, der sich einer ernsten Sünde schuldig gemacht hat, sich aus eigener Initiative an die Ältesten wendet, zeigt er oder sie (*Trine*) Weisheit und Demut. (Spr 28,13)*

2. *Wenn jemand freiwillig seine Sünde vor den* Ältesten der Versammlung *bekennt, kann das nicht ein Zeichen für den Zustand seines Herzens sein? (Jak 5, 14-15)*

3. *Hat sie nicht die Verbindung mit allem abgebrochen, was zur Unmoral führte? »Ja«, sagt sie. Sie hat Verlangen nach Umgang mit der Versammlung. Das ist* Frucht und Reue *(Spr 13,20; 1 Petr 4, 3-4)*

4. *Hat sie gezeigt, dass sie in ihrem Herzen wünscht, Gott als seine reine Anbeterin zu lobpreisen? Ja, denn sie bittet um eine Begegnung mit den Ältesten. Hat sie sich bemüht, zu den Versammlungen zu kommen? Nein, das hat sie nicht. Warum nicht? Überlege! Nicht alle haben die Nerven, einer schweigenden Schar von Menschen zu begegnen, die einem nicht* zunicken *oder einen grüßen dürfen.*

Lasst mich noch hinzufügen, dass eine einzelne der erwähnten Früchte *kein entscheidendes Zeichen dafür ist, dass ein Sünder bereut. Gleichfalls muss der Besuch von Versammlungen nicht ein Zeichen der Reue sein. Viele besuchen die Versammlungen, ohne dass sie ihre falschen Taten bereuen. Ebenso falsch ist es, anzunehmen, dass einer, der die Versammlungen nicht besucht, nicht bereut.*

Wichtig ist es, die einzelnen Früchte *zu sehen, die offenkundig sind und die man vorzeigen kann. Sie können ein Zeichen von Reue sein. Man kann nicht ein* Werk *hervorheben und die anderen positiven* Werke *übersehen.*

Wir müssen Barmherzigkeit zeigen und den Sündern helfen, die wirklich bereuen. Alle sollten wir uns wünschen, einen Sünder von seinem falschen Weg abzuwenden. (Jak 5, 19-20)

In der Praxis bedeutet das, dass wir Jesus nachfolgen, der im Gleichnis vom verlorenen Sohn wie ein Vater dargestellt wird. Der Vater verstand, dass der Sohn ernsthafte Sünden begangen hatte. War er kühl und ohne Rührung, als der Sohn zurückkam? Auf keinen Fall! Er hatte auf seinen Sohn gewartet. Als er noch weit entfernt war, sah ihn der Vater. Der Vater lief dem Sohn entgegen und umarmte ihn. Er verstand, dass er schon einen hohen Preis bezahlt hatte. Durch sein wildes Leben *hatte der Sohn Verletzungen der Seele erlitten. Er hatte Schmerzen gefühlt, da er* ohne Freunde *war.*

Ja, sollten wir nicht Jehova nachahmen und uns freuen, wenn wir die positiven Anstrengungen von Trine *sehen? Sollten wir ihr nicht entgegenlaufen und ihr zeigen, dass wir froh sind, oder sollten wir ihr die kalte Schulter zeigen und dadurch den Mut nehmen, um Hilfe zu bitten, so dass sie vor* Trauer *umkommt?*

Wie der Sohn *zeigt auch* Trine *Anzeichen, dass sie zu sich kommt. Sollen wir einfach übersehen, dass sie sich über ihren geistigen Zustand klar geworden ist?*

Ich distanziere mich von solch einer unbarmherzigen Haltung. Da es so wenige sind, die den Weg zurück zur Wahrheit finden, frage ich mich, warum? Haben sie Angst vor einer ungnädigen Geisteshaltung? In welchem Maße sind wir selbst daran schuld? Obwohl wir in den vergangenen Jahren eine sublimere Unterweisung bekommen haben, was das komplizierte Verhalten von Menschen wegen Nervenkrankheiten und Psychosen betrifft, so gibt es doch bei den Ältesten schreiende Unwissenheit darüber.

Oft habe ich Angst vor der Macht, welche die Ältesten sich anmaßen können. Hart und unbarmherzig sein ist eine Form von Herrschsucht. Was täte ich selbst, wenn ich mich unglücklicherweise mit der Organisation überwürfe? Hätte ich allen Mut zusammengenommen, meine Reue zu bekennen und träfe ich dann auf die Mentalität, die darauf hinausläuft, den Betreffenden noch ein wenig zappeln *zu lassen, bevor er wieder aufgenommen wird, da man seiner Reue nicht traut, und müsste ich eine Weile auf dieser* Marterbank *liegen, so könnte ich mir leicht vorstellen, lieber auf dieser* Marterbank *zu sterben.*

Ausgeschlossene kommen manchmal zu Versammlungen. Jemand, der ihre Gesichter genau betrachtet, kann leicht den sorgenvollen Ausdruck erkennen. Nach einigen Malen kommen sie nicht mehr. Mutlos? Aufgegeben? Wir dürfen kein Wort zu ihnen sagen. Warum dürfen wir sie nicht zu Hause besuchen und sie fragen, womit wir ihnen helfen können, usw. Das ist für mich unverständlich.

Es ist zu verstehen, dass ein Sünder bestraft werden muss, aber ich verstehe nicht, dass wir nicht schneller Zeichen der Reue verstehen können (oder dürfen). Dann würden wir jedenfalls in einem früheren Stadium die Gewissheit erhalten, ob es sich wirklich um ein Zeichen von Reue handelt oder nicht. Wenn es sich als positiv herausstellt, so wäre der Leidensweg entscheidend kürzer. Ist das Gegenteil der Fall, so würde der Sünder daran erinnert, wie sorgenvoll wir über seine oder ihre Situation denken. Ein solcher Besuch müsste nicht als Umgang mit Ausgeschlossenen *aufgefasst werden. Es könnte z.B. nur ein einmaliger Besuch sein, mit der Absicht, beobachtete Symptome aufzuklären . . .*

Heute rief mich eine verzweifelte Familie an. Ja, Trine *hatte Besuch bekommen, aber die konnten ihr nicht helfen. Die Ältesten meinten, sie müsse alles selbst tun. Zufolge* Trines *Aussage war das Auftreten der Ältesten hart und kalt . . .*

Bisher habe ich die meisten Versammlungsmitglieder mehrere Male besucht, spontane Besuche ohne jeden besonderen Anlass . . . Da ich keinen der Ältesten in Verlegenheit bringen wollte, habe ich es ihnen gegenüber nicht erwähnt in der Hoffnung, dass meine spontanen Besuche auch die anderen Ältesten ermuntern würden. Ich finde ihr Verhalten träge, stumpf und gefühllos. Ihr habt mich als einen in jeder Beziehung zusammenarbeitswilligen Menschen kennengelernt, aber wenn es um Dinge geht, bei denen Menschenleben auf dem Spiel stehen, so sagt mir mein Gewissen, dass es das Klügste ist, mich als Ältester und Versammlungsdiener zurückzuziehen.

Mit Brüdern, die eine solche Haltung zeigen, kann ich nicht zusammenarbeiten. Mein Entschluss steht nicht zur Diskussion, er ist ernst gemeint, denn ich will keine Blutschuld auf mich laden.

Joseph Wilting.

Plötzlich war mir bewusst geworden, was geschah, was eigentlich vor sich ging, welches die Absicht der ganzen Ordnung war. Die Wahrheit schlug in mir wie eine Bombe ein und ich glaubte, mein Kopf würde zerspringen. Das arme Mädchen spielte keine Rolle, niemand kümmerte sich um sie! Die Sache galt nicht ihr, selbst wenn die Ältesten dies glaubten. Ich weiß, dass sie es glaubten, da ich selbst so unversöhnlich gewesen war. Jetzt sah ich erst, was die klamme Hand der Wachtturmgesellschaft eigentlich tat, welch bestialische Entfaltung der Terrorpolitik in Gang gesetzt wurde. Dieses Mädchen wurde benutzt, um die übrige Versammlung abzuschrecken und gefügig zu machen!

Niemand sollte glauben, selbst etwas bestimmen zu können, hier sollte die Macht des *treuen und verständigen Sklaven* manifestiert werden. Kein einziger in der Versammlung sollte darüber im Zweifel sein, was geschehen würde, wenn er sich nicht an die Ordnung hielte.

11.5 Eine kleine Bemerkung zu meinem Brief

Im Nachhinein ist es interessant zu registrieren, dass die Wachtturmgesellschaft die Idee in meinem Brief nicht für so dumm hielt, denn einige Jahre später wurde mein Vorschlag, die Ausgeschlossenen einmal im Jahr zu besuchen, in aller Welt durchgeführt. Offiziell wurde dies im April 1991 eingeführt. Natürlich befolgen nicht alle Versammlungen diesen Rat und ich kenne viele, die niemals wieder etwas von ihrer Versammlung gehört haben, selbst wenn die Zeugen Jehovas in der Zeitung VORWÄRTS in Narvik vom 24. Januar 1992 behaupten, dass die Praxis dem Folge leiste.

Die Ausschließungspraxis wurde mit der Zeit zu einem Mühlstein am Halse der Wachtturmgesellschaft und im Artikel im VORWÄRTS vergleichen sie die Praxis mit der, die von politischen Parteien benützt wird. Interessant ist, dass sie wortwörtlich schreiben: ». . . nämlich Mitglieder ausschließen, die nicht der Ideologie der Partei folgen.«

Dieser Vergleich ist gut, sehr gut. Es war gut, dass sie diesmal nicht ebenfalls logen und behaupteten, jeder Ausschluss geschähe auf biblischer Grundlage. Ausschluss wegen Nichtbefolgung der *Parteiideologie* ist ein glänzender Vergleich. Wo steht z.B. in der Bibel, man solle seine eigenen Kinder und Verwandten als tot betrachten, nichts mit ihnen zu tun haben, Kinder und Großeltern daran hindern, einander zu sehen – nur weil ein Mensch eine Kirche besuchte, dem Festzug am 17. Mai[6] zusah oder einen Geburtstag feierte?

11.6 Die grenzenlose Arroganz der Wachtturmgesellschaft

Die grenzenlose Arroganz der Wachtturmgesellschaft ruft auch bei den Zeugen ein deprimierendes Gefühl der Machtlosigkeit hervor. Als ich 1975 einen sieben Seiten langen Brief an das Hauptbüro der Wachtturmgesellschaft in Enebakk schrieb, ihnen meine Ansichten mitteilte und Fragen stell-

6 Anm. d. Übers.: norwegischer Nationalfeiertag

te, auf die ich gerne Antwort gehabt hätte, bekam ich von ihnen überhaupt keine Antwort. Als ich ein halbes Jahr später dem reisenden Kreisaufseher gegenüber meine Enttäuschung zum Ausdruck brachte und ihn fragte, warum die Gesellschaft nicht geantwortet hatte, sagte er, er habe Bescheid bekommen, mit mir zu sprechen. Einige Monate später besuchte ich eine Bezirksversammlung, auf der ich u.a. Thor Samuelsen, den obersten Leiter der Zeugen Jehovas in Norwegen, traf. Er ging jedoch mehrmals an mir vorbei, ohne mich zu grüßen, mit erhobenem Haupt und geradem Rücken, als hätte er einen Besenstiel verschluckt. Er kannte meinen Brief und ich wünschte mir im stillen, er möge mit mir sprechen und mich vielleicht fragen, wie es mit mir stehe.

Aber Samuelsen ging bewusst an mir vorbei, ohne ein Wort zu sagen und ohne wenigsten zu grüßen. Diese grenzenlos arrogante Haltung zwang mich einzusehen, dass dies nicht das Volk Gottes sein konnte. Dass ich es gewagt hatte, der Wachtturmgesellschaft einen Brief zu schreiben, in dem ich Fragen zur Diskussion stellte und in dem ich meine Zweifel an der Vorgangsweise der Organisation zum Ausdruck brachte, wurde als Aufbegehren gegen *Gottes Kanal* auf Erden aufgefasst. Seitens der Wachtturmgesellschaft galt dies fast als Sünde wider den heiligen Geist. In Samuelsen's Augen war ich inoffiziell schon ausgeschlossen – und da entschied ich mich selbst dafür, aus der Organisation auszutreten!

Für mich gab es keine Zweifel mehr. Der heilige Geist hatte mir das wirkliche Antlitz der Organisation gezeigt.

Ich muss hier erwähnen, dass ich Thor Samuelsen persönlich sehr gut kannte. Im Laufe unserer mehr als dreißigjährigen Bekanntschaft war er mehrmals Gast in unserem Haus gewesen. Einige Male war er mehrere Wochen lang zu Gast. Der Gedanke, immer und ewig mit solch arroganten und selbstgerechten Menschen zusammenzuleben, deprimierte mich. Die Zeugen Jehovas versprachen ein Paradies, aber ich kann mir schwer ein Paradies vorstellen, das von solchen Menschen regiert wird. Den Ältesten der Wachtturmgesellschaft, den Versammlungsdienern und anderen Leitern wird nämlich versprochen, dass sie *Fürsten* in dem neuen Land sein werden und sie führen sich dementsprechend auf, nicht wie Herrscher, die sich um das Volk kümmern, sondern wie Despoten. Das kann ich mit Sicherheit sagen, da mir selbst seinerzeit versprochen wurde, aufgrund meiner leitenden Stellungen in mehreren Versammlungen ein solcher *Fürst* zu werden und ich weiß gut, welche *Regierungspraxis* wir in den verschiedenen *Ältestenräten* und im *richterlichen Ausschuss* betrieben.

›Wenn ich keine andere Alternative habe, so will ich lieber sterben‹, dachte ich. Inzwischen hatte ich mehrere Monate in dem erwähnten psychiatrischen Krankenhaus verbracht und dort eine Reihe Christen getroffen, die mir gezeigt hatten, was christliche Nächstenliebe ist. Nicht mit Worten – sondern in der Praxis.

Viele Mitglieder der Zeugen Jehovas fühlen sich nicht ernstgenommen und wie kleine Kinder behandelt. Diese grenzenlose Arroganz seitens der Gesellschaft ruft bei ihnen ein Gefühl der Verzweiflung hervor. Menschen, die in ihrem Herzen überzeugt sind, eine himmlische Hoffnung zu haben und die es außerdem noch wagen, sich beim Abendmahl mit Brot und Wein zu bedienen, werden zurechtgewiesen. Der Älteste entscheidet für sie, dass das nicht richtig sein kann und es endet mit einer Mahnung, dass die 144.000, die für den Himmel bestimmt sind, schon vollzählig sind. Das Himmelstor wurde vom Präsidenten der Wachtturmgesellschaft, Rutherford, im Jahre 1935 verschlossen.

11.7 Die Arroganz und das Resultat

Alle kennen heutzutage den Namen Jim Jones und Jonestown. Alle erinnern sich an die Fernsehbilder von 900 Männern, Frauen und Kindern, die nach der Tragödie der Sekte *Tempel des Volkes* tot dort lagen. Jedoch lagen hier alle Opfer gleichzeitig sichtbar vor den Fernsehkameras. Die Wachtturmgesellschaft hat noch weitaus mehr Menschen auf dem Gewissen, aber das erreicht selten die Überschriften in den Zeitungen und die Fernsehgesellschaften. Das sind Einzelschicksale. Kinder müssen sterben, weil ihre Eltern ihnen Bluttransfusionen, Medizin, Transplantationen, Impfstoffe oder sonstiges verweigern, was der *treue und verständige Sklave* in Brooklyn gerade für richtig hält. So betrachtet war Jim Jones in diesem Zusammenhang der reinste Neuling. Tausende Zeugen Jehovas, nicht zu sprechen von den unschuldigen Kindern, mussten im Laufe der Jahre die Politik der Wachtturmgesellschaft, die Medizin betreffend, mit ihrem Leben bezahlen. Die Wachtturmgesellschaft verbot allen Zeugen Jehovas, geimpft zu werden oder Transplantationen zu erhalten. In letzter Zeit drehte es sich hauptsächlich um die Frage der Bluttransfusion. Aber es gibt noch eine andere düstere Seite dieser Politik: Selbstmord. Auch wenn die Gesellschaft in Norwegen leugnet, solche Fälle zu kennen, so weiß ich persönlich von über dreißig Fällen!

11.8 Die Arroganz kennt keine Grenzen

Selbsterlebte Geschichten zeigen, dass viele Älteste und andere Leiter in den Versammlungen der Zeugen Jehovas die grenzenlos arrogante, verurteilende und selbstgerechte Haltung Brooklyns übernehmen.

Ein christlicher Freund von mir, Hans Henrik Zimmermann, bekam zu Ende der achtziger Jahre eine Einladung von einem Herrn Olsen, welcher Ältester in der Versammlung Skien war, ein Treffen in der Stadt zu besuchen. Zimmermann nahm die Einladung an und hörte sich viele Reden an. Nach dem Tag des Treffens fragte ihn Olsen, was er von dem Treffen halte. Mein Freund meinte, er hätte bei dem Treffen sehr viele *ordentliche Jugendliche* gesehen, und kritisierte weder das Treffen noch die Teilnehmer in irgend einer Form. Umso größer war seine Überraschung, als Olsen sagte, es sei ein sehr turbulentes Treffen gewesen, bei dem etliche Erwachsene und Kinder sich nicht gut genug konzentriert hätten. Während er mit großer Geste dramatisch auf die Menschen im Saal zeigte, sagte er: »Wahrscheinlich wird etwa ein Drittel all dieser Menschen Harmagedon nicht überleben.«

Die Teilnehmer des Treffens waren offensichtlich nach Olsens Geschmack nicht genügend diszipliniert und er kannte offenbar bereits Gottes Gedanken und wusste, wie *Er* urteilen würde. Nicht alle hatten ruhig gesessen und einige, sowohl Erwachsene als auch Kinder, hatten vielleicht ihren Sitzplatz verlassen und waren aus- und eingegangen, denn oft kann es eine harte Prüfung sein, stundenlangen Reden zuzuhören. Es kam ihm überhaupt nicht in den Sinn, dass es kleinen Kindern vielleicht schwerfallen würde, stundenlang mäuschenstille zu sitzen. *Untheokratisches* Benehmen wird nicht geduldet, und Alter ist keine Entschuldigung für solche Menschen.

11.9 Zusammenbruch

Nach 1975 begann es sich an allen Fronten aufzulösen. Dieses Jahr bewies, dass die Wachtturmgesellschaft wieder einmal falsch prophezeit hatte. Dies führte selbstverständlich zu großen Problemen, da wir zugunsten der *Wahrheit* alles darauf gesetzt und alle persönlichen Bedürfnisse hintangestellt hatten. Seit den vierziger Jahren hatte *der treue und verständige Sklave* mich mit Versprechungen darüber gefüttert, das Reich Gottes sei gleich um die Ecke.

Ich versuchte mich damit zu trösten, dass die unmenschlichen Anstrengungen und Entsagungen vorübergehend waren und dass nach dem Harmagedon mich Belohnung und Muße erwarteten. Gleichzeitig beschäftigte mich ein immer größer werdendes Problem. Wie sehr ich es auch zur Seite zu schieben versuchte, es wurde immer stärker und stärker. Wenn ich sah, wie sehr meine Frau und meine Kinder darunter leiden mussten, dass ihr Mann und Vater von den vielen Verpflichtungen der Organisation gegenüber völlig in Anspruch genommen wurde, so tat mir dies unbeschreiblich weh in meinem Herzen. Es geschah oft, dass eine gewaltige Aggression in meinem Inneren hochstieg und ich zu Jehova schreien und fragen wollte, ob dies der Sinn des Lebens war, zu verschleißen, zuerst bei der Arbeit und dann fast ebenso viele Stunden bei allen möglichen Treffen, Vorbereitungen zu Treffen und Verkündigungen von Haus zu Haus.

Aber die Aggression wurde von der Angst vor Harmagedon vollständig absorbiert. Jedesmal wenn ich die Aggression in mir wachsen fühlte, kam die Angst gleichzeitig das Rückgrat hochgekrochen und brachte mich sehr schnell zur *Vernunft*. Ich hatte gelernt, *Gottes Kanal für die Botschaft auf Erden*, dem *treuen und verständigen Sklaven* in Brooklyn, nicht zu widersprechen. Dann würde es mir ergehen wie Datan, Abiram und Korach im alten Israel, die von Jehova getötet wurden, weil sie Moses kritisiert hatten. Einige wurden vom Feuer getötet, andere verschwanden im Erdinneren.

Wer die Organisation kritisierte, riskierte die gleiche Strafe, zuerst Ausschluss und später Vernichtung in Harmagedon. Denn die *Leitende Körperschaft* in Brooklyn war, wie Moses, von Gott ernannt. So wurden die Gefühle der Aggression übermannt von furchtbarer Angst vor dem Ausschluss und dem Tod in Harmagedon. Das Ergebnis war dann oft, dass sich die Aggression nach innen richtete, mein Selbstbewusstsein zerstörte und ich in eine tiefe Depression verfiel. Ich erlebte dies als einen endlosen Kampf zwischen meinen Gefühlen und meinem Intellekt. Während ich selbst sehen konnte, *dass das Gras grün war*, um einen bildlichen Ausdruck zu verwenden, verlangte die Wachtturmgesellschaft, ich solle glauben und lehren, das gleiche Gras sei rot.

In der Literatur erhob Brooklyn stets einen drohenden Zeigefinger gegen mich und sagte: »Sei demütig, du bist es, der nichts taugt!« »Du bist es, der sich irrt!« Die verächtliche Haltung der Wachtturmgesellschaft gegenüber ihren Mitgliedern kam deutlich zum Ausdruck, nachdem die Prophezeiung, dass das Ende 1975 kommen sollte, fehlgeschlagen und sich als falsch erwiesen hatte.

Die stolze Haltung, welche die Organisation an den Tag legte und ihre Verhaltensweise verursachten, dass viele Zeugen Jehovas sehr frustriert wurden und viele die Organisation verließen. Die Wachtturmgesellschaft wollte ihre Fehler nicht eingestehen. Es wurde mir schwarz vor den Augen, da ich viele leitende Personen kannte, die anderen verkündet hatten, dass 1975 das Ende der alten Welt gekommen sei. Nun war ich Zeuge, wie dieselben leitenden Personen andere zurechtwiesen, die in gutem Glauben das verkündet hatten, was in den Büchern und Blättern des Wachtturms gestanden hatte. Diese armen Kerle hatten ebenso wie ich nur das wiedergegeben, was sie gelernt hatten. Ich verlor nicht nur den Glauben an den *Großen Bruder* in Brooklyn, sondern auch an einige hundert Älteste und andere Leiter in der Organisation. Ein reisender Kreisaufseher war so sicher, dass das Ende 1975 kommen würde, dass er versprach, seinen Hut zu verspeisen, sollte es nicht eintreten, aber nachher wies er die gewöhnlichen Verkündiger zurecht, die an die Prophezeiungen des Wachtturms geglaubt hatten. Ich hoffe, der Hut schmeckte ihm – falls der Ausspruch nicht ein Teil der *theokratischen Kriegsführung* war).

Ein anderer reisender Kreisaufseher wollte die Bibel wegwerfen, wenn Harmagedon nicht 1975 käme. Da er seitdem sicher weiterhin eine Bibel benötigt, hoffe ich, dass die Wachtturmgesellschaft ihm eine neue spendiert hat.

Ich wurde von Abscheu vor dem heuchlerischen Benehmen der meisten leitenden Personen in der Organisation erfüllt. Sie veränderten ihre Farbe wie ein Chamäleon auf einem Baum. Sie richteten sich danach, wie der Wind des *treuen und verständigen Sklaven* in Brooklyn blies. Sie waren feige und wagten nicht, ihre echten Gefühle zu zeigen. Sie versteckten sich hinter den verschiedenen Klischees der Wachtturmgesellschaft, wie: »Warte auf Jehova« und »Wenn auch 1975 falsch war, so hatte Jehova damit sicher eine Absicht.«

Die einfachen Zeugen Jehovas sind normale, ehrliche und aufrichtige Menschen und wenn sie auf Jesus als das Fundament bauen, wird Gott, der ihre Herzen und Motive sehen kann, vielleicht Gerechtigkeit durch Barmherzigkeit mäßigen. Was sie hervorgebracht haben – falsche Lehren was mit Heu und Stroh verglichen werden kann – wird im Feuer verbrannt werden, gemäß dem Wort des Paulus in 1 Kor 3, 9–15. Aber wir dürfen auch die Worte Jesu bei Matth 15,14 nicht vergessen: *Wenn ein Blinder einen Blinden führt, dann fallen beide in die Grube*. Gemäß diesen Worten sind alle Zeugen Jehovas in ernster Gefahr.

Die gewöhnlichen Zeugen Jehovas sind normalerweise aufrichtige und ehrliche Menschen und ich glaube auch nicht, dass sie verloren sind, wenn sie auf Jesus als Grundstein bauen. Aber ihr Werk – falsche Lehrsätze –, das man mit Stroh vergleichen kann, wird im Feuer verbrannt werden, zufolge dem Wort des Paulus in 1 Kor 3, 9-15.

Dagegen bin ich nicht so sicher, was die leitenden Ältesten und die Organisationsleitung der Zeugen Jehovas betrifft. Ebenso wie ich und viele andere Älteste sind sie in einer Position, in der sie die Falschheit der Organisation durchschauen müssten. Sie sollten eigentlich dazu in der Lage sein, da sie weitaus besser als die gewöhnlichen Versammlungsmitglieder wissen, was vor sich geht.

Aber was tun sie mit all den entlarvenden Informationen, die sie besitzen? Sie ziehen es vor, den Kopf in den Sand zu stecken, um nicht vielleicht ihre Familie und ihre Freunde zu verlieren. Mit dieser Entscheidung stellen sie sich wissent- und willentlich auf die Seite dessen, der ein anderes Evangelium verkündet und der *die Sinne des Ungläubigen verblendet, so dass sie das Licht nicht sehen, das aus dem Evangelium über Christi Herrlichkeit strahlt.* Sie entscheiden sich mit offenen Augen, ein menschliches Werk in Brooklyn anzubeten und zu verherrlichen, das sich göttliche Macht und Ehre angemaßt hat und das behauptet, *Gottes Sprachrohr* auf Erden zu sein, statt das biblische Evangelium zu verkünden, von dem 1 Kor 15, 1-5 spricht und das heute ebenso aktuell ist wie zur Zeit Jesu und des Paulus. Mit der Verherrlichung eines menschlichen Organs in Brooklyn haben sie Jesus Christus als Herrn verworfen (2 Kor 4, 4-5).

11.10 Ein pervertiertes Gefühlsleben und eine pervertierte Persönlichkeit.

Ich bin so froh, dass ich nicht mehr ein menschliches Werkzeug wie die Wachtturm-Organisation verherrlichen muss. Diejenigen, welche mit Verzweiflung, Depression, Enttäuschung und aufrichtigem Leid reagierten, reagierten eigentlich normal. Deshalb ist es nicht so verwunderlich, dass viele Hunderttausend die Organisation verließen. – Sie haben richtig gelesen!

Sie waren nicht wortblind, sondern verstanden das, was geschrieben war – eine klare Prophezeiung, dass 1975 das Ende kommen sollte. Wie würde z.B. der Leser die folgende Aussage aus dem Monatsblatt der Wachtturmgesellschaft, *Königreichsdienst*, vom Mai 1974 deuten?

> *Es gibt etwas, das unsere Herzen wärmt, nicht wahr? Wir haben gehört, dass Brüder ihr Haus und andere Besitztümer verkaufen und planen, den Rest ihrer Tage in der alten Ordnung im Pionierdienst zu verbringen. Es ist wirklich vernünftig, die für diese böse Welt noch verbleibende kurze Zeit auf diese Weise zu verwenden.*
>
> KÖNIGREICHSDIENST

Bin es ich, der verrückt, wortblind und übereifrig war, oder *deutet* die Wachtturmgesellschaft an, dass das Ende nahe ist? Der Leser muss auch bedenken, dass diese Aussage nur eine von vielen gleichartigen ist und dass das Jahr 1975 darüber verging.

Ein mir bekannter Zeuge verkaufte z.B. seine blühende Trikotfabrik, ein anderer Zeuge seinen großen Campingplatz mit Übernachtungshütten. Beide gehören noch zur Organisation und glauben möglicherweise noch immer an den Wahnsinn des falschen Propheten von Brooklyn. Nach 1975 waren sie völlig verarmt und desillusioniert. Die jahrzehntelange Arbeit beim Aufbau dieser Betriebe ging verloren und ich möchte ihre schwierige Lage nicht noch verschlimmern, indem ich ihre Identität preisgebe. Sie selbst sind unschuldig und sind nur Beispiele für Millionen von Opfern der Demagogen der Wachtturmgesellschaft.

Nein, diese Hunderttausende, welche die Organisation verließen, waren weder wortblind noch böse, aber weil sie etwas von Textanalyse gelernt hatten, begriffen sie schnell, dass die Wachtturmgesellschaft log, wenn sie im Nachhinein leugnete, je etwas vom Weltende 1975 gesagt zu haben. Diese Art Kenntnisse sind sehr von Nutzen, wenn man Versicherungspolicen und den WACHTTURM liest.

Ein Gefühl der Abscheu übermannte mich. Gleichzeitig sah ich die frustrierten Gesichter derer, die so stark gehofft hatten und die nun zurechtgewiesen wurden. Ich empfand Solidarität mit denen, die naiv an die Weltuntergangsverkündigung geglaubt hatten. Ich war in der Tat selbst einer von ihnen.

Die Glanzbilder von lächelnden und glücklichen Menschen, die ich ständig in allen Büchern und Blättern des Wachtturmes sah, stimmen nicht mit der Wirklichkeit überein. Hinter vielen lächelnden Fassaden der Zeugen Jehovas versteckt sich ein Pokergesicht. Je länger man der Organisation angehört, desto härter wird die Haltung und der Gesichtsausdruck. Je höher die Position ist, die man in der Hierarchie des Wachtturms erreicht hat, desto kälter, härter und unverträglicher wird die Persönlichkeit dieses Individuums. Je höher die Position ist, desto intensiver ist der Einfluss des Geistes und der Macht, die eigentlich hinter dieser Organisation stehen, die sich selbst einen Propheten nennt.

Damals, als ich selbst von Wachtturmidealen besessen war, deutete ich meine Identitätsveränderung als Eifer für Jehova und die *Wahrheit*. Mein standhaftes und unbarmherziges Auftreten dem gegenüber, der die Regeln und Gebote der Organisation brach, wurde von der Leitung gelobt und ein Verkündiger in Mjøndal sagte: »Joseph ist theokratisch bis in die Fingerspitzen.«

Nun schäme ich mich über diese Art von Eifer und über die *Komplimente.* Ich gehörte mit zu der Kategorie, die Paulus in Röm 10, 2 erwähnt, nämlich: *Sie eifern für Gottes Sache, aber ohne Verstand.*

Eine Reihe besonnener Menschen, die ich seit ihrem Eintritt in die Organisation beobachtete, sah ich in zunehmend deformierte Persönlichkeiten sich verwandeln. Nach einiger Zeit nahmen sie die harte, unbeugsame Identität der Organisation an. Lassen Sie mich einige Beispiele nennen, die ich persönlich kenne.[7]

Kari, 18 Jahre alt, wurde ausgeschlossen, weil sie nicht aufhören konnte zu rauchen. Sie wohnt allein auf einem Zimmer und hat auf Grund des psychischen Drucks, den ein Ausschluss mit sich bringt, Nervenprobleme bekommen. Sie ist krank gemeldet. Die Familie will nicht mehr mit ihr reden und jeder Kontakt ist abgebrochen. Kari sehnt sich sehr nach ihrer jüngsten Schwester, 6 Jahre alt. Sie ruft ihren Vater an, der Ältester ist und bittet, ihre kleine Schwester sehen zu dürfen. Die Antwort ist ein kaltes, bestimmtes Nein. Der Vater verhält sich so, weil er in eine nicht wieder zu erkennende Persönlichkeit verwandelt wurde. Der gefühllose, unbarmherzige und steinharte Geist des Wachtturms hat von den Eltern Besitz ergriffen und die natürlichen Gefühle gegenüber ihrem eigenen Fleisch und Blut ausgelöscht.

Bjarne, 30 Jahre, ist als Zeuge Jehovas aufgewachsen, jedoch ausgeschlossen worden, weil er die Lehrmeinungen der Zeugen Jehovas nicht akzeptieren kann. Bjarne war im Laufe der letzten 8 Jahre zehnmal in einem psychiatrischen Krankenhaus. Diese Aufenthalte währten von einigen Wochen bis zu vielen Monaten hintereinander (1991). Er hat oft Selbstmordgedanken. Wenn er die Eltern in der Stadt trifft, grüßen sie nicht, er ist für sie Luft. Gelegentlich meinte der Vater, er könnte seinen Sohn anrufen und ihm etwas Ermunterndes vorlesen, das er gelesen hatte. Er teilte Bjarne mit, »es hätte im Wachtturm gestanden, dass die, welche noch vor Harmagedon Selbstmord begingen, wahrscheinlich in der neuen Welt auferstehen würden«. Das Entweder-Oder-Denken des Wachtturms verursacht solch krankhafte Bemerkungen. Während Bjarne im psychiatrischen Krankenhaus lag, sandte er gelegentlich ein Geschenk an die Eltern. Das Geschenk kam zurück, denn er war aus der Organisation ausgeschlossen worden.

Könnten Sie als Vater oder Mutter ein Geschenk Ihres Kindes, das sich in tiefer Depression befindet und mit Selbstmordgedanken spielt, zurücksenden?

Könnten Sie als Vater oder Mutter Ihrem Kinde eine *aufmunternde* Infor-

7 die Namen sind verändert.

mation darüber geben, dass es, wenn es Selbstmord begeht, dennoch eine Möglichkeit der Auferstehung hätte?

Was für eine *angenehme Information* ist das?

Anne, 23 Jahre alt, ist als Zeugin Jehovas aufgewachsen. Sie las in der Bibel, dass alle, die sich zu Jesus bekennen, Gottes Kinder seien und in den Himmel kommen würden. Die Ältesten erfuhren davon, besuchten sie und erzählten ihr, dass sie sich unmöglich Hoffnung auf den Himmel machen konnte, weil die Anzahl derer, die in den Himmel kommen sollten, schon vollständig sei. Sie bekam einen Verweis für ihre *selbsterworbene* Auffassung. Anne wurde so verwirrt, dass sie sich einige Tage nach diesem Besuch der Ältesten das Leben nahm.

Wie reagierten die Eltern? Die sagten: »Sie hätte auf die Ältesten hören sollen. Dann wäre sie noch am Leben«.

Ich kenne alle drei Fälle persönlich und könnte noch viele weitere nennen, die ebenso erschütternd sind.

»Unglaublich«, sagen Sie, »Quatsch! Das kann nicht wahr sein!« Ich bin ganz mit Ihnen einig, dass man dies nicht als normal ansehen kann. Wenn Sie aber Ihr Leben in den Dienst einer autoritären religiösen oder politischen Organisation stellen, wird ihr Leben so verwandelt, dass Sie die dunklen Kräfte widerspiegeln, die hinter dieser Organisation stehen.

Wenn jemand Mitglied einer Gemeinde Gottes wird und neu geboren wird, geschieht eine Metamorphose, welche die Person so verwandelt, dass er oder sie Gott oder Jesus ähnlich wird. Harte Gesichter und Herzen schmelzen und strahlen mehr und mehr von Jesus aus, je näher sie ihm kommen.

Was mich am meisten bei alledem schockierte, was ich selbst erlebte und bei anderen Episoden, die ich dokumentieren kann, war die eiskalte Art, mit der viele Zeugen Jehovas auf solche Ereignisse reagierten. Da gab es nur ein Schulterzucken und Aussagen wie, er sei ja ein *weltlicher Mensch* gewesen. Außerdem war er ein *Gegner* der Wahrheit und solche Menschen zählen für Zeugen Jehovas überhaupt nicht.

11.11 Was war mit meinem Gefühlsleben los, weil ich anders reagierte?

In mir entstand ein ernster Konflikt, was die Haltung der Zeugen Jehovas zum Töten betraf. Ich hatte schon als Zwölfjähriger den Beschluss gefasst, niemals an einer militärischen Auseinandersetzung teilzunehmen oder Menschen zu töten. Aber im Laufe vieler Jahre bei den Zeugen Jehowas hatte ich erlebt, dass ein Teil meiner Bekannten sich das Leben nahm. Viele konnten die unmenschliche Belastung der Verkündigungsarbeit und andere Bürden, welche die Wachtturmgesellschaft ihnen auferlegte, nicht ertragen. Sie schafften es nicht, die hohen Anforderungen, die von ihnen verlangt wurden, zu erfüllen. Viele hatten Angst, in einer Periode zu sterben, in der sie nicht so erfolgreich waren, dass sie dann, den Leitern der Wachtturmgesellschaft zufolge, nicht im Reiche Gottes auferstehen würden. Ich war der Meinung, es war Heuchelei, den Militärdienst zu verweigern und gleichzeitig eine so schwere Verantwortung aufzuerlegen, dass dies zu Neurosen, Psychosen, Nervenzusammenbrüchen und in einigen Fällen zu Selbstmord führte.

Als ich entdeckte, dass die Organisation uns gegenüber nicht demütig und ehrlich war, unter anderem in Verbindung mit der Blamage von 1975, begann ich die Literatur mit anderen Augen zu studieren. Ich bekam tieferen Einblick in die Haltung und Doppelmoral der Wachtturmgesellschaft. Die Leitung gibt vor, Gottes Organisation habe einen hohen moralischen Standard. Nachdem ich als Ältester und Diener der Versammlung immer mit denen konfrontiert wurde, die unmoralische Handlungen begangen und gegen die Organisation gesündigt hatten, wurde mir völlig klar, dass wir keinesfalls besser waren als die Gesellschaft rund um uns. Bei mir passte das nicht mehr zusammen.

Was den Alkoholverbrauch betraf, so habe ich viele Ausschweifungen erlebt, und besonders unter den Ältesten und den reisenden Aufsehern gab es oft Trinkgelage, was gelegentlich zu Unmoral führte. Einer der Gründe, warum Zeugen Jehovas so viel trinken, ist meiner Meinung nach, dass sie unter ständigem Druck leben und unglücklich sind. Es fehlt ihnen die innere Freude, die ein Kind Gottes erfährt, wenn es sein Leben dem Herrn übergibt.

Ich hatte und habe besonders mit Kindern Mitleid, die bei den Zeugen Jehovas aufwachsen. Die Kinder werden durch die Literatur immer dazu ermuntert, gute Schüler zu sein, um später gute Verkündiger und Pioniere zu werden. Aber in der Praxis hatte ihnen die Wachtturmgesellschaft durch Besuch der Zusammenkünfte, Felddienst usw. so große Bürden und Verantwortung auferlegt, dass sie fast keine Zeit hatten, ihre Aufgaben zu machen. Deshalb konnten nur wenige Kinder in der Schule mithalten. Durch die Literatur erfuhren die Eltern, dass es unklug wäre, vierjährige Kinder in die Vorschule zu schicken. Man solle die Kinder dem Einfluss *weltlicher* Lehrer nicht mehr als unbedingt notwendig aussetzen, wie es durch die obligatorische Schulpflicht geboten wäre. Für jene Zeugen Jehovas, die Kinder im Alter von vier bis fünf Jahren hatten, war das eine zusätzliche Belastung.

Später lockerte die Leitung diese Regeln etwas und sagte, es sei Gewissenssache.

Die Ansicht der Wachtturmgesellschaft bezüglich höherer oder akademischer Ausbildung ist ebenso negativ wie früher, was bewirkt, dass die Organisation niemals viele Mitglieder mit höherer Ausbildung aufweisen kann und noch weniger kann sie die *retten*, die schon eine solche Ausbildung haben.[8]

Auf die gleiche Weise werden die Erwachsenen ermuntert, fleißig und zuverlässig ihre Arbeit auszuführen. Aber ein Mensch, der sich über 20 Stunden wöchentlich für die Organisation abrackert, schafft es nicht lange, ein solches Tempo durchzuhalten. Deshalb sind sie sehr oft krankgemeldet. Einige wurden sehr jung krankheitshalber pensioniert. Die meisten Wiedereingliederungsversuche waren erfolglos, weil der Antrieb, in einer *zum Tode verurteilten Welt* etwas Positives zu tun, wegen der dauernden Untergrabung der zivilen Gesellschaft durch den Wachtturm fehlte. Da die Zeugen Jehovas immer kurz vor Harmagedon stehen, ist es selbstverständlich eine Versuchung, sich für Erwerbsunfähigkeit zu entscheiden, weil es da leichter ist, die großen Anforderungen der Organisation zu erfüllen.

11.12 Problematische Ehen

Viele Ehepaare bei den Zeugen Jehovas haben große Probleme. Zu einem Großteil ist die Gesellschaft für diese Probleme verantwortlich und besonders viele Probleme gab es in Ehen, wo beide Partner als Zeugen Jehovas aufgewachsen waren oder beide sich der Organisation in jungen Jahren angeschlossen hatten.

Ich meine, es gibt mehrere Faktoren, die für die Ehen bei den Zeugen Jehovas Probleme schaffen. Zum ersten sind die dauernden Weltuntergangsspekulationen sehr unheilvoll. Harmagedon ist immer gleich um die Ecke. Die Zeugen Jehovas legen besonders großen Wert auf ein moralisch reines Leben vor der Ehe und verurteilen vorehelichen Geschlechtsverkehr, eine Sünde, die oft mit dem Ausschluss bestraft wird. Ausschluss bedeutet den sicheren Tod in Harmagedon, wenn es dem Sünder nicht gelingt, vorher wieder in die Versammlung aufgenommen zu werden. Aus Angst, sich der Unmoral schuldig zu machen, heiraten viele allzu früh und es entgeht ihnen daher die Möglichkeit, einander in der Verlobungszeit besser

8 Wie eingangs erwähnt, wird den Zeugen Jehovas nun höhere Schulbildung gestattet. Da aber ihre Botschaft von Harmagedon und ihre Sicht der Welt gleich fatalistisch sind, nehmen wenige von ihnen die neue *Freiheit* in Anspruch.

kennenzulernen, was aber unbedingt notwendig wäre, um eine endgültige Entscheidung für die Ehe treffen zu können. Eine Ehe zweier Menschen, die einander kaum kennen, muss notwendigerweise Probleme hervorrufen.

Später erweist es sich, dass die Persönlichkeiten nicht zueinander passen, während jeder für sich auf seine Weise in Ordnung ist. Scheidung, außer wegen Ehebruchs, ist bei den Zeugen Jehovas nicht zugelassen und kann zum Ausschluss führen. Für viele hat dies bedeutet, eine tragisch schlechte Ehe aufrecht zu erhalten und es gibt Fälle, wo dies zu Selbstmord führte, da der Betreffende keinen anderen Ausweg aus dem Dilemma sah.

Eine Trennung zu wählen, bedeutet für den Betreffenden, von Zeugen umgeben zu sein, die ihm oder sie fortwährend vorwurfsvoll anblicken und man muss schon ein sehr starkes Rückgrat haben, um eine solch herabwürdigende Behandlung seitens der Versammlung ertragen zu können.

Manchen missfielen eine Reihe Eigenschaften ihrer zukünftigen Partner, aber weil Harmagedon kurz bevorstand, einige Monate oder Jahre, meinten sie, diese *Mängel* noch für eine Weile übersehen zu können. Nach Harmagedon würde der Partner ohnehin vollkommen sein und alle Sorgen und jeder Kummer würde verschwinden.

Ein anderer wichtiger Faktor ist die begrenzte Auswahl von in Frage kommenden Partnern. Da es einem Zeugen Jehovas nicht erlaubt ist, einen Partner außerhalb der Organisation zu heiraten, ergibt es sich von selbst, dass die Anzahl der Heiratskandidaten begrenzt ist. Das trägt dazu bei, dass die Wahl auf jemanden fällt, der in der *Wahrheit* ist, während man vielleicht in jemand verliebt war, der kein Zeuge Jehovas war. Die Vorteile, vom Standpunkt der Wachtturmgesellschaft aus gesehen, wiegen die Nachteile voll auf. Indem dafür gesorgt wird, dass kein Zeuge einen Nicht-Zeugen heiratet, erreichen sie, dass sie den Zugriff auf die Personen beibehalten. Unerwünschter Einfluss, der ihre Machtposition schwächen kann, wiegt weit schwerer als das Glück des einzelnen Individuums.

Wenn jedoch einer aus der Versammlung einen Nicht-Zeugen heiratet, wird auf den Betreffenden ständig eingewirkt und er ermuntert, ebenfalls Zeuge zu werden. Das führt zu dauernden Auseinandersetzungen und unzähligen Scheidungen.

Die Struktur des Wachtturms und das autoritäre System bringen oft Personen mit geringem Selbstbewusstsein hervor. Alles Denken wird dem *Großen Bruder* in Brooklyn überlassen. Wenn es in einer Ehe, wo beide Eltern ein schwaches Selbstbewusstsein haben, auch noch mehrere Kinder gibt, so würde es vielleicht dennoch gut gehen, wenn sich die beiden nur um die Kinder kümmern müssten. Aber bei den Zeugen Jehovas müssen sie sich auch noch für die Organisation abarbeiten, während sie eigentlich mit sich selbst genug zu tun hätten.

Die Ehepaare, die verheiratet waren, bevor sie Zeugen Jehovas wurden, haben es oft besser, da ihre Ehe nicht unter den hier erwähnten Faktoren geschlossen wurde. Mental betrachtet sind Personen, die im erwachsenen Alter Zeugen Jehovas wurden, viel gefestigter, da sie oft eine fertige Ausbildung und eine normale Kindheit und Jugend hatten, was bei den meisten Zeugen Jehovas nicht zutrifft. Solche Menschen haben oft einen höheren Status in der Gesellschaft, da sie nicht unter der Tabueinstellung der Wachtturmgesellschaft gegenüber höherer Ausbildung gelitten haben.

11.13 Keiner soll freigelassen werden

Wie Paulus kann ich nicht darüber schweigen, was ich gesehen und gehört habe. Die Wachtturmgesellschaft hat tatsächlich Briefe an die Krankenhäuser verschickt und um Zusammenarbeit gebeten, wenn ein Zeuge Jehovas aus dem einen oder anderen Grund eingewiesen wird. Die Ansicht der Wachtturmgesellschaft darüber ist nämlich kristallklar.

Im Artikel A Time to Speak—When? schreibt die Wachtturmgesellschaft, dass ein Zeuge Jehovas, der entdeckt, dass ein anderer Zeuge in etwas verwickelt war, was die Sekte als Sünde betrachtet, die Pflicht hat, Gott zu lieben und den Versammlungsältesten davon zu berichten. Falls die Information aus konfidenten Quellen stammt, ist das ohne Bedeutung. Gottes Gesetz steht höher als das der Menschen.

Der Artikel erwähnt eine hypothetische Situation, wo *Mary* als Krankenschwester in einem Krankenhaus arbeitet. Während der Arbeit mit Krankenberichten stößt sie auf Informationen, dass eine andere Zeugin Jehovas einen Abort vorgenommen hat. Das ist eine Situation, welche die Wachtturmgesellschaft als Beispiel dafür anführt, dass diese den Versammlungsältesten mitgeteilt werden müsse.

Es steht dort weiter, *auch wenn dies dazu führen kann, dass sie gekündigt wird, angeklagt wird oder dass der Arbeitgeber in rechtliche Probleme gerät,* sie dennoch Gott gegenüber verpflichtet sei, solche Informationen an die Wachtturmgesellschaft weiterzugeben.[9]

Ich selbst anerkenne jedoch das staatliche (norwegische) Gesetz in diesem Bereich und stelle nur fest, dass, wenn ein Krankenhaus eine solche *Zusammenarbeit* mit der Wachtturmgesellschaft zulassen sollte, das Ergebnis wäre, dass nicht einmal psychiatrische Patienten, Leute, die wegen des

9 Die Information darüber standen in Watchtower (Wachtturm) 1/9 1987. S. 12

Wachtturmsystems eingeliefert wurden, vor ihren Verfolgern sicher wären. Nicht einmal im Krankenhaus!

11.14 Die Lebenslust schwindet

Die einzigen Menschen, mit denen ich zusammenkam, gehörten zur Wachtturmorganisation. Die *draußen* waren ja allesamt *schlechter Umgang*. Das Merkwürdige war nur, dass die Leiter der Organisation, mit denen ich am meisten zu tun hatte und von denen ich das meiste Verständnis erwartete, mir auch den größten Ärger bereiteten. Ich hatte keine Freunde in der *Welt*, aber in der Organisation fühlte ich mich völlig verlassen. Ihre Körpersprache und ihre Haltung mir gegenüber sagten mir unzweideutig, was sie dachten, glaubten und meinten.

Nachdem ich meine *kontroversen* Ideen zum Ausdruck gebracht hatte, betrachteten mich auch ein halbes Hundert Verwandte als einen *seltsamen* Vogel. Ich war an das Ende des Weges gekommen. Entweder war die Organisation falsch oder ich taugte nichts. Ich fragte mich selbst: ›Warum legst du dich immer mit der Leitung der Organisation an, Joseph? Warum sagen die anderen nichts?‹

Immer wieder versuchte ich aufrichtig, mich zu unterwerfen, aber wenn ich sah, wie ungerecht Menschen behandelt wurden, kam mein Inneres in Aufruhr. Ich schaffte es nicht länger, als dauernder Heuchler zu leben. Ich vermochte nicht mehr, tagein tagaus das gerade Gegenteil von dem zu sagen, was ich fühlte und meinte. Ich konnte nicht mehr mit Leib und Seele für etwas eintreten, das ich nicht länger als wahr empfand. Es widerstrebte mir, am Rednerpult zu stehen und die vielen: *Du musst! Du sollst!* der Wachtturmgesellschaft aufzuzählen. Ich schaffte es nicht mehr, von Haus zu Haus zu gehen und den Leuten zu erzählen, dass wir es in der Organisation so gut hätten, dass wir in einem *geistigen Paradies* lebten, während es in Wirklichkeit ein todbringendes System, eine geistige Hölle war.

Meine Unfreiheit, die Knebelung meines Geistes und die Verleugnung meines eigenen Ichs hatten mich zu einem physischen und geistigen Wrack gemacht. Das Psychische beeinträchtigte das Physische und die langen Arbeitswochen von 50 bis 60 Stunden – meine Berufsarbeit mit eingerechnet, viel Stress und wenig Schlaf – machten die Situation nicht besser. Wenn ich um Hilfe schrie, ein vernünftiges Gespräch oder etwas Mitgefühl erwartete, war immer mit mir etwas nicht in Ordnung. Als Lösung und Rat bekam ich immer zu hören, *noch eifriger im Dienst für Jehova zu werden* und *noch härter für die Verkündigung zu arbeiten.* Das Rezept für *Glück* war also mehr Stress, mehr Arbeit und noch weniger Schlaf!

Aber solche Ratschläge lösten keine Probleme. Ich kannte die Ansicht der Wachtturmgesellschaft über Psychologen und Psychiater, daher konnte ich auch dort keine Hilfe suchen. Jetzt stand ich da. Ich wusste, dass ich als Mensch selbst imstande war, mein Handeln zu bestimmen, aber bei anderen Hilfe zu suchen, bedeutete, die Organisation zu ignorieren.

Früher hatte ich mit Begeisterung Jehovas neue Welt verkündet und mein Glaube daran gab mir auch während der ersten Jahrzehnte eine kolossale Energie. Aber nachdem ich entdeckt hatte, dass die Wachtturmgesellschaft viele falsche Prophezeiungen gemacht hatte und nachdem ich außerdem einen tieferen Blick hinter die Kulissen des heimlichen KGB-ähnlichen Systems des Wachtturms getan hatte, verlor ich das Vertrauen in die Wachtturmgesellschaft als *Gottes sichtbare Organisation auf Erden.*

Was mich dort noch festhielt, war, dass ich lehrmäßig indoktriniert und gebunden war. Inzwischen hatte sich jedoch die Situation nach und nach verändert und gefühlsmäßig baute ich nicht mehr auf das Wertesystem der Zeugen Jehovas. Die ständige *Gib acht-Haltung* gab mir ein dauerndes Unsicherheitsgefühl. Damit konnte ich nicht mehr länger leben.

Der Gedanke an Selbstvernichtung, durch Selbstmord dem Ganzen ein Ende zu machen, kam mir immer wieder in den Sinn. Monatelang befand ich mich in einer *halb zwölf* – Stimmung. Zum Schluss verging kein Tag, an dem ich nicht an Selbstmord dachte. Nach und nach begann ich, ihn in meinen Gedanken zu planen. Ich begriff jetzt, dass, wenn die *richtigen* Voraussetzungen da wären, die *richtige* Situation entstünde, in der alles zusammenpasste, der Weg zum Selbstmord sehr kurz sein würde. Gefährlich kurz! Kurz genug!

Der Gedanke an meine Frau und meine Kinder und wie sie ohne mich zurechtkommen würden, hatte mich bisher zurückgehalten. Aber auch hier hatte eine allmähliche Veränderung im Denken stattgefunden.

Vielleicht war es für alle das Beste, wenn ich als *Aufrührer* nicht mehr existierte. Vielleicht erging es der Familie besser ohne mich. Jetzt wusste ich, dass ich anderswo Hilfe suchen musste, oder ich würde meine Pläne ausführen. Ich nahm keine Rücksicht auf die Meinung der Organisation von der Psychiatrie und suchte dort Hilfe; heute weiß ich, dass dies mein Leben rettete!

Ich kam in das psychiatrische Krankenhaus der Stadt Skien und blieb dort mehrere Monate. Ich erzählte ehrlich, was ich empfand und mit welchen Plänen ich mich lange Zeit beschäftigt hatte. Was die wirklichen Ursachen der Probleme betraf, war ich jedoch noch immer nicht ganz ehrlich.

Ich sollte ja Jehovas Organisation verherrlichen! Ich sollte niemals öffentlich Schmutzwäsche waschen, jedenfalls nicht zum Schaden der Organisation.

Deshalb wurde es eine Art Katz-und-Maus-Spiel mit den Therapeuten. Es war für sie auch nicht schwierig, eine oder mehrere Ursachen für meinen Zustand zu finden, da mein Aufwachsen in einem Zuhause mit viel Krankheit, der Aufenthalt in einem Kinderheim und andere negative Dinge, die ich während des Krieges gesehen und erlebt hatte, genug Anhaltspunkte für die Therapeuten gaben. Natürlich hatten diese auch meine Unterlagen, die ihnen das meiste über meine Lebensgeschichte offenbarten. Von der Lehre her war ich jedoch noch immer fest verankert.

Inzwischen erlebte ich jedoch etwas anderes. Meine Abwesenheit von der Organisation, von den Treffen und Aktivitäten der Zeugen Jehovas, gab mir Raum zum Atmen. Mein Fernsein von der Versammlung hatte eine stimulierende Wirkung auf mein Ego, meine Identität und mein wahres Ich. Langsam begann ich zu verstehen, warum die Wachtturmgesellschaft allen Zeugen Jehovas ständig einhämmerte, sie müssten alle fünf wöchentlichen Treffen der Versammlung besuchen, sich auf diese vorbereiten, alle Literatur lesen, den Leuten bei der Verkündigung von Haus zu Haus wöchentlich erzählen, welche *guten Neuigkeiten* man in den letzten Blättern lesen könnte, usw. Ein Zeuge Jehovas, der dies tut, hat ganz einfach keine Zeit, anderes zu tun, als daran zu denken und an den Aktivitäten der Wachtturmgesellschaft teilzunehmen!

Ich begann auch zu verstehen, warum die Wachtturmgesellschaft vor allen Ferien den Mitgliedern ständig sagte, sie müssten die Versammlungen an den Ferienorten aufsuchen und sie sollten es nicht versäumen, zu den Zusammenkünften zu gehen, obwohl sie Ferien hatten. Ich entdeckte, dass schon 3 Wochen Ruhe, in denen ich nicht von der Wachtturmgesellschaft indoktriniert wurde, genug waren, dass das Gehirn langsam wieder zu arbeiten begann.

11.15 Wie der Mangel an „Hilfe“ mich rettete

Im Krankenhaus in Skien traf ich Pflegepersonal, das verschiedenen Gemeinden und Kirchen angehörte. Ich sprach besonders oft mit einer Nachtschwester mit Namen Helene Torsell, die mit dem Vorsteher einer evangelische Gemeinde in der Stadt verheiratet war. Es berührte mich angenehm, mit ihr über Gott zu sprechen. Meist war ich es, der die Initiative zu einem Gespräch ergriff. Indessen vermied ich es bewusst, ihr gegenüber zu erwähnen, dass ich der Organisation der Zeugen Jehovas angehörte. Da ich jetzt zum ersten Mal in meinem Leben physischen Abstand von der Organisation hatte und gleichzeitig mit anderen Christen konfrontiert wurde, geschah etwas in meinem Inneren. Ich sehnte mich nach Helene, wenn sie keinen Dienst hatte und entdeckte plötzlich, dass ich mich immer schon nach einer solchen geistigen Gemeinschaft gesehnt hatte.

Wenn ich mit jenen Pflegern sprach, die Christen waren, fühlte ich, dass ein geistiger Kontakt vorhanden war. Ihre Offenheit und ihr Mut, dass sie ohne Scheu über ihre Gefühle sprachen, stimmte mit meinem Glauben und meiner Sehnsucht überein. Viele Jahre lang hatte ich Christen bewundert, die versuchten, mir gegenüber Zeugnis abzulegen. Oft hatte ich es vermieden, kontroverse Punkte zu berühren, um die kurzen Augenblicke des Gefühls einer Gemeinschaft im Geiste zu erleben. Freude kam in mein Herz und ich sehnte mich nach Gesprächen mit diesen Christen. Ich brauchte keine Angst zu haben, von Zeugen Jehovas gestört zu werden. Die besuchten mich ohnehin nie. Nur zweimal in diesen Monaten bekam ich Besuch und das nur, weil die Besucher ohnehin dort waren und nicht umhin konnten, auch mich zu begrüßen. Außer mir gab es nämlich im Krankenhaus noch drei andere Zeugen Jehovas, denen dieser Besuch eigentlich galt. Ich war eben auch da und man musste mich eben auch begrüßen. Einige dieser anderen Patienten waren sogenannte *Drehtürpatienten*, die im psychiatrischen Krankenhaus aus- und eingingen und weiterhin hier behandelt wurden. Tragisch war, dass sie weiterhin *Drehtürpatienten* bleiben und nie geheilt würden, bevor sie nicht aus dem geistigen Gefängnis entkamen, in dem sie lebten.

Für meinen Teil war ich jetzt zum ersten Mal in der glücklichen Situation, die Zeugen Jehovas auf Abstand studieren zu können und gleichzeitig erkannte ich, dass christliche Menschen nicht so schlecht, verwirrt und uneinig waren. Sie besaßen etwas, das ich mir wünschte. In mir wuchs eine gleichgültige Einstellung zur Organisation der Zeugen Jehovas. Immer mehr betrachtete ich das psychiatrische Krankenhaus als Freistatt, wo ich mich geborgen fühlte. Ein Ort, wo ich meine eigenen Gedanken haben durfte und wo ich von Menschen umgeben war, die sich um mich kümmerten. Sie sorgten sich um Joseph, nicht darum, was ich für sie tun könnte. Diese Entdeckung gab mir Freude und ich wünschte von ganzem Herzen, dass ich diese Freude hätte früher fühlen können.

Das wissen die in der Wachtturmgesellschaft. Sie wissen, dass ihre Macht davon abhängt, dass sie die Gedanken der Zeugen ständig darauf konzentriert halten müssen, woran die Zeugen ihrer Meinung nach denken sollen. Sie wissen, dass wenn ein Zeuge Gelegenheit bekommt, ohne Einfluss des WACHTTURM, *der Ältesten oder anderer Zeugen für sich selbst zu sein, er früher oder später beginnen wird, wieder eigene Gedanken zu denken. Sie wissen, dass er dann mit der Lehre des* WACHTTURM *Probleme bekommen wird, und das wollen sie um jeden Preis vermeiden.*

KAPITEL 12

Der große Bruder HAT IMMER RECHT

Alles um mich herum schien in Auflösung. Das Reich Gottes, nach dem ich mich so sehr gesehnt hatte, kam nicht. Mein Aufwachsen in einem autoritären Elternhaus und einem noch stärker autoritären System hatte schon in früher Jugend dazu geführt, dass ich mich minderwertig fühlte. Ich sei ein *Pharisäer*, hatte mein Lehrer gesagt, weil ich damals vor Schulbeginn nicht die Messe besucht hatte. Mein Schwager hatte behauptet, ich sei *dumm* und würde es im Leben nicht weit bringen. Und jetzt verbreitete die Leitung der Wachtturmgesellschaft, dass ich ein *schlechter* und *aufrührerischer* Mensch sei, einer, der die Versammlung mit falschen, egoistischen Motiven führte. Ich fühlte mich innerlich ganz zerrissen. Ich war so gerne in der Versammlung, so froh mit allen Menschen dort und es gab mir große Befriedigung, andere zu trösten und zu unterweisen. Es machte mich froh, einem Menschen aus der Gosse helfen zu können. Mehrmals hatte ich das Glück, solche Menschen der Organisation zuzuführen. Aber, dachte ich, da alle gegen mich sind, haben sie vielleicht Recht, dass ich ein schlechter Mensch bin. Entweder die Organisation ist verrückt, oder ich bin es. Andere Alternativen gab es einfach nicht.

Wieder ein Beispiel angewandter Psychologie. Strafe durch die Leitung. Wer nicht macht, was er aufgetragen bekommt, wird bestraft. Diese Strafe ist hart und wird von den Zeugen Jehovas sehr gefürchtet.

Aber da alle geschlossen gegen mich waren und mich in den kritischen Augenblicken allein ließen, erfuhr mein früher so aktives Dasein ein jähes Ende. Ein Gefühl der Verlassenheit und der Mattigkeit überkam mich. Ich musste mich krankmelden, da ich das Gefühl hatte, bei allem, was ich tat, gebremst zu werden. Ich wollte so gerne, aber kam nicht vom Fleck. Die trübe Stimmung übertrug sich auch auf meine Ehe und die Kinder. Ich begann zu merken, dass ich die Stimmung zu Hause zerstörte und ich machte mir Vorwürfe, dass ich vielleicht nicht die rechte Liebe zu meiner Frau und den Kindern hatte. Es musste für sie sehr anstrengend sein, mit einem Mann und Vater zusammenzuleben, der *aufrührerisch* war und sich nicht nach den *theokratischen* Geboten der Organisation richtete – dachte ich. 10-30 Stunden Arbeit für die Wachtturmgesellschaft pro Woche bedeuten einen Kampf mit der Zeit!

Jawohl, sie hatten Recht, alles war meine Schuld. Ich verdarb die Stimmung zu Hause und war mit meiner Familie nicht mehr froh. Es wäre wohl besser gewesen, wenn ich nicht mehr existiert hätte. Mich überkam große Angst und ich konnte fast nicht mehr schlafen. Nach wenigen Stunden Schlaf erwachte ich, oft mit großer Furcht. Die Gedanken gingen ständig in die Vergangenheit zurück und ich dachte über alle *Fehler* nach, die ich in der Versammlung oder sonst im Leben begangen hatte. Niemals hatte ich etwas wirklich Wertvolles geleistet. Für alles, was ich getan hatte, musste ich der Wachtturmgesellschaft dankbar sein. Allein war ich ein Nichts, ein unvollkommener Mensch, der sich in keinster Weise ohne *Gottes Organisation* zurechtfand, der allein seinem sicheren Tod entgegengehen würde.

An das Heute zu denken, war ein Alptraum. Ein Zeuge Jehovas, der sich nicht der *theokratischen Regierung* unterordnen wollte und der auf Grund von *unabhängigem Denken* degradiert werden musste, das zeugte von *Stolz*, der natürlich direkt vom Satan kam, da er ja auch Adam und Eva zu *unabhängigem Denken* verleitet hatte. Wenn es regnete, war ich unglücklich und wenn schönes Wetter war, war ich noch unglücklicher. Ich konnte nicht länger irgend etwas schön finden. Jedesmal ging es schief, wenn ich etwas machte. Nein, ich musste noch lernen, in Zukunft still an die Türen zu gehen und zu versuchen, nicht mit einer *aufrührerischen* Einstellung aufzufallen.

Die Gesellschaft hatte erreicht, was sie wünschte. Ich empfand es als meine Schuld, ich war derjenige, der versagt hatte. Der Fehler lag bei mir, ich begriff nicht, was zu meinem Besten war.

12.1 Der Zusammenbruch stellt sich ein

Nachdem ich einige Monate krankgeschrieben war, sagten einige *mitfühlende* Menschen in der Versammlung zu mir, ich sei nicht nur *aufrührerisch*, sondern auch faul. Nicht nur das, ich simuliere auch meine Krankheit. Ja, dachte ich, damit habt ihr Recht. Ich gehöre nicht zu denen, die in die neue Welt passen. Es war ein vollständiger Zusammenbruch.

Mehrere Jahrzehnte hatte ich ein Doppelleben geführt, mit bis zu 30 - 40 Stunden Arbeit pro Woche in der Stellung als Ältester und vorsitzender Versammlungsaufseher zusätzlich zu meiner normalen Arbeit. Wenn ich alles, was ich gemacht hatte, aus Opposition gemacht hätte, dann wäre das Leben nicht mehr lebenswert, da dann ohnehin ein fürchterliches Schicksal mit totaler Zerstörung in Harmagedon auf mich wartete.

Mit dem, was ich für die Versammlung getan hatte, waren mein eigener Verstand und mein Herz zufrieden, nicht jedoch die Wachtturmgesellschaft. War mein Zweifel, der auf Grund fehlgeschlagener Prophezeiungen entstanden war, unbegründet, unberechtigt? Wie konnte ein gerechter Gott hinter all diesen harten und unbarmherzigen Regeln, Gesetzen und Geboten stehen, welche die Organisation kennzeichneten? Ich war völlig aus dem Gleichgewicht geraten. Manchmal machte ich nachts allein lange Spaziergänge. Ich betete oft zu Jehova, aber es wurde nicht besser. Ständig war ich dem Weinen nahe – und oft konnte ich stundenlang weinen. Auf diese Weise lebte ich mehrere lange Jahre sehr unglücklich.

Als ich krankgemeldet wurde, überwies mich mein Arzt an einen Psychiater. Ich erzählte diesem von meiner Verzweiflung und sagte frei heraus, dass ich ernsthafte Pläne hätte, mir das Leben zu nehmen. Nur die Gedanken an die Tragweite für meine Frau und meine Kinder hätten mich bisher davon abgehalten, die Pläne auszuführen, aber ich wüsste nicht, wie lange dieser Zustand so fortgesetzt werden könnte. Er verschrieb mir sofort Antidepressiva und im Laufe einiger weniger Wochen bekam ich eine Tagesdosis von 225 mg Tofranil und 75 mg Nozinan.

Einige Älteste versuchten, mit mir über den Gebrauch der Medizin zu sprechen. Sie sagten, es könnte gefährlich sein, diese zu nehmen. Sie betrachteten Antidepressiva als eine Art Narkotika und behaupteten, sie könnten ein Katalysator für Verbindungen mit Dämonen sein. Im Übrigen waren sie nicht damit einverstanden, dass ich bei einem Psychiater Hilfe gesucht hatte, da man zufolge der Wachtturmgesellschaft sich vor diesen hüten müsse. Das machte natürlich meinen schon hoffnungslosen Zustand keineswegs besser, ich wurde zusehends apathischer.

Hier wird noch ein Mittel der Gedankenkontrolle demonstriert: *die Schaffung von Schuldgefühlen um jeden Preis.* Alle Fehler, alle Enttäuschungen kommen daher, dass die betreffende Person selbst etwas falsch macht. Sie hat zuwenig Wertschätzung, zuwenig Liebe, zuwenig Verständnis usw. Noch eine Gemeinsamkeit von Kulten wie der Moon-Kirche, den Mormonen, der Krishna-Bewegung, den Kindern Gottes und den Zeugen Jehovas.

In der psychiatrischen Klinik versuchten die Therapeuten, alles Mögliche über mein Leben herauszufinden. Ich berichtete ihnen von einer schwierigen Kindheit und Jugend, von Problemen um die Krankheit meiner Mutter, von meinem Aufenthalt im Kinderheim usw. Aber sobald ich merkte, dass sie versuchten, das Gespräch auf die Zeugen Jehovas zu lenken, sagte ich immer, dass das Problem unmöglich dort liegen könnte. Ich war erzogen, nie etwas Unvorteilhaftes über *Jehovas theokratische Organisation* zu sagen. Immer sollte man Jehovas Namen heilig halten, nie *Schmutzwäsche waschen,* das hatte ich gelernt. Die Menschen machen Fehler, aber die Organisation wird von Gott geleitet. Ich hatte Angst, dass ich mich selbst zum Tode verurteilte, wenn ich etwas über diese Dinge erzählte. Das hatte ich gelernt und andere gelehrt, das würde das Ergebnis sein, wenn man die Gebote der *leitenden Körperschaft* bräche.

Da saß ich nun monatelang und erzählte immerfort, aber über die wirkliche Ursache meines Zustandes sprach ich nicht. Ich versuchte, die Psychologen und Psychiater irrezuleiten, weil ich fast 40 Jahre dazu angehalten wurde, dass Außenstehende nichts vom geheimen inneren Leben der Organisation wissen durften. Obschon ich zweifelte und über fehlgeschlagene Versprechungen vom Reiche Gottes frustriert war, war ich immer noch ein indoktrinierter Mensch, der nicht wusste, wohin er sich wenden sollte und der keinen Ausweg aus seinen Problemen sah. Der einzige *sichere* Weg war der, in der Organisation zu bleiben – koste es was es wolle.

Die Organisation wird in der Literatur ständig mit der Arche Noah verglichen; außerhalb der Arche gibt es nur Tod. Es gab keinen Ort, wohin ich gehen konnte. Als mir jetzt auf Grund meiner *aufsässigen* Haltung meine Stellung als vorsitzender Ältester in der Versammlung genommen wurde, begannen Geschwätz und Gerüchte sich wie nie zuvor zu verbreiten. Ich wurde mit *Argusaugen* überwacht und begegnete vorwurfsvollen Blicken, wohin ich mich auch wandte. Ich konnte daher keine Hilfe oder Verständnis von meinen eigenen Leuten erwarten, ebenso konnte ich meine Frustration nicht bei Ärzten und Psychologen loswerden. Um mir die geringste Hoffnung zu machen, Harmagedon zu überleben, musste ich in der Organisation bleiben, was aber auch bedeutete, dass ich mich mit der Organisation vertragen musste. Es gab keine andere Lösung, als sich den Bedingungen und dem Willen der Organisation zu beugen. Der *große Bruder* in Brooklyn hat immer Recht. Psychisch betrachtet, finde ich diese Situation sehr schwierig zu beschreiben. Gleich wohin ich mich wandte, stieß ich mit dem Kopf gegen die Wand und die Wand bewegte sich nicht weg. Das Motto lautete: ›Hör auf, gegen die Wand zu stoßen, dann wirst du die Kopfschmerzen los.‹

Wie schon erwähnt, bekam ich in dieser Zeit eine große Dosis Medikamente. Diese betäubten mich so, dass ich viel schlief. Mit der Zeit wurde ich ruhiger, aber es dauerte etliche Jahre, bis ich begann, mich besser zu fühlen. Ich hatte akzeptiert, dass das Ganze mein *Fehler* war. Auch wenn mir das Menschenbild der Zeugen Jehovas nicht gefiel, so sehnte ich mich doch danach, meinen Mitmenschen zu dienen. Ich verdrängte meine Gewissensprobleme in diesem Punkt und nahm an, dass die Probleme aus meinem *mangelnden* Verständnis erwuchsen. Eigene Normen, Gesichtspunkte und Wertbegriffe zählten nicht. Die Rechtfertigung des Namens Jehovas hatte Vorrang und die Persönlichkeit musste völlig geopfert werden. Das *begriff* ich jetzt und als Dank gewann ich die Gunst der Wachtturmgesellschaft zurück und wurde wieder als loyaler Bruder angesehen. Ich wurde wieder zum Diener und Ältesten ernannt und war voll im Dienst. Jetzt sollte ich das wieder aufholen, was ich in der Zeit meiner Krankheit versäumt hatte. Es sollte sich später zeigen, dass es die letzte Versammlung in der Organisation der Zeugen Jehovas war, in der ich Glied sein sollte.

Für Außenstehende ist es vielleicht ganz unverständlich, dass ich meine Identität aufgab, aber für mich war es eine Frage auf Leben und Tod. Durch den äußerst raffinierten Indoktrinierungsprozess der Wachtturmgesellschaft wurde mir ewiges Leben auf einer paradiesischen Erde ohne Krieg und Elend vorgespiegelt. Daran glaubte ich wirklich! Da ich mich nicht in der Bibel auskannte, als ich den Zeugen Jehovas zum ersten Mal begegnete, war es nicht schwierig für sie, mich zu manipulieren. Mit Hilfe einer Kombination von Bibelstellen indoktrinierten sie mir die Auffassung, dass Gott eine Organisation auf Erden habe, die von der sogenannten *leitenden Körperschaft* in Brooklyn, New York, geführt werde. Sie schilderten mir ein Glanzbild der Organisation der Zeugen Jehovas, wobei sie die Wachtturmorganisation bewusst ein *geistiges Paradies* nannten und behaupteten, die Zeugen Jehovas seien die glücklichsten Menschen auf Erden.

Das Schlimmste daran ist, dass alle Zeugen Jehovas dies glauben! Vielleicht nicht deshalb, weil sie selbst immer so glücklich sind, denn sowohl die Welt als auch sie selbst sind unvollkommen. Aber der Gedanke daran, wie schlimm es *der Welt* ergehen wird, die nicht *das Licht von Gottes Organisation* hat, ist deshalb um so erschreckender für sie! Dass ein Mensch Nervenmedizin nehmen muss, um von Tür zu Tür gehen zu können, schwächt nicht seinen Glauben daran, dass er wirklich in einem *geistigen Paradies* lebt. Dies sagt wiederum viel darüber, welche mentale Kontrolle die Wachtturmorganisation über ihre Mitglieder ausübt.

Ich glaubte, dass alle Textstellen und Bibelzitate, welche die Wachtturmgesellschaft benutzte, wie ein Puzzlespiel zusammenpassten. Für mich sah es aus, als ob sie für alles handfeste Beweise aus der Bibel hätten und alles wirkte sehr glaubwürdig. Viele Zeugen Jehovas hatten wie ich, ähnlich enttäuschende Erfahrungen mit den etablierten Kirchen und mit der übrigen Gesellschaft gemacht. Es gab daher viele Gemeinsamkeiten zwischen mir und den anderen Versammlungsmitgliedern. Die Organisation des Wachtturms hatte es geschafft, mein Bewusstsein mit unsichtbaren starken Tauen zu binden und zu knebeln. Sie machte mich brennend an etwas interessiert, was sich später als katastrophaler Wahn erwies. Eine Verführung von gigantischen Dimensionen.

12.2 Ich fand die Wahrheit über die Zeugen Jehovas

Eines Tages las ich im VARDEN, einer Lokalzeitung, einen Artikel darüber, dass der Wachtturm auf schwankendem Grund stehe. In dem Artikel nannte der Verfasser Hans Henrik Zimmermann die Titel von drei Büchern, die von Ex-Zeugen Jehovas verfasst waren. Das eine Buch von einem schwedischen Ex-Zeugen, Carl Olof Jonsson, hatte den Titel HÖRTE DIE HEIDNISCHE ZEIT 1914 AUF?[1]. Das andere Buch von James Penton hieß APOCALYPSE DELAYED[2], das dritte Buch von Raymond Franz hieß DER GEWISSENSKONFLIKT[3]. Alle drei Verfasser waren fast ihr ganzes Leben lang aktive Zeugen Jehovas gewesen und hatten zentrale Stellungen innegehabt. Raymond Franz war 60 Jahre lang Zeuge Jehovas gewesen, die letzten 9 Jahre Mitglied der *leitenden Körperschaft* in Brooklyn. In dieser *leitenden Körperschaft* wurden über die Köpfe von Millionen von Zeugen Jehovas hinweg alle Beschlüsse gefasst. Die Beschlüsse hatten große Auswirkungen auf jedes einzelne Mitglied in der Organisation. Manchmal waren die Beschlüsse so dramatisch, dass sie für die Mitglieder Leben oder Tod bedeuteten. Die Mitverantwortung und Teilnahme bei diesen oft dramatischen Entscheidungen führte bei Franz zu einem Gewissenskonflikt, daher auch der Titel seines Buches.

Das wäre etwas für mich, dachte ich. Diese Leute waren ja nicht irgendwer. Sie wurden nicht wegen schlechten Benehmens oder Unmoral ausgeschlossen, sondern weil sie es wagten, die unbiblischen Lehrsätze des Wachtturms zu entlarven. Das musste ich lesen. Dogmatisch saß ich noch in der Gefangenschaft. Meine Intuition sagte mir, dass ich an eine Goldgrube von Informationen gekommen war, die ich dringend brauchte, um mich in dogmatischer Hinsicht zu befreien. Ich besorgte mir rasch die Bücher und begann mit großer Erwartung fast Tag und Nacht zu lesen. Oft lag ich im Bett und las bis vier Uhr morgens.

Das erste Buch war das von Carl Olof Jonsson. Der wichtigste Lehrsatz des Wachtturms über 1914 fiel zusammen wie ein Kartenhaus. Mit überzeugenden historischen und wissenschaftlichen Beweisen stellte Jonsson fest, dass sich der Fall Jerusalems 586/587 v. Chr. ereignete und nicht 607 v.Chr., wie die Zeugen Jehovas behaupten. Die Deutung des Buches Daniel durch den Wachtturm von den sogenannten *sieben Zeiten* oder *Zeiten der Heiden*,

1 Jonsson, Carl Olof: The *sign* of the last days - when? / Carl Olof Jonsson ; Wolfgang Herbst Atlanta, Ga. : Commentary Press ; Grenzach-Wyhlen : Aslan, 1987, c 1987. - 271 S.

2 Penton, M. James: Apocalypse delayed: the story of Jehovah's Witnesses / M. James Penton. Toronto; Buffalo: University of Toronto Press, 1997.

3 Raymond Franz: Crisis of conscience / Raymond Franz. Atlanta: Commentary Press, 1992

wo Nebukadnezars siebenjährige Geisteskrankheit zu einer Periode von 2520 Jahren umgedeutet wird, fiel in sich zusammen.

Nichts im Buch Daniel deutet darauf hin, dass die Erzählung von Nebukadnezar prophetische Bedeutung hat, sondern sie ist ganz einfach vom Wachtturm fabriziert, um einen *Beweis* für einen unbiblischen Lehrsatz zu erhalten. Endlich hatte ich den Beweis, dass Jesu Wiederkehr und Thronbesteigung im Jahre 1914 reine Erfindung und Phantasie war. Die Wachtturmgesellschaft hat überhaupt keinen Beweis für ihre Behauptung und konnte auch die Frage von Carl Olof Jonsson nicht beantworten. Sie entschieden sich statt dessen für ihre feste Routine und schlossen ihn aus – als Antwort auf seine Fragen.

Danach beschäftigte ich mich mit dem Buch von Raymond Franz und hier fand ich, dass die Wachtturmgesellschaft die Frage von Jonsson behandelt hatte und dass sie keine Möglichkeit hatte, seinen Beweis zu widerlegen. Franz selbst hatte den Abschnitt über die Chronologie im Nachschlagewerk der Wachtturmgesellschaft AID TO BIBLE UNDERSTANDING[4] verfasst und hatte dabei versucht, einen Beweis für das Jahr 607 zu finden. Das gelang ihm jedoch nicht, aber im Buch gibt er zu, dass er gleichwohl an dieser Lehre festhielt, obwohl er wusste, dass sie falsch war!

Mich erstaunte ebenfalls sehr, dass Franz in seinem Buch schreibt, auch die *große Schar* habe himmlische Hoffnungen, nicht nur die 144.000, wie die Gesellschaft behauptet. Mich erstaunte noch mehr, zu lesen, dass die *leitende Körperschaft* dies natürlich wusste, dass man aber die jetzige Lehre beibehielt, weil sie besser ins Profil der Wachtturmgesellschaft passte.

Franz berichtete, was im Hauptquartier der Wachtturmgesellschaft geschah und er dokumentierte alles, was er schrieb, mit Zitaten aus der Wachtturmliteratur. Ich konnte daher nicht umhin, das gutzuheißen, was er schrieb.

Penton nahm sich die ganze Geschichte der Zeugen Jehovas vor, von den Anfängen bis heute. Er benutzt eine enorme Menge Dokumente und zitiert ungeheuer viel aus der Literatur der Wachtturmgesellschaft selbst. Ich kontrollierte die Hinweise – und sie stimmten. Penton zeichnet das Bild der Gesellschaft, es ist kein schönes Bild. Dantes Inferno ist ebensowenig schön und weit sauberer. Penton dokumentiert die unzähligen *Prophezeiungen* der Wachtturmgesellschaft und wie die Wachtturmgesellschaft sie wegzuerklären sucht. Er dokumentiert das sogenannte *neue Licht* und beweist, dass es

4 Aid to Bible understanding, containing historical, geographical, religious, and, social facts concerning Bible persons, peoples, places, plant and animal life, activities, and so forth. New York: Watchtower Bible and Tract Society of New York, 1971. Das Buch erschien in deutsch in 7 Einzelbänden zwischen 1980 und 1986, WTG, war aber bibliographisch nicht zu ermitteln.

viel mehr an einen ernsten Kurzschluss als an ein zunehmendes Licht erinnert. Bei der Wachtturmgesellschaft ist nicht einmal vor und zurück gleich weit!

Teil II

Eine nähere Beleuchtung wichtiger Umstände

KAPITEL 13

PSYCHISCHE LEIDEN IM *geistigen Paradies*

Meine Studien aus Sozialpädagogik, Psychologie und Psychiatrie haben mir geholfen, ein differenzierteres Bild der Zeugen Jehovas und deren psychischer Probleme zu erhalten. Für mich lautet die Frage nicht, ob die Zeugen Jehovas psychische Probleme haben, sondern vielmehr, wie man es vermeiden kann, in einer so extremen, fatalistischen und religiösen Gemeinschaft psychische Probleme zu bekommen. Dabei denke ich nicht an ererbte psychische Probleme, sondern an solche, die eine direkte Folge der harten und lieblosen Policy der Wachtturmgesellschaft ihren Mitgliedern gegenüber sind.

Meine Unterredungen mit verschiedenen Fachleuten waren für mich eine große und unentbehrliche Hilfe. Einige Male wurde mir geholfen, die Dinge richtig zu benennen, besonders wenn es sich um wissenschaftliche Untersuchungen und die verschiedenen Erfahrungen handelte, die ich selbst gemacht hatte. Hoffentlich bekommt auch der Leser ein differenzierteres Bild der Zeugen Jehovas und sieht diese Menschen mit anderen Augen.

13.1 DIE QUELLE MEINER ERFAHRUNGEN

Als Ältester in mehreren Versammlungen der Zeugen Jehovas und als vorsitzführender Aufseher habe ich mit vielen hundert Zeugen gesprochen. Diese drückten Verzweiflung, Hilflosigkeit und Zweifel aus. In meiner Arbeit (nachdem ich die Zeugen verließ) habe ich auch mit mehreren von ihnen im psychiatrischen Krankenhaus gesprochen. Viele Sorgen entstanden durch die zahlreichen Konflikte, welche die Versammlungen ständig heimsuchten. Die meisten Zeugen tragen ungelöste Konflikte jahrelang mit sich herum. Sie können diese ganz einfach nicht lösen, weil die Machtstruktur der Organisation einer zufriedenstellenden Lösung im Wege steht. Oft ist die Ursache die, dass die Ältesten harte, strenge, unbeugsame und extreme Regeln praktizieren.

Was die psychischen Probleme der Zeugen Jehovas betrifft, baue ich deshalb hauptsächlich auf meine persönlichen Erfahrungen, auf Hunderte von Gesprächen mit Zeugen und viele hundert Gespräche mit und Briefe von ehemaligen Zeugen, dies über eine lange Zeit hinweg und in verschiedenen Zusammenhängen.

Ganz zu Beginn meines fast 40-jährigen Lebens als Zeuge Jehovas fühlte ich ein großes Bedürfnis nach sozialer Nähe zu meinen Glaubensgeschwistern. Deshalb besuchte ich alle, die meiner Versammlung angehörten, in ihrer privaten Wohnung. Auch meine eigene Wohnung war immer für andere Zeugen offen. Auch wenn die Versammlungstätigkeit für die ganze Familie anstrengend war, hatten wir die Gewohnheit, andere Zeugen nach diesen Versammlungen zu besuchen oder andere Zeugen mit nach Hause zu nehmen. Dadurch war es bei uns daheim niemals langweilig, worauf unsere Kinder großen Wert legten. Wenn reisende Repräsentanten (oft Mann und Frau) der Wachtturmgesellschaft die Versammlung besuchen sollten, wollten wir gerne, dass sie bei uns wohnten. Ich betrachtete auch die Gemeinschaft mit anderen Zeugen als wichtigen Teil meines christlichen Dienstes. Von anderen ermuntert zu werden und selbst andere zu ermuntern war eine wichtige Sache und konnte uns bei dem ansonsten so schweren Auftrag, den wir als *Verkünder* hatten, auf den Beinen halten. Da ich früh in meiner Zeit als Zeuge Jehovas Ältester und Vorsteher wurde und aufrichtig glaubte, wir hätten die *Wahrheit*, war es mein großer Wunsch, dass auch die anderen Diener in der Versammlung die Freude sozialer Nähe mit anderen Zeugen erfahren sollten. Offiziell nannte die Wachtturmgesellschaft dies die *Hirtentätigkeit*. Aber die Wachtturmgesellschaft legt dem Wort *Hirtentätigkeit* eine andere Bedeutung zu als ich. Was ist der Unterschied?

Unproduktive *Verkünder* bedeuten für die Wachtturmgesellschaft einen wirtschaftlichen Verlust. Daher wollte die Gesellschaft durch ihre *Hirtentätigkeit* die Verkünder dazu zu ermuntern, eine produktive Tätigkeit wieder aufzunehmen. Ihre universale Medizin gegen alle Arten von Problemen war, dass die Teilnahme an allen Tätigkeiten der Versammlung die meisten Probleme lösen und zu einer besseren psychischen Gesundheit führen würde. Der Beweggrund der Wachtturmgesellschaft war selbstsüchtig, kein wirklicher Wunsch, dem einzelnen Zeugen Jehovas zu helfen. Hingegen meinte ich, dass bedingungslose soziale Gemeinschaft und Freundschaft eine christliche Pflicht seien. Das war eine Ansicht, die mich nach und nach mit der Wachtturmgesellschaft auf Kollisionskurs brachte.

Nachdem ich mit hunderten Zeugen Jehovas im In- und Ausland gesprochen hatte, verschaffte mir diese *Hirtentätigkeit* erstklassiges Material über den psychischen Zustand der Zeugen Jehovas. Mehrere hundert Personen vertrauten mir ihre Frustrationen und psychischen Probleme an. Das meiste, das ich in diesem Kapitel beschreibe, ist daher selbsterlebt und baut auf eigene Erfahrungen, daher bin ich nicht von offiziellen Berichten und Untersuchungen abhängig.

Im Laufe meines jahrelangen Lebens bei den Zeugen Jehovas war ich Vorsteher und Ältester in mehr als einem halben Dutzend Versammlungen. Da ich auch in anderen Versammlungen regelmäßig predigte, wurde ich mit vielen Menschen bekannt. Ich war Zeuge davon, dass Hunderte von Verlobungen und Ehen scheiterten. Mit einem Partner zusammenzuleben, der Zeuge Jehovas ist oder wird und der sich die extrem fatalistische Sicht der Zeugen Jehovas von der Gesellschaft und den anderen Christen aneignet, ist fast unmöglich. Für Menschen, die normal in einer harmonischen Ehe lebten und die einander liebten, hat die fatalistische Botschaft der Wachtturmgesellschaft zum Unglück geführt. Der Leser kann sich vorstellen, welche dramatischen psychischen Folgen diese Scheidungen für beide Partner und die Kinder hatten. Anschließend berichte ich über eines der vielen Beispiele, die ich erlebte.

Eine Episode in unserer Versammlung erschreckte mich ebenfalls zutiefst. Einer unserer Ältesten studierte mit einem Mann, der verheiratet war und zwei Kinder hatte. Der Mann machte Fortschritte, besuchte alle Treffen, ging regelmäßig von Haus zu Haus und wünschte, getauft zu werden. Seine Frau, eine gläubige Kirchgängerin, bat ihn, doch etwas mehr zu Hause zu bleiben und mit ihr gemeinsam die Bibel zu lesen. Sie verlangte nicht, er solle die Zeugen Jehovas verlassen.

Der Mann beriet sich mit einem Versammlungsältesten und dieser meinte, dass er nicht nachgeben und die Forderung des *Feindes* nicht beachten dürfe. Das endete natürlich mit Scheidung. Auf einem Kreistreffen wurde der Mann getauft, gleichzeitig wurde sein Fall als positives Erlebnis von der Bühne aus dargestellt, da er seine Ehe um der *Wahrheit* willen aufgegeben habe.

Ich verstand nichts. Wie kann eine Scheidung eine *positive Erfahrung* sein? Das ist ja eine Tragödie. Dieser Mann liebte doch seine Frau und seine zwei Kinder sehr und litt sehr unter dem, was geschehen war. Ich lud den Mann zu mir nach Hause ein und fragte ihn, warum es zu einer Scheidung kommen musste. Er erzählte mir, dass seine Frau von ihm verlangt hatte, er solle auf ein Treffen pro Woche verzichten und etwas weniger Zeit für die Verkündigungsarbeit einsetzen. Seine Frau hatte auch vorgeschlagen, sie sollen ab und zu die Bibel gemeinsam mit ihrem Priester lesen. Ich fragte, warum er nicht das tat, was sie vorschlug, da dies ja eine gute Gelegenheit wäre, die *Wahrheit* dem Priester gegenüber zu bezeugen! »Nein«, sagte er. »Er, der mit mir studierte und einige andere Älteste sagten, wir müssten das Reich Gottes an die erste Stelle im Leben setzen, ungeachtet der Konsequenzen.«

Ich sagte zu dem Mann, dass ich die Forderungen seiner Frau als gerechtfertigt empfand und dass er die Einladung, mit dem Priester die Bibel zu lesen, hätte annehmen sollen, da dies eine gute Gelegenheit gewesen wäre, Zeugnis für ihn abzulegen. Außerdem sei die Ehe in Gottes Augen heilig und daher wäre ich mit den Ratschlägen, die er bekommen hatte, nicht einverstanden.

»Ich glaube, du und besonders die Ältesten (die ja in der Tat die Scheidung empfohlen hatten), haben einen großen Fehler gemacht. Deine Frau war nicht ungerecht«, sagte ich zu ihm.

Der Mann war erstaunt und gleichzeitig froh. Er fuhr sofort zu seiner geschiedenen Frau und erzählte, dass er übereilt gehandelt habe. Es endete glücklicherweise gut. Nach dem Gesetz musste er einige Zeit warten, bis er wieder heiraten durfte, aber sie lösten das Problem, indem sie beide nach Schottland reisten, wo sie eine neue Ehe eingingen.

Wie können Älteste so viele unvernünftige Ratschläge geben? Warum betrachteten sie mich als einen Außenseiter mit eigenen Ideen, obwohl ich Recht hatte?

Eine Erklärung liegt darin, dass die Leitung der Zeugen Jehovas ihren Ältesten ständig vorspiegelt, sie würden in der kommenden Welt als *Fürsten* über die vielen Untertanen auf Erden regieren. Die Zeugen Jehovas glauben, alle weltlichen Dingen auf Erden würden bald zerstört und die Versammlungen mit ihren Leitungen würden unmittelbar nach Harmagedon alle derzeitigen gesellschaftlichen Aufgaben übernehmen. Viele Älteste sind so auf den Gedanken fixiert, von Gott eingesetzt zu sein, dass sie sich schon jetzt als *Fürsten* gebärden. Viele haben den Sinn für die Realität verloren und sind, wie die Redensart sagt, *päpstlicher als der Papst*. Aber die Hauptschuld für die unklugen Ratschläge und das Benehmen vieler Ältester liegt in ihrer Lebensphilosophie. Und die hat ihren Ursprung in der *leitenden Körperschaft* in Brooklyn.

Die erwähnte Ehe wurde glücklicherweise gerettet, aber viele andere hatten einen tragischen Verlauf. Ich begann mich selbst zu fragen: ›Joseph, was ist los mit dir? Ist die Organisation auf dem Holzweg, oder bin ich ein aufrührerischer und eigensinniger Mensch?‹

Ein anderer Fall zeigt, welch katastrophale Folgen es für einen Menschen haben kann, auf *die guten Ratschläge* der Versammlungsältesten zu hören. Ein Ehepaar hatte drei Kinder und die Mutter begann, mit den Zeugen Jehovas zu studieren. Dem Mann gefiel das nicht und er sagte seiner Frau, sie solle mit dem Studium aufhören. Sie weigerte sich, dies zu tun und beriet sich mit den Ältesten. Die Ältesten fanden natürlich schnell heraus, dass ihr Mann ein *Gegner der Wahrheit* war. Als der Mann eines Tages heimkam, waren Frau und Kinder verschwunden. Er begann fieberhaft zu suchen und fand sie zum Schluss bei der Familie eines Ältesten. Er bat sie, zurückzukommen und sagte ihr, wie sehr er sie und die Kinder liebe. Sie weigerte sich jedoch mit dem Segen des Ältesten, seinem Wunsch nachzukommen. Der Mann war so verzweifelt, dass er heimfuhr und sich erhängte.

Das schroffe und kompromisslose Festhalten der Wachtturmgesellschaft an Prinzipien ohne das geringste Verständnis für die besondere Situation des einzelnen hat ebenfalls zu schweren psychischen Leiden bei Tausenden der Zeugen Jehovas geführt. Eine unserer nächsten Bekannten, ein junges, hübsches und lebensfrohes Mädchen, heiratete einen Zeugen, der früher einmal einen Verkehrsunfall erlitten hatte. Dem Arzt zufolge sollte sich der dabei zugezogene Gehirnschaden mit der Zeit bessern. Aber leider ging es nicht so. Er wurde sehr aggressiv, begann, seine Frau zu misshandeln und zeigte der ganzen Umwelt gegenüber ein abnormales Verhalten. Der Schaden führte dazu, dass der Mann psychotisch wurde und überwacht werden musste. Nachdem sie mehrere Jahre lang versucht hatte, etwas fortzusetzen, was man nicht Ehe nennen konnte, wurde es zum Schluss für sie unerträglich und sie ließ sich scheiden. Da es nicht im Zusammenhang mit Untreue stand, stimmte die Wachtturmgesellschaft ihrer Entscheidung nicht zu und drohte mit Ausschluss, wenn sie diesen schwerkranken Mann nicht wieder heiratete. Dass sie sehr unglücklich wurde und mit der Zeit arge psychische Probleme bekam, kümmerte die *Hirten* in Brooklyn nicht.

Vor und nach meinem Ausscheiden bei den Zeugen Jehovas war ich Zeuge vieler Tragödien, bei denen Menschen auf dem Altar der schroffen und kompromisslosen Handhabung von sogenannten *bibeltreuen Handlungen* geopfert wurden. Ich weiß, dass diese *bibeltreuen Handlungen* einige zu verzweifelten Schritten und zum Selbstmord getrieben hatten. Nachdem ich die Zeugen Jehovas verlassen hatte, bekam ich Hunderte von Briefen von vielen ehemaliger Zeugen, die meine Behauptungen über psychische Probleme innerhalb der Zeugen Jehovas und die Persönlichkeitsveränderungen bestätigten, die bei vielen eintreten, welche Opfer der Verkündigung der Wachtturmgesellschaft werden. Im Folgenden gebe ich nur einige wenige dieser Briefe wieder.

Lieber Joseph,

Ich traf Sie auf einem Seminar, das Sie über die Zeugen Jehovas in Moss hielten. Ich hatte damals mit Z. J. studiert . . . Mein Mann und alle Verwandten sind übrigens überglücklich, dass ich mit den Z. J. gebrochen habe. Ich war psychisch ganz zerstört. Ich habe mit mehreren Bekannten gesprochen, die (ebenfalls mit den Z.J.)[1] *studiert hatten und ihnen genau das gesagt, was ich von Ihnen über die Z. J. gelernt habe! Ich weiß, dass vier von ihnen nun sehr schwanken. Alle vier sind sehr niedergeschlagen und haben große Probleme ... Mein Mann und ich (und meine ganze Familie) sind Ihnen sehr dankbar und wenn ich für Sie hier in Moss etwas tun kann, so sagen Sie es mir bitte ...*

Inger Lene Sjøvik, Moss, Norwegen

Lieber Joseph,

Gerade habe ich die Lektüre Ihres Buches DAS REICH, DAS NICHT KAM *beendet. Es ist sehr interessant und entlarvend und gleichzeitig erschreckend. Ich kann an meinem Mann die Dinge sehen, die Sie in ihrem Buch bezüglich der Persönlichkeitsveränderung und der psychischen Probleme erwähnen. Er hat nun eine Weile gemeinsam mit Z. J. studiert. Er selbst meint, er fühle sich wohl. Ich kann aber mit ihm nicht mehr wirklich in Kontakt kommen. Er hat nun unter den Z. J. viele neue Freunde gewonnen und lässt mich und die Kinder allein ... Ich liebe meinen Mann und er sagt, auch er liebe mich, aber gleichzeitig fühle ich, dass wir auseinanderdriften ... Täglich werde ich mehr und mehr von der Wichtigkeit überzeugt, Information über die destruktiven Gesetze und Lehren der Z. J. zu verbreiten.* DAS REICH, DAS NICHT KAM *tut dies.*

Die Frau eines überzeugten Z.J., Viola Nord, Göteborg, Schweden.

Lieber Joseph,

Zuerst einmal will ich Ihnen danken für das Buch DAS REICH, DAS NICHT KAM, *das Sie geschrieben haben. Es öffnete mir noch mehr die Augen dafür, wie falsch diese Sekte ist, in der ich erzogen wurde ... Die Kindererziehung, die Sie beschrieben haben, war mir vertraut ... Der Gedanke an Harmagedon tauchte ständig auf und ich wurde deshalb von sehr viel Angst und von Depressionen geplagt.*

Ich wunderte mich, dass Sie als ehemaliger Zeuge Jehovas Christ werden konnten. Ich hatte mir gelobt, dass ich mich nie mehr mit Religion befassen würde ... aber nach wenigen Tagen beschloss ich voll und ganz, Jesus nachzufolgen. Dass mir dies geschehen konnte! Ich bin nun der glücklichste Mensch auf Erden. Aber es schmerzt mich, wenn ich an all die Z. J. denke, die sich abplagen und die glauben, es wäre wahr. Ich schreibe gewöhnlich nicht an Fremde und vertraue mich ihnen normalerweise nicht an, aber nachdem ich Ihr Buch gelesen habe, fühle ich, dass ich

1 Anm.d.Übers.

Sie kenne. Wie Sie fühle ich Mitleid mit Z.J. oder ehemaligen Z.J. Ich möchte Ihnen gerne helfen.

Ingun Løken, Asker, Norwegen

Wie der Leser verstehen wird, bin ich in großer Sorge wegen der psychischen Probleme, welche die Wachtturmgesellschaft meiner Meinung nach ihren Mitgliedern zufügt. Ist dies möglicherweise eine Illusion und ist meine Schlussfolgerung nur ein Ausdruck meiner negativen Erfahrungen? Dies ist eine Frage, die sich selbstverständlich nicht ohne weiteres zurückweisen kann. Aber nach dem, was ich oben erwähnt habe und worüber ich mit einer Reihe von Zeugen und Ex-Zeugen gesprochen habe, kann ich es nicht unterlassen, die Schlussfolgerung zu ziehen, dass Zeugen und Ex-Zeugen – und vor allem letztere – mehr psychische Probleme haben als sonstige Leute.

Und wenn ich sehe, was die Literatur kennzeichnet, die sie herausgeben, kann ich es auch nicht vermeiden, den Schluss zu ziehen, dass ihre Verkündigung ein Teil der Ursache ihrer psychischen Probleme ist. Nun ist es doch so, dass ich relativ viele Zeugen und Ex-Zeugen mit Problemen treffe, und es liegt eine gewisse Gefahr darin, dass ich als Ex-Zeuge verborgene Motive (z.B. Rachemotive) oder unbewusste Motive (z.B. Bitterkeit) haben könnte, die bewirken, dass mein Eindruck negativ gefärbt ist. Aber ich erlebe selbst hier eine *Freiheit* und eine Liebe zu den Zeugen Jehovas, welche bewirken, dass dies wohl ein geringeres Problem ist und dass es auch kein Problem für mich ist, die positiven Seiten an den Zeugen Jehovas zu sehen.

13.3 Wissenschaftliche Dokumentation

Es wäre von mir falsch und unehrlich, von den Zeugen Jehovas nur ein völlig schwarzes Bild zu malen. Die Kritik der Wachtturmgesellschaft an der christlichen Welt, an korrupten Politikern und an der Gesellschaft ist oft berechtigt. Ich hatte gemeinsam mit aufrichtigen Zeugen Jehovas, die so wie ich Sehnsucht nach einer besseren Welt hatten, auch gute Zeiten. Ich bewundere viele Zeugen Jehovas, die so wie ich bereit waren, alles für eine *gute Sache* zu opfern. Innerhalb der Organisation hatte ich viele gute Freunde, ich vermisse sie in der Tat. Ich selbst und viele andere Zeugen Jehovas waren von der Botschaft, die wir verkündeten, so überzeugt, dass wir manchmal geradezu weinen mochten, wenn die Leute unsere Botschaft nicht hören wollten. Der Gedanke, dass viele (gute und feine) Menschen *bald* in Harmagedon getötet würden, war unerträglich.

Als ich z.B. von der Goldenen Hochzeit meiner Eltern (die keine Zeugen Jehovas waren) heimkam, bekam ich meiner Erinnerung nach, einen gewaltigen Weinkrampf oder Nervenzusammenbruch. Der Gedanke, meine Eltern im nahe bevorstehenden Harmagedon zu verlieren, war unbeschreiblich. Wo immer ich mich gerade befand, konnten solche gewaltigen Weinkrämpfe plötzlich auftreten, wenn ich an das Schicksal dachte, das meine nächsten Verwandten und Freunde im Krieg von Harmagedon erleiden sollten. Während vieler Jahre ging ich deshalb mit traurigen Gedanken umher, dass ich viele andere (wertvolle) Menschen verlieren sollte, die ich liebte. Ich weiß, dass so wie ich auch viele andre Zeugen dauernd mit solch schrecklichen Gedanken umhergehen. Dies sollte unsere Liebe, unsere Achtung und unsere Empathie für die Zeugen Jehovas und für die grausame Situation, in der sie sich befinden, verstärken.

Solange man nicht lauthals mit Gegenvorstellungen aufwartete und gläubig die Botschaft der Wachtturmgesellschaft über eine neue Welt verkündete, hatte man keine Probleme. Psychische Probleme entstanden dann, wenn in unserem Bewusstsein lehrmäßige oder praktische Fragen auftauchten und wir versuchten, bei den Leitern Gehör für diese Fragen zu erhalten. Ich weiß, dass die meisten Zeugen Jehovas sich mit den gleichen unbeantworteten Fragen quälen, wie ich es damals tat, aber die Folgen für sie selbst, für Verwandte und Freunde sind so enorm, dass es für Außenstehende fast nicht möglich ist, sich das komplizierte Netzwerk unsichtbarer Fesseln vorzustellen, die sie gefangen halten.

Auf wissenschaftlicher Grundlage zu dokumentieren, dass die Zeugen Jehovas mehr psychische Probleme haben als die Leute sonst und dass dies mit der Verkündigung der Wachtturmgesellschaft zusammenhängt, ist jedoch nicht möglich. Wissenschaftliche Untersuchungen stellen strenge Anforderungen an die Beweisführung und den ursächlichen Zusammenhang, um dokumentieren zu können, dass bestimmte Schwierigkeiten in einer gegebenen Gruppe häufiger sind als sonst. Hier einige Beispiele für solche methodischen Probleme:

1. Es würde nicht ausreichen, daraus, was einzelne Zeugen berichten, Schlüsse zu ziehen. Z.B. behaupten Weishaupt und Stensland[2], dass die Zeugen Jehovas dazu neigen. die eigenen Probleme zu bagatellisieren, zu idyllisieren und zu leugnen. Das Loyalitätsgefühl und das eigene persönliche Interesse, die Wachtturmgesellschaft und die Zeugen Jehovas in einem positiven Licht darzustellen, macht sie partei-

2 Weishaupt, M. S. and Stensland, M. D.: Wifely Subjection: Mental Health Issues in Jehovah's Witnesses Women. Cultic Studies Journal 1997 Vol 1

isch. Das Problem wird auch dadurch nicht kleiner, dass, wie sich zeigt, die Wachtturmgesellschaft in ihrer Literatur ihre Mitglieder auffordert, die Wahrheit zurückzuhalten. Speziell für die Zeugen Jehovas ist ihre Definition von *Lüge*, die beinhaltet, dass die *Wahrheit* manchmal vor der *Welt* verborgen werden muss wenn das für die Organisation das Beste ist. Das Buch der Zeugen Jehovas, AID TO BIBLE UNDERSTANDING:

> *Während bösartiges Lügen von der Bibel klar verboten wird, bedeutet dies nicht, dass jemand verpflichtet ist, Menschen Auskünfte zu erteilen, die kein Recht darauf haben. Jesus Christus gab folgenden Rat: „Gebt das Heilige nicht den Hunden und werft eure Perlen nicht den Schweinen vor; denn sie könnten sie mit den Füßen zertreten und sich umwenden und euch zerreißen." (Mt 7,6) Deshalb weigerte sich Jesus bei gewissen Anlässen, volle Information oder direkte Antworten auf gewisse Frage zu geben, was, wenn er es getan hätte, unnötigen Schaden verursachen hätte können.*[3]
>
> AID TO BIB"-LE UNDERSTANDING

Ein Beispiel dafür ist ein Heft mit dem Titel PREPARING FOR CHILD CUSTODY CASES, das u.a. detaillierte Beschreibungen darüber enthält, wie Kinder und Jugendliche der Zeugen Jehovas bei gerichtlichen Verhören und psychologischen Untersuchungen u. dgl. in Verbindung mit Sorgerechtsfällen antworten sollen und wo der springende Punkt darin liegt, einen guten Eindruck zu machen und nicht zu berichten, wozu sie bei den ZJ erzogen wurden. Die Wachtturmgesellschaft behauptet, sie habe dieses Heft nie (intern) herausgegeben, während der Ex-Zeuge Magnani[4] behauptet, er könne das Gegenteil dokumentieren.

2. Es ist auch schwierig, aus der Literatur, welche die Wachtturmgesellschaft herausgibt, Schlüsse zu ziehen. Man weiß nicht sicher, ob der einzelne Zeuge es tatsächlich so hört, wie die Wachtturmgesellschaft es darstellt. Man kann *gemäßigter* sein, weil man mit Teilen der Lehre uneinig ist, es bewusst unterlässt, die Lebensregeln (oder Teile davon) zu befolgen, oder einem das Interesse fehlt, die Veröffentlichungen zu lesen und zu studieren, oder man kann radikaler sein; z.B.

3 a.a.O. Seite 1061

4 Magnani, D: Refutation of Preparing for Child Custody Cases. Second Edition (1990). Witness inc. Clayton, CA 94517. USA

hat die Wachtturmgesellschaft bei mehreren Anlässen behauptet, die Mitglieder hätten einen größeren Eifer gezeigt, den *Tag Jehovas* vorauszusehen, als die Wachtturmgesellschaft selbst.[5] Der Grad der Beeinflussung durch die Wachtturmgesellschaft und die Abhängigkeit von ihr kann außerdem von Person zu Person, von Versammlung zu Versammlung und von Land zu Land variieren. Ihre Literatur ist außerdem in erster Linie dazu geschrieben, positive Erwartungen für die Botschaft von der Zukunft zu schaffen. Der Brennpunkt ist daher nicht, wie es den Mitgliedern tatsächlich geht, sondern wie man wünscht, dass es ihnen gehen soll.

3. Es ist auch schwierig, Schlüsse auf der Grundlage von Veröffentlichungen zu ziehen, die von anderen als der Wachtturmgesellschaft geschrieben wurden. Solche Literatur ist leider oft polemisch und negativ gefärbt, meist von lehrmäßigen Abweichungen gegenüber dem rechtgläubigen Christentum eingenommen, und auch nicht immer auf dem neuesten Stand bezüglich dem, was die Wachtturmgesellschaft vertritt. Aussagen von Ex-Zeugen Jehovas sind nur solange interessant, als es ihnen gelingt, positiv zu sein.

Lange hatte ich daran gedacht zu erzählen, wie wir die tägliche Situation in der Versammlung der Zeugen Jehovas erlebten und warum diese eine so schlechte Wirkung auf Geist und Körper hatte. Wenn du das liest, so wirst du vielleicht sagen: »Bei so etwas hätte ich nie mitgemacht«. Du musst dich aber daran erinnern, dass wir genauso wie du die Ungereimtheiten erkannten, aber wir waren indoktrinierte Menschen und glaubten, wir würden das Leben verlieren, wenn wir uns gegen die Bestimmungen der Wachtturmgesellschaft auflehnten. Ich will jedoch indessen gleichwohl versuchen, so gut es geht zu schildern, wie es im *geistigen Paradies* der Zeugen Jehovas aussieht.

Psychiater und Psychologen wurden mehr und mehr darauf aufmerksam, dass die Anzahl der mentalen Leiden und der Selbstmorde bei den Zeugen Jehovas höher ist als im Durchschnitt der Bevölkerung. Psychische Leiden bei den Zeugen Jehovas sind so häufig geworden, dass gedruckte Abhandlungen über die Themen Religion und Moral oft die Zeugen Jehovas als betroffene Partner erwähnen. Es wurde eine Reihe internationaler unabhängiger Untersuchungen über die psychische Gesundheit der Zeugen Jehovas durchgeführt. Der Professor der Psychologie Jerry Bergman ist selbst ein ehemaliger Zeuge Jehovas. Er hat einen Teil dieser internationa-

5 Vakttårnet 1. September 1997

len Untersuchungen im Buch THE MENTAL HEALTH OF JEHOVAH'S WITNESSES gesammelt und selbst als Therapeut mit mehreren hundert Zeugen Jehovas gearbeitet. Mehrere von ihnen haben Selbstmord begangen.

Es liegt eine Anzahl wissenschaftlicher Untersuchungen vor, die meist in die Richtung gehen, dass Zeugen und Ex-Zeugen Jehovas mehr psychische Probleme haben als die Leute sonst. Diese Studien enthalten jedoch eine Reihe methodischer Schwächen. Die häufigsten sind:

1. Die untersuchte Gruppe ist nicht als repräsentative Auswahl der Zeugen Jehovas dokumentiert.

2. Man hat keine Kontrollgruppe benutzt.

3. Verfahrensmängel, d.h. man hat keine klaren und objektiven Ziele bezüglich der Typen psychischer Probleme und des Grades der Abweichung vorgegeben.[6]

13.3.1 *Rylander's Untersuchungen in Schweden, 1946*

Die umfassendste Untersuchung der psychischen Gesundheit von Zeugen Jehovas wurde vom schwedischen Psychiater Rylander im Auftrag der schwedischen Regierung durchgeführt. Seine Schlussfolgerung war, dass die Anzahl der Psychosen bei den Zeugen mindestens viermal höher war als bei Nicht-Zeugen.

13.3.2 *Pescor's Untersuchungen in Amerika, 1949*

Seine Untersuchung wurde, ebenso wie die von Rylander, bei Wehrdienstverweigerern gemacht. Ihm zufolge erhielten etwa 7 % der untersuchten Zeugen Jehovas die Diagnose *psychotisch*.

13.3.3 *Janner's Untersuchungen in der Schweiz, 1963*

Dieser Psychiater führte eine Untersuchung bei 100 Wehrdienstverweigerern durch, von denen 85 % Zeugen Jehovas waren. Er fand, dass eine bedeutende Anzahl einen abnormal hohen Grad von *Angst und Unruhe* hatte, *schwer introvertiert* war und viele wurden als *schwer neurotisch* diagnostiziert. Die Untersuchung zeigt, dass psychische Leiden bei Zeugen Jehovas sehr häufig sind.

6 Siehe die folgenden Beispiele und urteile selbst.

13.3.4 *Montague's Untersuchungen in den USA, 1972, 1977 und 1986*

Zufolge dieser Untersuchungen liegt die Anzahl psychischer Leiden bei den Zeugen Jehovas 10–17 mal höher als im Durchschnitt der Bevölkerung. Etwa 10 % aller Leute in der Versammlung haben ernstlichen Bedarf an professioneller Hilfe, wenn auch viele Zeugen Jehovas diese Tatsache geschickt verbergen. Die offizielle Wachtturmpolitik leugnet, dass solche Probleme existieren. Als Beispiel kann ich erwähnen, dass die Zeitschrift WACHTTURM ständig Behauptungen wie diese druckt: *Die Zeugen Jehovas sind die am meisten angepassten Menschen auf der Welt*, auch wenn sie selbst sehr gut wissen, dass das nicht stimmt.

13.3.5 *Die Spencer-Untersuchung in Australien, 1975*

Diesem Psychiater zufolge sind Fälle von Schizophrenie bei Zeugen Jehovas fast dreimal höher als in der übrigen Bevölkerung und paranoide Schizophrenie tritt bei den Zeugen etwa viermal häufiger auf als bei Nicht-Zeugen.

Selbst wenn diese Untersuchungen zu verschiedenen Zeiten und in verschiedenen Ländern gemacht wurden, zeigen sie alle, dass das Niveau der psychischen Leiden bei den Zeugen Jehovas ein gutes Stück über dem Durchschnitt der gewöhnlichen Bevölkerung liegt. Meine persönlichen Erfahrungen und Beobachtungen stimmen mit diesen Untersuchungen gut überein. Ich glaube jedoch, dass der Durchschnitt höher ist, als es die verschiedenen Forscher angedeutet haben und dass wir nur die Spitze des Eisberges sehen. [7]

13.4 Ich habe zwei Gründe für meine Theorie

Erstens hat die Leitung der Zeugen Jehovas eine sehr negative Meinung von Psychologen, Psychiatern und allen anderen beratenden Institutionen. Die Wachtturmleitung rät den Zeugen Jehovas ab, professionelle Hilfe zu suchen und rät statt dessen den Mitgliedern der Sekte, die Ältesten in der Versammlung aufzusuchen. Sie raten nicht nur den Sektenmitgliedern davon ab, solche Fachleute aufzusuchen, sondern sie ziehen auch deren fachliche Qualifikationen sehr in Zweifel. Sie hätten keine Kenntnisse, sagt die Gesellschaft, sondern *Quasi-Kenntnisse*. Außerdem seien sie gewöhnlich Athe-

7 Die letztgenannte Information über die Untersuchungen ist dem Buch THE MENTAL HEALTH OF JEHOVAH'S WITNESSES, S. 24-37, von Jerry Bergman, Ph.D., Witness Inc., Clayton, Ca 94517, entnommen.

isten und Gottesleugner und unter starkem Einfluss Satans. Auf diese Weise schrecken sie die Sektenmitglieder davon ab, Fachleute aufzusuchen. Der Zweck kann kein anderer sein als der, die faktische Situation vor der Öffentlichkeit zu verbergen. Die Zeitschrift ERWACHET! der Wachtturmgesellschaft vom 8. Juni 1960 sagt dies im Klartext:

> *Zu einem der Psychiater dieser Welt zu gehen, wird jedoch für einen Christen dasselbe sein, wie eine Niederlage zuzugeben, es wird sein wie nach Ägypten um Hilfe zu reisen. Ez 31,1 . . . Wenn ein Zeuge Jehovas einen Psychiater aufsucht, wird der Psychiater oft versuchen, den Betreffenden glauben zu machen, dass die Schwierigkeiten durch seine Religion hervorgerufen sind und sie übersehen völlig, dass die Zeugen Jehovas jene Menschen sind, die sich am besten zurechtgefunden haben und die das glücklichste und zufriedenste Volk auf Erden sind . . . Sie haben weniger als irgendwer Bedarf für Psychiater. Immer mehr Psychiater nehmen übrigens Zuflucht zur Hypnose, welche eine teuflische Form von weltlicher Weisheit ist. Wenn ein Christ die Frage stellt: »Soll ein Christ sich an einen Psychiater wenden?«, so kann man sagen, dass er in mindesten 90 von 100 Fällen sich an einen oder den anderen reifen Christen wenden soll . . . Was man in solchen Fällen benötigt, ist deshalb nicht ein weltlicher Psychiater, der möglicherweise die Veränderung vollständig übersieht, die in deinem Leben stattgefunden hat und der nicht die Macht kennt, welche die Wahrheit und der heilige Geist Gottes haben, einem Menschen zu helfen, sich in eine neue Persönlichkeit zu kleiden. Was man braucht, ist eher ein reifer Christ, dem man sich anvertrauen kann, der lebhaft am Wohl und Wehe des Betreffenden interessiert ist und der nicht davor zurückschreckt, mit notwendigen Korrekturen oder Ratschlägen zu kommen, so dass man geheilt werden kann.*
>
> ERWACHET!

Einige Ausgaben der Zeitschriften WACHTTURM und ERWACHET! brachten im Jahre 1975 zwar Artikel, in denen die Wachtturmgesellschaft zugab (!!), dass es eine persönliche Angelegenheit sei, in der Psychiatrie Hilfe zu suchen, aber in den Artikeln wurde die gleiche verdammende Einstellung aufrechterhalten, die sie früher gegenüber dieser Berufsgruppe zeigten. Anstatt mitfühlend zu sein, schieben die Wachtturm-Artikel oft die Schuld für psychische Probleme den Leuten selbst zu. Z. B. hält das oben zitierte ERWACHET! die folgende *wissenschaftliche* Erklärung bereit:

> *Wenn ein Christ von einer psychischen Störung und von Problemen des Gefühlslebens befallen wird, so ist das oft deshalb, weil er nicht die Verbindung mit seinen Brüdern in der Gemeinschaft der neuen Welt gesucht hat. In eigensüchtiger Weise lässt er seine Gedanken sich um seine eigenen Probleme drehen, er ist voll Sorge und seine Gedanken kreisen stets um diese Dinge. Sehr wahrscheinlich hat er auch zu beten verabsäumt.*
>
> ERWACHET!

In den letzten Jahren hat die Wachtturmgesellschaft gestattet, dass Zeugen Jehovas in ernsten Fällen von Depressivität professionelle Hilfe aufsuchen. [8] Aber wegen ihrer fatalistischen Ansicht von der *Welt* sehen sie professionelles Gesundheitspersonal weiterhin mit Argusaugen an. Man hat u.a. im Jahre 1990 sogenannte *Krankenhausausschüsse* errichtet, welche eingelieferte Patienten vor dem Einfluss des Krankenhauspersonals und dem Außenstehender bewachen müssen. Dies stärkt meine Theorie, dass die Wachtturmgesellschaft ihr Misstrauen vor der Psychiatrie eigentlich nicht verändert hat. Ihre Sicht von der *Endzeit* und die Scheidung von *Böcken und Schafen*, die ihnen zufolge 1919 begann und vor dem Jahre 2000 vollendet sein sollte[9], ist auch verändert. Leider hat dieses *neue Licht* sonst nichts verändert. Angst und Furcht werden durch die Drohung, *die große Bedrängnis* stehe *direkt vor der Türe*, weiterhin am Leben erhalten.[10] Es ist den ZJ jetzt auch erlaubt, an einer Akademie oder Universität eine höhere Ausbildung zu erhalten, da aber *das Ende direkt vor der Türe steht*, sind es wenige, die alle neuen *Freiheiten* benutzen.

Zweitens ist die wesentlichste Ursache, dass, wie ich meine, psychische Leiden bei den Zeugen Jehovas häufiger sind, als die von mir erwähnten Untersuchungen zeigen, die, dass die meisten Betroffenen zwischen 10 und 40 Jahre alt sind und im Laufe der letzten 10 Jahre der Zugriff der Leitung auf die Anhänger noch härter und gnadenloser geworden ist. Die Wachtturmgesellschaft duldet nicht die geringste Abweichung oder den geringsten Widerspruch und alle Lehrsätze müssen ohne Fragen gutgeheißen werden. Viele Zeugen gehen deshalb mit ständiger Furcht vor Versagen umher. Sie benehmen sich gekünstelt, um ihre wirklichen Gefühle zu verbergen.

Viele haben die völlige Isolation nicht ertragen, die sie erlebten, nachdem sie die Sekte verlassen hatten oder von dieser *verstoßen* worden waren.

8 Siehe ERWACHET! vom 8. Oktober 1991 und vom 22. Juli 1993
9 WT vom 1. Januar 1989
10 WT vom 15. Oktober und 1. November 1995

Als Folge davon haben sich viele das Leben genommen, als direktes Resultat der Behandlung, die sie von der Wachtturmgesellschaft erfuhren. Damit meine ich auch die Behandlung durch Freunde und Verwandte. Auch wenn diese glauben, dass sie den Gesetzen und Geboten der Bibel folgen, ist ihr liebloses und unchristliches Benehmen eine direkte Ursache für mehrere - zig Selbstmorde hier im Lande[11] in den letzten 20–25 Jahren.

Zu Beginn der achtziger Jahre gab es eine große Demonstration vor dem Hauptquartier der Wachtturmgesellschaft in Brooklyn, New York zu der auf einem Transparent mit großen Buchstaben stand: DIE LEITENDE KÖRPERSCHAFT TÖTET.

Ein wichtiges Moment, welches die Situation für die Zeugen Jehovas nicht verbessert, besteht darin, dass die Wachtturmgesellschaft sie fast vollständig von der Umwelt isoliert hat. Viele sind mit der Lehre nicht einverstanden und würden gerne die Organisation verlassen, aber sie bleiben dabei aus Furcht, ihre Verwandten und Freunde zu verlieren. Nicht zu reden von allen den sehr unangenehmen Folgen, die mit einem Verlassen der Zeugen verbunden sind. Sie befinden sich in einer Gefangenschaft, wo die Verwandten und Freunde als Geiseln benützt werden.

Kraft meiner Stellung besuchte ich regelmäßig alle Familien in der Versammlung. Ich hatte im Voraus in Zusammenarbeit mit den anderen Ältesten in der Versammlung eine Art Besuchsliste und einen Plan erstellt und jeden Monat besuchte ein Ältester zusammen mit einem Diener der Versammlung eine oder mehrere Familien. Ich meinte (und bin immer noch der Meinung), dass die Hirtentätigkeit ein wichtiger Teil der Verantwortung ist, die einem christlichen Ältesten aufgetragen ist. Aber diese Hirtentätigkeit unter den Zeugen deckt viele Übel auf.

13.5 ERSCHÖPFUNGSDEPRESSIONEN

Viele, die ich besuchte, besonders Ältere, litten an Apathie oder geistiger Erschöpfung und bei mehreren fehlte das Interesse für die Vorgänge in der Versammlung. Andere waren kränklich und benützten dies als Entschuldigung dafür, dass sie nicht mehr für die *Wahrheit* tun konnten. Es gab auch viele, die ein völlig ausgebranntes Gefühlsleben hatten.

Mehrere fragten mich immer wieder, wann denn der versprochene Harmagedonkampf kommen würde. Es waren dies Menschen, die seinerzeit im *Dienst* sehr eifrig gewesen waren, aber nun, sowohl physisch als auch psychisch, an das Ende ihres Weges gekommen waren. Einige von diesen wa-

11 Anmerkung des Übersetzers: in Norwegen

ren jahrzehntelang Zeugen Jehovas gewesen. Einige hatten nie geheiratet. Sie waren treu dem *guten Rat* der Wachtturmgesellschaft gefolgt und hatten ihre Ehe zum Vorteil der *lebenswichtigen Arbeit* der Organisation geopfert, weil das *Ende* so nahe war. Einige hatten aus demselben Grund, obwohl bereits verheiratet, keine Kinder in die Welt gesetzt. Nun saßen sie in ihren alten Tagen alleine da. Ohne Kinder oder Enkelkinder, die sie besuchen konnten.

Der WACHTTURM (norwegisch) vom 1. Jänner 1939 schrieb:

»Es scheint in absoluter Harmonie mit dem göttlichen Willen zu sein, dass die große Volksmenge nach Harmagedon heiratet und sich formiert . . .«

Die Broschüre FACE THE FACTS aus dem Jahre 1938 schrieb auf Seite 46-47 und 50:

Sollte es für Sie mit der Schrift in Übereinstimmung sein, zu heiraten und Kinder aufzuziehen? Die von der Schrift gestützte Antwort lautet »Nein« . . . Es wäre besser, dem Herrn ohne Belastung zu dienen . . . und im Laufe von Harmagedon keine Hindernisse zu haben . . . Es sieht so aus, als ob die, welche zu heiraten überlegen, besser einige Jahre warten würden, bis Harmagedon vorüber ist.

Sogar noch 1950 lesen wir im TIME MAGAZIN: *Einige Zeugen glauben, dass das Kommende so nahe bevorsteht, dass sie Heirat und Kinderhaben bis nach Harmagedon verschieben.*[12]

Hier sehen wir wieder, dass die Leiter der Gesellschaft aufrichtige Zeugen Jehovas getäuscht haben, falschen Prophezeiungen zu glauben, sogar soweit, dass sie ihre Hochzeit verschoben, um dem Wachtturm einen Gefallen zu erweisen. Die Schriften sagen *nicht*, man solle die Hochzeit bis nach Harmagedon verschieben, *sondern* sie warnen uns vor jenen, die dies vorschlagen.

Der Ordnung halber sei darauf hingewiesen, dass keiner von der Oberleitung in Brooklyn zu der *großen Volksmenge* gehört!

Ich meine, dass diese Männer, die durch ihre starren Haltungen und durch ihre Regeln und Gebote über die Ehe anderen Leiden auferlegen, lesen sollten, was Paulus über sie schreibt (1 Tim 4, 1-3):

> *Sie werden sich an Geister halten, die in die Irre führen und an Lehren, die von bösen Mächten stammen. Sie werden von lügnerischen Heuchlern betrogen, die in ihrem Gewissen gebrandmarkt sind. Diese verbieten den Leuten die Heirat und fordern dazu auf, sich von gewissen Speisen zu enthalten, die doch Gott geschaffen hat, damit die,*

12 Time Magazine, 17. Juli 1950

welche glauben und die Wahrheit erkannt haben, sie mit Dank entgegennehmen.

1 TIM 4, 1-3

Ja, ich merkte eine deutliche Verbitterung unter vielen, die der Aufforderung der Gesellschaft gefolgt waren, von der Ehe und der Freude Abstand zu nehmen, Kinder in die Welt zu setzen. Es hört sich unwahrscheinlich an, dass jemand solchen Empfehlungen folgen kann, aber es ist deshalb nicht merkwürdig, wenn wir daran denken, dass die Zeugen Jehovas (und Mitglieder anderer Kulte) fortwährend mit unrealistischen Erwartungen über das Ende der Welt und mit einem Traum, dass das Reich Gottes innerhalb weniger Jahre eine Realität würde, gefüttert wurden. Wir dürfen nicht vergessen, dass die Zeugen Jehovas das glauben, was die Wachtturmgesellschaft ihnen erzählt. Salomon sagt hingegen in den Sprüchen 13, 12:

Langes Warten macht das Herz krank; ein Lebensbaum aber ist erfülltes Verlangen.

SPRÜCHE 13, 12

Andere Übersetzungen lauten:

Hingehaltene Hoffnung macht das Herz krank.

J.B. ROTHERHAM

Hoffnung, die sich dahinzieht, macht das Herz krank.

THE MODERN LANGUAGE BIB"-LE

Hingehaltene Hoffnung zerbricht des Menschen Geist.

RONALD KNOX

Die Wachtturmgesellschaft hat sich schuldig gemacht, das natürliche Verlangen der Leute nach dem Reiche Gottes auszunutzen und nutze ihre Kräfte und Möglichkeiten für den Gewinn der eigenen Organisation aus. Nach langjähriger Erfahrung und Umgang mit Menschen begann ich nach und nach überzeugt zu sein, dass die Lehre und die autoritäre Struktur der Wachtturmorganisation kranke Menschen hervorbrachte.

›Eine krankheitserregende Organisation‹, dachte ich besonders nach der bitteren Niederlage im Jahre 1975.

Die Organisation hat die absolute Kontrolle und daher sehr starken Einfluss auf das Leben jedes einzelnen Mitgliedes. Auf fast allen Gebieten wird auf die Familien negativ eingewirkt. In Familien, in denen nur ein Partner

Zeuge Jehovas ist, gibt es oft große Probleme, da die *Arbeit* für die Gesellschaft, die Versammlungen und die Vorbereitungen dazu, die meiste Zeit desjenigen Ehepartners beanspruchen, der *in der Wahrheit* ist. Zusätzlich gibt es ständige Konfrontationen wegen Feiertagen, Festen und anderen Dingen, welche der Nicht-Zeuge schätzt und von denen er will, dass die Kindern sich darüber freuen sollen.

In Ehen, wo beide Eltern Zeugen Jehovas sind, wird das anstrengende Leben der Eheleute eine negative Auswirkung auf die Kinder und umgekehrt wieder auf die Eheleute haben. Es bleibt wenig Zeit für das Familienleben, und man hat nie *frei*. Es ist immer *etwas zu tun*. Es ist ganz unmöglich, genügend von Tür zu Tür zu gehen.

Die Zeugen Jehovas behaupten, dass sie *glückliche Leute* sind, und dass sie in einem *geistigen Paradies* leben, aber die wahren Zustände sind ganz anders. Sie sind in der Tat so sehr anders, dass ich versucht sein könnte zu fragen, ob die Wachtturmleitung überhaupt die Definition des Wortes Paradies kennt! Viele sind unglücklich und mit einigen wenigen Ausnahmen fühlen sich die meisten in einer Zwangssituation. Wegen der harten und unbiblischen Regeln der Organisation gibt es viel Depression, Zweifel, Gefühl der Hoffnungslosigkeit, der Schuld, und eine Reihe anderer nachhaltiger Konflikte. Gerade bevor ein Zeuge austrat, sagte er tränenerstickt zu mir:

»Immer wieder habe ich die Ältesten um Hilfe gebeten. Jedesmal sagen sie, dass ich mehr studieren und mehr ins Feld gehen muss. Da würde sich alles ordnen, aber es wurde nicht besser. Auch andere klagen über den Mangel an Liebe. Es gibt keine Liebe unter uns, aber wohin sollen wir gehen. Wenn ich mit Freunden aus der Versammlung beisammen bin, dann sehe ich viel zweifelhaftes Benehmen. Sie trinken zuviel und ich sehe, dass verheiratete Leute miteinander flirten und ich weiß auch, dass einige Unmoral vorkommt. Ich möchte nicht mit solchen Leuten Umgang haben. Ich bin so niedergedrückt, dass ich mich mit dem Gedanken an Selbstmord trage«.

Etwas, was viele Konflikte schuf und mich tief verzweifelt machte, war, dass die Organisation ständig den Eindruck erwecken wollte, alles sei so ausgezeichnet und besonders gut. Indessen wusste ich sehr wohl, dass das überhaupt nicht mit den Tatsachen übereinstimmte. Die Welt gehörte Satan, und nichts *dort draußen* war es wert, gesammelt zu werden. »Alles ist Leere«, hörten wir die ganze Zeit. Wir betrachteten alle Menschen entweder als homophil, unmoralisch, als Betrüger oder als Materialisten. In Wirklichkeit trafen wir viele nette und muntere Menschen, die untereinander oft ein besseres Verhältnis hatten als wir selbst in der Wachtturmorganisation.

Nun sollten wir also diesen *bösen* Menschen über die feine Organisation erzählen, von der wir ein Teil waren und dass sie zur Wachtturmorganisation kommen mussten, wenn sie ewiges Leben erhalten wollten. Dies schuf einen schizophrenen Zustand und einen unaufhörlichen Kampf zwischen meinem Intellekt und der falschen Wirklichkeit.

Noch etwas, das zu den Problemen der Zeugen Jehovas mit ihrer psychischen Gesundheit beiträgt, ist, dass die Literatur, welche sie die ganze Zeit hindurch lesen müssen, eine bewusste und unaufhörliche Schwarzmalerei betreibt über alles und alle, die nicht zu *Gottes sichtbarer Organisation* gehören, alle, die nicht Zeugen Jehovas sind, ob es sich nun um Religionen oder um Menschen handelt. Es wird dauernd auf Kriege, Erdbeben, Kriminalität und die Schuld der Kirchen an dem Elend hingewiesen. Wenn einige Zeugen Jehovas zu einer *gemütlichen Stunde* zusammenkommen, wird dauernd über das gesprochen, was man im Wachtturm gelesen hat und über negative Ereignisse in der Welt. Es wird niemals untersucht, ob das, was im Wachtturm oder im ERWACHET! steht, auch tatsächlich stimmt. Krieg und Elend werden für das *Volk Gottes* als gute Neuigkeiten aufgefasst und auch so dargestellt.

Wie kann man einen gesunden Sinn erwarten, wenn man in diesem Maße damit beschäftigt ist, alles Elend der Welt in Prophezeiungen umzusetzen, als ob sie unsere eigene Gegenwart beträfen, und man sich die ganze Zeit auf das Ende der Welt konzentriert?

Deshalb kam ich selbst oft deprimiert von einer Versammlung heim, an der ich in meiner Eigenschaft als *vorsitzführender Aufseher* oder Ältester teilgenommen hatte, denn es gab dort immer 90 % Tadel und sehr selten Lob. Weder wir selbst noch die *gewöhnlichen* Glieder der Versammlung hatten irgendwann genug geleistet, es gab immer noch mehr, was wir *für Jehova* tun konnten.

Ich glaube, dass eine andere Ursache für psychische Probleme die langdauernde Isolation ist, in der viele Zeugen Jehovas leben. Die Organisation schafft eine Angst vor dieser *bösen* Welt und verkündet unaufhörlich, dass die Welt es auf einen abgesehen hat. Alle sind *darauf aus*, dich zu verfolgen. Aber innerhalb der Organisation ist das Zugehörigkeitsgefühl große Mangelware. Auch wenn ein Zeuge mit etwas nicht einverstanden ist, sei es nun eine Frage der Lehre oder etwas anderes, so wagt er das nicht laut zu sagen. Das würde Sanktionen und Unannehmlichkeiten mit sich bringen. Deshalb herrscht in den Versammlungen der Zeugen Jehovas eine Art KGB- oder Gestapo-Geist. Als Ergebnis dessen sind alle gegeneinander sehr misstrauisch. Man muss vorsichtig damit sein, was man sagt und zu wem man es überhaupt sagt. Erfahren die Ältesten etwas über einen *abtrünnigen*

Gedanken, so schlagen sie hart und erbarmungslos zu. Viele Zeugen Jehovas fühlen sich deshalb allein auf der Welt und haben niemanden, dem sie sich anvertrauen können. Sprechen sie mit jemandem in der Versammlung, so wird dies höchstwahrscheinlich den Ältesten zu Ohren kommen.[13] Mit Leuten außerhalb der Versammlung soll man nicht reden, weil diese unter dem Einfluss der Dämonen stehen. Im Grunde ein schreckliches Dilemma, das die Probleme noch weiter verstärkt.

Es wird immer, absolut immer, Gewicht darauf gelegt, noch härter für das *Reich Gottes* zu arbeiten, ohne Rücksicht darauf, wie hart man bisher *gearbeitet* hat. Viele haben sich deshalb von der *bösen* Welt isoliert, aber gleichwohl leben sie selbst in einem gefühlskalten System, in dem die Entfremdung eine Tatsache ist. Ohne wirkliche Freunde kann ein Mensch nicht leben, aber wirkliche Freunde soll man ja im Wachtturmsystem nicht haben. Die Loyalität soll auf die Gesellschaft gerichtet sein, nicht auf *Freunde* in der Versammlung. Das Ergebnis ist, dass keiner dem anderen trauen kann und sich schon gar nicht einem anderen anvertrauen wird. Alle werden dazu erzogen, sich gegenseitig zu denunzieren.

Lasst mich ein Beispiel anführen: In einem vertraulichen Gespräch sagst du zu einigen Freunden, dass ihr als Eheleute beschlossen habt, ein *Eheberatungsbüro* aufzusuchen. Alle in der Versammlung werden dies sehr bald wissen und es als sehr *unreif* betrachten. Vielleicht (lies: ganz sicher) werden die Ältesten (die natürlich einen Bericht über deine *unreife* und *dumme* Einstellung bekommen) ein Gespräch mit dir führen und dich zu überzeugen versuchen, dass es besser ist, solche Dinge mit ihnen in Ordnung zu bringen. Du wirst eine Anmerkung im Buch bekommen und du wirst eine gute Weile nach einem solchen *Fehltritt unter Aufsicht* gestellt werden. Das Ergebnis ist, dass du es sein lässt, dich jemandem anzuvertrauen, da dies sehr schnell Probleme mit sich bringt.

Ein Gefühl mangelnder Wertschätzung trägt auch zu den psychischen Problemen bei. Viele Zeugen Jehovas kamen mit Ideen und Vorschlägen und einige haben verschiedene Forschungsarbeiten an die Wachtturmgesellschaft geschickt, oft Projekte, welche auszuarbeiten mehrere Jahre intensiver Forschung benötigte. Ein Teil dieser Arbeiten wurde von qualifizierten Forschern auf verschiedenen Gebieten geleistet und mehrere von ihnen haben auf Fehler in der Organisation hingewiesen. Aber sie wurden nie angehört. Oft kommt es vor, dass der Betreffende überhaupt keine Antwort bekommt und die Gesellschaft fragen muss, ob sie seine Arbeit bekommen

13 Die Zeugen Jehovas sind verpflichtet, den Ältesten Mitteilung zu machen, wenn sie von Verhältnissen hören oder Vermutungen haben, welche die Ältesten *kennen sollten.*

hat. Die Antwort lautet oft: »Wir hatten keine Zeit gehabt, uns damit zu beschäftigen«.

Wenn ein Zeuge Jehovas so etwas macht, betrachtet die Wachtturmgesellschaft dies so, als ob er oder sie versuchen würde, sich hervorzuheben, *jemand zu sein*. Soweit die Gesellschaft sich überhaupt zu der einen oder anderen Reaktion herablässt, ist diese negativ. Die Standardantwort ist, dass man nicht »der Organisation Gottes vorauseilen« soll, sondern dass man »auf die Organisation warten soll«. Typisch ist, dass gute Vorschläge sich nach einigen Jahren doch durchsetzen. Aber da werden sie dann oft als *neues Licht* auf irgend etwas und ausnahmslos als eine Verordnung von Jehova durch den *treuen und verständigen Sklaven* in Brooklyn präsentiert.

In der Mitte der siebziger Jahre machten mehrere reisende Aufseher der Wachtturmgesellschaft auf die bedeutende Anzahl der Mitglieder in unserer Versammlung aufmerksam, die an Depressionen oder anderen psychischen Leiden litten. Einige Mitglieder waren mehrmals in psychiatrische Krankenhäuser eingeliefert worden. Andere standen unter polyklinischer Behandlung bei Psychiatern oder Psychologen.

Ich erinnere mich, wie ich als Aufseher darüber grübelte, warum so etwas wohl im *geistigen Paradies* möglich sei. Eines Tages entschloss ich mich, mit Willy Caron, einem der Leiter im Zweigbüro der Gesellschaft in Amsterdam, zu sprechen. Er war einer der höchsten Leiter der Arbeit der Zeugen Jehovas in den Niederlanden und war auch ausgebildeter Homöopath. Willy Caron hatte mir schon früher geholfen, einige Probleme in der Versammlung zu lösen und war ein Mann, zu dem ich großes Zutrauen hatte. Er antwortete, dass außer von mir auch von anderen unruheerweckende Fragen gestellt worden waren. Das Hauptquartier in New York sei unterrichtet und hätte versprochen, eine Reihe von Artikeln über Depressionen und Vorbeugungen dagegen zu verfassen. Abgesehen von Caron erhielt ich von den meisten Leitern die Antwort, dass Personen, die an Depressionen litten, nicht aktiv genug seien oder sich heimlich mit etwas beschäftigten, das ein schlechtes Gewissen und als Folge davon psychische Probleme verursachte. Wirklich große Probleme wurden allzu leicht unter den Teppich gekehrt. Auch die Artikelserie über psychische Leiden in den siebziger Jahren war meiner Ansicht nach nicht zufriedenstellend, da die eigentliche Ursache dafür, dass viele Zeugen Jehovas sich unglücklich fühlten, nämlich die destruktive Struktur der Gesellschaft und die unmenschlich hohen Anforderungen an ihre Mitglieder, nicht berührt wurden.

Die Ungewissheit, ob man den Harmagedonkampf überleben wird oder nicht, hat klarerweise ebenfalls einen schlechten Einfluss auf die psychische Gesundheit. Die Zeugen Jehovas müssen sich das ewige Leben verdienen, unter anderem durch die Tätigkeit von Haus zu Haus. Zusätzlich gibt es Myriaden anderer Regeln und Verordnungen, die man befolgen muss. Das Werk der Regeln erinnert sehr an das mosaische Gesetz. Die Lehre des Wachtturms hat auch viel mehr Ähnlichkeiten mit dem Judentum als mit dem Christentum. Die Ähnlichkeit mit dem mosaischen Gesetz läuft auch darauf hinaus, dass man vollkommen sein muss, indem man das Regelwerk auf Punkt und Strich genau befolgt. Wenn ein Zeuge nicht im *Feld* aktiv ist oder bezüglich des Besuches von Versammlungen *schwach*[14] ist, so ist die Vernichtung im Harmagedonkrieg das, was ihm *in nächster Zukunft* bevorsteht.

Diese ständige Ungewissheit schafft Angst und eine glimmende Furcht liegt die ganze Zeit auf der Lauer. Der Schrecken des *Versagens* liegt gleich unter der Oberfläche. Ich kannte Menschen persönlich, die ihr ganzes Leben lang gläubige Verkündiger waren, aber in ihren alten Tagen Selbstmord verübten, weil sie nicht imstande waren, mehr zu leisten!

Der Umstand, dass die ästhetischen Bedürfnisse der Zeugen nicht befriedigt werden, ist, glaube ich, auch eine der Ursachen für die schlechte psychische Gesundheit der Zeugen Jehovas. Die sich ständig ändernde Lehre der Zeugen Jehovas enthält keine Symmetrie und Ordnung, auch wenn sie behaupten, das es diese Eigenschaften sind, die Gott und sein Werk auszeichnen.

Was sie heute als absolute Wahrheit verkünden, ist morgen eine absolute Lüge. Viele Dinge, die wir lehrten oder früher gelehrt hatten, waren so lächerlich, dass ich mich oft schämte, sie zu erwähnen. Es gibt hunderte solcher lächerlicher Lehrsätze, die in vollem Ernst als *Wahrheiten* dargeboten wurden.

Lasst mich deshalb einige wenige Beispiele dieser sogenannten *Wahrheiten* aufzählen, aber ich muss mich einschränken, sonst wird das für sich allein ein Buch.

1. *Wir wollen biblische Beweise anführen, dass 1874 n. Chr. die genaue Jahreszahl für den Beginn der* Wiedererrichtungszeit *und daher für die Wiederkunft Christi war.* [15] Nun lehren die Zeugen Jehovas, dass Jesus im Jahre 1914 wiederkam.[16]

2. Das Ende der Welt und die Aufrichtung des Reiches Gottes hier auf

14 Alle, die nicht an sämtlichen 5 wöchentlichen Treffen teilnehmen, werden als *schwach* charakterisiert.
15 Schriftstudien 1889, Seite 170
16 Resonner ut fra skriftene (Unterredungen anhand der Schriften) 198

Erden wurde vorausgesagt für: 1874, 1878, 1914, 1915, 1918, 1925, 1941, 1975 und 2000.

3. Dass *die Erlösung der Heiligen vor 1914 stattfinden muss, ist klar.* Zehn Jahre später wurde behauptet, dass dies nach 1914 geschehen solle (Thy Kingdom come, Band III, Ausgabe 1919, Seite 228)[17]

4. Abraham, Isaak und Jakob würden im Jahre 1925 auferstehen. In San Diego, Kalifornien, hatten die Zeugen Jehovas ein Haus gebaut, *Beth Sarim* genannt, wo die Patriarchen wohnen sollten.[18]

5. Das Ende der Welt im Jahre 1925. *Auf der Grundlage der früher erbrachten Beweise dafür, dass diese Ordnung der Dinge, die alte Welt, nun am Ende ist und verschwinden wird, dass eine neue Ordnung der Dinge hervorbrechen wird und dass das Jahr 1925 Zeuge der Auferstehung der alten Gläubigen und des Beginnes der Wiedererrichtung sein wird . . . dass Millionen von jetzt lebenden Menschen niemals sterben werden.*[19]

6. Die Entdeckungen und Erfindungen, die nach 1874 gemacht wurden, waren der Wachtturmgesellschaft zufolge ein Beweis dafür, dass Jesus in diesem Jahr gekommen war. Welche Entdeckungen und Erfindungen deuten auf Jesu Nähe?

> *Wir wollen bloß einige davon erwähnen, die seit 1874 gemacht wurden, als weiterer Beweis dafür, dass das Licht der Nähe des Herrn dabei ist, die Erde zu erfüllen: Aluminium, antiseptische Chirurgie, automatische Kupplungen, Automobile, Zelluloid, Zentrifugen, Fahrräder, Dampfmaschinen, Dynamit, Dynamos, elektrische Eisenbahnen, elektrische Kochapparate, Elektroschweißen, Flugzeuge, Phonographen, Gasbeleuchtung, Gasmotoren, Kassenapparate, Korrespondenzschulen, lebende Bilder, Pasteurisation, Radium, Rechenmaschinen, Röntgenstrahlen, Schreibmaschinen, Wolkenkratzer, Setzmaschinen, Telefone, drahtlose Telegraphie, Zahnstochermaschinen.*[20]
>
> GUDS HARPE

17 Studier i skriften (Schriftstudien) 1891, S. 228

18 Dies wird in mehreren Ausgaben des WACHTTURM und ERWACHET! sowie in anderer Literatur besprochen.

19 Millionen jetzt lebender Menschen werden nicht mehr sterben, 1920, S. 66, 72

20 Guds Harpe (Die Harfe Gottes), S. 219, 22

7. Impfungen waren für die Zeugen Jehovas und ihre Kinder zwischen 1931 und 1952 verboten. *Impfung ist ein direktes Verbrechen gegen den ewigen Bund, den Gott schloss . . .*[21]

8. Organtransplantationen waren zwischen 1967 und 1980 verboten und wurden in der Literatur der Gesellschaft *Kannibalismus* genannt. Die Zeugen Jehovas wurden gezwungen, sich zu Blindheit zu entschließen, bevor sie in eine Hornhauttransplantation einwilligten oder zu sterben, statt eine neue Niere zu bekommen.[22]

   Dies hatte natürlich ernste Folgen, da viele ihr Augenlicht verloren haben, weil es einmal verboten war, eine neue Hornhaut von jemand anderem zu bekommen. Damals waren solche Dinge *Kannibalismus* und es ist sicher ein magerer Trost für jene, die heute blind sind, dass es sich später erwies, dass sie ohnehin nicht *Kannibalen* gewesen wären.

   Wie viele Kinder und Erwachsene ihr Leben verloren, weil die Wachtturmgesellschaft Bluttransfusionen verbietet, kann ich nur schätzen; es handelt sich um Tausende. Zur Bluttransfusion sagten die Zeugen Jehovas im Jahre 1945:

   Gott hat nie Bestimmungen erlassen, welche den Gebrauch von Medizinen, Impfungen oder Bluttransfusionen verboten . . . Jehova mit unserem ganzen Verstand zu dienen bedeutet, dass wir diesen nicht außer acht lassen, besonders wenn es sich um ein Menschenleben handelt, das Jehova geweiht und daher heilig ist.[23]

   Danach erhielt jedoch die Organisation *neues Licht* und daher hat eine Unzahl von Menschen ihr Leben verloren. Jene, welche Bluttransfusionen bekamen und am Leben blieben, wurden ausgeschlossen. Die Wachtturmgesellschaft hat überall auf der Erde viele tausend Menschen dadurch in den Tod getrieben, dass man ihnen Organtransplantationen und andere lebensrettende medizinische Behandlungen verbot.

9. DER WATCHTOWER vom 15. Juli 1971, S. 133-139 sagt, dass das buchstäbliche Herz des Menschen Sitz unserer Gefühle, unseres Verhaltens und unserer Werte ist. Aber Menschen mit einem Kunststoffherzen

21 The golden age, 4. Februar 1931

22 Vakttårnet, 1. April 1968, S. 165

23 Die niederländische Monatsschrift der Zeugen Jehovas, VERTROOSTING, September 1945, S. 165

erlebten keine Veränderung ihres Gefühlslebens, nachdem sie ein solches Herz bekommen hatten. Die Lehre, dass der Mensch mit dem Herz und mit den Nieren denkt und nicht mit dem Gehirn, wurde von der Wachtturmgesellschaft bis 1986 aufrechterhalten.

10. Fragtest du einen Zeugen Jehovas, ob die Menschen in Sodom auferstehen würden, so erhieltest du folgende Antworten:

Ja	WATCHTOWER vom Juli 1879, S. 8
Nein	WATCHTOWER vom 1. Juni 1952, S. 338
Ja	WATCHTOWER vom 1. August 1965, S. 479
Nein	WATCHTOWER vom 1. Juni 1988, S. 31
Ja	LIFE FOREVER (frühere Ausgabe) S. 179
Nein	LIFE FOREVER (spätere Ausgabe) S. 179
Ja	INSIGHT bind 2, S. 985
Nein	REVELATION, S. 273

Fragtest du einen Zeugen Jehovas, ob er zu einem Ausgeschlossenen *Hallo* sagen dürfe, so erhieltest du folgende Antworten:

NEIN	1972
JA	1974
NEIN	1981

Das Unglaublichste ist, und dies ist eigentlich die Ursache dafür, dass diese Zustände so große psychische Probleme hervorbringen, dass die größten Feinde der Zeugen Jehovas sie selbst sind, ihr eigenes Gehirn (da sie nun begonnen haben, dieses anstatt der Nieren zum Denken zu gebrauchen), da sie die ganze Zeit das *alte Licht vergessen* und ständig *neues Licht* annehmen müssen. Dazu kommen noch die Angst und der Schrecken vor der Strafe. Es ist nämlich nicht nur sehr wahrscheinlich, dass eine Zeuge Jehovas, der *Ja* meint, wenn die *richtige* Ansicht *Nein* ist, wegen *Abfall* ausgeschlossen wird. Es ist sicher! Ebenso sicher ist es, dass der gleiche Mensch deshalb ausgeschlossen wird, weil er eine Meinung hat, derentwegen er ein paar Jahre später ausgeschlossen würde, wenn er sie nicht hat.

13.6 VERSCHIEDENE URSACHEN FÜR DIE PSYCHISCHEN PROBLEME DER ZEUGEN

Die Erfahrungen, die ich machte, stimmen mit den Erfahrungen die eine Reihe anderer ehemaliger Zeugen beschrieben haben, überein. Was in diesem Kapitel behandelt wird, ist eine Mischung ihrer und meiner Erfahrungen. Ursachen für die schlechte psychische Gesundheit der Zeugen Jehovas sind mir zufolge:

- Ständige Veränderungen in den Lehrsätzen.
- Abnormale Aufmerksamkeit für Dinge, welche die meisten Menschen mit gutem Recht als unwesentlich betrachten würden und sie als Sünde zu bezeichnen.[24] Kleine und unbedeutende Dinge werden oft zu unwirklichen Dimensionen aufgeblasen. Als Beispiel für einen solchen *Sturm im Wasserglas* kann ich erwähnen, was geschieht, wenn ein Zeuge Jehovas wegen Müdigkeit oder anderen Ursachen einige Male von den Versammlungen fernbleibt. Normalerweise kommen ein oder zwei Älteste zu Besuch und sagen: »Wir haben dich in den letzten Wochen bei keiner Versammlung gesehen, Bruder Wilting. Wir sind um dich besorgt, Bruder Wilting. Du könntest von der Wahrheit abfallen. Wir glauben, dass du Hilfe brauchst.«

13.7 Die Geschichte vom gestreiften Hemd

Wenn die Organisation sagt, schwarz ist weiß, so musst du akzeptieren, dass es weiß ist, weil die Organisation es sagt. Ich geriet in eine verzweifelte Situation. Die harte und starre Haltung, die mir begegnete, war unfassbar. Die Organisation und ihre Repräsentanten verweigerten jede Form von Dialog. Der Fehler lag bei mir. Ich war *aufrührerisch*. Ein gefährliches Element, das in den *Ältestenkörper* einen Keil trieb. Ich war überheblich und wollte Jehova *vorauseilen*.

Was hatte ich getan? Warum sah die Leitung der Wachtturmgesellschaft mich als *aufrührerisch* an, warum behaupteten die anderen Mitglieder des Ältestenrates der Versammlung, ich treibe einen Keil zwischen sie? Die Geschichte ist ebenso tragisch wie offensichtlich dumm, aber hinter den *Dummheiten* versteckte sich eiskalte Manipulationstechnik. Die Gruppenzugehörigkeit ist für die Machtposition der Gesellschaft wesentlich und ich hatte gewagt, diese Politik *herauszufordern*. Folgendes war geschehen.

24 Z.B. war es tabu, Bilder an den Wänden zu haben, wo in einer Gesamtsicht auch ein Kirchturm abgebildet ist. Ich kenne Leute, welchen Zeugen Jehovas wurden und nach ihren neuerworbenen *Wahrheiten* wertvolle Gemälde wegwarfen. Einer meiner Freunde (ZJ) kaufte einmal eine teure Hängeglocke. Oben auf der Glocke befand sich eine Atlas-Figur, welche die Erdkugel auf ihren Schultern trug. Da Atlas ein mythologischer Gott war, durfte man die Figur selbstverständlich nicht akzeptieren. Er entfernte daher den *falschen Gott* und zerstörte dadurch das schöne ästhetische Aussehen der Glocke.

1974 nahm ich an einem Ältestentreffen unter der Regie der Wachtturmgesellschaft teil, bei dem einer der niederländischen Repräsentanten der Gesellschaft dieses Seminar leitete. Steenkamp, der Bezirksdiener war, sprach über Mode und Kleidung, das Thema betraf unter anderem das Verbot der Wachtturmgesellschaft für Männer, farbige Hemden zu tragen, einen Bart zu haben und andere *biblische* Regeln. Zu dieser Zeit leitete ich ein Bibelstudium, an dem ein Drogensüchtiger teilnahm. Er hatte gerade begonnen, die Treffen zu besuchen. Er hatte jedoch große Probleme, zu verstehen, dass man das Haar zu einer *theokratischen* Frisur schneiden lassen müsse und es war für ihn noch schwerer, zu verstehen, dass er keinen Bart tragen durfte. Ich hatte natürlich persönlich große Probleme, ihm dafür eine *biblische* Begründung zu geben und nahm mir deshalb die unerhörte Freiheit, Steenkamp danach zu fragen. Nun wird der Leser sicher meinen, es sei richtig, zu fragen, wenn man etwas nicht weiß. Aber das ist völlig falsch. Man muss das annehmen, was gesagt wird und darf nicht die Zeit der Repräsentanten der Gesellschaft mit dummen Fragen vergeuden.

Ich erhob die Hand und Steenkamp unterbrach seine Vorlesung, zeigte auf mich und sagte: »Ja, Wilting?«

Ich erklärte ihm die Situation und auch, dass ich gewisse Probleme damit hatte einzusehen, dass man Leute verpflichtete, ihren Bart abzurasieren und den Versammlungsmitgliedern verbot, farbige Hemden zu tragen usw. Auf diesen *Aufruhr* folgte tiefe Stille. Man hätte die berühmte Stecknadel fallen hören können und alle warteten gespannt, wie Steenkamp auf eine so *aufrührerische* Haltung, die Regeln der Wachtturmgesellschaft betreffend, reagieren würde.

Steenkamp stand eine Weile da und sah mich nur an, dann begann er zu erklären, dass Zeugen Jehovas in moslemischen Ländern niemals Alkohol trinken würden, um bei den Moslems keinen Anstoß zu erregen. Mit der Zeit jedoch merkte er, dass der Vergleich danebengegriffen war, da man das Tragen eines Bartes in den Niederlanden wohl nicht mit dem *sich einen Rausch antrinken* im Iran vergleichen kann. Das Resultat war, dass er plötzlich aufstand, tief Luft holte, im Gesicht krebsrot wurde – und explodierte.

»Ich werde solche dumme Fragen nicht diskutieren!« schrie er. Mit zitternden Fingern zeigte er auf mich. »Ich weiß, woher du solche Gedanken hast. In Skandinavien ist die Haltung diesen Dingen gegenüber viel zu schlapp, deshalb haben wir dort auch so wenig Zuwachs«, donnerte er. Für ihn war damit die Sache *aus der Welt*.

Für mich war die Sache damit keinesfalls erledigt, da ich auf meine Frage keine andere Antwort als einen Wutanfall bekommen hatte von jemandem, der keine vernünftige Antwort geben konnte, wenn er es auch noch so versuchte. Jesu Worte über farbige Hemden, Schleifen oder Krawatten, Fasson von Kragen usw. sind ziemlich vage – um es auf diese Weise zu sagen. Die Angelegenheit führte dazu, dass ich eine Anmerkung *im Buch* bekam und solche Anmerkungen werden niemals gelöscht. Sie werden in regelmäßigen Abständen hervorgeholt, um zu kontrollieren, ob der betreffende *Verbrecher* sich ohne weiteres Aufheben offenbar wieder eingereiht hat.

Aus eigenem Interesse fuhr ich oft nach Dänemark und nahm dort an Treffen der Zeugen Jehovas teil. Auf einem Treffen in Dänemark hatte ein Redner ein farbiges Hemd an. Ich erinnere mich noch genau, dass es dunkelbraun war und ich dachte, auch ich könnte es wagen, ein wenig die Regeln, das weiße Hemd betreffend, zu verletzen. In einem Geschäft fand ich ein weißes Hemd mit einigen dünnen roten Streifen. Ich fand es im Vergleich zu den einfarbigen weißen Hemden, die ich jetzt 20 Jahre lang getragen hatte, sehr schön. Dieses Hemd hatte ich an, als ich einen öffentlichen Vortrag hielt, ein Spiel auf Kosten des Gewissens anderer. Hätte ich nur das nicht getan! Tags darauf erschien bei mir daheim ein Komitee und einer der Ältesten behauptete, er habe wegen des ungeheuerlichen Verstoßes gegen Takt und Ton die ganze Nacht nicht geschlafen. Die Sache wurde natürlich dadurch nicht besser, dass ich meinte, dies sei kein Verbrechen und dass ich zu behaupten wagte, es wäre meinem Gewissen überlassen, ob ich ein Hemd mit oder ohne Streifen haben wollte. Die Ältesten waren offensichtlich über eine solch abtrünnige Einstellung erregt und behaupteten bei dieser Gelegenheit, ich triebe einen Keil in den Ältestenkörper.

Der Ältestenrat der Versammlung hielt in dieser Angelegenheit ein Treffen ab. Fünf erwachsene, ernsthafte Männer verbrachten einen ganzen Nachmittag damit, herauszufinden, wie sie dieses Problem angehen sollten und fanden sich schließlich bemüßigt, eine Notiz in der Sache *Wilting und das gestreifte Hemd* an die Wachtturmgesellschaft zu senden. Sie teilten der Gesellschaft mit, dass ich *den Regeln der Gesellschaft, Mode und Kleidung betreffend, nicht mehr folgte.*

Hinter meinem Rücken warnte der reisende Kreisaufseher die anderen Ältesten, dass ich in der Versammlung ein störendes Element sei. Das breitete sich wie ein Lauffeuer aus und bald merkte ich, wie mich die ganze Versammlung als Abtrünnigen betrachtete, obwohl ich offiziell noch Mitglied der Organisation war.

Ich verstand damals wenig davon, dass dies eine bewusste Strategie der Wachtturmgesellschaft war, alle, die abweichende Meinungen haben und über die sie nicht die volle Kontrolle haben, zu isolieren. Da sie mit Absicht ihren Anhängern erlauben, in der Verkündigungsarbeit Lügen zu benutzen, ist es nicht verwunderlich, dass sie einen Menschen bewusst in den

Wahnsinn treiben, um die *theokratische Organisation* zu schützen. Der Einzelne zählt nicht.

Es begann mit der *ernsten Angelegenheit* bezüglich des gestreiften Hemdes, die nach einigen Runden in den verschiedenen Gremien damit endete, dass ich meiner Stellung als vorsitzender Aufseher und auch als Versammlungsältester enthoben wurde. Nach Ansicht der Gesellschaft konnte man Dissidenten nicht tolerieren. Nicht wegen des gestreiften Hemdes, das kümmerte die Gesellschaft nicht, sondern weil ich keinem wie immer gearteten Befehl folgte, ohne aufzubegehren.

Was eigentlich eine normale Sache ist, dass sich nämlich ein Mensch etwas zurückzieht, um die vielleicht dringend benötigte Ruhe zu bekommen, wird zu einem Problem gemacht. Es spielt keine Rolle, warum man nicht zur Versammlung im Königreichssaal gekommen ist. Der Beweis ist klar: man war nicht da! Damit, dass man glaubt, dass die Ältesten von Gott ernannt sind, sieht man sie auch als Gottes Stellvertreter an. Eine Rüge von den Ältesten wird fast so aufgefasst, als ob Gott selbst einen gerügt hätte. Die wirkliche *Sorge*, welche die Organisation um einen hat, ist die, dass in der regelmäßigen Indoktrinierung von Woche zu Woche keine Pause entstehen darf, da die Leiter sich über die Gefahr im Klaren sind, wenn man selbst zu denken beginnen begänne. Dafür sind diese Besuchsregeln eingerichtet.

Der kolossale soziale Druck, den es für Mitglieder bedeutet mit unbezahlter Arbeit befasst zu sein, Arbeit, die in ökonomischer Hinsicht unproduktiv ist, wie der *Vermittlung* von Literatur von Tür zu Tür, bei der die Zeugen Jehovas außerdem wissen, dass diese Literatur oft überhaupt nicht gelesen wird, macht die Arbeit im Großen und Ganzen auch in *geistiger* Hinsicht unproduktiv. Eine Untersuchung der eigenen Statistik der Wachtturmgesellschaft zeigt, dass man weit mehr als 5.000 Stunden für jedes neue Mitglied verkünden muss. Wen man dann noch berücksichtigt, dass ein sehr großer Teil dieses sogenannten *Zuwachses* die eigenen Kinder sind, die aufwachsen und getauft werden, so kann man veranschlagen, dass man mehr als 15.000 Stunden Verkündigung je neuen Proselyten in der Sekte braucht. Anders ausgedrückt: *9 Jahre Arbeit, 37,5 Stunden pro Woche!* Das muss für Kulte, die sonst bei der Werbung von Mitgliedern sehr tüchtig sind, ein negativer Rekord sein.[25]

25 Diese Arbeit hat also nicht in erster Linie den Zweck, neue Mitglieder zu werben, sondern das Einheitsgefühl, die Gruppenidentität, aufrechtzuerhalten. Das ist ein sehr wichtiger Bestandteil der Gedankenkontrolle. Siehe Steven Hassan: Combatting Cult Mind Control (deutsch: Ausbruch aus dem Bann der Sekten)

Deutliche und schwerwiegende lehrmäßige Probleme, die für alle belesenen und denkenden Mitglieder oder für Personen, die Wissen aus anderen Quellen als denen der Wachtturmgesellschaft beziehen, existieren offenbar sind. Der Leser kann sich sicher vorstellen, wie es für einen Arzt gewesen sein muss, der vor 1986 Zeuge Jehovas war. Denk, was er fühlte, als er verkünden musste, dass der Mensch mit den Nieren denkt! Ich bin überzeugt, dass er nicht übereifrig war, diese *wunderbare Wahrheit* seinen Chirurgiekollegen im Krankenhaus zu verkünden. Das Ergebnis sind Zweifel und Depressionen.

Die Furcht, dass man das ganze Leben auf falschen Voraussetzungen aufgebaut hat, kann sehr traumatisch sein. Prophetische Irrtümer – wie 1914 und 1975 – samt Myriaden von anderen, sind Beispiele von solchen glaubensmässigen *Landminen*. Man muss die ganze Zeit äusserst vorsichtig auftreten, sonst geht der Schuss nach hinten los.

Der völlige Mangel an Wertschätzung von seitens der Wachtturmgesellschaft, den die Zeugen erleben, die ständige *Ermunterung*, mehr zu leisten, vermehren die Probleme. Sie müssen der Gesellschaft und ihren Interessen dienen und die eigenen individuellen Bedürfnisse und Ziele müssen immer für die *Interessen des Reiches Gottes* geopfert werden.

Jedesmal, wenn ich Lust bekam, meine mangelhafte Schulbildung zu verbessern, wurden solche Lüste durch die Literatur der Wachtturmgesellschaft und das Abraten reisender Repräsentanten gründlich torpediert: Es sei töricht, auf eine *weltliche* Karriere zu setzen. Man möchte ja aus Furcht vor den anderen nicht töricht sein.

Als mehrere meiner eigenen Kinder und viele andere Kinder, die ich kannte, an der *Verkündigung* teilnahmen, stellte ich oft fest, dass ihre Hände und ihr Gesicht mit Schweiß bedeckt waren. Die Gesichter zeigten oft auch ein aufgesetztes nervöses Lächeln. Niemand kann mich glauben machen, eine solche aufgezwungene Aktivität sei für ein Kind oder auch für einen Erwachsenen gesund. Besonders wenn man sich unbewusst darüber klar war, dass viele Dinge, die man auswendig gelernt hatte, reiner Frevel waren.

Druck von außen erzeugt oft verschiedene Konflikte zwischen den Regeln der Gesellschaft und dem Gewissen des einzelnen Zeugen. Als Beispiel kann man die Verbote, die Flagge zu grüßen, Militärdienst zu leisten, Geburtstage oder Weihnachten zu feiern, die Hochzeit eines Nicht-Zeugen zu feiern oder die Teilnahme an einem kirchlichen Begräbnis nennen. Die meisten Zeugen Jehovas haben kein Problem, den Militärdienst zu verweigern, darunter leidet ihr Gewissen nicht. Schlechter ist es damit bestellt, dass sie am 17. Mai (Anm. d. Übers.: norwegischer Nationalfeiertag) praktisch nicht die Stadt besuchen können, da dies die *Teilnahme* an einer heidnischen Feier wäre. Die Kinder bekommen schwere Probleme in der Schule, da sie nicht aufstehen dürfen, wenn die Flagge gehisst oder die Nationalhymne gespielt wird. Sie dürfen auch nicht die Mütze abnehmen. Wenn dies geschieht, dann das wird als *Teilnahme* am Götzendienst angesehen. Dies schafft einen starken Druck. Dass die Leitung der Wachtturmgesellschaft dafür kein Verständnis hat, zeigt, wer eigentlich derjenige ist, der *Quasi-Kenntnisse* besitzt.

Es gibt auch innerhalb der Versammlung Statuskonflikte. Zum Ältesten ernannt zu werden, wird unter den Zeugen Jehovas als hoher Status betrachtet. Ebenso der Pionierdienst. Um Status zu erhalten, muss der Weg oft über den Pionierdienst gehen. Deswegen nehmen alle *reifen* Brüder an einer Art Wettrennen teil. Deshalb wird Verleumdung und Kritik verwendet, deshalb liegt oft ein mehr oder weniger gut verhehlter Hass unter der glänzenden Oberfläche der Versammlung. Neid und Bitterkeit gegenüber dem, der einen Status erreicht hat, ist oft das Ergebnis. Die Frauen der Versammlung erhalten dadurch Status, dass ihr Mann Ältester wird. Deshalb gibt es oft einen Kampf unter ihnen, um den am meisten *geistig gesinnten* Mann zu bekommen, da dies die einzige Möglichkeit für sie ist, Status zu erhalten. Selbst können sie bei den Zeugen Jehovas niemals *etwas werden*, denn die Frauen sollen *in der Versammlung schweigen*, außer sie werden etwas gefragt.

Langeweile: die fünf wöchentlichen Versammlungen sind für viele peinlich langweilig. Den Zeugen wird empfohlen, Berufe ohne besondere Verantwortung zu ergreifen, keine Überstunden zu machen usw. Die Erklärung dafür ist natürlich, dass Verantwortung im Beruf das Risiko des Zeitverbrauches mit sich bringt. Die Zeit soll im Dienste der Gesellschaft benutzt werden – nicht für den weltlichen Arbeitgeber. Mit der Einstellung, welche die Wachtturmgesellschaft zur Ausbildung hat, ist natürlich das Risiko für einen Jünger, eine übergeordnete Stellung zu bekleiden, äußerst minimal . . .

Die Zeugen sind daher oft gezwungen, ein sparsames Leben mit wenig Luxus zu führen (Materialismus – pfui!) Sie müssen daher eine endlose Reihe von langweiligen und monotonen Aktivitäten akzeptieren. Außer der Neuen Welt und dem nächsten Wachtturm oder der nächsten Versammlung gibt es wenige Dinge, auf die sich ein Zeuge Jehovas freuen kann. Geld, das vielleicht übrigbleibt, kann vorteilhaft zinsenfrei an die Wachtturmgesellschaft verborgt oder natürlich als *freiwilliger Beitrag* gespendet werden. Der Witz dabei ist, dass niemand die Zeit und Möglichkeit haben soll, andere Aktivitäten auszuführen als die, welche die Gesellschaft auszuführen bestimmt.

Was ich viele Jahre hindurch als Widerspruch erlebte, waren die wiederholten Behauptungen des Wachtturms, dass *Jehovas Zeugen jene Menschen sind, die sich am besten zurechtgefunden haben, und welche die glücklichsten und zufriedensten Leute auf der Welt sind*[26] Ebenso wird es im Psalm 144,5 gesagt: *Glücklich ist das Volk, dessen Gott Jehova ist!*[27]

Im Gegensatz dazu fühlte ich mich sehr oft ganz elend und unglücklich wegen der vielen unbeantworteten Fragen, über die ich grübelte. Die Leitung in Brooklyn wollte mich glauben machen, dass der Fehler dafür bei mir lag, dass ich mich nicht glücklich fühlte. Das ist eine Standard-Kultprozedur.

13.8 Ursachen dafür, dass viele Zeugen Jehovas sich unglücklich fühlen

- Sie sind dauernd mit Weltproblemen beschäftigt, und konzentrieren sich auf negative und destruktive Ereignisse.

- Sie misstrauen allen Menschen, auch anderen Zeugen.

- Sie fürchten sich vor allen Menschen, denn diese sind potentielle Diebe, Drogenabhängige, Homosexuelle, usw.

- Sie haben sich auch den Mitgliedern der Versammlung entfremdet. Wegen der systematischen Spionage und dem Spitzelsystem wagen sie es nicht, über ihre Zweifel, kontroversen Ansichten usw. vertraulich zu sprechen. Alle werden von allen überwacht. Die Ältesten bekommen Berichte über alle. Zum Beispiel war es vor nicht allzu langer Zeit verboten, im farbigen Hemd zum Rednerpult zu gehen. Ein Verstoß dagegen führte dazu, dass einem in der Versammlung die Dienstvorrechte genommen wurden. Wenn jemand anderen gegenüber in der Versammlung sich darüber äußerte, dass er mit den Ansichten der Gesellschaft über Mode, Kleidung und Haarschnitt nicht übereinstimmte, so konnte dies zu kräftigen Sanktionen seitens der Ältesten führen. Solche Ansichten wurden als *Aufruhr* oder *Spaltung* der Versammlung definiert. Auch wenn das Thema unwesentlich war, sollte damit Macht demonstriert werden.

26 Våkn Opp! (Erwachet!) 8. Juni 1960

27 Den Nye Verdens Oversættelsen (Die Neue-Welt-Übersetzung), dänische Ausgabe (von der Wachtturmgesellschaft verfertigt)

- Sie haben keine wirklichen Freunde. Um psychisch im Gleichgewicht zu sein, braucht man Freunde.

- Wegen der gehemmten Gefühle werden schnell psychische Probleme entwickelt.

13.8.1 Ernste soziale Probleme der Zeugen untereinander

Die Zeugen ziehen weit öfter als die Durchschnittsbevölkerung um. Das ist in vielen Ländern ein typischer Zug. Die Ursache liegt oft in ihrem sozialen Verhalten. Wenn man in eine neue Versammlung kommt, so ist man von allen begeistert und alle sind von einem selbst begeistert. Doch nach 6 Monaten hat man wieder einmal die Fehler jedes einzelnen entdeckt und wieder einige in die falsche Kehle bekommen. Die anderen entdecken auch Fehler und lieben einen nun nicht mehr so sehr. Oft entwickeln sich zwischen den Zeugen so viele Antipathien, dass Umzug der einzige Ausweg bleibt. Man denkt dann: ›Mit dieser Versammlung stimmt etwas nicht.‹ Aber nach kurzer Zeit in einer neuen Versammlung ist die Situation wieder dieselbe. Das Ergebnis ist oft, dass man sich völlig isoliert und jeden Kontakt mit den Anderen in der Versammlung vermeidet. Dann werden die Probleme wirklich schlimm. Da sie ja Zeugen Jehovas sind, dürfen sie sich mit den *Leuten in der Welt* nicht abgeben, da diese unter Satans Einfluss stehen, statt dessen bleiben sie daheim sitzen.

Die Ursache ist offensichtlich. Die Religion der Zeugen Jehovas legt Wert darauf, dass man das Heil durch Ausüben der Werke der Wachtturmgesellschaft erreicht. Es ist daher natürlich, dass alle Werke und das gesamte Auftreten mit Argusaugen verfolgt wird. Wenn man kein Mustermodell für die Wachtturmgesellschaft ist, werden sich viele fürchten, sich mit einem abzugeben und der Älteste wird andere Mitglieder direkt davor warnen. Wenn sich jemand dennoch mit dir abgibt, kann deine *Bosheit* und dein *unabhängiges Denken* auch bei anderen verursachen, dass sie verloren gehen, sagt der Ältestenrat. Deshalb musst du schlau sein, ein Plastiklächeln aufsetzen und so tun, als ob alle beste Freunde wären, Gottes Kinder im *geistigen Paradies*.

Aus diesen Gründen stehen Jehovas Zeugen dauernd unter Stress und sind gegenüber allen, die etwas anders sind, skeptisch – um nicht zu sagen, misstrauisch. Ich erinnere mich sehr gut an das, was oft bei Treffen und Versammlungen gesagt wurde: »Nicht alle in der Organisation sind echte Zeugen Jehovas.« Was geschieht also nach solchen Bemerkungen? Man beginnt, mit Argusaugen aufeinander zu sehen und zu denken: ›Er oder sie ist kein echter Zeuge Jehovas.‹ Daher verlässt man sich auch nicht aufeinander und misstraut allen und jedem.

Auf welche Weise kann man in den Augen der Zeugen Jehovas *anders* sein? Der Unterschied kann darin bestehen, dass man eine gute oder eventuell auch keine Ausbildung hat. Das Letztere ist übrigens nicht ungewöhnlich. Zeugen sind gegenüber Menschen mit höherer Ausbildung misstrauisch. Besonders Leute mit Universitätsausbildung haben es schwer. Es gibt nicht so viele von ihnen, aber wie haben sie es dort unter all den *unmoralischen* Menschen so lange ausgehalten? Es ist fast tragisch, eine Universitätsausbildung oder einen Doktorgrad zu haben. Warum? Weil dies für die Wachtturmgesellschaft eine Bedrohung darstellt. Alle Menschen mit guter Ausbildung sind eine Bedrohung. Die Leitung hat Probleme, mit diesen umzugehen. Deshalb ist die Wachtturmgesellschaft ständig damit beschäftigt, die gut Ausgebildeten zu demütigen. Man muss sie herabsetzen! Besonders Menschen, die tüchtig waren, zum Beispiel Künstler, Musiker oder Schauspieler. Man pflegt zu sagen: »Du darfst dir nichts einbilden. Ich weiß, dass du Schauspieler bist, aber du bist genauso wie einer von uns«. Was ist der Zweck dieser ständigen Erniedrigung? Der Zweck ist, die Leute niederzudrücken und zu dieser Praxis muss die Gesellschaft ermuntern. Alle müssen eine möglichst gleichförmige Masse sein, das wissen alle, die Gedankenkontrolle betreiben. Man denke nur an die netten Uniformen im Mao-China.

Wenn man reich ist, kann man kein Christ sein. Da muss man böse oder fast böse sein. Wäre man ein ordentlicher Christ, so würde man auf jeden Fall große Summen für einen guten Zweck gegeben haben wie es die Bibel vorschlägt. Ein guter Zweck (lies: der einzige gute Zweck) ist es, die Gesellschaft zu unterstützen. Andere Arten einer geberfreudigen Einstellung, zum Beispiel Geld für wohltätige Organisationen zu spenden, können zum Ausschluss führen. Es ist verboten, Satan zu finanzieren! Auf diese Weise werden alle, die anders sind, oder die wagen, anders zu sein, seien sie nun reich, künstlerisch oder individualistisch, degradiert, gedemütigt und herabgesetzt. Leute mit höherer Ausbildung werden faktisch in regelmäßigen Intervallen im WACHTTURM und in ERWACHET! verdächtig gemacht. Für diese Gruppe ist die Lehre der Zeugen Jehovas eine harte psychische Belastung.

13.9 JEHOVAS ZEUGEN SOLLEN NICHT *etwas sein*

Den Zeugen Jehovas wird sehr davon abgeraten, außerhalb der Versammlung nach Ansehen zu streben. Dies wird als negativ angesehen, da es wertvolle Zeit vergeuden kann, die man statt dessen im Dienste der Organisation verwenden soll. Aber die menschliche Natur strebt nach Ansehen oder danach, dass wir zumindest geachtet werden, eine ganz natürliche Eigenschaft.

- Aufstieg im Beruf ist verkehrt
- Sportausübung ist verkehrt
- Öffentlich zu singen ist verkehrt
- Im Theater aufzutreten ist verkehrt

Dies alles ist verkehrt, weil man sich selbst erhöht, denn Jehova ist es, den man erhöhen soll. Man erhöht sein eigenes Ego und seine eigene Arbeit.

Der WACHTTURM kritisiert unaufhörlich gewöhnliche, normale Handlungen, die jemand ausführt. Das wirkt natürlich im Laufe der Zeit deprimierend.

Der Wunsch nach Anerkennung liegt in der menschlichen Natur. Wir alle machen gerne angenehme Dinge und wir machen sie gerne gut. Jemand, der gut singt, kann andere mit seinem Gesang erfreuen. Wir alle erhalten gerne Aufmerksamkeit. Aber die Leitung der Wachtturmgesellschaft denkt nicht so. Sie sagt statt dessen: »Der einzige Beweggrund für den Wunsch, ein schönes Auto zu fahren, ist der, dass andere einen sehen und man denkt dann: ›'Seht mich an! Seht, wer ich bin!‹« Es werden einem mit anderen Worten, dauernd selbstsüchtige Motive untergeschoben. Das zerstört die geistige Gesundheit!

An keiner einzigen Stelle sagt die Bibel, dass es verkehrt ist, vom Publikum Beifall zu bekommen für etwas, was man kann. Die Leitung der Wachtturmgesellschaft sieht das leider nicht so. Der einzige, der Anspruch auf Belobigung und Ehre hat, ist die Wachtturmgesellschaft. Deshalb liest man ständig Lobpreisungen der *leitenden Körperschaft* in Brooklyn. Jede Ehrung soll an Gottes sichtbare Organisation gehen. Diese Haltung kommt auch in den Gebeten der Versammlung zum Ausdruck. Es wird ständig für die Organisation und die *leitende Körperschaft* gebetet. Wenn jemand davon gehört haben sollte, dass ein Gebet für ein Versammlungsmitglied gesprochen wurde, das sich in Schwierigkeiten befand, so wäre das jedenfalls eine Praxis, die erst nach meiner Zeit begonnen hat! Man muss erwähnen, dass die Zeugen nach oder innerhalb einer Rede applaudieren, besonders bei großen Versammlungen. Hier gilt der Applaus als Dank für die *geistige* Nahrung und für die *Ermunterungen*, die vom *treuen und verständigen Sklaven* in Brooklyn kommen.

Wenn man Begabungen hat, so üben sie Druck aus und sagen: »Gut, Bruder, du kannst deine Talente in der neuen Welt entwickeln und gebrauchen . . ., aber lass uns jetzt Jehova dienen«.

Es ist vorgekommen, dass tüchtige Zeugen Jehovas Angebote erhielten, den Staat zu vertreten, zum Beispiel bei den Olympischen Spielen, oder dass ihnen ein Stipendium für eine höhere Ausbildung in irgend einem Spezialgebiet angeboten wurde. Die Wachtturmgesellschaft und ihre Ältesten haben stets sehr davon abgeraten, solche Einladungen anzunehmen und sagen: »Du bringst Ehre über dich selbst und die Nation.« Im Ausdruck *abgeraten* liegt nicht nur die normale Definition. Zusätzlich bedeutet es, dass, wenn der Rat nicht befolgt wird, dem Betreffenden alle bisherigen Privilegien entzogen werden. Die Versammlung wird entweder direkt oder durch Flüsterpropaganda darauf aufmerksam gemacht, dass dieser Bruder oder jene Schwester ein Opfer seiner bzw. ihrer Selbstsucht geworden ist. Vom Umgang mit ihm oder ihr wird abgeraten, – und wieder liegt mehr im Wort *abgeraten*.

Manche geben auf, wenn sie auf so viel negative Beeinflussung und brutale Machtanwendung der Organisation stoßen. Aber was geschieht mit jemandem, der auf die Ausbildung all seiner Talente verzichten muss? Das Ergebnis sind leider Menschen mit einem sogenannten frustrierten Egobedarf. Dabei erzeugen alle unerfüllten Wünsche mentale Probleme. Später tut es dem Betreffenden oft bitter leid, dass er den *guten Ratschlägen* folgte. Man denke zum Beispiel an alle, welche ihre Ausbildung 1968 und später abbrachen – denn die Welt sollte ja 1975 vernichtet werden. Diese sind heute 35 bis 45 Jahre alt und müssen sich ohne Ausbildung in einem schwierigen Arbeitsmarkt zurechtfinden.

Alle Verbote haben Ausnahmen, auch bei den Zeugen Jehovas. Innerhalb der Versammlung darf man ruhig ehrgeizig sein, denn es ist nicht verkehrt, in der Wachtturmorganisation nach Ämtern zu streben. Man sollte Ältester oder *Diener* werden. Der Leser soll dies nicht missverstehen. Man *dient* der Gesellschaft, nicht den Mitgliedern der Versammlung. Die Folge ist oft ein Kampf um Ansehen, mit Machtkämpfen und Konflikten zwischen den Brüdern als Folge, denn auf irgend eine Weise will oder muss der Mensch seinen Egobedarf zufriedengestellt bekommen.

Alle männlichen Zeugen Jehovas wollen gerne Älteste werden. Weibliche Zeugen wollen am liebsten mit einem Ältesten verheiratet sein – das gibt Ansehen. Im gesellschaftlichen Beisammensein spricht man mit Ehrfurcht darüber, dass *er ein Ältester ist*, und der Ausdruck *Ältester* wird oft mit der Aura von etwas Großem und Erstrebenswerten umkränzt. In das Amt wird viel Prestige gelegt. Manche Männer kämpfen fieberhaft darum, *Älteste* zu werden. Ich habe selbst erlebt, dass sich *Diener* an mich wandten und fragten, ob sie nicht bald zu *Ältesten* ernannt würden. Sehr oft führte dies zu Enttäuschungen, Neid, Frustration und Verbitterung gegenüber den Ältesten, da die *Ältesten* sie nicht für diese *Stellung vorgeschlagen* hatten. Einige Male brachen erwachsene Männer in Tränen aus. Ihre Erwartungen (und die ihrer Frauen) waren so hochgeschraubt, dass die Nerven völlig angespannt waren. Angespannte Nerven gehen schnell durch und ich habe selbst mehrmals gesehen, dass solche Leute völlig zusammenfielen. Völlig zusammenbrachen, da sie annahmen (wie es die Gesellschaft ja wünschte), sie hätten nicht hart genug gearbeitet.

13.10 VIEL *weltliche* LITERATUR IST EIN ZEICHEN DAFÜR, DASS ETWAS NICHT STIMMT

Für die meisten Bücher und Zeitschriften sollte man nicht so viel Zeit opfern. Wenn man außer der Literatur der Wachtturmgesellschaft noch andere Literatur im Bücherschrank hat, setzt man sich Kritik und Misstrauen aus. Man ist vielleicht kein echter Bruder! Auch das ist für viele eine gefühlsmäßige Belastung. Wenn man in der Literatur nachforscht, auf welche der WACHTTURM hinweist, ist mit einem etwas nicht in Ordnung. Der Grund, warum die Wachtturmgesellschaft sagt, etwas stehe dort und dort, ist, dass man es sich sparen soll, dort nachzusehen. Wenn man es dennoch tut, kann man nicht vermeiden festzustellen, dass das, von dem die Wachtturmgesellschaft sagt, es stünde dort, oft nicht dort steht. Solche Ungemütlichkeiten sollte man möglichst vermeiden, und *Bücherwürmer* erhalten Bescheid, diese *ungesunden* Interessen zu reduzieren.

Der WATCHTOWER schreibt:

> *Es ist nicht nötig, viel Zeit zum Nachforschen aufzuwenden, denn in der Organisation gibt es Brüder, deren Aufgabe gerade darin besteht, dies zu tun und damit denen zu helfen, die nicht soviel Zeit dafür haben . . . Das beste und effektivste Studium besteht vielleicht darin, eine neue Nummer des* WACHTTURM *oder* ERWACHET! *oder ein neues Buch zu lesen.*[28]
>
> THE WATCH"-TOWER

28 The Watchtower, vom 1. Juni 1967

Kapitel 14

Unsinn oder Tatsache?

Vor einigen Jahren nahm ich als Sachverständiger am norwegischen Obersten Gerichtshof an einem Sorgerechtsfall teil. Nachdem ich die Richter über die psychischen Probleme und Leiden in der Wachtturmgesellschaft aufgeklärt hatte, fasste ich meine Aussagen folgendermaßen zusammen: »Für mich ist es überhaupt kein Problem, die große Anzahl der ZJ zu begreifen, die wegen der Politik der Wachtturmgesellschaft an psychischen Problemen leiden. Ich habe jedoch Probleme, zu verstehen, dass es in der Organisation überhaupt normale, psychisch gesunde Menschen geben kann, wenn diese glauben, dass sie erstens die einzigen wahren Christen sind, zweitens Milliarden von Menschen in nächster Zukunft von Jehova *geschlachtet* werden, drittens nur Zeugen Jehovas das Strafgericht Jehovas überleben werden, usw. usw.«

Sind meine und anderer Leute Behauptungen im vorigen Kapitel über psychische Leiden im *geistlichen Paradies* zu einseitig und zu sehr durch meine und ihre subjektiven Erlebnisse gefärbt? Ich glaube nicht, dass viele Dutzend Forscher und Tausende ehemaliger ZJ Unsinn reden, wenn sie über ihre Erlebnisse berichten.

Manche meinen, ehemalige Zeugen könnten auch befangen sein, denn ihre negativen Erfahrungen könnten ihnen ein zu undifferenziertes Bild von den ZJ verleihen. Umgekehrt behaupte ich, dass es gerade jene sind, welche die rechten Voraussetzungen dafür haben, sagen zu können, was die Wachtturmgesellschaft eigentlich vertritt.

Ich kann verstehen und zustimmen, dass viele Leute Probleme gehabt haben mögen, bevor sie Zeugen Jehovas wurden. Aber warum sollten diese Probleme zunehmen, wenn die Wachtturmgesellschaft behauptet, sie sei ein *geistliches Paradies* und ihre Anhänger seien die glücklichsten Menschen auf der Welt? Für mich hört sich das wie ein Paradoxon an. Müsste man nicht annehmen, dass ein Mensch, der zu psychischen Problemen neigt, sich geradezu ermuntert, stimuliert, auf ein besseres geistiges Niveau gehoben und sich in liebevollem Milieu beheimatet fühlt, wenn er doch von den *glücklichsten Menschen auf der Welt* umgeben ist?

Gegen die Zeugen Jehovas und ihre Mitglieder ist daher einzuwenden, dass sie ein Befangenheitsproblem haben, denn es liegt in ihrem Interesse, dass die Bewegung nach außen hin ein möglichst positives Bild bietet und außerdem könnten sie Opfer einer *Idyllisierung* sein.

Sollte nicht eine objektive wissenschaftliche Erforschung der psychischen Gesundheit der Zeugen Jehovas uns die rechte Antwort geben? Ich glaube es nicht. An den Zeugen Jehovas Forschung zu betreiben, ist keine einfache Sache, dafür gibt es mehrere Gründe.

Bis zum heutigen Tag gibt es keine überprüften Untersuchungen von Mitgliedern der Zeugen Jehovas nach dem *Random-free*-Prinzip, ausgenommen die soziologischen Untersuchungen von Beckford.[1] *Random-free*-Prinzip bedeutet, dass man eine Untersuchung von zufällig zusammengesetzten Gruppen zulässt. Auch wenn einige Verfasser meinen, sie hätten eine gute Analyse der Zeugen Jehovas durchgeführt, so sind solche Analysen in meinen Augen wenig glaubwürdig, denn die Lehre und das Prinzip der ZJ für den einzelnen Zeugen, *schmutzige Wäsche nicht hinauszuhängen* und *immer Jehovas Organisation hochzuhalten*, macht eine wissenschaftliche, objektive Analyse des psychischen Zustandes der Zeugen unmöglich. Eine interessante Behauptung ist die folgende:

> *Was über die Zeugen Jehovas geschrieben wurde, ist zum Großteil von Antikult-Verfassern geprägt, die aus ihrer eigenen Überzeugung apologetische und aggressive Schriften über das verfassen, was sie als* Sekten *auffassen. Das bewirkt, dass sie die negativen Schlussfolgerungen* finden, *nach denen sie suchen.*

Was Beckford betrifft, so ist er bei den Zeugen Jehovas aufgewachsen. Nachdem er die Bewegung verlassen hatte, studierte er für das Amtsexamen Psychologie. Um später den Grad eines Dr. phil. zu erwerben, benutzte er die meiste Zeit seines Lebens zur Forschung und Therapie im Zusammenhang mit der ZJ-Bewegung und bekehrte sich zu einem normalen evangelischen christlichen Glauben. Man kann einerseits behaupten, sein Aufwachsen und sein neuer Glaube habe ihn per Definition als Forscher befangen gemacht. Andererseits kann man behaupten, die Kombination der eigenen Erlebnisse mit der späteren Ausbildung habe ihm tatsächlich die beste Ausgangsposition als Forscher ermöglicht.

Echte Wissenschaft basiert auf seriöser Forschung. Da die Wachtturmgesellschaft behauptet, sie seien die einzigen wahren Christen auf der Welt, sollten sie vor seriöser Forschung oder gründlicher Untersuchung gerade keine Angst haben. Leider ist das Gegenteil der Fall. Wo eine Untersuchung erfolgte, hat die Wachtturmgesellschaft ihre ausgesucht zusammengesetzten Gruppen vorgeschoben.

1 Beckford, J. A. (1975): The Trumpet of Prophecy. A Sociological Study of Jehovah's Witnesses. Basil Blackwell, Oxford. England

Ich glaube, der Widerstand gegen überprüfte Untersuchungen ist der Ausdruck dafür, dass die ZJ etwas zu verbergen haben. Für mich ist es ein Zeichen dafür, dass die ZJ keine Überprüfung durch Außenstehende wünschen, besonders wenn man den Verdacht hegt, dass diese auf *Enthüllungen* aus sind.

14.1 Mehrere Umstände

Ob es sich nun um eine Familie, eine Tätigkeit oder einen Dienst handelt, so wendet die Wachtturmgesellschaft bestimmte Regeln an, um die Mitglieder in Schach zu halten. Bei den Zeugen Jehovas achtet der Mann an der Basis oft nicht darauf, dass er durch geschriebene oder ungeschriebene Regeln kontrolliert wird. Die Leiter wollen in allen Entscheidungen das letzten Wort haben. Lassen Sie mich das näher beleuchten.

Wie ich schon früher in der Einleitung zu diesem Buch gesagt habe, ist es den Mitgliedern der ZJ seit den neunziger Jahren gestattet, psychologische oder psychiatrische Hilfe in Anspruch zu nehmen. Sie dürfen eine Ausbildung an einer Akademie oder Universität ablegen. Aber viele Menschen sind sich nicht klar darüber, dass die Wachtturmgesellschaft eine *external public news relationship* und eine *internal public news relationship* praktiziert. In vielen Ländern haben ehemalige Zeugen Jehovas in den letzten 15–20 Jahren eine intensive Tätigkeit zur Enthüllung der harten, lieblosen Regeln und Praktiken der Wachtturmgesellschaft betrieben. Es wurden viele Bücher geschrieben, auch von ehemaligen Zeugen Jehovas. Mehrere Hunderttausend, manche meinen fast eine Million, Mitglieder haben seit 1975 die Organisation verlassen. Ja, in manchen westlichen Ländern gab es kaum einen Zuwachs, sondern mitunter auch Rückgang. Um bei Außenstehenden Sympathie zu gewinnen, hat die Wachtturmgesellschaft eine Anzahl von Verboten *aufgeweicht*, um nach außen hin einen besseren Eindruck zu machen. Aber diese neuen Freiheiten zielten nur auf eine *external public news relationship*.

Für den einzelnen Zeugen Jehovas bedeutete es hingegen keine Veränderung, denn die Botschaft der *internal public news relationship* lautet weiterhin: *Da die böse Welt bald in Harmagedon zugrunde geht, wärst du dumm, dich auf den Rat von weltlichen Leuten zu verlassen und Zeit auf eine Karriere zu verwenden.*

Gleichzeitig damit, dass die Zeugen Jehovas in den neunziger Jahren den Mitgliedern erlaubten, psychologische oder psychiatrische Hilfe aufzusuchen oder sich an einer Akademie oder Universität auszubilden, wurden *Krankenhaus-Ausschüsse* gebildet, d.h. Ausschüsse von Ältesten, welche die Angestellten in Krankenhäusern, also Ärzte und anderes Personal, kontrollieren sollten, damit die Zeugen Jehovas keine Behandlung erhalten, die den Regeln und Geboten der Wachtturmgesellschaft widerspricht.

Es gibt daher einen Unterschied zwischen dem, was offiziell und was *intern* gesagt wird und wie man sich gegenüber seinen Mitgliedern in formellen und informellen Zusammenhängen tatsächlich verhält.

Spencer musste sich auf die eigenen Aussagen der untersuchten Personen verlassen.[2] Bergmans Erfahrung ist die, dass die Mitglieder der Zeugen Jehovas, die wegen psychischer Probleme zwangseingeliefert wurden, dazu neigten, ihre Mitgliedschaft zu verheimlichen, indem sie z.B. *Protestant* oder *keine* als ihre Religion angaben, aus Angst davor, man könnte ihre Probleme mit ihrer Mitgliedschaft in Verbindung bringen oder weil sie auf den *guten Namen und Ruf* der Organisation Rücksicht nahmen oder weil sie überzeugt waren, mit den Zeugen Jehovas sei alles in Ordnung.[3]

MacDonald & Luckett untersuchten eine Gruppe von 7.050 Patienten in einem psychiatrischen Krankenhaus im Mittelwesten (USA). Sie fanden: *Psychoses were dominatetd by sects.* Die Gruppe *Sekten* umfasste *Christliche Wissenschaft*, *Zeugen Jehovas*, *Mormonen* und *Adventisten*. Bergman zufolge haben andere Untersuchungen gezeigt, dass die anderen Glaubensgemeinschaften einen niedrigeren Anteil mentaler Leiden (als die Normalbevölkerung) aufweisen, was anzeigen sollte, dass die Gruppe der Zeugen Jehovas für den großen Anteil an psychotischen Patienten die Hauptverantwortung trägt.

Es wurden kasuistische Studien an Zeugen Jehovas durchgeführt[4] Auch Sack (1985) kam in seiner Dissertation zu einer gleichartigen Schlussfolgerung. Die Mitglieder der ZJ hätten einen größeren Anteil mentaler Probleme als die Normalbevölkerung. Dasselbe gilt für Elmar Køppl.[5] Amerikanische Psychologen, die mit Sorgerechtsfällen in den USA befasst waren, haben

2 Spencer, J. (1975): The Mental Health of Jehovah's Witnesses. British Journal of Psychiatry. Vol. 126, 556–559. England.

3 Viele Mitglieder der ZJ haben zufolge Bergman ihrer eigenen Organisation gegenüber eine *I'm not okay, you're okay* – Einstellung, die chronisch und invalidisierend sein kann. Bergman, J. (Ph.D.)(1985)Comunity and Social Controll in a Chiliastic Religious Sect: A Participant Observation Study. M.A. Thesis, Bowoling Green, OH: Bowling Green State University. USA. Bergman, J.(Ph.D.)(1992): Jehovah's Witnesses and the Problem of Mental Illnes. Witness Inc. P.O.Box 597 Clayton, USA.

4 kasuistisch: In der Psychologie eine zusammenfassende Darstellung aller Informationen über eine Person.

5 Køppl (1985): Die Zeugen Jehovas. Eine Psychologische Analyse. In: Material-Edition 21, Arge for Religions- und Weltanschauungsfragen.

u.a. ihrer Sorge bezüglich der mentalen Belastung der Kinder von Zeugen Jehovas Ausdruck gegeben, die im schulischen Milieu als Außenseiter aufwachsen müssen.[6] In den USA waren übrigens Sorgerechtsfälle, bei denen nur ein Elternteil Mitglied bei den Zeugen Jehovas war, ein *heißes* Thema.

14.2 Jeppe trinkt, aber warum trinkt Jeppe?

In Norwegen gibt es die Redewendung: *Jeppe trinkt, aber warum trinkt Jeppe?* Meine persönliche Erfahrung ist die, dass in der Organisation der Zeugen Jehovas zuviel Alkohol getrunken wird, besonders in der leitenden Schicht. Mehrmals war ich Zeuge davon, dass leitende Personen sich volllaufen ließen. Einige Male fragten mich Älteste, ob ich sie mit meinem Auto zu einem Haus anderer Freunde bringen könnte, wo ein Fest stattfinde. Um zu vermeiden, dass sie nach dem Fest von der Polizei wegen Trunkenheit am Steuer angehalten würden, brachte ich sie hin.

Eine gewisse Anzahl von Menschen beginnt, wegen persönlicher Probleme zuviel zu trinken. Das ist für mich ein Paradoxon. Es sollte doch nicht nötig sein, zum Alkohol Zuflucht zu nehmen, wenn man sich in einem *geistlichen Paradies* befindet?

Jerry Bergman bezieht sich in dieser Problematik nicht auf systematische Studien, aber er weist auf Watters[7] hin, der behauptete, Alkoholismus sei bei den Mitgliedern der ZJ ein größeres Problem als mentale Leiden. Das Problem sei bei Personen in leitender Stellung besonders groß.[8]

Es wurde auch behauptet, die Wachtturmgesellschaft habe eine etablierte *Trinkkultur*.[9] Die Wachtturmgesellschaft hat übrigens aus einer nichtverurteilenden Haltung heraus ein wachsendes Interesse an diesem Thema gezeigt und ihre Mitglieder ermuntert, bezüglich dieses Problems bei Fachleuten außerhalb der Zeugen Jehovas Hilfe zu suchen.[10]

6 Ward, P.(1988): Mendez vs. Mendez: Liberty. July/August, 20–23. USA.

7 Watters, R.R. (1992): JW's and Alcohol. Free Minds Journal. Vol. 11, No. 4, July–Aug. S.5 USA.

8 Randy Watters hat 8 Jahre lang als Leiter einer Druckereiabteilung im Hauptbüro der Wachtturmgesellschaft in Brooklyn gearbeitet. Er hatte engen Kontakt zu Mitgliedern der *Leitenden Körperschaft* und zu andren leitenden Personen.

9 Gruss, E. C. (1983) S. 295. Apostles of denial. Baker Book House. Grand Rapids, Michigan. USA

10 Våkn opp! und Awake! 22. 5. 92

14.3 Kein Rauch ohne Feuer

Die Untersuchungen enthalten vielleicht einige methodische Schwächen: Penton behauptet, die Schlussfolgerungen von Pescor, Janner, Spencer und Montague seien übertrieben.[11] Leider begeht er jedoch den Fehler, nicht zu begründen, was er behauptet. Zum Vergleich mit Penton kann ich sagen, dass Raymond Franz[12] seine meisten Kenntnisse des Zustandes der Zeugen Jehovas als Missionar in anderen Ländern und im langjährigen Dienst im Hauptbüro in Brooklyn sammelte, wo er mehrere Jahre lang auch Mitglied der *Leitenden Körperschaft* war. James Penton hingegen, ein Zeuge Jehovas der vierten Generation, ging trotz der Tabueinstellung der Wachtturmgesellschaft gegen höhere Ausbildung seinen eigenen Weg und wurde bereits als junger Mann Professor für Geschichte. Mein Eindruck ist, dass Penton, der damals (vor 20 Jahren) einer Oberschicht von etwa 3 % der Zeugen Jehovas mit höherer Ausbildung angehörte, der Nahkontakt mit dem Volk an der Basis fehlte. Allein der Umstand, dass die jahrelange Politik der Wachtturmgesellschaft uns eine höhere Ausbildung verwehrte, hat bei mir und bei anderen Zeugen Jehovas im späteren Leben gewaltige psychische Probleme verursacht. Daher zweifle ich an Pentons Behauptung, die Schlussfolgerungen von Pescor, Janner, Spencer und Montague seien übertrieben.

Streng genommen meine auch ich, dass nur Untersuchungen nach dem *Random-free*-Prinzip objektiv genug sind, um diese Art von Schlussfolgerungen ziehen zu können. Aber, wie ich in der Einleitung zu diesem Kapitel sagte, werden bei den Zeugen Jehovas sofort Stopmechanismen in Gang gesetzt, wenn jemand prüfende Fragen, sie oder die Organisation betreffend, stellt.

14.4 Klarer Bescheid: Du bist es, der nichts taugt

Wie verhalten sich die Zeugen Jehovas gegenüber Behauptungen, dass es bei ihnen vielleicht einen höheren Anteil psychischer Probleme gibt als bei anderen? Die Wachtturmgesellschaft hat darauf auf verschiedene Weise reagiert:

11 Penton, M.J. (1985): Apocalypse Delayed. University of Toronto, Toronto Press, Canada. S. 292

12 Franz, R. (1991): Die Gewissenskrise. Übersetzung von Franz, R. (1983): *Crisis of Conscience* Commentary Press. P. O. Box 43532, Atlanta, Georgia 30336, USA.

Sie hat geleugnet, dass Mitglieder der Zeugen Jehovas mehr psychische Probleme haben als andere Menschen. Traditionell haben sie sogar das Gegenteil behauptet:

> *Das Volk Jehovas sind die glücklichsten Menschen auf Erden. We have less need for a psychiatrist than anyone else.*[13]
>
> AWAKE

Sie haben auch behauptet, dass Mitglied der Zeugen Jehovas zu werden, vielen eine bessere mentale Gesundheit verliehen hat.[14] Zwei Jahre später vermittelten sie eine andere Ansicht:

> *In most ways Jehovah's Witnesses are like everyone else. They have their problems—economic, physical, emotional. They make mistakes at times, for they are not perfect, or inspired or infallible.*[15]
>
> AWAKE

Sie waren damit einverstanden, aber erklärten es gleichzeitig auf eine Weise, welche die Zeugen Jehovas in einem etwas kompromittierenden Lichte darstellt:

Sie haben behauptet, die Zugehörigkeit zur Organisation bringe mehr *Stress* mit sich, denn nur die Mitglieder der Zeugen Jehovas verstünden, was ein nahe bevorstehendes Harmagedon bedeute. Bei einer Gelegenheit gaben sie z.B. das folgende Bild zum Besten, wie man als Zeuge Jehovas lebe:

> *Es ist so, als ob wir uns in einem kleinen Ruderboot auf einem reißenden Fluss befänden, das auf einen Wasserfall zu getrieben wird. Um die Katastrophe zu verhindern, müssen wir angestrengt gegen die starke Strömung rudern. Es wirkt vielleicht nicht so, als ob wir große Fortschritte machten, aber so lange wir uns weiterhin anstrengen, vermeiden wir es, in den Wasserfall zu geraten und getötet zu werden.*[16]
>
> WACHTTURM

Der eigene Kommentar der Zeugen Jehovas zu diesem Bild lautet ungefähr so: *So muss man tatsächlich leben, um Harmagedon überleben zu können, und uns geht es, jedenfalls auf lange Sicht, besser als der Welt, die nichtsahnend*

13 Awake! vom 8.3.60

14 Awake! vom 22.12.76 S. 8-12

15 Jehovah's Witnesses in the Twentieth Century (1978), a.a.O. S. 3

16 Wachtturm 1.12.90, S. 17

und unbekümmert gegen den Wasserfall zu treibt. Ein anderer Stressfaktor ist den Zeugen Jehovas zufolge die Verfolgung, der sie manchmal ausgesetzt waren.

Sie haben auch behauptet, die Zeugen mit mentalen Problemen seien keine *richtigen* Mitglieder, d.h. dass sie Jehova und seiner Organisation nicht ganz Folge leisten oder dass sie Probleme mit der Prioritätensetzung haben. Hier ist ein Beispiel für ein solches Denken:

> *»Ich bin so traurig und mutlos«, klagte Mary. Die christliche Frau dachte an ihre christlichen Verpflichtungen und fügte hinzu: »Ich weiß von mehreren Freunden, die sich ausgebrannt fühlen. Ich fühle mich müde und bedrückt. Sei so gut und hilf mir, die Ursache zu verstehen.« – »Fühlst du dich bedrückt? Bist du vielleicht so erschöpft, dass du deine theokratischen Aufgaben nicht so gut erfüllen kannst, wie du möchtest.« Fühlst du manchmal, dass der christliche Dienst eine schwere Bürde ist, eine zu schwere Bürde? Die Bibel stellt klar, dass Jehova nichts Unbilliges von uns verlangte . . .Ebenso sagte Jesus zu seinen Nachfolgern: »Nehmt mein Joch auf euch und lernt von mir, denn ich bin sanftmütig und demütig von Herzen, und ihr sollt neue Kraft für eure Seelen finden. Denn mein Joch ist sanft und meine Bürde ist leicht.«*[17]
>
> VAKTTÅRNET

Wenn die Ursache nicht in den Forderungen des Wachtturms liegt, worin liegt sie dann nach der Meinung der Wachtturmgesellschaft? Hier ist eine Antwort aus dem selben Artikel:

> *Nehmt zum Beispiel weltliche Arbeit. In vielen Ländern kann ein Christ durch die wirtschaftlichen Verhältnisse zu langen Arbeitstagen genötigt sein. Aber oft nehmen die Leute ausschließlich deshalb mehr Arbeit auf sich, um in der Welt vorwärts zu kommen oder sich Luxusartikel anzuschaffen.*[18]
>
> VAKTTÅRNET

Eine ähnliche Begründung ist die Behauptung, mentale Probleme seien eine Folge davon, dass nicht alle Familienmitglieder loyal zu Jehovas Organisation stünden. Bergman behauptet auch auf Grund seiner klinischen Praxis, es gebe einen relativ großen Anteil von psychischen Problemen bei

17 Vakttårnet 15. 10. 91 S. 22
18 Vakttårnet 15. 10. 91 S. 22

Mitgliedern der Zeugen Jehovas, wo nur ein Elternteil aktiv sei, im Gegensatz zu solchen, wo beide aktive Mitglieder seien.

Kapitel 15

Die Freude kommt allmählich wieder

Als Zeuge Jehovas war ich daran gewöhnt, aus dem Brief des Jakobus zu zitieren, wo über den Glauben gesagt wird: *. . . so ist auch der Glaube für sich allein tot, wenn er keine Werke vorzuweisen hat.*[1] Diese Schriftstelle – so hatte ich es gelernt – bedeutet, dass wir Taten vollbringen müssen, um zu *beweisen*, dass wir einen lebendigen Glauben haben. Das bedeutet *harte Arbeit an der Erlösung*, Verkündigungsarbeit und Befolgen aller anderen Regeln und Instruktionen, welche die Wachtturmgesellschaft durch ihren *treuen und verständigen Sklaven* in Brooklyn uns aufgetragen hatte.

Ich hatte inzwischen begonnen, diese *Werke*, von denen Jakobus sprach, als *Früchte des Geistes* zu betrachten, als Werke, die als direktes Ergebnis des menschlichen Glaubens zum Ausdruck kommen. Ich begann mich deshalb sowohl innerhalb als auch außerhalb der Wachtturmorganisation umzusehen. Draußen, so hatte ich gelernt, würde ich nur *Horn und Hufe* finden, während das große Glück und die brennende Liebe unter dem *Volke Jehovas* zu finden wäre. Was bekam ich nun zu sehen?

Ich sah mir *Jehovas Volk* an und entdeckte, dass sich dort überhaupt niemand um etwas kümmerte! Kein Besuch, kein aufmunterndes Wort, kein Brief – kurz gesagt – nichts!

Ich bekam plötzlich eine schreckliche Assoziation, mit welcher Art von *Liebe* ich es zu tun hatte. In meinem jetzigen Zustand konnte ich der Gesellschaft nicht *dienen*, ich hatte nichts, womit ich *bezahlen* konnte. Deshalb konnten ich mich des Gedankens an die *Liebe* nicht erwehren, die man bei einer Prostituierten kaufen kann. Solange man bezahlt, bekommt man, was man will. Hört die Bezahlung auf, ist Schluss. Auf diese Weise erlebte ich jetzt die Wachtturmgesellschaft und die Zeugen Jehovas! Alle Mitglieder erhalten eine Menge *Liebe*, solange sie *bezahlen*. Von Haus zu Haus gehen, verkündigen, Zusammenkünfte besuchen, sich auf Zusammenkünfte vorbereiten, *geistig reif* im Gespräch mit anderen Mitgliedern sind, usw. In dem Moment, wo etwas passiert, entweder ein Nervenzusammenbruch oder etwas anderes, so dass der Bezahlungsstrom reduziert wird, wird auch die *Liebe* entsprechend reduziert.

Ist es Zufall, dass die Bibel entsprechend üblicher Auslegung die falsche Religion *die große Hure* nennt?

Langsam begann die Freude über diese neuen Erfahrungen in mir zu

1 Jakob 2,17

wachsen. Die Freude, nachzudenken, selbständig zu denken. Dinge selbst zu beurteilen, ohne den Index der Gesellschaft zu befragen, um zu erfahren, was sie über die Sache denkt. Immer schon lebte in mir der Wunsch, etwas zu unternehmen, um meine mangelhafte Schulbildung zu verbessern. Wegen des Krieges hatte ich nur vier Jahre die Volksschule besucht, damit konnte ich ja nicht besonders *auf den Tisch hauen*. Ich besprach diesen Wunsch mit meinem Psychologen, Jakob Gauslaa. Er unterstützte meine Bestrebungen, etwas daraus zu machen. In kurzer Zeit absolvierte ich die Jugendschule und voll Lust und Mut begann ich darauf mit der Weiterführenden Schule. Mein Durst nach Allgemeinbildung war fast unlöschbar. Unter der Leitung der Lehrerhochschule von Notodden begann ich, Sozialpädagogik mit Psychologie und Psychiatrie als Nebenfächern zu studieren. Ich erlebte die drei bisher glücklichsten Jahre meines Lebens.

Von den dreißig erwachsenen Studenten war ich der einzige ohne akademische Ausbildung. Die meisten waren Lehrer, Studienräte oder Menschen mit mehrjährigem Universitätsstudium. Da ich mit über 50 Jahren der Älteste war, wurde dies zu einem gewissen Grad dadurch ausgeglichen, dass ich mehr Lebenserfahrung hatte, was bei vielen praktischen Aufgaben von Vorteil war. Außerdem hatte mein langjähriges Leben in einem autoritären System wie dem der Zeugen Jehovas mir tiefe Einsicht darin vermittelt, wie das Leben nicht sein sollte und ich besaß daher vielleicht ein größeres Einfühlungsvermögen in die Probleme.

Bei meinen Studien beschäftigte ich mich besonders mit autoritärem und totalitärem Verhalten und ebensolchen Erziehungsmethoden. Diese Studien erwiesen sich als sehr nützlich für mich, da mir durch sie die Augen für das totalitäre System der Zeugen Jehovas geöffnet wurden. Nun verstehe und glaube ich, dass mich der Heilige Geist geleitet hatte. Langsam begann ich zu verstehen, dass Gott mit allen Menschen arbeitet, die ihm dienen wollen. Das war eine überwältigende, beglückende Entdeckung, denn erst jetzt war ich sicher und gewiss, dass es auch für Menschen außerhalb der Organisation der Zeugen Jehovas Hoffnung gab. Ich musste nicht notwendigerweise sterben, wie es mir die Wachtturmgesellschaft jahrelang erzählt und wie ich es auch selbst geglaubt hatte. Die Furcht hatte mir bisher wie ein Eisklumpen im Magen gelegen, aber nun hatte ich das wunderbare Gefühl eines *neuen Frühlings*. Das Eis schmolz! Oft erhielt ich Bestätigung im Gespräch mit Christen, da ich dabei einen Kontakt mit der Welt des Geistes empfand, der mich glücklich machte. Kein Glück darüber, dass ich *tüchtig* gewesen war, wie ich es gewohnt war, sondern ganz einfach das reine Glück, zu entdecken, dass Gott sich um mich kümmerte. Um Joseph! Ich brauchte keine Organisation, die mich wie ein Schaf an der Leine führte.

Ich kann der Sozialpädagogik auch noch für einen weiteren wichtigen Sieg danken. Die Indoktrinierung hatte in meinem Geist tiefe, fast unauslöschliche Spuren hinterlassen. Gefühlsmäßig war ich nun überzeugt, dass die Zeugen Jehovas weder Geist noch Wahrheit besaßen. Aber in der Praxis war es schwieriger, ihren scheinbar todsicheren und unwiderlegbaren Lehrsätzen zu entgehen. Auch wenn ich viele Fehler entdeckt hatte, war ich durchaus nicht sicher, ob ich mich auf festem Grund befand. Ganz im Gegenteil.

Ich beschäftigte mich besonders mit der sogenannten humanistischen Psychologie. Ich lernte viel aus den Büchern der weltberühmten Psychologen Abraham Maslow, Frederic Perls, Paulo Freire und mehreren anderen. Die humanistische Psychologie lehrte mich sehen, dass die Zeugen Jehovas ein völlig falsches Wertsystem haben.

Ich sah mit der Zeit ein, dass die autoritäre Führung des Wachtturms auf die Mitglieder zerstörerisch wirkte. Ihre ständigen Änderungen, das Ausbleiben der Vorhersagen und eine Menge vager Versprechungen geben den Versammlungsmitgliedern kein sicheres Gefühl. Diese Praxis zwingt statt dessen alle Zeugen Jehovas, die *Wahrheiten* von gestern zu vergessen und sie durch *neues Licht* zu ersetzen. Der schlimmste Feind der Zeugen ist ihre eigene Erinnerung, die ständig unterdrückt werden muss und die deshalb ernste psychische Probleme erzeugt.

Die Versprechungen, wir würden Harmagedon überleben und müssten nicht sterben, waren ein falsches Wertesystem, das nur zu Enttäuschungen führte. Ich brauchte etwas, an dem ich mich festhalten konnte, etwas, nach dem ich leben und von dem aus ich urteilen konnte, aber die Werte der Wachtturmgesellschaft waren nie stabil. Schon seit den Anfängen der Zeugen Jehovas im Jahre 1879 haben sich die Normen, die Lehrsätze und das Wertsystem ständig verändert. Meine Werte waren auf menschlichen Gedanken und Erfindungen aufgebaut, nicht auf der Wirklichkeit des Lebens. Die Wahrheit und das Wissen, dass wir alle einmal sterben müssen, ist besser als die vagen und diffusen Versprechungen des Wachtturmes, dass wir vielleicht im Kriege Gottes überleben dürfen, der sich innerhalb der Generation von 1914 ereignen sollte.

Sei's denn! Indoktrinierende und persönlichkeitsverändernde Techniken sind schlimm. Der Gedanke an Harmagedon konnte mich immer noch in die tiefste schreckliche Verzweiflung stürzen. Fast 40 Jahre hindurch war diese Idee in meinen Kopf eingehämmert worden, und wieder und wieder . . . bis ich mich nicht mehr umdrehen konnte, ohne mich im Klartext daran zu erinnern, was die *Wahrheit* war. Die Leser können sich kaum vorstellen, wie schlimm das in Wirklichkeit war!

Das Leben ist nicht immer leicht, die Probleme können sowohl kompliziert als auch vielfältig sein. Dennoch ist uns Menschen am besten damit gedient, mit den Realitäten konfrontiert zu werden, statt jahrelang mit Träumen von Utopien betrogen zu werden. Eine Fata Morgana in der Ferne, eine falsche Hoffnung, ein infamer Traum, von gerissenen und zynischen Gehirnen skrupelloser Menschen geschaffen, hat Millionen von Menschen seit dem Beginn der Zeiten Trauer und Verderben gebracht. Wegen der falschen Wertnormen der Zeugen Jehovas wurden lebenswichtige Dinge zur Seite geschoben, z, B. die Sorge um eine ordentliche Ausbildung, den Bau eines Heims zu einem Zeitpunkt, wo es für die Entwicklung der Familie natürlich wäre, um dadurch eine stabile Grundlage für die ganze Familie zu legen. Bei den Zeugen Jehovas werden oft die elementarsten Lebensfunktionen beiseite geschoben, denn das *Ende* wartete seit 1874 immer gleich um die Ecke. Abraham Maslow sagt:

> *Wir erleben, dass ein Zustand ohne Wertesystem zu psychischen Leiden führt.*[2]
>
> MASLOW

Aber damit uns ein Wertesystem weiterbringt, muss es stabil und realistisch sein. Es hilft nichts, einem Traum nachzuhängen. Denn wenn man plötzlich erwacht, kann die Fallhöhe ungemütlich hoch sein! Für mich gibt es keine Spur eines Zweifels, dass es zwischen meinen psychischen Problemen und der Indoktrinierung durch die Wachtturmgesellschaft, betreffend die Ansichten über Leben und Tod, einen kristallklaren Zusammenhang gibt.

Mein neues Wissen um Werte gab mir Mut zu weiterem Suchen nach Erkenntnissen und mehr Wissen. Ich begann nun, deutlich den Unterschied zu sehen, wie es mir ging und wie es mir gehen könnte. Nun verstand ich nach und nach, was mir dadurch entgangen war, dass ich fast vier Jahrzehnte mit einem falschen Wertesystem gelebt hatte.

Diese Entdeckungsreise in mein Inneres erforderte viel Arbeit und bereitete mir teilweise starke Schmerzen, aber gleichzeitig war ich glücklich, aus einem geistigen Gefängnis ausbrechen zu können.

Nach den richtigen Werten zu streben half mir auch einzusehen, dass meine Sehnsucht und mein Verlangen nach Güte, Liebe und Hilfsbereitschaft und meine eigenen Wünsche, für andere in der Versammlung der Zeugen Jehovas Sorge zu tragen, kein *aufrührerisches* und *eigensinniges* Be-

2 Toward a Psychology of Being, 1962

nehmen war, sondern ein natürliches Verlangen war, das zu verwirklichen in mir und auch in vielen anderen Menschen wohnte.

Ein Aha-Erlebnis hatte ich beim Studium der Maslow'schen Bedürfnispyramide, welche die notwendigen Werte zeigt, die ein Mensch haben muss, um ein relativ normales, glückliches und gesundes Leben führen zu können. Kein anderer Psychologe äußert sich in diesem Zusammenhang so konkret wie Maslow und es sieht so aus, dass es auch unter anderen Psychologen große Zustimmung zu seinen Ansichten gibt. Maslow wird sogar von den meisten Marketingschulen und -instituten benutzt, weil seine *Bedürfnispyramide* verrät, welche Kriterien man zufriedenstellen muss, bevor man den nächsten Schritt tun kann, der für den Verkäufer oder die Verkäuferin den Kauf seines oder ihres Produktes darstellt.

Der berühmte Psychologe Abraham Maslow führt eine Anzahl grundlegender Bedürfnisse an, die für jeden Menschen erfüllt sein müssen, damit er ein einigermaßen glückliches Leben führen kann. Außer den elementaren physiologischen Bedürfnissen wie Nahrung, Kleidung und Behausung sollten folgende Bedürfnisse gedeckt sein: (Siehe Tabelle 15.1)

SELBSTVERWIRKLICHUNG: Seine Möglichkeiten verwirklichen
ÄSTHETISCHE BEDÜRFNISSE: Symmetrie, Ordnung und Schönheit
KOGNITIVE BEDÜRFNISSE: Wissen, verstehen, erforschen
BEDARF FÜR ANERKENNUNG: Etwas erreichen, gelobt und geachtet werden
BEDÜRFNISSE DER ZUGEHÖRIGKEIT UND LIEBE: Sich anderen anschließen, akzeptiert werden, dazugehören
SICHERHEITSBEDÜRFNIS: Sich sicher fühlen, nicht in Gefahr sein
PHYSIOLOGISCHE BEDÜRFNISSE: Hunger, Durst usw.

Tabelle 15.1: Maslows Bedürfnispyramide

Maslow sagt weiter, dass, wenn besonders die ersten grundlegenden Bedürfnisse in der Kindheit nicht ausreichend erfüllt wurden, der Mangel den Betreffenden für den Rest seines Lebens verfolgen wird, und es nicht möglich ist, andere Bedürfnisse zu befriedigen, wenn es nicht die grundlegenderen sind.

In Verbindung mit dem Obenstehenden möchte ich jedoch eine Warnung aussprechen. Wenn die Selbstverwirklichung so weit geht, dass man in einem sogenannten *Ego-Trip* endet, dann gereicht Maslows Bedürfnispyramide zum Schaden für die betreffende Person und für die Umgebung. Eine egozentrische Person, die von sich selbst eingenommen ist und ständig die eigenen Bedürfnisse ins Zentrum stellt, wird in fast allen mitmenschlichen Beziehungen auf große Probleme stoßen.

Für mich war das wie ein Geschenk des Himmels. In der Zeit, in der ich Psychologie studierte, fand ich heraus, dass die Werte und die Zielsetzung des Wachtturms reine Diktatur waren. Die Organisation konnte auf keine Weise die elementaren Bedürfnisse eines Menschen nach Glück erfüllen. Der Wachtturm benutzt ständig Worte wie Liebe, Güte usw., aber nur mit demagogischer Absicht. Diese Absicht der Gesellschaft ist die Unterdrückung der Mitglieder.

Bei meinen Studien half mir auch, was ich von der Gestalttherapie über Bewusstmachen und Willen lernte. Frederic Perls, der Begründer der Gestalttherapie, betont stark die zentrale Bedeutung des Bewusstmachens für das Wachsen und Reifen der Persönlichkeit. Ihm zufolge kann das Bewusstmachen für sich heilende Wirkung haben.

Ich wurde mir bewusst, was ich lange vermutet hatte, was ich aber nicht erklären oder in Worte hatte fassen können. Ich war ein Gefangener anderer Kräfte in mir und um mich herum gewesen. Als das mir bewusst wurde, erhielt ich größere Klarheit darüber, warum ich mich in dieser Situation befand. Vieles wurde nun klarer für mich, ich konnte nun Umstände meiner Situation und meiner persönlichen Verhältnisse sehen, auf die ich früher nie geachtet hatte. Das Verhältnis zwischen der Organisation der Zeugen Jehovas und mir selbst wurde geklärt und bewusst gemacht. Die Bewusstmachung half mir, ohne Furcht oder zumindest mit beträchtlich weniger Furcht vor den Folgen zu entscheiden, als dies früher der Fall war. Die klamme Hand des Wachtturmes hatte den Griff noch nicht ganz freigegeben!

Es half mir auch, einzusehen, dass die Wachtturmgesellschaft mein ganzes Leben kontrolliert hatte. Nun begann ich zu verstehen, warum der Wachtturm so sehr gegen akademische Ausbildung war. Wenn die Leute entdecken, dass sie denken können, wird das automatisch eine Bedrohung für die Gesellschaft. Ihre Macht liegt darin, dass sie die Leute daran hindern kann, selbst zu denken. So lange sie für die Mitglieder denken kann, besteht keine Gefahr.

Die Pädagogik und die Psychologie sind ihre gefährlichsten Feinde, denn sie entlarven die autoritäre und diktatorische Struktur und Wirkungsweise der Organisation.

Der brasilianische Pädagoge Paulo Freire arbeitete besonders für die Armen und begann, sie lesen und schreiben zu lehren. Diese elementaren Kenntnisse führten dazu, dass sie sich ihrer elenden Situation bewusst wurden. Vorher hatten sie sich apathisch mit ihrer Situation abgefunden und glaubten nicht, dass sie eine Möglichkeit hatten, aus dem elenden und ärmlichen Kreislauf herauszukommen. Jetzt verstand ich voll und ganz die Aggression des Wachtturms gegen die Intellektuellen, ich verstand, warum diese in seinen Büchern ständig angeschwärzt wurden. Das Bewusstmachen von Menschen, d.h. sie darüber aufzuklären, was sich wirklich hinter der geheimen Wachtturmgesellschaft verbirgt, ist eine der besten Waffen gegen sie und alle anderen Sekten und unheimlichen Kulte und Organisationen.

Das Bewusstmachen führte dazu, dass ich zum ersten Mal nach vielen Jahren geistiger Gefangenschaft selbst zu entscheiden begann, was ich tun wollte.

Da ich inzwischen über 50 Jahre alt war, wollte ich selbst bestimmen, in welche Richtung ich gehen wollte. Mit Rücksicht auf die Familie, die wirtschaftlichen Verhältnisse und andere Umstände hatte ich in diesem Alter begrenzte Möglichkeiten, aber auf jeden Fall konnte ich nun in der richtigen Richtung beginnen und versuchen, das zu erreichen, was für mich möglich war, dank dieser Bewusstmachung und des Willens.

Nun begann ich auch meine eigene Identität zu verstehen und konnte das sagen, was ich meinte, ohne dass es als *aufrührerisch* oder *eigensinnig* aufgefasst wurde. Gott liebt *jeden*, der an ihn glaubt, ohne Rücksicht auf Status, Rang oder kulturellen Hintergrund. Es tröstet mich zu wissen, dass Gott auch meine Identität liebt. Der Wachtturm hat alle seine Mitglieder mit seiner Endzeitphilosophie und seinen Endzeitvorhersagen uniformiert. Dass ich es wagte, ich selbst zu sein, brachte mich dauernd auf Kollisionskurs mit der Gesellschaft. Die Bibel spricht von neun verschiedenen Gnadengaben und mehreren anderen Diensten. Einige haben Rednergaben und sind tüchtig im Unterrichten, während andere solche Gaben nicht haben. Statt dessen können sie vielleicht sehr gastfreundlich sein. Diese Eigenschaft ist eine wertvolle Eigenschaft und hat große Bedeutung dafür, dass das Ganze in einer pluralistischen Gemeinde oder Gesellschaft so funktioniert, wie es soll.

Die Organisation der Zeugen Jehovas verlangt indessen, dass alle Mitglieder von Tür zu Tür gehen, und verbindet die eventuelle Erlangung des ewigen Lebens damit, dass man ein eifriger Verkündiger von Tür zu Tür war. Dies ist ein grober Verstoß gegen die Identität des Einzelnen, weil dies für viele große psychische Probleme geschaffen hat. Oft trifft man deshalb unter den Zeugen Jehovas Persönlichkeiten mit schizophrenen Zügen, Menschen, die eine Rolle spielen, die für sie überhaupt nicht passt und die sie nie gespielt hätten, wäre es ihnen erlaubt gewesen, über ihr eigenes Leben zu entscheiden. Viele Menschen wurden in Rollen hineingestoßen, für die sie keine Voraussetzungen haben, sich hineinzuleben und dies schafft große und ernste Probleme für den Einzelnen.

Die Identitätserkenntnis bewirkte, dass ich selbständig zu entscheiden begann, dass ich selbst bestimmte, was ich wollte oder nicht wollte. Das hört sich natürlich für den Leser unglaublich an. Hier stehe ich, ein Mann in den fünfziger Jahren, der plötzlich die Freude daran entdeckt, eigene Entscheidungen zu treffen! Natürlich hört sich das wie Unsinn an und das ist es auch. Aber gleichwohl ist dies ein Ergebnis der Indoktrinierung durch die Wachtturmgesellschaft! Niemand trifft bei den Zeugen Jehovas seine eigenen Entscheidungen. Niemand bestimmt selbst, was er denken will. Niemand bestimmt, was er lesen will, was er im Fernsehen oder Kino sehen will. Wenn andere Versammlungsmitglieder ihn *entdecken* und ihn den Ältesten *melden*, bekommt er Probleme. Das weiß man und unterlässt daher Dinge, welche die eigene Position in der Versammlung gefährden könnten. Das ist, um einen biblischen Ausdruck zu gebrauchen, kein *geistiges Paradies*. Das ist geistige Hölle!

15.1 Einiges, was ich nicht durfte

Ich erkannte, dass Menschen mit einem starken Identitätsgefühl nicht in die Struktur des Wachtturms passen. Daher verstand ich, dass es meiner persönlichen Verantwortung oblag, dem Würgegriff des Wachtturms zu entkommen. Das Elend, das die Gesellschaft für mich und meine Familie verursacht hatte, konnte ich mit meinem neuen Wissen nicht mehr verantworten. Nun galt es für mich, meine Identität zum Durchbruch kommen zu lassen und einen neuen Kurs abzustecken. Diese Verantwortung haben alle, die das wahre Antlitz der Wachtturmgesellschaft erkennen; sie müssen handeln.

Ich hatte nicht die Freiheit, meine Stimme im politischen Leben hören zu lassen.

Ich hatte nicht die Freiheit, meine Meinung in der Presse oder in anderen Medien auszudrücken.

Ich hatte nicht die Freiheit, eine politische Versammlung zu besuchen oder eine Predigt in einer evangelischen Gemeinde oder Kirche zu hören.

Ich hatte nicht die Freiheit, mit Familien oder Freunden außerhalb der Zeugen Jehovas zusammenzukommen (Nicht-Zeugen sind schlechte Gesellschaft).

Ich hatte nicht die Freiheit, meine eigene medizinische Behandlung zu bestimmen.

Ich hatte nicht die Freiheit, die Schule für meine Kinder selbst auszuwählen.

Ich hatte nicht die Freiheit, mich ein Kind Gottes zu nennen, denn es gab nur 144.000, die dies durften. Die Wachtturmgesellschaft entschied, dass ich nicht dazugehörte. Deshalb durfte ich auch am Abendmahl nicht teilnehmen, denn dies ist dem *Rest* vorbehalten, das sind rund 9.000 derzeit lebende Zeugen Jehovas, welche der *gesalbten* Klasse angehören.

Ich durfte mein eigenes Gewissen nicht befragen, wenn es um die Entscheidung für ein Hobby ging. Ich durfte mich nicht für Theater, Sport oder in einer akademischen Disziplin ausbilden lassen.

Ein Teil dieser Entscheidungen musste nicht notwendigerweise zum Ausschluss führen, aber er würde Isolation und Entfremdung gegenüber anderen *reiferen* Mitgliedern zur Folge haben. Sowohl damals als auch heute noch. Alle von Gott gegebenen Freiheiten zur Selbstverwirklichung, zum selbständigen und unabhängigen Denken, samt dem Recht, eigene Schlussfolgerungen zu ziehen, wenn es um die Schriftlesung ging, hatte man mir genommen. Gleichzeitig war es schrecklich, dass ich als Leiter ein Vorkämpfer für diese menschenfeindlichen Gesetze sein musste. Ich selbst war ein Vorkämpfer für Unfreiheit und Zwang.

15.2 Offenheit wirkt befreiend

Meine Entscheidung, Sozialpädagogik zu studieren, wurde von den Zeugen Jehovas natürlich nicht gerne gesehen. Sie ließen mich sofort wissen, dass das, was ich begonnen hatte, *sehr gefährlich* sei. Persönlich wagte ich jetzt offen zu tun, was ich selbst für gut befand. Diese Offenheit anderen und nicht zuletzt auch mir selbst gegenüber wirkte befreiend auf meine körperliche und geistige Gesundheit und gab mir auch ein Gefühl des Stolzes, da ich nun mein wahres Ich nicht mehr verbergen musste. Dass ich offen erklärte, was ich wollte, gab mir erstaunliche Kraft. Es war gleichgültig, was andere meinten oder dachten. Diese Einstellung war ungewöhnlich für mich, aber befreiend. Fast vierzig Jahre lang hatte ich in einer Atmosphäre von Angst gelebt, da alles, was ich sagte, gegen mich verwendet werden konnte und das wurde es auch bei der ersten Gelegenheit. Um von den Zeugen Jehovas anerkannt zu werden, musste ich immer das sagen, was mit der Lehre des *treuen und verständigen Sklaven* in Brooklyn übereinstimmte. Nun hatte ich den Mut zu sagen: »So denke ich!«

Da ich jetzt offen war, brauchte ich nicht mehr zu heucheln. Die autoritäre Politik der Wachtturmgesellschaft hatte eine Schar erzwungener *Heuchler* geschaffen. Indem man seine Anhänger wie Kinder behandelt, die keine abweichende Meinung haben dürfen, schafft man Individuen, die sich *verstecken* und damit die Grundlage für große Persönlichkeitsprobleme. Ob der Leser es glaubt oder nicht, die Zeugen müssen nicht nur akzeptieren, wie Kinder behandelt zu werden, sie müssen auch akzeptieren, dass sie welche sind! Das folgende Zitat zeigt deutlich, welche Position die Wachtturmgesellschaft beansprucht:

> *Aber Gott hat es nicht so eingerichtet, dass das Wort unabhängig vorgetragen werden soll oder das lebensspendende Licht von selbst ausstrahlt . . . Durch seine Organisation bringt Gott das Licht hervor, das, wie die Sprichwörter sagen, die Lehre oder das Gesetz der Mutter ist. Wenn wir im Lichte der Wahrheit wandeln wollen, müssen wir nicht nur Gott Jehova als unseren Vater anerkennen, sondern auch seine Organisation als unsere Mutter.*[3]
>
> Wachtturmgesellschaft

Hier sagt die Wachtturmgesellschaft deutlich, dass die Bibel nicht genug ist. Sie kann nicht einem einzigen suchenden Menschen irgend etwas verständlich machen. Das einzige, worüber sie offenbar ohne Hilfe Auskunft

3 Watchtower, 1. Mai 1957, S. 274

geben kann, ist, wie die Sprichwörter sagen, dass alle die Organisation der Zeugen Jehovas als *Mutter* brauchen, um auch nur den geringsten kleinen Funken zu erhaschen. Die Bibel bringt kein *Licht* hervor. Das macht die Organisation der Zeugen Jehovas!

Es war daher für mich ein befreiendes Gefühl, als ich entdeckte, dass ich nicht mehr meiner eigenen Natur zu trotzen brauchte und nicht mehr versuchen musste, jemand zu sein, der ich nicht war. Viele Jahre hatte ich auch Schuldgefühle, weil ich über die Dinge schwieg, die ich hinter den Kulissen im geheimen Wachtturmsystem sah. Ich fühlte unbewusst eine Art Schuld, weil ich nicht tat, was ich eigentlich hätte tun sollen.

Mein Krankenhausaufenthalt und meine späteren Studien waren wichtige Hilfen in meiner Abrechnung mit den Zeugen Jehovas. Erkenntnis und Bekenntnis wirkten belebend. Dass ich jetzt bereit war, die Konfrontation mit der Wachtturmgesellschaft und mit mir selbst auf mich zu nehmen, stimmte mich versöhnlich. Die Abrechnung galt in erster Linie mir selbst, da ich ihnen erlaubt hatte, meine von Gott gegebene Freiheit zu unterdrücken. Obwohl die Wachtturmgesellschaft ein falsches Wertsystem verkündet, über höhere Ausbildung abwertend spricht, ein falsches Evangelium verkündet, usw., usw., erkenne ich meine volle Verantwortung für das, was ich getan und nicht getan habe. In meiner Abrechnung mit mir selbst und mit der Wachtturmhierarchie will ich nicht der Wachtturmgesellschaft die alleinige Schuld geben, denn das würde bedeuten, dass ich mich meiner Verantwortung entziehe.

Natürlich war die Periode des Rückzugs aus den Klauen der Wachtturmgesellschaft schwierig, schmerzlich und anstrengend, doch das Wissen um wirkliche Werte, das Bewusstwerden meiner wirklichen Lage, die Entdeckung und Erkenntnis meiner eigenen Identität usw. führte zur Freiheit. Im Laufe der letzten etwa 90 Jahre sind viele Menschen hierzulande durch die Lehre der Zeugen Jehovas indoktriniert worden. Mehrere Tausend wurden ausgeschlossen oder sind freiwillig gegangen. Bei vielen Ex-Zeugen Jehovas merkte ich, dass sie psychisch noch immer mit unsichtbaren (aber ungeheuer starken) Banden an die Organisation der Zeugen Jehovas gefesselt sind. Sie waren und sind immer noch sehr argwöhnisch gegenüber allen anderen Kirchen und Gemeinden. Selbst wenn es ihnen offenbar frei steht, eine Kirche zu betreten, weigern sie sich. Das kommt von dem Gift, das die Wachtturmgesellschaft in ihrem Geist zurückgelassen hat. Eine Dame, die zwei Jahre lang bei den Zeugen Jehovas studiert hatte, sagte mir, nachdem ich sie gefragt hatte, wie es ihr gehe: »Ich weiß nicht mehr, was ich glauben soll.«

Mehrere Zehntausend haben hierzulande die Lehre der Zeugen Jehovas studiert, und selbst dann, wenn sie nicht den Entschluss gefasst haben, selbst Zeuge zu werden, hängt ihnen die Weltanschauung der Wachtturmgesellschaft an. Regelmäßig suchen mich Ex-Zeugen Jehovas auf, die in Angst und Nöten leben und erwarten, im Harmagedonkrieg getötet zu werden. Ich meine deshalb, dass es für einen Ex-Zeugen Jehovas oder für diejenigen, die mit ihnen in Verbindung stehen, sehr wichtig ist, ein Rehabilitationsprogramm durchzumachen. Sie müssen sich überzeugen lassen, dass die Lehre des Wachtturms wirklich eine falsche Lehre ist, eine Lehre, die nicht auf der Bibel beruht.

KAPITEL 16

AUSSTIEG, VERÄNDERUNG UND UMWÄLZUNG

Als ich vor einigen Jahren die Zeugen Jehovas verließ, war ich gefühlsmäßig am Rande eines Abgrundes. Ich war explosiv und gegen meine Umgebung ständig aggressiv. Alles, worauf ich gehofft und woran ich geglaubt hatte, war zu Staub zerfallen und hatte sich als großer Betrug erwiesen. Ich wollte laut von den Dächern rufen und den Betrug verkünden, aber allmählich trat in meinem Inneren eine Veränderung ein. Das Phantastischste war, dass alle Bitterkeit gegen jene, die mich jahrelang hinters Licht geführt hatten, völlig verschwand. Eine große Liebe zu den Zeugen Jehovas als Menschen begann in mir zu wachsen. Ich erlebte tatsächlich eine positive Änderung in meinem Leben.

Ich möchte jedoch präzisieren, dass die Liebe dem einzelnen Zeugen Jehovas als Person gilt. Ich empfinde keine Sympathie für die Wachtturmgesellschaft, die sich als falsche Prophetin erwiesen hat und der Bibel zufolge dafür auch verurteilt werden soll. Das einzelne Mitglied des Kultes ist jedoch genauso wie ich betrogen worden. Menschen, die indoktriniert worden sind, die einer Gehirnwäsche unterzogen wurden, sind kaum noch für ihre eigenen Taten verantwortlich und wir sollten deshalb als Christen alles in unserer Macht stehende tun, ihnen zu helfen. Ganz besonders gilt das natürlich den Kindern, die wirklich unter diesem vergifteten System leiden.

Als Zeuge Jehovas wurde ich durch die Literatur ständig mit der Bezeichnung *Jehovas theokratische Organisation* bombardiert. Das Wort Theokratie bedeutet Gottesherrschaft. Das Tragische ist, dass die sogenannte *gottesherrschaftliche* Leitung in den letzten hundert Jahren zur Unterdrückung von mehreren Millionen Menschen geführt hat.

Mit unbegrenzter Macht hat diese sogenannte *Theokratie* über ihre Untertanen geherrscht. Das Wort Theokratie wurde und wird immer noch als Vorwand benutzt, um bei den Mitgliedern den Eindruck zu erwecken, es sei Gott Jehova persönlich, der die Organisation leite und sie dazu benützt, um allen Menschen auf der Erde geistige *Nahrung und Weisheit* zu geben.

In Wirklichkeit hat sich gezeigt, dass sie ein Apparat von machtbesessenen Menschen ist. Die Leitung trat als eine Art Guru oder Orakel auf und deutet ihre fehlgeschlagenen und falschen Prophezeiungen als *Justierungen* und *Neues Licht*.

C. S. Lewis schreibt in seinem Buch OF THIS AND OTHER WORLDS[1] im Kapitel *A reply to professor Haldane* über Theokratie:

> *Ich bin ein Demokrat, weil ich glaube, dass kein Mann und keine Gruppe von Männern so gut ist, dass man ihnen unkontrollierte Macht über andere anvertrauen kann. Je höhere Ziele eine solche Macht hat, desto gefährlicher ist sie sowohl für die Herrscher als auch für die Beherrschten. So gesehen ist die Theokratie die schlimmste aller Regierungsformen. Wenn wir uns schon einem Tyrannen unterwerfen müssen, so ist ein Ausbeuter noch besser als ein Inquisitor. Die Grausamkeit eines Ausbeuters kann sich manchmal beruhigen, seine Gier kann auf einfache Weise gesättigt werden; und da er tief zuinnerst weiß, dass er im Unrecht ist, kann er seine Taten möglicherweise bereuen. Der Inquisitor hingegen, der seine eigene Grausamkeit, Machtgier und Furcht als Eingebung des Himmels missversteht, wird uns in alle Ewigkeit peinigen, weil er uns mit gutem Gewissen peinigt und seine Impulse zum Guten als Versuchungen deutet. Und da die Theokratie am schlimmsten ist, wird jede größere Annäherung einer Leitung an sie um so schlimmer sein. Eine Metaphysik, von der Leitung kraft der Religion aufrechterhalten, ist ein sehr schlechtes Zeichen. Sie verbietet ihnen, wie den Inquisitoren, ihren Gegnern das kleinste Bisschen Güte oder Wahrheit zuzugestehen. Dies hebt die normalen moralischen Regeln auf und gewährt offensichtlich allen noch so normalen menschlichen Begierden, die solche Herrscher – wie andere Menschen – von Zeit zu Zeit haben mögen, hohe überpersönliche Berechtigung. Um es so zu sagen: dies verbietet berechtigter Zweifel.*
>
> LEWIS

Was ich und andere unter der *theokratischen Leitung* der Wachtturmgesellschaft erlebt haben, erinnert mehr an die Vorgehensweise eines Psychopathen oder Inzestverbrechers. Es gibt erstaunlich viele Parallelen.

Ebenso wie ein Psychopath hat die Wachtturmgesellschaft einen feindlichen und antisozialen Charakter. Dadurch, dass sie ihren Mitgliedern unzählige Gebote und Verbote auferlegt und es den Zeugen Jehovas verweigert, die durch das norwegische Grundgesetz allen Bürgern des Landes gewährten Rechte zu nutzen, betreibt sie Vergewaltigung bezüglich der gesetzlichen Rechte der Mitglieder.

1 Lewis, C. S. (Clive Staples): Of this and other worlds / C.S. Lewis ; edited by Walter Hooper. London: Collins, 1982.

Ein anderer psychopathischer Zug der Wachtturmgesellschaft ist ihr typisches Verhaltensmuster, das Lüge und Diebstahl beinhaltet. Die Leiter in Brooklyn haben sich zwischen das Individuum und Gott gestellt und haben damit dem Einzelnen die Möglichkeit gestohlen, ein persönliches Verhältnis zu seinem Schöpfer aufzubauen. Die Ehre und Anbetung, die von Rechts wegen Gott zukommt, wird auf ein Orakel und eine menschliche Organisation umgeleitet. Um ihr Imperium zusammenzuhalten, baut die Wachtturmgesellschaft auf Lügen, Fälschung und Betrug.

Die grenzenlos arrogante Haltung, welche die Leitung dadurch einnimmt, dass sie niemals Fehler zugeben kann und der Umstand, dass sie die Schuld ständig den Mitgliedern zuschiebt, wenn etwas nicht so läuft, wie sie es prophezeit hat, und dass es immer die unten sind, bei denen etwas nicht stimmt, entlarven die Wachtturmgesellschaft als Psychopathen.

Ein Inzestverbrecher pflegt seiner kleinen Tochter mit folgenden Worten zu drohen: »Wenn du anderen etwas sagst, wird sich die ganze Familie auflösen. Papa kommt ins Gefängnis, das Haus wird verkauft und du kommst in ein Kinderheim«.

Dies gleicht sehr der Weise, auf welche die Wachtturmgesellschaft ihren Mitgliedern droht: »Erzähle nie anderen, die nicht *in der Wahrheit* sind, etwas über die Probleme der Wachtturmgesellschaft. Hänge nicht schmutzige Wäsche zum Fenster hinaus! Verherrliche immer den Namen Jehovas! Sonst wird er dich in der Schlacht von Harmagedon ereilen!« Dies ist ein anderer typischer Zug gefährlicher Kulte. Phobien in die Menschen einzupflanzen ist ein sehr effektives Mittel, die *Truppen bei der Stange zu halten.* Leider ist der Preis dafür oft der, dass die Menschen psychisch vollständig abbauen, denn diese Methode wirkt bei indoktrinierten Menschen so, dass jedesmal, wenn er etwas denkt, was der Leitung des Kulte zufolge *falsch* ist, eine Furchtreaktion bei dem Betreffenden auftritt. Furcht und geistiger Terror sind eine schlechte Grundlage für psychische Gesundheit.

16.1 Der Weg von Gottes universaler Gemeinde zur lokalen Gemeinde

Für mich war es ein großer Tag, als ich 1986 aus der Organisation der Zeugen Jehovas austrat. Die Bücher von Raymond Franz, James Penton und Carl Olof Jonsson hatten mich überzeugt, dass die sogenannte *Wahrheit* nur eine Seifenblase war und dass Jesus der Weg, die Wahrheit und das Leben ist. Zu Ihm konnte ich gehen, was ich auch tat.

Es ist schwierig, die außerordentliche Freude zu beschreiben, die ich erfuhr. Aber ich gehörte keiner christlichen Gemeinde an. Ich trat ein halbes Jahr vor meiner Frau Jellie aus der Organisation aus und begann sofort, andere Gemeinden zu besuchen. Ich besuchte verschiedene Gemeinden wie die norwegische Staatskirche, die Baptisten und andere. Einige waren still und ruhig, während andere mehr Leben und Begeisterung ausstrahlten.

Hassan empfiehlt allen, den Lebenswandel des Leiters oder der Leiter eines Kultes zu überprüfen. Die Wachtturmgesellschaft hat ihren Mitgliedern zu allen Zeiten gute Ratschläge gegeben, wie sie glücklich bis ans Ende ihrer Tage in einer Ehe leben sollen, genauso wie bei Asbjørnsen und Moe[2]. Wie sehen die Erfolge auf diesem Gebiet bei der eigenen Leitung aus, welche die Quelle der Erfahrung ist, aus der diese *weisen Männer* schöpfen können? Russell, der Gründer, wurde in einem aufreibenden Prozess geschieden und in der Urteilsbegründung heißt es, dass seiner Frau wegen *unmenschlicher Behandlung* die Scheidung bewilligt wurde. Der Präsident Nr. 2 der Gesellschaft, Rutherford, wurde auch von seiner Frau geschieden. Er war ebenfalls zu autoritär. Zusammen mit einem ersten Fall von Alkoholismus, wie es Penton in seinem Buch APOCALYPSE DELAYED[3] beschreibt, führte das dazu, dass auch sein Sohn ihn verließ. Der 3. Präsident der Gesellschaft, Knorr, heiratete in vorgeschrittenem Alter und konnte jungen Menschen wenig Erfahrung übermitteln, soweit es die Ehe vor dem Alter betraf. Franz, der 4. Präsident, starb als 99-jähriger Junggeselle. Die *leitende Körperschaft* besteht aus Mitgliedern, die alle kinderlos sind, und fast alle sind unverheiratet. Welche *Ratschläge* können diese alten (das Durchschnittsalter ist *nur* 82 Jahre) Männer jungen Menschen über eheliche Verhältnisse geben?

16.2 MEINE FRAU ERLANGT CHRISTLICHE FREIHEIT

Jellie hatte ebenfalls begonnen, mich zu einigen dieser Gemeinden zu begleiten, obwohl sie noch immer der Wachtturmorganisation angehörte. Beim ersten Treffen, das sie zusammen mit mir bei den Smiths Freunden in Brevik verbrachte, bemerkte sie sofort einen ganz anderen Geist, einen Geist, der ihr Herz erwärmte, und eine Liebe, die sie nie zuvor empfunden hatte. Das überzeugte sie, dass sie auf dem rechten Weg war. Ich erinnere mich, dass Jellie beschloss, nur in der Bibel zu lesen – ohne die *Hilfe* der Wachtturmliteratur. Tagelang saß sie auf dem Sofa und las und las. Wenn

2 Bibliographie ist nicht zu ermitteln

3 Penton, M. James: Apocalypse delayed: the story of Jehovah's Witnesses / M. James Penton. Toronto; Buffalo: University of Toronto Press, 1997.

ich von der Arbeit kam, fand ich sie damit beschäftigt, die Bibel zu lesen. Bevor sie zu lesen begann, sagte sie zu Gott: »Nun musst du, Gott, mir zeigen, was die Wahrheit ist.« Gott ließ sie nicht lange warten. Der Heilige Geist kam und erleuchtete ihren Sinn, so dass sie die ganze Wahrheit im Evangelium über Jesus sah. Tränen rannen über ihr Gesicht während sie las und ihr Mund dankte und pries Gott für die Offenbarung, die sie erhalten hatte. Aller Zweifel war verschwunden, sie hatte die wirkliche Wahrheit gefunden, Jesus Christus. Sie war erlöst worden.

Das Tragische ist, dass dies vor 40 Jahren hätte geschehen können, die Freude hätten wir die ganze Zeit haben können. Statt dessen waren die Wahrheiten der Bibel uns verborgen geblieben. Wir studierten nie die Bibel – wir studierten den Wachtturm.

16.3 Meine Ansicht von der Gemeinde, dem Leib Christi

Die Gemeinde Gottes, der ich nun angehöre, ist nun nicht mehr eine Quelle von Angst, Misstrauen und Manipulation. Ich brauche nicht mehr Angst davor zu haben, was ich sagen oder glauben soll. Keine Angst vor den Leitern, vor Spitzeln oder der Hinrichtung im Harmagedonkrieg.

Unser turbulentes Leben nach dem Verlassen der Zeugen Jehovas war ab und zu von schweren psychischen Nachwehen geprägt. Aber die Gemeinde Gottes auf Erden, die Glieder seines Leibes, haben uns durch diesen schwierigen Prozess durchgeholfen, einen Prozess, der nachweislich für alle schwierig ist, die eine Sekte verlassen. Ohne die Gemeinschaft in Gottes Gemeinde hätte ich vermutlich diese schwierige Periode nicht geschafft. Jesu Worte und besonders die Paulusbriefe haben mir die Gemeinde offenbart.

1. Der Leib Christi sind die, welche Jesus als ihren Erlöser angenommen haben. Sie sind aufgrund ihres Glaubens gerechtfertigt, neugeboren und haben einen Prozess der Heiligung begonnen. Diese drei Dinge haben wir nicht aus eigener Kraft vollbracht, sondern sie sind vom Heiligen Geist gewirkt, der in uns Wohnung genommen hat. 1 Kor 6,17; Röm 3,22; Joh 1,12 und 3,3: Phil 1,6.

2. Die Kirche oder Gemeinde ist Jesu Christi Braut. 1Kor 15,9; Offb 21,2.

3. Die Kirche oder die Gemeinde wurde im Jahre 33 n. Chr. gegründet, als der Heilige Geist kam. Apg 21,2.

4. Die Gemeinde wird bis zur Wiederkehr Jesu bestehen bleiben. Mt 28,20.

5. Paulus nennt die Gemeinde die Gemeinde Gottes, die Gemeinde Christi des Herren und sein Eigentum. 1 Kor 1,2; 10,32; 11,22; Röm 15,9; Gal 1,13.

6. Die Gemeinde ist der Leib Christi. Eph 1,22-23; Kol 1,18-24; 2,19; 1 Kor 12,12-27.

7. Die Funktion der Gemeinde ist es, Wegweisung und Stütze, Zucht und Trost zu geben und Gottes Plan zu verkünden. Mt 18,17; Eph 3,9-11; Apg. 2,1; 38-47.

8. Die Glieder der Gemeinde und des Leibes sollen bis zur Wiederkehr Jesu „ein treuer und kluger Knecht" sein. Mt. 24,45.

Von Jesu erstem Erscheinen bis zu seiner Wiederkehr wird der Leib Christi oder die Gemeinde hier auf Erden bestehen. Von Beginn an hatte die Kirche, auch der Leib Christi genannt, Probleme. Die Gemeinde in Korinth hatte moralische Probleme. Die Gemeinde in Galatien duldete eine Zeitlang die Anbetung falscher Götter. Die Gemeinde in Pergamon aß Götzenopfer und trieb Hurerei. Die Gemeinde in Tyatira duldete eine Frau, die behauptete, eine Prophetin zu sein, aber Jesus gewährte allen Zeit zur Reue und verwarf die Gemeinden nicht. Es ist dumm, die ganze Christenheit wegen einiger schlechter Beispiele zu verwerfen. Wenn wir alle verwerfen, so schütten wir das Kind mit dem Bade aus. Jesus lässt zu, dass das Unkraut zusammen mit dem Weizen aufwächst. Gott tritt anders auf als wir. Er ist gnädiger als wir es sind.

Wenn du im Zweifel bist, ob jemand ein Christ ist oder nicht, solltest du ihn nicht fragen, welcher Kirche er angehört, sondern was er über Jesus denkt und was Er für ihn bedeutet. Bei den Gliedern des Leibes steht Jesus im Zentrum.

Kapitel 17

Warum ist es so schwierig, die Zeugen Jehovas zu verlassen?

Die Frage, warum es so schwierig ist, die Zeugen Jehovas zu verlassen, betrifft auch andere Glaubensgemeinschaften mit stark sektiererischen Zügen. Dies dürfte eine häufig gestellte Frage derer sein, denen es *endlich* gelungen ist und die im Nachhinein nicht fassen können, warum es so lange gedauert hat. Die Frage wird auch oft von *Außenstehenden* gestellt, die nicht verstehen, wie man in einer *solchen* Gemeinschaft Mitglied sein kann. Auf diese Frage kann man keine eindeutige Antwort geben, denn es gibt viele Faktoren, die hier zusammenwirken:

Es gibt eine Anzahl von Gründen, die sich immer wiederholen und die insgesamt dazu beitragen können, eine allgemeine Antwort und eine Antwort bezüglich des einzelnen *Aussteigers* zu geben. Die Liste der verschiedenen Gründe ist nicht vollständig und der Leser wird sicher noch andere Gründe finden können.

17.1 Die Wachtturmgesellschaft – eine geistige Falle

Eine Fischreuse ist ein wirksames Gerät. Um an den Köder in der Reuse heranzukommen, muss der Fisch durch eine enge Öffnung schwimmen. Er findet jedoch den Weg aus der Reuse nicht zurück und ist somit in der Falle gefangen.

Es gibt verschiedene Arten von Fallen, aber das Kennzeichen einer *guten* Falle ist, dass man leicht hinein und schwer wieder herauskommt. Außerdem muss der Köder attraktiv sein, so dass er die Aufmerksamkeit der Beute anzieht.

Man kann die Wachtturmgesellschaft mit einer geistigen Falle vergleichen. Ihre Botschaft, die einzige *wahre* Organisation Gottes auf Erden zu sein, und ihre Versprechungen, in einem ewigen zukünftigen Paradies zu leben, wirken auf viele Menschen anziehend. Um in ihrer Organisation leben zu können, die auch ein *geistiges Paradies* genannt wird, fordern die Leiter absoluten Gehorsam. Sie erzeugen durch Schreckenstaktik und Drohungen Loyalität gegenüber der Organisation. Die Organisation zu verlassen ist gleichbedeutend mit Gott zu verlassen und seinen Schutz zu verlieren. Krankhaftes Misstrauen bezüglich des Bösen außerhalb der Organisation bewirkt, dass sich die Menschen fürchten, die Organisation zu verlassen. Sie befinden sich in der gleichen Situation wie ein Tier, das in eine Falle mit eisernen Zähnen geraten ist. Je mehr das Tier kämpft, um loszukommen, desto tiefer graben sich die Zähne in sein Fleisch.

17.2 Die Karotte an der Stange

Jehovas Zeugen, die immer wieder wegen unerfüllter Prophezeiungen enttäuscht wurden, übersehen den Umstand, dass sie das Ziel nicht erreichen können. Wie eine Ziege, die schneller und schneller läuft, um eine *Karotte an der Stange* zu erreichen, zieht diese Lockweise der Zeugen Jehovas sie tiefer und tiefer in die Organisation hinein. Wenn sie aufgeben wollen, sagt eine innere Stimme: »Warum jetzt aufgeben, wenn die *große Drangsal* gerade vor der Türe steht?«

Die meisten, die in einem Übergriffssystem wie den Zeugen Jehovas festsitzen, kommen nie heraus. Sie haben vielleicht eine Ehefrau oder einen Ehemann, der auch im System ist. Nach und nach bekommen sie Kinder, Schwiegerkinder, Enkel und viele Freunde. Man entdeckt Sprünge und Lügen im System, man verschiebt es Jahr für Jahr, etwas dagegen zu unternehmen und mit jedem Jahr, das vergeht, wird es schwieriger, etwas dagegen zu tun. Zum Schluss hat man soviel in das System investiert, dass man nicht mehr flüchten kann. Der Weg ist völlig versperrt.

17.3 Die schwierige Situation der Kinder

In der Darstellung verschiedener Gründe, warum es so schwierig ist, die Zeugen Jehovas zu verlassen, möchte ich zunächst davon ausgehen, wie Kinder es erleben, bei den Zeugen Jehovas aufzuwachsen.

Das Kind befindet sich oft *zwischen Tür und Angel* und weiß nicht, was es tun soll. Was immer es tut, es ist falsch. Zeigt das Kind Interesse für *diese Welt*, verliert es die Gunst der Wachtturmgesellschaft und der Eltern. Hält sich das Kind loyal zur Wachtturmgesellschaft und zu den Eltern, muss es sich auf Kritik und Widerstand seitens andersdenkender Jugendlicher und der übrigen Gesellschaft gefasst machen. Das Kind befindet sich in einer schrecklichen Situation, in der alle Wege zur Freiheit verschlossen sind. Wir schulden ihm deshalb alle Freundlichkeit und Liebe, die wir ihm erweisen können.

Gewöhnlich wünschen die Eltern, das Kind möge lebenslänglich der Organisation der Zeugen Jehovas angehören und sich für sein ganzes Leben mit den Visionen der Organisation identifizieren. Dies macht es notwendig, dass die Wachtturmgesellschaft die Bedürfnisse des Kindes an grundlegender Sicherheit, Identität und Zugehörigkeit erfüllt oder autoritäre Techniken anwendet, um, wenn es nicht anders geht, das Kind und seine Entwicklung steuern zu können. Für manche Kinder wird das Aufwachsen bei den Zeugen Jehovas so natürlich wirken, dass die Anwendung verschiedener steuernder Techniken und verschiedene Formen von *Übergriffen* nicht immer notwendig sind. Es ist daher falsch, es ohne weiteres als gegeben zu betrachten, dass die Zeugen Jehovas z.B. *Gehirnwäsche* anwenden. Aber es ist ebenso falsch, zu glauben, ein Kind, das bei den Zeugen Jehovas aufwächst, könne sich ohne weiteres frei fühlen, die Organisation zu verlassen. Hier einige geläufige Behauptungen dazu:

- *Das Kind hat seine Identifikationsobjekte in der Organisation*

  Wenn das Kind als Erwachsener seine Identität finden soll, so ist es natürlich, dazu die Menschen zu benutzen, von denen es während des Aufwachsens abhängig war und zu denen es gehörte, nämlich seine Eltern. Es gehören sehr starke *Kräfte* dazu, dass ein Kind einen grundlegend anderen Lebenskurs als seine Eltern wählt, besonders wenn es sich in der Praxis nur um zwei Alternativen handelt: sich in die Ideologie der Eltern und der Zeugen Jehovas einzuordnen oder mit *allem* zu brechen. In der sonstigen Kultur ist es in der Regel einfacher, einen anderen Lebenskurs als seine Eltern zu wählen, ohne dass es zum *Bruch* führen muss. Bei den Zeugen Jehovas ist es außerdem relativ normal, einen starken formellen und informellen Konformitätsdruck auszuüben.

- *Das Kind kann das Leben nur innerhalb der Zeugen Jehovas bewältigen*

- *Das Kind ist damit aufgewachsen, das Leben innerhalb des Rahmens der Zeugen Jehovas zu bewältigen, z.B. in Bezug auf Werte, Interessen, soziale Kompetenz und Sprach- und Begrifsskultur.*

  Die Kultur *außerhalb* wird als fremd erlebt. Das Kind erhält seine eingelernten *geistigen Fertigkeiten* außerhalb der Zeugen Jehovas nur in geringem Maß bestätigt. Die Fertigkeiten, welche die Zeugen Jehovas als wesentlich ansehen, werden außerhalb als unwesentlich oder unverständlich betrachtet.

- *Das Kind erlebt sozialen Status und Freundschaft nur innerhalb der Zeugen Jehovas.*

  Das Kind hat ein natürliches Bedürfnis, sozialen Status und Freundschaft zu erleben. Die *Codes*, dies zu erreichen, liegen in erster Linie innerhalb des Systems der Wachtturmgesellschaft.

- *Das Kind kann sich nur durch die Zielsetzung der Wachtturmgesellschaft selbst verwirklichen.*

  Die Wachtturmgesellschaft bietet einen Sinn im Leben, der die Gesellschaft in eine zentrale Position bezüglich dessen stellt, was *Jehova nun in den letzten Tagen in erster Linie der Welt vermitteln will.* Das ist im vollständigen *Paket*, das die Wachtturmgesellschaft anzubieten hat, vielleicht das wichtigste Element.

- *Das Kind wächst mit einer allgemeinen Skepsis für (oder Angst vor) der Gesellschaft außerhalb auf.*

  Es ist üblich, *die außerhalb* als einen Teil der *Welt* (d.h. von Satan kontrolliert) zu definieren, die geistig erblindet sind, die *sich in Sünde wälzen*, die falsche Religionen verehren und auf verschiedene Weisen *darauf aus* sind, die Zeugen Jehovas zu verfolgen. Das Kind wird oft davor gewarnt, mit *anderen* Kindern gleichwertige Beziehungen einzugehen und soll diese vor allem als *Missionsobjekte* betrachten.

- *Das Kind hat keine Erfahrung damit, von selbständigem Denken ausgehend zu handeln, sondern wird sich immer mit Personen beraten müssen, denen man vertraut, vor denen man Respekt hat oder die man „fürchtet".*

  Es ist wichtig, selbständiges Denken in Bereichen zu verhindern, wo anderes Denken zu *kognitiver Dissonanz* im zentralen Wertesystem der Wachtturmgesellschaft führen kann. Erfahrungen, welche die Grundlage für einen Denkprozess bilden können, der sich zu Zweifeln, Skepsis und *Unglauben* ausweiten können, werden sich kaum in einer Umgebung entwickeln können, die einen solchen Prozess nicht unterstützt. Mit Hilfe von Leuten, denen man vertraut, werden Zweifel *im Keim erstickt*.

- *Das Kind hat keine alternative gedankliche Plattform entwickelt, auf der es das eigene System kritisch beurteilen kann.*

  Sich zur eigenen Tätigkeit oder zu jener, die man um sich herum beobachtet, kritisch einzustellen, setzt voraus, dass man ein verinnerlichtes Wertesystem besitzt, das es ermöglicht, diese Tätigkeit *von außen* (aus der Vogelperspektive) zu betrachten. Eine solche Reflexion und Meta-Kognition ist eine Fertigkeit, zu der man bei den Zeugen Jehovas nicht ermuntert wird. Man bekommt nie zu hören, dass »wir uns auf unsere Interpretation der Wirklichkeit« beziehen. Eine solche Aussage würde nur Unsicherheit und Zweifel hervorrufen. Es ist so selbstverständlich, dass das, woran die Zeugen Jehovas glauben, wahr ist, so dass man die Wirklichkeit mit der Interpretation der Wirklichkeit gleichsetzt.

- *Das Kind investiert „alles" in seine Zugehörigkeit zur Wachtturmgesellschaft und wird sich scheuen, auf diese Investition zu verzichten.*

  Dieses Phänomen kann man z.B. mit einer Person vergleichen, die *alles* auf Aktien gesetzt hat, deren Wert ständig sinkt. Unter dem Motto, ›Eis im Bauch zu haben‹, ›von nun an kann es nur mehr aufwärts gehen‹ und Ähnlichem entscheidet sich das Kind dafür, weiterzutun, auch wenn es viele gute Gründe zum Aufhören zur Verfügung hätte. Die Wachtturmgesellschaft kommt oft mit Versprechungen wie »Harmagedon steht vor der Türe und große Dinge werden geschehen«.

  Die Situation, die ich gerade beschrieben habe, nennt man in Amerika *equity rescuing*. Wenn Menschen das mit einem Haus machen, nennt man das Haus einen Geldschlund, *a money pit*. Wegen endloser Restaurierungsarbeiten, um das Haus bewohnbar zu machen, frisst es das Geld des Eigentümers auf.[1] Man scheut sich, das Haus zu verkaufen, weil man so viel investiert hat. In dem Maß, als das Haus restauriert wird, entdeckt man ständig neue Schäden, die auszubessern sind und folglich mehr Geld benötigen. Damit nicht alle Investitionen in das Haus vergebens sind, benötigt man mehr und mehr Geld, um das ganze Projekt zu retten.

- *Die Wachtturmgesellschaft „befriedigt" die grundlegenden Bedürfnisse des Kindes.*

  Das Kind hat im allgemeinen drei grundlegende Bedürfnisse, die für sein Selbstbild ganz entscheidend sind: das Bedürfnis nach Sicherheit, das Bedürfnis nach sozialer Anerkennung und das Bedürfnis nach Erfolg. Wegen der Begrenztheit und der Entwicklung des Kindes kann nur die Wachtturmgesellschaft solche Bedürfnisse vollständig zufriedenstellen. *Außerhalb* wird das Kind nur unsicher, sozial unbeholfen, und es misslingt ihm das Meiste. In Erweiterung dessen kann nur die Wachtturmgesellschaft dem Kind die *Verstärkung* bieten, die es benötigt, um Selbstachtung und Eigenwert zu empfinden.

- *Das Kind wagt nicht, seinen Eltern gegenüber kritisch zu sein, auch wenn es in die Pubertät kommt.*

1 The Subtle Power of Spiritual Abuse, S. 185

Wenn man in der Wachtturmgesellschaft zu mehr oder weniger völligem Gehorsam gegenüber der Organisation[2] und seinen Eltern aufgefordert wird, mit brutalen Sanktionen wegen Ungehorsams belegt wird, dann wird die Möglichkeit für den *Aufruhr* in der Pubertät zerstört, der unbedingt notwendig ist, um eine gesunde und selbständige Identität entwickeln zu können. Dies kann zu einer *verzögerten Pubertät*, zu Depressionen und anderen psychischen Problemen führen. Dies verhindert auch, dass das Kind die Fähigkeit entwickeln kann zu *sehen*, dass die Menschen die Wirklichkeit verschieden erleben und dass dies nicht notwendigerweise bedeutet, dass andere Menschen minderwertiger sind.

Insgesamt gesehen bedeuten alle diese Punkte, dass ein Verlassen der Wachtturmgesellschaft oder einer anderen Glaubensgemeinschaft mit starkem sektiererischen Einschlag ein dramatischer, umfassender und belastender Prozess ist. Je jünger das Kind ist, desto *unmöglicher* wird dies. Aber teilweise gelten dieselben *Bremsmechanismen* auch für Erwachsene.

17.4 IST ES HYPNOSE?

Im Folgenden möchte ich einige andere Dinge beleuchten, die es so schwierig machen, die Zeugen Jehovas zu verlassen. Jemand sagt: »Kannst du nicht einfach weggehen? Sie können dich doch nicht festhalten!« Hast du dies jemals einem Menschen gesagt, der dabei ist, sich aus einer manipulierenden Sekte oder Gemeinde herauszukämpfen? In diesem Fall wäre das Vorstehende vielleicht eine Hilfe dafür, die gefühlsmäßige und psychische Kontrolle, welche die Wachtturmgesellschaft über Kinder und erwachsene Mitglieder ausübt und die verschiedenen Mechanismen, die dabei mitwirken, zu verstehen. Im Folgenden möchte ich einige Faktoren erwähnen, die es schwierig machen, die Zeugen Jehovas zu verlassen, auch wenn man weiß, dass an ihrer Lehre etwas ernstlich falsch ist.

So wie ich es sehe, haben die Indoktrinierungstechniken der Zeugen Jehovas einige erschreckende Ähnlichkeiten und Parallelen mit Hypnose. Ich sage nicht, dass es sich um reine Hypnose handelt, denn dafür habe ich keine Kompetenz, aber ich komme nicht umhin, an Ähnlichkeiten zu denken.

2 DieVeröffentlichungen der Wachtturmgesellschaft machen fleißig Gebrauch vom Bibelwort in Hebr. 13, 17: *Seid euren Leitern gehorsam und richtet euch nach ihnen.* Ungehorsam gegen die Wachtturmgesellschaft und die Eltern ist dasselbe wie Ungehorsam gegen Gott. (Wachtturm vom 1. Juni 1983, S. 18–23)

Da Hypnose ein sehr umfangreiches Thema ist, muss ich mich kurz fassen. Hypnose wurde, bewusst oder unbewusst, seit den frühesten Zeiten der Menschheit dazu benutzt, den Bewusstheitszustand zu ändern. *Seit uralten Zeiten haben die Menschen Schamanen oder Priester hervorgebracht. Der Schamane entdeckte sehr früh, dass jene, denen es schlecht ging, von äußeren Einflüssen abhängig waren.*

Der Hypnotiseur wählt die Personen aus, die am leichtesten beeinflussbar sind. Je mehr ein hypnotisierter Mensch die Befehle des Hypnotiseurs in sich *hineinsaugt*, desto mehr wird er in den hypnotischen Zustand hineingezogen.

Die Beeinflussbarkeit kann sich über einen längeren Zeitraum erstrecken, wenn man das erlebt, was die Fachleute normalerweise ASC (Altered State of Consciousness, d.h. eine Änderung des Bewusstseinszustandes) nennen.

Die Absicht des Hypnotiseurs kann destruktiv und gefährlich sein. Der Beweggrund kann sein, den Hypnotisierten in einen Zustand der *posthypnotischen Suggestion* zu bringen. Posthypnotische Suggestion ist ein Befehl, der unter Hypnose gegeben wird und der ausgeführt wird, wenn der Betreffende wieder aufgewacht ist. Auf diese Weise steht der vorher Hypnotisierte weiterhin unter der Kontrolle des Hypnotiseurs.

17.5 WIE WERDEN DIE ZEUGEN JEHOVAS *hypnotisiert*?

Wie vorher erwähnt, hat die Wachtturmgesellschaft ein schriftlich verfasstes Gesetz, dass der Einzelne selbständiges und unabhängiges Denken vermeiden muss. Satan wird als Beispiel für jemanden dargestellt, der selbständig und unabhängig zu denken begann, was katastrophale Folgen nach sich zog.

So wie ein professioneller Hypnotiseur Menschen auswählt, die leicht beeinflussbar und verwundbar sind, haben Zeugen Jehovas leichter Kontakt zu Menschen, die aus dem einem oder dem anderen Grund sich in einer Lebenskrise oder Depression befinden oder sich mit ungelösten traumatischen Erlebnissen abplagen. Das menschliche Bewusstsein ist für mehrere Arten von Beeinflussungen, wie z.B. provozierte Bewusstseinsänderungen, empfänglich. Und das wissen die Leiter der Wachtturmgesellschaft!

Eine Anzahl geschädigter Menschen ist sehr neugierig und offen für das *Paradies*, das von der Wachtturmgesellschaft angeboten wird. Es ist verständlich, dass Menschen mit schmerzhaften Erlebnissen sich oft nach Frieden und einem normalen harmonischen Leben sehnen. Diese Sehnsüchte nutzen die Leiter der Wachtturmgesellschaft auf raffinierte Weise aus. Schon in den ersten Wochen, wenn jemand mit den Zeugen Jehovas die Literatur des Wachtturms studiert, wird der neue Rekrut wiederholt darauf aufmerksam gemacht, dass er ewiges Leben im *Paradies* erlangen könne, aber da müsse der Betreffende gewisse Bedingungen erfüllen: Es beginnt damit, dass die Leiter in Brooklyn behaupten, *Gottes Sprachrohr* und Propheten zu sein. Alle müssten sich vor den Menschen beugen, die Jehova eingesetzt habe und ihnen blinden Gehorsam erweisen, denn diese wüssten es besser. Sie hätten eine besondere Einsicht von Jehova erhalten, die *großen Scharen* zu leiten. Gottes *Mitteilungskanal*, wie diese wenigen Männer sich auch nennen, sei der *Mittler* zwischen Gott und dem Individuum.

Die Zeugen Jehovas sind durch eine Unzahl von Vorstellungen und Zeichen *hypnotisiert*, die andere Menschen sofort als Nichtchristen und gefährlichen Umgang disqualifizieren. Das betrifft z.B. die Redeweise, die Kleidung, die Frisur usw. Wenn ein Zeuge Jehovas z.B. jemanden sieht, der an einer Kette um den Hals ein Kreuz trägt, macht sich sofort die *posthypnotische Suggestion* geltend und der Zeuge denkt: ›Er oder sie kann kein Christ sein, denn das Kreuz ist ein heidnisches Symbol.‹

In mehreren Situationen erhält der *Mitteilungskanal* klare Offenbarungen oder *neues Licht* von Jehova. Und wehe dir, wenn du es wagst, gegen den Gesalbten Gottes zu sprechen! Es ist eine unbeschreibliche Angst damit verbunden, etwas zu tun, was gegen den *klugen und treuen Knecht* gerichtet ist, der die Mitglieder im Würgegriff festhält, was für viele ehemalige Zeugen Jehovas später unverständlich ist.

17.6 Beraubung des selbständigen Denkens macht Hörende taub und Sehende blind

Wenn du einmal versucht hast, mit einem Menschen zu diskutieren, der indoktriniert (oder hypnotisiert) ist, hast du sicher die Erfahrung gemacht, dass der Betreffende nicht hörte, was du sagtest, nicht sah, was du lasest. Es war, als ob man zu einer Wand spräche. Alle deine guten Argumente stießen auf taube Ohren. Es war, als ob der Betreffende sehend blind und hörend taub sei. Wenn der Zeuge mit alternativen Argumenten konfrontiert wird, die über das hinausgehen, womit er indoktriniert (hypnotisiert) wurde, entsteht in seinem Bewusstsein sofort eine mentale Sperre. Mit einem nichtssagenden Blick in den Augen sieht der Betreffende an dir vorbei, hört nicht, was du sagst und nimmt schnell den Faden der *Predigt* wieder dort auf, wo er unterbrochen wurde.

Der beschriebene Zustand, der sehr dem Zustand der posthypnotischen Suggestion" ähnelt, ist bei vielen Zeugen Jehovas oft sichtbar. Außer dem "Wissen des Wachtturms" hat der Zeuge keine Gegenvorstellungen. Wenn du daher versuchst, mit einem indoktrinierten Menschen zu sprechen, wird es oft ein einseitiges Gespräch. Du kommst nicht zu Wort.

Ein anderes Anzeichen, das sehr dem Zustand der *posthypnotischen Suggestion* bei den Zeugen Jehovas ähnelt, wird sichtbar, wenn du versuchst, ihnen aus ihrer eigenen Wachtturmliteratur alle Fehler, Verfälschungen und fehlgeschlagenen Vorhersagen, die in der Vergangenheit gemacht wurden, nachzuweisen. Wenn du z.B. auf einen Abschnitt zeigst, weigern sie sich tatsächlich hinzusehen und ihn zu lesen. Sie antworten: »Das kann nicht wahr sein! Die *Leitende Körperschaft* in Brooklyn hat mich etwas anderes gelehrt.« Sie sind nicht imstande, selbst zu überlegen und eigene Meinungen zu haben. Wenn ein selbsternannter Leiter jemanden dazu gebracht hat, an seine *gottgegebene* Autorität zu glauben, dann hat er zwischen Gott und dieser Person einen übermächtigen Platz eingenommen und alles, was immer du auch sagt, wird abprallen.

17.7 Ein indoktrinierter Stoppmechanismus

Was hindert einen Menschen daran, kritisch zu denken und den Weg zu einem Leben in christlicher Freiheit zu wählen? Die meisten Zeugen Jehovas und Menschen innerhalb eines religiösen Übergriffssystems haben kritische Information über das System, dem sie angehören, gelesen oder gehört. Warum sehen sie dies nicht als ein Problem? Weil ein indoktrinierter Stoppmechanismus keine objektive Untersuchung und Analyse der tatsächlichen Verhältnisse zulässt. Wenn die Frage bezüglich ihres religiösen Systems Gesprächsthema wird, ist das Bewusstsein dazu erzogen, *Stopp* zu sagen. Man argumentiert, es sei *der Feind*, das *Böse*, das uns *angreifen* und *verfolgen* wolle. Im Bewusstsein des Indoktrinierten wird eine Mauer aufgestellt. Er wagt nicht weiterzudenken, und sagt: »Bis hierher und nicht weiter.« Im Buch COMBATTING CULT MIND CONTROL (AUSBRUCH AUS DEM BANN DER SEKTEN)[3] bezeichnet Steven Hassan dies als *Gedankenstopp* und sagt:

3 Hassan, Steven: Combatting cult mind control / Steven Hassan. Rochester, Vt.: Park Street Press, 1988. deutsch: Hassan, Steven: Ausbruch aus dem Bann der Sekten: psychologische Beratung für Betroffene und Angehörige / Steven Hassan. – Dt. Erstausg., 11.–13. Tsd. Reinbek bei Hamburg: Rowohlt, 1994. – 341 S.

Immer wenn ein Mitglied einer Kultgemeinschaft erlebt, dass es einen falschen *Gedanken hat, benutzt es den* Gedankenstopp, *um die negativen Gedanken zu verdrängen und seine Aufmerksamkeit auf sich selbst zu lenken und es lernt auf diese Weise, alles, was seine Realität bedroht, auszuschalten.*[4]

STEVEN HASSAN

Die Kraft, die sie vor einer solchen kritischen Untersuchung zurückhält, ist Angst und Furcht. Das Problem besteht darin, dass sie keine sichere Grundlage haben, auf der sie aufbauen können. Ein persönliches Verhältnis zu Gott und ein selbständiges Denken wurden durch einen selbsternannten Leiter im Wachtturm ersetzt. Ihm gegenüber ungehorsam zu sein wäre dasselbe wie Ungehorsam gegenüber Gott. Das Mitglied hat keinen anderen Ort, wohin es gehen kann, denn alle anderen Gemeinden sind *tot, blind und vom Satan.* Es muss daher im System bleiben und weiterhin die Informationen ignorieren, die sein *Sicherheitssystem* untergraben könnten. Jedesmal, wenn in seinem Bewusstsein Zweifel aufsteigen, sagt der eingebaute Mechanismus sofort *Stopp!* Während die Jahre vergehen und die Verheißungen einer neuen Welt ausbleiben, ignorieren sie trotzdem weiterhin die ständig zunehmende Information, die ihr Glaubenssystem untergräbt. Die geistige Sperre ist weiterhin intakt und hindert sie daran, weiterzudenken. Denn jedesmal, wenn sie auf Tatsachen treffen, die man ignorieren (*verdrängen*) muss, müssen sie sich entsprechend stärker bezüglich dessen machen, woran sie glauben. Das führt zu stärkerer Übergabe an die Leitung und die *Sache.*

Jemand, der versucht, solchen Menschen mit Tatsachen zu helfen, sollte wissen, dass es einen Schutzmechanismus gibt, der diese davor bewahrt, ihr Sicherheitsgefühl zu verlieren.[5] Die Opfer religiöser Übergriffssysteme müssen sich durch diese Art Selbstbetrug selbst beschützen. Man ist nicht imstande, den Schmerz zu ertragen, den *Glauben* zu verlieren. Autoritäre Wachtturmleiter sagen, Zweifel am *klugen und treuen Knecht* sei dasselbe wie Zweifel an Gott. Zwar sagt die Bibel, man solle nicht an Gott zweifeln, aber wir dürfen *Gott* nicht durch den Ausdruck *der kluge und treue Knecht* ersetzen. Dies ist einer der vielen Kniffe in destruktiven Gruppen – ein ziemlich hässlicher Trick.

4 Hassan, Steven: Combatting Cult Mind Control (Ausbruch aus dem Bann der Sekten) a.a.O. S. 62

5 Watters, Randy: Understanding Mind Control Free Minds, Inc. Box 3818, Manhattan Beach, CA 90266, – S. 13

Einen zweifelnden Gedanken als Sünde zu brandmarken, blockiert die Möglichkeit des Bewusstseins, kritisch über die eigene Situation zu denken und ist die Ursache für das Verneinen echter Gefühle. Die Möglichkeit der Gedanken und Handlungen wird eingegrenzt. Auf diese Weise wird der Mensch daran gehindert, wohlbegründete echte Zweifel zu hegen, die wichtig sein und ihn zu einer objektiven Beurteilung führen können.

Ein Mensch, der gründlich indoktriniert ist, verwirft zweifelnde Fragen, weil er keine Sünde begehen will. Genauso wie das auslösende Wort eines Hypnotiseurs einen Menschen in einen unbewussten Zustand überführt, so verfügt auch ein indoktrinierter Mensch über auslösende Worte wie: ›Das sind Zweifel.‹ Klick! Denke nicht weiter![6]

17.8 Die Dämonenlehre hält die Zeugen Jehovas gefangen

Die Wachtturmgesellschaft meint, *göttliche Autorität* zu haben. Ist es da nicht verwunderlich, dass Zweiflern, Kritikern und Widerständlern der Bewegung mit Machtsprache und Beschuldigungen, dämonisch und Ähnliches zu sein, begegnet wird?

Aus Angst, als dämonenbesessen beschuldigt zu werden, haben die Leute bei den Zeugen Jehovas Angst vor Kritik oder forschenden Fragen. Dies schirmt sie auch vor einem vernünftigen Dialog mit jenen ab, die außerhalb der Bewegung stehen. Die übertriebene Fokussierung auf Dämonen wirkt dabei dazu mit, die Leute dichter an die Organisation zu binden und dadurch gefangen zu halten. Ein gemeinsamer Feind stärkt den Zusammenhalt. Wenn der Gedanke daran aufkommt, die Bewegung zu verlassen oder ausgeschlossen zu werden, taucht die Angst davor auf, was einen *in der hässlichen Welt* erwarten würde.

17.9 Der Gedanke, die Familie oder die Freunde zu verlieren, hält sie gefangen

Damit du dich nicht unnötig anstrengst, wenn du Menschen beim Verlassen der Zeugen Jehovas helfen willst, ist es gut zu wissen, welche subtilen Kräfte und Mechanismen die Menschen dort binden. Außerdem solltest du wissen, welche außerordentlich großen, oft unerträglichen Folgen es für einen Menschen hat, aus einem Übergriffssystem auszubrechen. Auch wenn man eine andere Sicht von der Leitung und Lehre der Organisation bekommen

6 Chrnalogar, Mary Alice: Twisted Scriptures. A path to freedom from abusive churches. (Controle Techniques, Inc. P.O. Box 8021. Chattanooga, TN 37414–8021 USA) S. 85

hat, darf man nicht das gefühlsmäßige Band missachten, das Familien zusammenbindet und die Freundschaften, die auf menschlicher Ebene entstanden sind.

17.10 Ein unbegreifliches Paradoxon

Endzeitspekulationen und utopische Versprechungen binden oft die Leute an ein Übergriffssystem. Da ich viele Jahrzehnte lang selbst Opfer der vielen Endzeitprophezeiungen der Zeugen Jehovas war, will ich zeigen, warum die meisten trotz aller fehlgeschlagenen Prophezeiungen weiterhin an die Wachtturmgesellschaft glauben.

Wenn wiederholte Prophezeiungen, das Ende werde kommen, nicht in Erfüllung gehen und die Mitglieder dennoch am System festhalten, ist dies für Außenstehende schwer zu verstehen. Es ist dennoch von großem Wert für dich, der du Verwandte oder Freunde bei den Zeugen Jehovas hast, zu wissen, welche Mechanismen zu einem solch paradoxen Verhalten führen.

Voraussagen über das Ende der Welt oder andere Prophezeiungen sind nur ein kleiner Teil der Kräfte, die einen Menschen in einer Bewegung festhalten. Nachdem man fehlgeschlagene Prophezeiungen erlebt hat, sollte die Logik lauten, man wolle sich nicht zweimal die Finger verbrennen. Aber nach unerfüllten Prophezeiungen und Versprechungen sind wir oft Zeugen folgender paradoxer Phänomene:

1. Unerfüllte Prophezeiungen und Versprechungen führen nicht zu Skepsis.
2. Der Glaube auf die Prophezeiungen und Versprechungen wird mitunter sogar stärker.
3. Die Mitglieder finden eine Erklärung für die Enttäuschungen durch Rationalisierung (Wegerklärung) und andere Formen gedanklicher Reorganisation.

Es gab Unmengen von Endzeit-Szenarien, die man seit der Zeit Jesu Christi studieren kann. Bereits im zweiten Jahrhundert gewann der charismatische Führer Montanus Anhänger der Vorstellung, die zweite Ankunft des Herrn stehe bevor und diese würde gemäß seiner *Neuen Prophezeiung* an einem bestimmten Ort erfolgen. Harold O. J. Brown schreibt:

> *Montanus' Überzeugung, das Ende der Zeiten stehe bevor, veranlasste ihn, die Christen aufzufordern, nicht zu heiraten, bereits eingegangene*

Ehen aufzulösen und sich an einem bestimmten Platz zu versammeln, um die Herabkunft der heiligen Stadt zu erwarten. Die heilige Stadt kam nicht wie erwartet herab und infolgedessen mussten Montanus und seine Anhänger die Verzögerung erklären, so wie die ganze Kirche lernen musste, sich mit der Verzögerung der zweiten Ankunft Christi abzufinden.

HAROLD O. J. BROWN

Interessant ist jedoch, dass die Montanisten nicht sogleich ausstarben, sondern als ein kleiner Kult noch einige Jahrhunderte in Phrygien in Kleinasien weiterlebten.

17.11 LEON FESTINGERS KOGNITIVE DISSONANZ-THEORIE

Beim Studium dieses Phänomens muss man Leon Festinger für seine Theorie der kognitiven Dissonanz Anerkennung zollen, die in seinem Buch WHEN PROPHECY FAILS[7] entwickelt wurde, das ursprünglich 1956 gemeinsam von Festinger, Henry W. Riecken und Stanley Schachter herausgegeben wurde. Die Autoren bildeten ein Forschungsteam, das eine Studie über einen kleinen Kult durchführte, der einer Frau Marian Keech folgte, einer Hausfrau, die behauptete, von Außerirdischen durch automatisches Schreiben Nachrichten zu empfangen. Die Nachrichten der Außerirdischen berichteten von einem bevorstehenden Weltuntergang, aber mit der Hoffnung für die Auserwählten, die durch Keech und andere Medien auf sie hörten, zu überleben. Was Festinger und seine Mitarbeiter schließlich zeigten, war, dass das Nichteintreffen der Vorhersage oft den entgegengesetzten Effekt von dem hat, was man allgemein erwarten würde, nämlich dass der Kult oft stärker wird und die Mitglieder sogar von der Wahrheit ihrer Handlungen und ihres Glaubens überzeugter werden! Festinger beobachtet:

Ein Mensch mit Überzeugung ist schwer zu ändern. Sage ihm, dass du nicht übereinstimmst und er wendet sich ab. Zeige ihm Fakten und er wird deine Quellen in Frage stellen. Appelliere an die Logik und er wird deine Argument bezweifeln . . . Uns ist die Vielfalt der Verteidigungsstrategien geläufig, mit denen die Leute ihre Überzeugungen schützen und sie unbeschadet durch die vernichtendsten Angriffe hindurch retten.

7 Festinger, Leon: When prophecy fails, by Leon Festinger, Henry W. Riecken and Stanley Schachter. Minneapolis: University of Minnesota Press, 1956

Aber die Stärke des Menschen geht über die einfache Verteidigung seiner Überzeugungen hinaus. Nehmen wir an, jemand glaubt etwas aus vollem Herzen, nehmen wir weiter an, er habe sich dieser Überzeugung verschrieben, er habe dieser Überzeugung wegen unwiderrufliche Taten gesetzt, nehmen wir schließlich an, er werde mit der unzweifelhaften und unwiderlegbaren Evidenz konfrontiert, dass seine Überzeugung falsch sei. Was wird geschehen? Dieser Mensch wird daraus häufig nicht nur unerschüttert, sondern sogar noch überzeugter denn je von der Wahrheit seiner Vorstellungen hervorgehen. Er würde vielleicht tatsächlich einen neuen Eifer zeigen, andere Leute von seiner Anschauung zu überzeugen und sie dazu zu bekehren.

FESTINGER

WHEN PROPHECY FAILS konzentriert sich auf den Fall, dass die Vorhersage nicht eintrifft, von Festinger *disconfirmation* genannt, und die begleitende Erneuerung von Energie und Glaube an die *göttliche Führung*. Seine Theorie setzt voraus, dass der Kult einige Identifikationsmittel hat, wie

1. Glaube aus tiefer Überzeugung mit gleichzeitig darauf bezogenen ergriffenen Maßnahmen,
2. Der Kern des Glaubens muss spezifisch genug sein, um *disconfirmed* werden zu können (d.h. das vorhergesagte Ereignis trat nicht ein)
3. Der Gläubige ist Mitglied einer Gruppe von gleichgesinnten Gläubigen, die sich gegenseitig stützen und die sogar andere bekehren.

Alle diese Charakteristiken trafen auf den genannten Kult zu. Die Anhänger von Frau Keech reagierten auf jede *disconfirmation* (das falsche Datum). Wenig Versuche wurden gemacht, das Versagen zu leugnen. Die Kraft zur Fortsetzung der Bewegung wurde nicht so sehr aus Rationalisierungen abgeleitet als aus der Energie der Gruppe selbst und ihrer Hingabe an die Sache. Das erklärt, warum das Gewinnen neuer Mitglieder später bei der Wiederbelebung des ermatteten Glaubenssystems der Gruppe so erfolgreich war.

Leon Festingers Ansichten zu erklären ist vielleicht sehr schwierig und theoretisch, aber ich möchte die Theorie für den interessierten Leser gerne in der untenstehenden Fußnote wiedergeben.[8]

8 Leon Festinger's cognitive dissonance theory
Dissonance and consonance are relations among cognitions – that is, among opinions, beliefs, knowledge of the environment, and knowledge of one's actions and feelings. Two opinions or

Dissonanz und Konsonanz ist das Verhältnis zwischen Erkenntnissen – d.h. zwischen Meinungen, Glaubenssätzen, Wissen um die Umstände und Aktionen – und Gefühlen. Diese Auffassungen sind untereinander dissonant, wenn sie nicht zusammenpassen – d.h. wenn sie inkonsistent (einander widersprechend, nicht übereinstimmend) sind. Beispiel: Ein Raucher, der meint, dass Rauchen schlecht für die Gesundheit ist, ist der Meinung, es sei dissonant (nicht übereinstimmend) mit dem Wissen darüber, dass er weiterhin raucht. Eine solche Dissonanz bringt Unbehagen hervor, erzeugt Druck, die Dissonanz zu reduzieren durch den Versuch, einen oder mehrere Glaubenssätze, -lehren oder Meinungen zu verändern, sich neue Informationen zu verschaffen oder die Tatsachen zu übersehen und sie wegzuerklären.

Beispiele: Wenn Mitglieder einer Bewegung erleben, dass eine Prophezeiung nicht erfüllt wird, können sie entweder den Schluss ziehen, dass die Prophezeiung falsch war oder behaupten, die Prophezeiung sei zu ungenau gewesen, oder drittens behaupten, dass es ohnehin keine Prophezeiung gab. Alle diese drei Alternativen erzeugen kognitive Resonanz. Die erste Alternative ist schwierig oder unmöglich, denn die Bewegung wird sich weigern, einen Fehler zuzugeben. Es ist nämlich unhaltbar, mit der Be-

beliefs, or items of knowledge are dissonant with each other if they do not fit together – that is, if they are inconsistent . . ., or if, considering only the particular two items, one does not follow from the other. For example, a cigarette smoker who believes that smoking is bad for his health has an opinion that is dissonant with the knowledge that he is continuing to smoke. He may have many other opinions, beliefs, or items of knowledge that are consonant with continuing to smoke but the dissonance nevertheless exists too. . . . Dissonance produces discomfort and correspondingly, there will arise
pressure to reduce or eliminate the dissonance. Attempts to reduce dissonance represent the observable manifestation that dissonance exists. Such attempts may take any or all of three forms. The person may try to change one or more of the beliefs, opinions, or behaviours involved in the dissonance; to acquire new information or beliefs that will increase the existing consonance and thus cause the total dissonance to be reduced; or to forget or reduce the importance of those cognitions that are in a dissonant relationship. . . .
Alternatively, the dissonance would be reduced or eliminated if the members of a movement effectively blind themselves to the fact that the prediction has not been fulfilled. But most people, including members of such movements, are in touch with reality and cannot simply blot out of their cognition such unequivocal and undeniable fact. They can try to ignore it, however, and they usually do try. They may convince themselves that the date was wrong, but that the prediction will, after all, be shortly confirmed, or they may even set another date as the Millerites did . . . Rationalization can reduce dissonance somewhat. For rationalization to be fully effective, support from others is needed to make the explanation or the revision seem correct. Fortunately, the disappointed believer can usually turn to the others in the same movement, who have the same dissionance and the same pressures to reduce it. Support for the new explanation is, hence, forthcoming and the members of the movement can recover somewhat from the shock of the disconfirmation.

wegung uneinig zu sein und trotzdem Mitglied zu bleiben. Die Bewegung zu verlassen hat schwerwiegende Folgen, z.B. bezüglich der sozialen Zugehörigkeit. Alternativ müssen dann die Mitglieder eine logische und nichtkompromittierende Erklärung für das Ganze finden (Rationalisierung), z.B. indem sie die Meinung vertreten, das Ganze hätte dazu gedient, dass Gott die Gemeinde *prüfen* wollte oder dass Gott es sich anders überlegte (z.B. mit Hinweis auf Jonas 3,20, wo Gott die Vernichtung von Ninive reute). Die dritte Möglichkeit ist, zu behaupten, es handle sich um ein Missverständnis, z.B. etwas, was sich die Mitglieder nur eingebildet hätten. Solche Rationalisierungen oder Wegerklärungen zu benutzen, statt festzustellen, die Prophezeiung sei fehlgeschlagen, ist leichter, wenn man von anderen Bewegungen Unterstützungen erhält, die auch Bedarf an *Entspannung* haben, und nicht zuletzt, wenn die Leitung selbst die *Lösung* anbietet.

17.12 ANWENDUNG AUF DEN WACHTTURM

Dieses paradoxe Phänomen tritt in der Geschichte der Zeugen Jehovas deutlich zutage. Seit etwa 1870 sind Voraussagen der Reihe nach fehlgeschlagen. Ebenso wie Montanus im 2. Jahrhundert wandte Präsident Rutherford dieselbe Taktik an. In seinem Buch CHILDREN[9] aus den vierziger Jahren empfahl der damalige Präsident der Wachtturmgesellschaft (Rutherford) jungen Mitgliedern nicht zu heiraten, denn die neue Welt stehe unmittelbar bevor. Jenen, die bereits verheiratet waren, wurde empfohlen, vorläufig keine Kinder zu bekommen, bis sie in die neue Welt hineingekommen seien. Mehrere Generationen von Zeugen Jehovas haben die Erfüllung der Prophezeiungen ihrer Leiter nicht gesehen. Das Ende der Welt sollte sich 1914, 1915, 1918, 1925, 1941 und 1975 ereignen. Die letzte Hoffnung war, dass das Ende vor dem Schluss des 20. Jahrhunderts eintreffen sollte, aber diese Voraussage wurde 1995 dadurch verlassen, dass die Wachtturmgesellschaft ein neues *justiertes Verständnis* bezüglich des Beginns dieser Generation erhielt.[10]

Nach der Enttäuschung im Jahre 1975 verließen mehrere tausend Zeugen Jehovas die Organisation. Es gab einen großen Abfall von enttäuschten Mitgliedern wegen fehlgeschlagener Prophezeiungen, aber dennoch stieg die Mitgliederzahl der Sekte an. Es gelang der Wachtturmgesellschaft, die Hauptmenge der Mitglieder zu behalten. Außerdem erhielten sie neuen Zu-

9 Rutherford, J. F. (Joseph Franklin): Children, their training and their hope. [By J. F. Rutherford] Brooklyn, N.Y.: Watchtower Bible and Tract Society, Inc., 1941

10 Vakttårnet vom 1. Januar 1989, S. 8; 15. Oktober und 1. Dezember 1995

strom von Menschen, die von ihrer Botschaft und ihren Erwartungen ergriffen wurden. (In Skandinavien und mehreren europäischen Ländern hatten die Zeugen Jehovas in den letzten Jahren keinen Zuwachs zu verzeichnen.)

Nach fehlgeschlagenen Voraussagen oder unerfüllten Versprechungen geschehen, Festinger zufolge, oft drei Dinge:

1. *Flexible Standpunkte.* Eine Revision der Standpunkte. Die Zeugen Jehovas sind dazu erzogen, zu glauben, dass das *Licht* der Organisation immer klarer wird und die Organisation deshalb ab und zu falsch prophezeien kann. Es wird mit einem Segelboot verglichen, das im Zickzack segelt, also kreuzt. Während das Boot ständig wendet, kommt es doch dem Ziel immer näher. Daher ist man mit dieser Methode, nach falschen Voraussagen, dem großen *Licht* dennoch einen Schritt näher.

2. *Verschiedene Aktionen werden in Angriff genommen.* Nach dem Fiasko der Prophezeiung von 1975 setzte die Wachtturmgesellschaft ein gigantisches Bauprojekt in Gang. Königreichssäle, Versammlungshallen und neue Abteilungsbüros wurden auf der ganzen Welt gebaut. Ein Königreichssaal wurde oft in drei Tagen errichtet ... Die Presse kam oft, um die *Einheit* und die *Zusammenarbeit* zu sehen, welche die Zeugen vorzeigten. Große Mengen von Menschen dazu zu bringen, etwas gemeinsam zu machen, erzeugt ein Band von Einheit und Zusammengehörigkeit. *Aktionen* können auch im Studium eines neuen Buches oder in einer organisatorischen Veränderung bestehen. Wie früher erwähnt, ist es z.B. nicht mehr tabu, einen Psychologen oder Psychiater aufzusuchen und an einer Universität zu studieren. Um die Aufmerksamkeit von internen Problemen abzulenken, kann man mit einer große Erweckung beginnen oder zu einem heftigen Angriff gegen äußere *Feinde* übergehen.

3. *Einführung einer neuen Hoffnung* Nach dem Fiasko von 1914 gab Präsident Russell seinen Anhängern neue Hoffnung. Damit hatte er seine Anhänger wieder in der Hand. Er schrieb im Watchtower:

   > *Gott hat versprochen, Er werde Seinen wahren Kindern das Licht zur richtigen Zeit geben, und sie würden die Freude des Verstehens Seines Planes im passenden Augenblick erhalten ... Wenn jemand etwas besser weiß, lasst ihn es uns mitteilen. Wenn jemand von euch etwas Besseres findet, so hoffen wir, dass er es uns sagen wird. Wir wissen, dass nichts auch nur halb so gut ist wie*

das, was wir in der Welt Gottes gefunden haben.[11]

WATCH"-TOWER

Barbara G. Harrison, ehemaliges Mitglied der Bethel-Familie des Wachtturms in New York, gibt uns eine Ahnung der Erwartungen, die damals in der Luft lagen. Sie schreibt:

> *Dies ist selbstverständlich einer der Schlüssel zum Überleben der Organisation, die Russell auf sanftem Mystizismus, glorreichen Visionen und Abneigung gegen die Welt gegründet hat. Die Zeugen hatten keine Stätte, wohin sie gehen konnten. Sie investierten alles in ihre Religion; diese zu verlassen hätte geistigen und emotionellen Bankrott bedeutet. Sie waren nicht dafür ausgerüstet, in einer Welt ohne Sicherheit leben zu können. Es war ihr Leben. Es zu verlassen, hätte Tod bedeutet.*
>
> BARBARA G. HARRISON

Russell revidierte seine Chronologie und veränderte das Datum für das Ende der Welt auf 1915. Nachdem das Ende auch 1915 nicht eingetroffen war, wurde es auf 1918 verschoben, wenn *Gott die Kirchen in Bausch und Bogen vernichtet und die Kirchenmitglieder zu Millionen.*[12]

Nach dem Tod von Russell im Jahr 1916 übernahm J.F. Rutherford die Rolle des *Propheten*, indem er 1920 in einer Broschüre und in einer gleichnamigen Rede erklärte, dass *Millionen jetzt Lebender niemals sterben werden.* Rutherford setzte das Datum für das Ende auf 1925, wobei er auch behauptete, es würde die Auferstehung der alten Gottesmänner auf Erden, wie Abraham. Isaac, David usw. mit sich bringen.

Der Wachtturm vom 15. September 1941 behauptete auf Seite 288 sogar, wir befänden uns *in den letzten Monaten vor Harmagedon*. Das Ende kam für Rutherford 1942. Als er starb nahm Nathan H. Knorr seinen Platz als Schlüsselfigur des *treuen und klugen Knechtes* ein, der prophetische Nachrichten an die Zeugen verteilte. Fredrick W. Franz, Knorr's Vizepräsident, sagte das Ende für 1975 voraus.

In einer Rede vor den Mitgliedern des Hauptquartiers in New York stellte Franz (mit Bezug auf das Ende) vor einer Schar von 2000 Zeugen fest, *wir wissen nicht, ob es noch Wochen oder Monate sein werden.* Anders als der Kult der fliegenden Untertassen war der Wachtturm zuerst unwillig, sich für die Absage tadeln zu lassen und schob es auf *übereifrige Brüder*.

11 Watchtower vom 15. Dezember 1914
12 The Finished Mystery, 1917 edition, p.g.a. 485

Es mag unverständlich sein, wie Zeugen die Folgen jeder Absage ignorieren können. Außenstehende sehen bei den Zeugen einen Mangel an Allgemeinverständnis, wenn sie die Organisation nicht nach zahlreichen Misserfolgen verlassen. Sie verstehen die Dynamik der Bewusstseinsmanipulation nicht, wie sie von den Kulten verwendet wird.

17.13 WIE KANN MAN HELFEN?

Einige Therapeuten meinen, es sei nicht richtig, über Theologie zu diskutieren, denn es verstieße gegen ihre fachethischen Prinzipien. Kann man es verantworten, sich selbst widersprechende Auslegungen oder Aussagen in Frage zu stellen, während gegen die Weltanschauung einer Person zu agitieren, indem man behauptet, eine andere Auslegung sei *richtiger, wahrer* oder *biblischer*, sofort unethisch wird?

Es gibt mehrere interessante psychotherapeutische Problemstellungen, welche an die psychotherapeutische Behandlung von Mitgliedern und ehemaligen Mitgliedern der Zeugen Jehovas geknüpft sind.

Mir und meiner Erfahrung zufolge wird ein Therapeut, der Kenntnisse von der Theologie der Zeugen Jehovas hat, besser in der Lage sein, den Patienten zu helfen. Was die Psychotherapie für Menschen betrifft, die früher einer Glaubensgemeinschaft mit sektiererischen Zügen angehörten, erwähnt Singer[13] folgende Prinzipien:

1. Die Wichtigkeit, eine gewisse Menge von Kenntnissen darüber zu haben, was die Sekte lehrt, um zu verstehen, was der Patient zu erklären versucht.

2. Die Wichtigkeit, Zugang zu Methoden zu haben, welche das Verhalten des Patienten beeinflussen können.

3. Die Wichtigkeit, dem Patienten mit Respekt und Offenheit gegenüberzutreten, und das Vermeiden, von eigenen Vorurteilen geprägt zu sein.

4. Die Gefahr, sich damit aufzuhalten, die Probleme des Patienten ausschließlich mit der Psychopathologie zu verbinden und dadurch zu wenig auf den Schaden zu achten, den die Sekte selbst dem Patienten zugefügt haben kann (aber man muss selbstverständlich auch den umgekehrten Fehler vermeiden: zu glauben, die Sekte sei an *allem* schuld).

13 Singer, M.: Coming Out Of The Cults. In: Psychology Today. 12(1979)S. 72–82

In Bezug auf die Zeugen Jehovas behauptet Bergman folgendes:

> *Wenn man versucht, Zeugen zu helfen, ist es, außer wenn sie klare Zweifel bezüglich des Wachtturm haben und daher für neue Information offen sind, im Allgemeinen fruchtlos, die Gültigkeit ihrer theologischen oder philosophischen Überzeugungen zu diskutieren. Obwohl es im Allgemeinen für den Therapeuten (oder irgend jemanden, der versucht, einem Zeugen zu helfen) am besten ist, theologische Diskussionen zu vermeiden, mag es manchmal notwendig sein, die Überzeugungen des Betreffenden zu untersuchen, um zu sehen, wie sie dazu benutzt werden, einige unbewusste Bedürfnisse zu befriedigen. Nur dann, wenn der Zeuge vernünftig und rational sein kann und der Therapeut eine gute Vorstellung sowohl vom Wachtturm als auch vom rechtgläubigen Christentum hat, ist eine theologische Diskussion sinnvoll. Diskussionen und Fragen der Lehre rufen unweigerlich starke Verteidigungsbestrebungen hervor, die es schwieriger machen, zu argumentieren und mit dem Patienten zu arbeiten. Verwirrt und emotional defensiv zu werden, ist besonders zu erwarten, wenn der Zeuge erkennt, dass er im Irrtum ist. Zu argumentieren, sehr unvernünftig oder irrational zu werden oder einfach das Gespräch zu verweigern sind keine Reaktionen, die geeignet sind, einer Person in Schwierigkeiten zu helfen.*[14]
>
> BERGMAN

Als Beispiel einer fruchtbaren therapeutischen Technik erwähnt Bergmann:[15] *Ermuntere den Patienten dazu, ältere Mitglieder zu fragen, ob die Zeugen Jehovas auch früher behauptet haben, Harmagedon sei* gleich um die Ecke. *Diese Methode, den Patienten dazu zu veranlassen, selbständiger zu denken, wäre nicht möglich, wenn nicht der Therapeut von vornherein bestimmte Kenntnisse über die Zeugen Jehovas und ihre Lehre hätte.*

Um einem Zeugen Jehovas zu helfen, gibt es mehrere Dinge, die man als Mitmensch und Mitchrist tun kann. Unter anderem:

- Dränge dich nicht auf. Es ist schwierig, einem Zeugen Jehovas oder Übergriffsopfer zu helfen, der nicht selbst den Bedarf für die Hilfe sieht.

- Sie brauchen eine Erneuerung des Bewusstseins.

14 Bergman, J.: Jehovah's Witnesses and the Problem of Mental Illness. Clayton (USA): Witness Inc. P. O. Box 597, 1992
15 a.a.O. S. 183

- Sie müssen die gute Botschaft eines auf der Gnade basierenden Evangeliums hören, nicht die Rettung durch Werke.

- Damit sie mit ihren gefühlsmäßigen und mentalen Wunden Hilfe erhalten können, müssen sie eine sichere Gemeinschaft erfahren. Es ist hart, das Bedürfnis für Hilfe zuzugeben. Ehrlich und ohne Furcht sich selbst anzusehen, ist ebenfalls hart. Deshalb wird viel Unterstützung von anderen benötigt.

- In einer sicheren Gemeinschaft gibt es Möglichkeiten, die geistigen Sinne zu trainieren und zu lernen, in Freiheit zu leben.

- Lege keine anderen oder neue Lasten auf die Schultern des Opfers. Es ist von vorher noch genügend eingeschüchtert und es ist ein Wunder, dass es wagt, mit anderen Christen zusammenzukommen. Lass es in Frieden leben.

- Halte nach professionellen Fachleuten als Unterstützung Ausschau. Warte nicht zu lange, solche mit einzubeziehen, besonders dann, wenn das Opfer festgefahrene gefühlsmäßige Probleme hat, die aus der Vergangenheit stammen. Die eigene Weltanschauung der Fachleute sollte für ihre Fähigkeit, dem Opfer zu helfen, nicht von Belang sein.

17.14 In den meisten Fällen bist du völlig machtlos.

Der erste Punkt oben lautet: »Dränge dich nicht auf. Es ist schwierig, einem Zeugen Jehovas oder Übergriffsopfer zu helfen, der nicht selbst den Bedarf für die Hilfe sieht.« Ich durfte selbst mehreren hundert Zeugen Jehovas aus der Organisation heraushelfen. Die meisten, denen ich helfen konnte, hatten selbst begonnen, an den Lehrsätzen der Wachtturmgesellschaft zu zweifeln, und trotzten dem Verbot der Wachtturmgesellschaft, Literatur von sogenannten *Abgefallenen* zu lesen. Andere stimmten mit der unbarmherzigen und autoritären Haltung der Wachtturmgesellschaft gegenüber den eigenen Mitgliedern nicht überein. Wieder andere wurden aus irgend einem Grund ausgeschlossen, z. B. wegen Tabakrauchens, Feiern von Geburtstagen oder weltlichen Festtagen oder weil sie es wagten, mit Gegenvorstellungen aufzutreten.

Aber es nutzt etwas, in Zeitungen und Büchern ständig Informationen über die Zeugen Jehovas und andere Sekten anzubieten. Diese Informationen können für jene, die zu zweifeln begonnen haben und nach einem Leben in Freiheit suchen, von großer Hilfe und von großem Nutzen sein.

KAPITEL 18

ACHT KRITERIEN DER BEWUSSTSEINSMANIPULATION

18.1 LIFTON'S ACHT KRITERIEN DER BEWUSSTSEINSMANIPULATION

Milieukontrolle	Mystizistische Manipulation
Forderung nach Reinheit	Beichtkult
Geheiligte Wissenschaft	Manipulation der Sprache
Vorrang der Lehre gegenüber dem Menschen	Zu- und Aberkennung der Existenzberechtigung

Gehirnwäsche ist in den letzten Jahrzehnten zu einem Inbegriff der Beunruhigung geworden. Robert J. Lifton schrieb das entscheidende Buch über dieses Thema, THOUGHT REFORM AND THE PSYCHOLOGY OF TOTALISM[1], nachdem er die Einflüsse der Bewusstseinsmanipulation auf amerikanische Kriegsgefangene im kommunistischen China studiert hatte.

Im Kapitel 22 dieses Buches skizziert Lifton acht Kriterien der Bewusstseinsmanipulation, ob sie nun durch politische, religiöse oder psychologische Kulte benutzt werden.

18.1.1 *Milieukontrolle*

Milieu ist ein französisches Wort, das *Umgebung* bedeutet. Kulte sind in der Lage, die Umgebung eines Rekruten auf verschiedene Weise zu kontrollieren, aber fast immer dadurch, dass sie eine Form von Isolation anwenden. Rekruten können physisch von der Gesellschaft getrennt werden oder unter der Androhung von Strafen davor gewarnt werden, die Informationsmittel der Welt zu benutzen, besonders dann, wenn diese unabhängiges Denken fördern. Vor allem Bücher, Filme oder Zeugenaussagen ehemaliger Mitglieder der Gruppe müssen vermieden werden.

Information wird für jedes Mitglied durch die *Mutterorganisation* sorgfältig dosiert. Alle werden überwacht, ob sie hinter dem Denken der Organisation zurückbleiben oder ihm zu weit vorauseilen. Weil die Organisation scheinbar so viel über alles und jeden weiß, erscheint sie in den Augen der Rekruten als allwissend.

1 Lifton, Robert J.: Thought reform and the psychology of totalism : a study of "brainwashing" in China / Robert Jay Lifton. Chapel Hill: University of North Carolina Press, 1989

18.1.2 *Mystizistische Manipulation*

In religiösen Kulten ist Gott immer im Wirken der Organisation gegenwärtig. Wenn jemand den Kult aus irgend einem Grund verlässt, werden Unfälle oder etwas dem Betreffenden zustoßenden als Gottes Strafe gedeutet. Für die Gläubigen sind die Engel angeblich immer im Einsatz. Es kursieren Geschichten darüber, wie Gott wirklich wunderbare Dinge unter ihnen wirkt, weil sie *die Wahrheit* sind. Der Organisation wird daher eine gewisse *Mystik* zugesprochen, die für den Rekruten ganz neu ist.

18.1.3 *Forderung nach Reinheit*

Die Welt wird als schwarz und weiß beschrieben, mit wenig Platz für persönliche Entscheidungen auf Grund eines Gewissens. Das Verhalten des Einzelnen wird nach der Ideologie der Gruppe geformt, wie sie in der Literatur gelehrt wird. Menschen und Organisationen werden entweder als gut oder als böse beschrieben, abhängig von ihrer Beziehung zum Kult.

Schuld- und Schamgefühle werden zur Kontrolle der Mitglieder benutzt, sogar nachdem sie den Kult verlassen haben. Es gibt große Schwierigkeiten, die Komplexität der menschlichen Moral zu verstehen, weil alles polarisiert und banalisiert wird. Alle Dinge, die als böse klassifiziert sind, müssen vermieden werden und Reinheit ist durch das Eintauchen in die Ideologie des Kults erreichbar.

18.1.4 *Beichtkult*

Ernste Sünden (die als solche durch die Organisation definiert sind) müssen sofort gebeichtet werden. Mitglieder, die man als gegen *die Wahrheit* verstoßend entdeckt, müssen angezeigt werden. Es gibt oft eine Tendenz, sich an der Selbsterniedrigung durch Beichte zu erfreuen. Dies tritt ein, wenn alle regelmäßig vor allen ihre Sünden bekennen müssen und so eine intensive Art von *Einheit* innerhalb der Gruppe bilden. Dies erlaubt den Leitern, von innen heraus Autorität über die Schwächeren auszuüben, indem sie ihre *Sünden* als Peitsche benutzen, um sie anzutreiben.

18.1.5 *„Geheiligte Wissenschaft"*

Die Ideologie des Kults wird zur letztverbindlichen Vision für die Ordnung der menschlichen Existenz. Die Ideologie ist zu *heilig*, um in Frage gestellt zu werden. Für die Leitung wird Verehrung gefordert. Die Ideologie des Kults beansprucht in übertriebener Weise den Besitz der richtigen

Logik und lässt diese als widerspruchsfreie absolute Wahrheit erscheinen. Ein solch attraktives System bietet Sicherheit.

18.1.6 Manipulation der Sprache

Lifton erklärt die reichliche Verwendung von *Gedankenstopp-Klischees*, Ausdrücken, die dazu bestimmt sind, kontroverse Gespräche über die Organisation zu beenden. Uns allen ist die Verwendung der Klischees *Kapitalist* und *Imperialist* in den ehemaligen kommunistischen Ländern bekannt, wie sie bei Demonstrationen gegen den Krieg in den Sechzigerjahren benützt wurden. Solche Klischees sind leicht zu merken und rasch zu verwenden. Sie werden die *Sprache des Nichtdenkens* genannt, da die Diskussion damit beendet ist und keine weiteren Erörterungen mehr erlaubt.

Im Wachtturm beinhalten z.B. Ausdrücke wie *die Wahrheit*, die *Mutterorganisation*, das *neue System*, *Abtrünnige* und *weltlich* ein Urteil über Außenstehende, die sie jeder weiteren Erörterung unwürdig machen.

18.1.7 Vorrang der Lehre gegenüber dem Menschen

Menschliche Erfahrung ist der Lehre untergeordnet, gleichgültig wie tief die der Organisation widersprechende Erfahrung auch sein mag. Die Geschichte des Kults wird modifiziert, damit sie der Logik der Lehre entspricht. Die Person hat nur insofern einen Wert, als sie mit dem Modell des Kultes übereinstimmt. Erkenntnisse des gesunden Menschenverstandes werden ignoriert wenn sie der Ideologie des Kults zuwiderlaufen.

18.1.8 Zu- und Aberkennung der Existenzberechtigung

Die Kulte entscheiden, wer das Recht hat, zu existieren und wer nicht. Sie entscheiden, wer im Endkampf zwischen gut und böse untergehen wird. Die Leiter bestimmen, welche Geschichtsbücher genau und welche voreingenommen sind. Familien können auseinandergerissen und Außenstehende betrogen werden, denn sie sind für das Dasein ungeeignet!

Kapitel 19

Welcher Kirche soll ich mich anschliessen

Suchst du Gemeinschaft in einer christlichen Kirche? Dann muss es dir klar sein, dass nicht nur der Wachtturm ein Kult ist. Es gibt Kulte, welche die gleichen Indoktrinationsmittel wie die Zeugen Jehovas benutzen. Ich fürchte aber, dass die größte Gefahr für die Christenheit heute nicht die Zeugen Jehovas oder andere destruktive Kulte sind – denn sie sind für einen Christen, der die Bibel kennt, leicht zu durchschauen – sondern sie droht von innerhalb des Leibes Christi. Es muss dir klar sein, dass kultisches Denken auch in den Reihen der Rechtgläubigen vorkommt. Abweichende christliche Kirchen sind in der christlichen Welt ein großes Problem. Unzählige Menschen wurden geistig durch solche geschädigt, die alle Grundsätze des christlichen Glaubens vertreten. Ronald Enroth schreibt: *Anders als physischer Missbrauch, der oft zerschlagene Körper hervorbringt, erzeugen spiritueller und pastoraler Missbrauch Narben an der Psyche und an der Seele.* Viele Leiter dieser christlichen, abweichenden oder *Rand*-Kirchen weigern sich, Klagen über Betrug und psychische Verletzung im Rahmen der Seelsorge anzuhören. Diese Klagen werden oft mit dem Argument beiseitegeschoben: »Wir predigen das Evangelium«, »Seht doch, wie viele Anhänger wir gewinnen« usw. Viele christliche Kirchen erfahren heute eine Invasion kultischen Denkens.

19.1 Charakteristiken von abweichenden oder *Rand*-Kirchen

Ronald Enroth, Professor der Soziologie am Westmont College und Verfasser des Buches CHURCHES THAT ABUSE[1], hat das Problem der Randgruppen ausführlich beschrieben. Diese *Rand*-Kirchen sind gewöhnlich rechtgläubig im Sinne der Lehre, aber sie besitzen andere Charakteristika, die sie von den evangelischen Hauptkirchen unterscheiden. Dazu gehören:

1. *Kontrollorientierte Leitung.* Auf Unterordnung und Gehorsam gegenüber der Gruppenautorität wird großer Wert gelegt.
2. *Spirituelles Elitetum.* Eine „Wir-und-sie"-Mentalität. Diese Gruppen sehen sich selbst entweder als die „einzigen wahren Christen" oder als die einzigen, die wirklich die aktuelle „Vision" haben.

1 Enroth, Ronald: Churches that abuse / Ronald M. Enroth. Grand Rapids, Mich.: Zondervan, 1992.

3. *Manipulation der Mitglieder* bezüglich der Umgebung und Information. Den Mitgliedern wird häufig gesagt, wo sie leben und arbeiten sollen, mit wem sie sich verabreden, was sie lesen und sogar wo sie ihre Ferien verbringen sollen.

4. *Festungsmentalität* und eingebildete Verfolgung. Jede Kritik wird als „Verfolgung" betrachtet – andere scheinen es auf sie abgesehen zu haben.

5. *Strenger Lebensstil.* Strukturen bezüglich Schlafen, Essen, Üben und Freizeitverhalten werden errichtet.

6. *Betonung der subjektiven Erfahrung.* Ungebührliche Betonung der „Worte vom Herrn" oder von Redensarten wie »Gott zeigte mir«, »der Herr sagte mir« und »Ich fühle den Geist«.

7. *Herabsetzung anderer Kirchen.* Außenstehende werden als „lau", nicht „geisterfüllt", „tot", ohne Visionen oder Engagement und verloren gesehen.

8. *Unterdrückung von Meinungsverschiedenheiten.* Kritik wird als Zwietracht, Verleumdung, Rebellion und Mangel an lernfähigem Geist betrachtet.

9. *Strenge Disziplin der Mitglieder.* Wer Lehre oder Praxis der Gruppe in Frage stellt, wird oft ausgegrenzt und sein Ruf durch öffentliche Bekanntgabe seiner „Sünde" ruiniert.

10. *Schmerzlicher Ausstiegsprozess.* Die betreffenden Mitglieder werden oft ohne Vorwarnung ausgeschlossen – dies kann den Verlust der materiellen Existenz bedeuten, wenn sie innerhalb der Gruppe beschäftigt waren; ehemalige nahe Freunde werden alle Brücken abbrechen.

KAPITEL 20

BIBELAUSLEGUNG

Um die Bibel richtig zu verstehen und sie auf rechte Weise auslegen zu können, soweit dies möglich ist, ist es notwendig, auf einige Grundsätze zu achten. In der Auslegungslehre nennt man das *Hermeneutik*.

Hermeneutik ist das Entdecken, Verstehen und Anwenden sprachlicher und literarischer Prinzipien oder Regeln für die Auslegung, denen man folgen sollte, wenn man versucht, die Bibel zu verstehen. Warum sollen wir uns um Hermeneutik kümmern?

1. Weil die Bibel auf uns als Literatur zukommt (Prosa, Poesie, erzählende Geschichte, Offenbarungsliteratur, Briefe, Dialog, theologische Abhandlung, Biographie usw.). Da sie Literatur ist, sollten wir sie als solche behandeln.

2. Hermeneutik ist ganz einfach eine Reflexion unbewusster Prinzipien, denen wir alle folgen, wenn wir Literatur lesen. . . . Wir merken uns Grammatik, Syntax, literarische Einheiten wie Abschnitte und Kapitel und versuchen zu verstehen, was der Verfasser sagt.

3. Die Bibel warnt uns, dass es falsche und richtige Arten der Bibelauslegung gibt (2 Petr 3,16.; 2 Tim 2,15). Einige falsche Arten sind:

    - Teilweises Zitieren eines Textes
    - Nicht bemerken, wer dies sagt oder schreibt
    - Schriftstellen miteinander zu kombinieren, die nichts miteinander zu tun haben
    - Den Text aus dem Zusammenhang reißen
    - eine mystische Haltung gegenüber der Bibel einnehmen, z.B. die Bibel an einer zufälligen Stelle aufschlagen und sehen, *was Gott sagt*.

Exegese (Auslegung) ist eine praktische Anwendung der Grundsätze der Hermeneutik auf eine bestimmte Schriftstelle, um die Absicht und die Meinung des Verfassers zu entdecken. *Eisegese* bedeutet, etwas in die Schrift hineinzulesen, was nicht dortsteht.

Die Bibel ist in einer normalen alltäglichen Sprache und nicht in einer mystischen Symbolik geschrieben. Da sie für gewöhnliche Leute und nicht nur für Theologen und Geistliche geschrieben ist, ist unsere alltägliche Sprache die einzige Weise, in der man sie auslegen kann. Es gibt keine geheimen *Schlüssel*, um die Geheimnisse der Bibel zu öffnen, denn die Bibel kam zu uns nicht als geschlossenes Buch, sondern ist für einen ehrlichen Leser offen und deutlich. Deshalb müssen wir uns vor jeder geheimen Auslegung hüten, die von irgendwelchen *neuen* Prinzipien abhängt, die als *Schlüssel* zum Öffnen der Mysterien der Bibel erklärt wurden. Sei auf der Hut vor einer solchen *Schlüssel*-Mentalität, die in Sekten und Gemeinden mit sektiererischen Elementen benutzt wird!

Anschließend folgt eine kurze Definition und Zusammenfassung von sechs fundamentalen Auslegungsprinzipien. Diese Prinzipien stammen aus dem Buch DEATH AND THE AFTERLIFE von Dr. Robert A. Morey.[1]

Prinzip 1 – Reinheit der Schrift (The clarity of Scripture) *Die Bibel ist dazu geschrieben, dass normale Menschen sie verstehen können und das Wort der Schrift in ihrer leichtfasslichen und natürlichen Bedeutung auffassen. Wenn Propheten, Apostel und Jesus in jener Zeit zum gewöhnlichen Volk sprachen, dann taten sie es in der damaligen allgemeinen Sprache und gebrauchten Worte, Bildersprache und Ausdrücke, die für eine bestimmte Volksgruppe typisch waren. Sie versuchten nicht, mystische oder okkulte Ausdrücke zu benützen, um ihre Botschaft vor jedermann zu verbergen.*

Prinzip 2 – Fortschreitende Offenbarung (Progressive revelation) *Der Verfasser des Hebräerbriefes stellt in 1,1-2 fest, dass Gott zu den Vätern viele Male und auf vielerlei Weise gesprochen hat. Die gesamte Offenbarung Gottes wurde der Menschheit nicht in einem Augenblick gegeben, sondern war auf verschiedene Weise und auf verschiedene Menschen über einen Zeitraum von mehreren tausend Jahren aufgeteilt. Jede neue Offenbarung war gleichsam ein Stück eines kosmischen Puzzlespiels. Auch wenn der letzte der alttestamentlichen Propheten alle Teile zur Verfügung hatte, die vor ihm gegeben worden waren, hätte er dennoch nicht das ganze Bild verstanden. Erst nach dem Auftreten Jesu kam der letzte fehlende Teil im Puzzlespiel an seinen Platz. Das Prinzip der fortschreitenden Offenbarung bedeutet auch, dass biblische Wörter ihren Sinn in dem Maße verändern werden, als das Volk Gottes ein tieferes Verständnis bekommt. Jede neue Offenbarung bedeutet ein tieferes Verstehen einiger Aspekte der göttlichen Wahrheiten. Deshalb dürfen wir nicht annehmen, dass ein Bibelwort nur eine einzige Bedeutung hat, die sich aus dem AT bis ins NT hinzieht. Es gibt zwei Irrtümer, die ge-*

1 Morey, Robert A.: Death and the Afterlife. Minneapolis: Betany House Publishers (Minnesota 55438) S. 20–32

wöhnlich im Bezug darauf begangen werden. Manche lesen Unklarheiten aus dem AT ins NT hinein und vermögen nicht die Klarheit im NT zu schätzen.

Prinzip 3 – Die Wichtigkeit der ursprünglichen Sprachen (The importance of the original lanuages) *Die Wichtigkeit der ursprünglichen Sprachen kann man nicht genügend betonen. Dass jemand ein Buch schreiben möchte, in dem er dogmatisch festlegt, was bestimmte griechische und hebräische Wörter bedeuten, wenn er diese Sprachen niemals studiert hat, ist undenkbar. Experten versuchen zu verstehen, was ein bestimmtes Wort in der Originalsprache bedeutet, in der es ursprünglich geschrieben wurde.*

Zunächst einmal müssen Bibelworte etymologisch studiert werden (d.h. in der Grundbedeutung und im Ursprung des Wortes). Deshalb müssen wir uns auf ein Wörterbuch beziehen, welches das Wort in seiner ursprünglichen Bedeutung definiert. Auf diese Weise werden missverständliche Ansichten sofort aufgeklärt. Als ich einmal mit einem Zeugen Jehovas sprach, behauptete er, das griechische Wort *Hades* bedeute *das Grab*. Er war darin ziemlich dogmatisch und sagte, die Wachtturmgesellschaft habe Experten der griechischen Sprache, die das beweisen könnten. Du kannst dir seine Verwirrung vorstellen, als ich ihm erklärte, das Wort *Hades* sei aus zwei griechischen Wörtern zusammengesetzt, von denen das eine *nicht* und das andere *sichtbar* bedeute. Das Wort *Hades* bedeutet ganz einfach *unsichtbar*. In Wirklichkeit bezieht sich das griechische Wort *Hades* auf die unsichtbare Unterwelt, wohin die Geister oder Seelen böser Menschen kommen, wenn der Leib gestorben ist.

Prinzip 4 – Grammatikalische Interpretation (Grammatical Interpretation) *Die Grammatik oder Syntax (Satzlehre) hat mit dem Verständnis der Beschaffenheit der Wörter zu tun, mit der Eigenschaft und der Funktion der Wörter in Sätzen, so dass sie die Gedanken des Verfassers ausdrücken können. Die Wichtigkeit der Interpretation eines Verses in Übereinstimmung mit seinem grammatikalischen Aufbau kann in einem theologischen Streit entscheidend sein. Alle Sprachen haben einen grammatikalischen Aufbau, ob sich der Verfasser nun dessen bewusst ist oder nicht. Ein Verb ist ein Verb und ein Substantiv ist ein Substantiv, unabhängig von der theologischen Neigung des Lesers. Wir müssen den grammatikalischen Aufbau eines Abschnittes verstehen, bevor wir die Absicht und die Gedanken des Verfassers entdecken können.*

Prinzip 5 – Das Prinzip des Kontextes (The principle of context) *Wenn wir uns der Bibel zuwenden, müssen wir mit dem Glauben und der Voraussetzung beginnen, dass man jeden Text aus seinem literarischen Zusammenhang heraus verstehen muss. Das bedeutet, dass wir nicht mit der Annahme beginnen können, ein Text müsse buchstäblich oder in bildlicher Bedeutung interpretiert werden. Es ist in erster Linie der Zusammenhang, welcher bestimmt, wie die Worte des Verfassers zu interpretieren sind . . . Was meinen wir mit* Zusammenhang? *Zuerst einmal ist es der literarische Zusammenhang des unmittelbaren Abschnittes oder Kapitels, in dem sich der Text befindet. Die Verse vor und nach dem Text sollten bezüglich des näheren Zusammenhanges gelesen werden. Dieses Prinzip allein beraubt die Sekten der meisten Argumente jeder sogenannten biblischen Haltbarkeit. Zweitens gibt es einen literarischen Zusammenhang des ganzen Buches, in dem der Text steht. Wir müssen uns daran erinnern, dass die Bibel eine Bibliothek von sechsundsechzig Büchern ist, in der jedes Buch sein eigenes Thema, seinen Brennpunkt und seine Geschichte hat. Drittens gibt es den Zusammenhang von Analogie (Übereinstimmung) und Glaube. Dies weist auf das Prinzip hin, dass eine wohlbegründete Interpretation eines Textes keinen Lehrsatz darstellen wird, wenn er an einer anderen Stelle der Schrift deutlich verurteilt wird . . . Viertens gibt es historische, kulturelle, religiöse und sprachliche Zusammenhänge. Es ist ein großer Vorteil, zu verstehen, was ein Wort für die Menschen der biblischen Zeit bedeutete . . . Das Prinzip des Zusammenhanges bedeutet, dass wir einen Text im Lichte seiner eigenen literarischen und kulturellen Umgebung interpretieren müssen. Außerachtlassung dieses Prinzips ist eines der grundlegenden Probleme in der Hermeneutik liberaler und sektiererischer Theologen.*

Prinzip 6 – Bildersprache (Figures of speech) *Die Verfasser der Bibel benützten den Reichtum der Bildersprache, um biblische Wahrheiten zu transportieren. Die Variationen der Bildersprache, die in der Bibel benützt werden, umfassen Metaphern, Gleichnisse, Symbolik, Allegorien, Analogien, Idiome, Klischees, Sprichwörter, Ironie usw. Wegen der traurigen Versäumnisses dieses Prinzips wollen wir hier anhalten und erklären, was wir mit Bildersprache meinen. Wir können mit mentalen Bildern denken oder ohne solche. Ein mentales Bild entsteht, wenn wir uns jemanden oder etwas oder die eine oder die andere Tätigkeit in unserem Bewusstsein vorstellen . . . Ein mentales Bild ist das Theater unseres Bewusstseins, in dem wir uns mental etwas vorstellen . . . Der Zweck der Bildersprache ist es, eine mentales Bild oder eine Vorstellung zu erzeugen, um Ideen zu illustrieren. Das mentale Bild sollte wahr und echt sein . . . Das Versäumnis, die Funktion der Bilderspra-*

che zu beachten, ist vielleicht der häufigste Fehler in der Literatur über dieses Thema.

Ferner können wir auch sagen, es sei der Zweck der Bildersprache, eine mentale Darstellung oder einen Ersatz für einen Gedanken oder eine Idee zu konstruieren, mit dem Zweck, eine ansonsten umständliche oder komplexe Auslegung zu ersetzen. In unserer *akademischen* Kultur hat sich eine Tradition entwickelt, sich unabhängig von einer Bildersprache sprachlich genau auszudrücken. Als die Bibel verfasst wurde, war hingegen die Benutzung der Bildersprache üblicher. Ein weiterer Punkt ist der, dass Gott sich *allen* zuwendet und nicht nur den *Klugen*. Die Bildersprache spricht auch zu unserem Unbewussten – wir vernehmen einen tieferen Sinn, während eine *akademisch präzise Sprache* sich an die Vernunft richtet und so gesehen, ein Objekt für Gegenargumente eines Lesers wird, der sich vom Inhalt distanziert und die Bibel als ein *Objekt* behandelt, das man *zerpflücken* kann.

[1] Aid to Bible understanding, containing historical, geographical, religious, and, social facts concerning Bible persons, peoples, places, plant and animal life, activities, and so forth. New York: Watchtower Bible and Tract Society of New York, 1971. Das Buch erschien in deutsch in 7 Einzelbänden zwischen 1980 und 1986, WTG, war aber bibliographisch nicht zu ermitteln.

[2] Awake! Watchtower Bible and Tract Society

[3] Beckford, J. A. (1975): The Trumpet of Prophecy. A Sociological Study of Jehovah's Witnesses. Basil Blackwell, Oxford. England

[4] Bergman, Jerry: Mental Health of Jehovah's Witnesses. Clayton, Ca 94517: Witness Inc. o.J.
deutsch: Bergman, Jerry R.: Jehovas Zeugen und das Problem der seelischen Gesundheit. / Jerry R. Bergman. - Gekürzte dt. Ausg. München: Evang. Presseverb. für Bayern, 1994 und:
Bergman, Jerry R.: Zur seelischen Gesundheit von Zeugen Jehovas. Zur seelischen Gesundheit von Zeugen Jehovas / Jerry R. Bergman. [Dt. von H. Lasarcyk] Ahrensburg, Süderoogstieg 17 : H. Lasarcyk, 1991, 1991. - 80 S.

[5] Bergmann, Jerry R.: Jehovas Zeugen und das Problem der seelischen Gesundheit. Münchner Texte und Analysen zur religiösen Situation. München: o.V., 1992

[6] herausgegeben von Witness Inc. P. O. Box 597, Clayton, CA 94517. Deutsch: Bergman, Jerry: Theokratische Kriegslist: Das Lügen vor Gericht, Unehrlichkeit, Zitatenverfälschung und -mißbrauch durch die Zeugen Jehovas / Jerry Bergman ; Mehmet Aslan. – 1. Ausg. Grenzach-Wyhlen: Aslan, 1997; Online im Internet: URL: http://www.xzj-infolink.de/rubriken/rubrik-themen.htm [Stand: 14.2.2000]

[7] Bowman, Robert M.: Understanding Jehovah's Witnesses: why they read the Bible the way they do / Robert M. Bowman, Jr. Grand Rapids, Mich.: Baker Book House, 1991

[8] British Journal of Psychiatry. London: Royal Medico-psychological Association, [1963?-

[9] Chrnalogar, Mary Alice: Twisted Scriptures. A path to freedom from abusive churches. Chattanooga: Controle Techniques, Inc. USA, o.J.

[10] Consolation (engl.), Trost (deutsch), WTG. Zeitschrift, Vorgänger des heutigen ERWACHET!

[11] Cultic studies journal / American Family Foundation. Weston, MA : The Foundation, [1984-

[12] Den Nye Verdens Oversættelsen (Die Neue-Welt-Übersetzung), dänische Ausgabe (von der Wachtturmgesellschaft verfertigt)

[13] Die Zeugen Jehovas - Auch ich habe ihnen geglaubt. Sanfter Einstieg, harter Ausstieg. Ein Lebensbericht. Giessen; Basel: Brunnen Verlag, 1996

[14] Doyon, Josy: Ich war eine Zeugin Jehovas : Bericht über e. Irrweg / Josy Doyon. [Für d. Taschenbuchausg. überarb. u. gekürzt]. - 3. Aufl. Gütersloh: Gütersloher Verlagshaus Mohn, 1976

[15] Enroth, Ronald: Churches that abuse / Ronald M. Enroth. Grand Rapids, Mich.: Zondervan, 1992

[16] Erwachet! Wachtturm Bibel und Traktat Gesellschaft

[17] Festinger, Leon: When prophecy fails, by Leon Festinger, Henry W. Riecken and Stanley Schachter. Minneapolis: University of Minnesota Press, 1956

[18] Franz, Raymond: Der Gewissenskonflikt: Menschen gehorchen oder Gott treu bleiben? ; ein Zeuge Jehovas berichtet / Raymond Franz. [Aus dem Amerikan. übers. von Helmut Lasarcyk]. - 3., aktualisierte und erg. Aufl. München: Claudius-Verl., 1996,

[19] Gib Acht auf dich selbst und auf die ganze Herde. WTG.

[20] Gruss, E. C.: Apostles of denial. Grand Rapids, Michigan. USA: Baker Book House, 1983

[21] Hassan, Steven: Combating cult mind control / Steven Hassan. Rochester, Vt.: Park Street Press, 1990.

[22] Jehovah's Witnesses in the Divine Purpose, o.O.: o.V., O.J.

[23] Johnson, David (David W.): The subtle power of spiritual abuse / David Johnson & Jeff Van Vonderen. Minneapolis, Minn.: Bethany House Publishers, 1991.

[24] Jonsson, Carl Olof: The *sign* of the last days - when? / Carl Olof Jonsson ; Wolfgang Herbst Atlanta, Ga. : Commentary Press ; Grenzach-Wyhlen : Aslan, 1987

[25] Die Zeugen Jehovas: ein Sektenreport / Eva Maria Kaiser ; Ulrich Rausch. - Aktualisierte Taschenbuchausg. München: Heyne, 1998

[26] Köppl, Elmar: Die Zeugen Jehovas: e. psycholog. Analyse / von Köppl Elmar. [Hrsg. im Auftr. d. Arbeitsgemeinschaft für Religions- u. Weltanschauungsfragen] München : Arbeitsgemeinschaft für Religions- u. Weltanschauungsfragen, 1985

[27] Lavik, Nils Johan: En sunn sjel i et sykt samfunn. (Ein gesunder Geist in einer kranken Gesellschaft) Oslo, 1984

[28] Lewis, C. S. (Clive Staples): Of this and other worlds / C.S. Lewis ; edited by Walter Hooper. London: Collins, 1982

[29] Lifton, Robert J.: Thought reform and the psychology of totalism: a study of "brainwashing" in China / Robert Jay Lifton. Chapel Hill: University of North Carolina Press, 1989

[30] Magnani, D: Refutation of Preparing for Child Custody Cases. Second Edition. Clayton: Witness inc., 1990

[31] Maslow, Abraham H. (Abraham Harold): Toward a psychology of being / Abraham H. Maslow. New York: J. Wiley & Sons, 1999.

[32] Millionen jetzt Lebender werden niemals sterben. - hrsg. von Wachtturm Bibel und Traktat Gesellschaft

[33] Morey, Robert A.: Death and the Afterlife. Minneapolis: Betany House Publishers, o.J.

[34] Falschspieler Gottes: d. Wahrheit über Jehovas Zeugen / Rolf Nobel Hamburg ; Zürich : Rasch und Röhring, 1985

[35] Orwell, George: 1984: a novel / by George Orwell ; with a special preface by Walter Cronkite ; and an afterword by Erich Fromm. New York, N.Y.: New American Library, 1983

[36] Pape, Günther: Ich war Zeuge Jehovas / Günther Pape. - 7. Aufl. Aschaffenburg : Pattloch, 1984

[37] Pape, Günther: Zeugen Jehovas. In: Lexikon der Sekten, Sondergruppen und Weltanschauungen : Fakten, Hintergründe, Klärungen / Hans Gasper .... - 6., durchges. und überarb. Aufl.

[38] Penton, M. James: Apocalypse delayed: the story of Jehovah's Witnesses / M. James Penton. Toronto; Buffalo: University of Toronto Press, 1997

[39] Preparing for Child Costody Cases, Watchtower, Watchtower Bible and Tract Society

[40] Rutherford, Joseph Franklin: Vindication; Brooklyn: Watch Tower Bible and Tract Society, 1931-32

[41] Rutherford, Joseph Franklin: Millionen jetzt lebender Menschen werden nie sterben, engl.: WTG, 1920 deutsch: Bibliographie war nicht zu ermitteln.

[42] Rutherford, J. F. (Joseph Franklin): Children, their training and their hope. [By J. F. Rutherford] Brooklyn, N.Y.: Watchtower Bible and Tract Society, Inc., 1941

[43] Schnell, William J.: 30 Years Watch Tower Slave, Hoofstuk 12

[44] Een Schokkende Ontdekking (Eine schockierende Entdeckung). Geestbrug (Niederlande): Voerman, 1976

[45] Sprung, Renate: Gefängnis ohne Mauern: wir waren Zeugen Jehovas / Renate Sprung. - 2. Aufl. Ostfildern : Schwabenverlag, 1980

[46] Studies in the Scriptures. Brooklyn, London [etc.]: International Bible students association, o.J.

[47] Studier i skriften (Schriftstudien), 1891

[48] Twisselmann, Hans-Jürgen: Der Wachtturm-Konzern der Zeugen Jehovas. Anspruch und Wirklichkeit. Giessen: Brunnen Verlag, 1995

[49] Twisselmann, Hans-Jürgen: Vom Zeugen Jehovas zum Zeugen Christi. Giessen; Basel: Brunnen Verlag, 1991

[50] Vertroosting, Niederländische Monatsschrift der Zeugen Jehovas, Bibliographi ist unsicher.

[51] Vom verlorenen zum wiedererlangten Paradies. Englische Ausgabe. WTG, 1958; Deutsche Ausgabe. WTG, 1960

[52] Wachtturm (WT), Wachtturm Bibel und Traktat Gesellschaft

[53] Walsh, Douglas: Trail, Scotland, 1954 (Ausgabe 1958)

[54] Waß, Barbara: Leben in der Wahrheit. 12 Jahre Zeugin Jehovas. Salzburg: Otto Müller Verlag, 1989

[55] Waß, Barbara: Wenn Religion zur Waffe wird. Salzburg: Otto Müller Verlag; 1993

[56] Watchtower (WT), Watchtower Bible and Tract Society

[57] Watters, Randy: Understanding Mind Control. Manhattan Beach: Free Minds, o.J.

[58] Weber, Herbert; Valentin, Friedericke: Die Zeugen Jehovas. Zwischen Bewunderung und Befremdung. Freiburg: Herder Verlag, 1994

[59] Weis, Christian: Zeugen Jehovas, Zeugen Gottes? Salzburg: Verlag St. Peter Otto Müller, 1984

[60] Wunderlich, Gerd: Jehovas Zeugen – Die Paradies-Verkäufer. Erfahrungen auf einem Irrweg. München: Claudius Verlag, 1992

[61] Yearbook of Jehovah's Witnesses, 1974

Inhaltsverzeichnis

Einleitung v
Die Absicht dieses Buches v
Wovon handelt das Buch? vi
Ich habe meine Freiheit benutzt viii
Vorwort von Arild Romarheim x

I Mein Leben als Zeuge Jehovas 1

1 Meine Herkunft und frühe Kindheit 3
1.1 Die Herkunft und Religion meiner Eltern 6
1.2 Der Krieg kommt 9
1.3 Meine Schulzeit bei Meister *De Jong* 12
1.4 Die *Krallen* der Kirche zeigen sich 13
1.5 Der Krieg geht dem Ende entgegen 15
1.6 Die Amerikaner kommen 17
1.7 Ich beginne, den Glauben an die Kirche zu verlieren 18
1.8 Bettelfahrt aufs Land 19
1.9 Das Vertrauen zur Kirche wird noch schlechter 19
1.10 Der letzte Rest von Vertrauen zur Kirche verschwindet 22

2 Meine erste Begegnung mit den Zeugen Jehovas 25
2.1 Wer waren diese Menschen? 26
2.2 Die Zeugen Jehovas werden von *allen* verfolgt 27
2.3 Jehovas Zeugen unterstützten Hitler 28

3 Die Indoktrinierung beginnt 33
3.1 Ich will nicht Soldat werden 33
3.2 Mein erstes *Bibelstudium* 34
3.3 Harmagedon wird zum ersten Mal vorgestellt 36
3.4 Die Dienstvorschriften werden vorgestellt 39
3.4.1 Die *Wahrheit* wird vorgestellt 40
3.5 Was die Zeugen Jehovas lehren 42
3.6 Die Baubehörde der Neuen Welt 45
3.6.1 Von Haus zu Haus 47
3.7 Die Bedeutung der Wachtturmgesellschaft wird vorgestellt 48

4 Ich treffe meine Frau und ihre Familie 53
4.1 Die Familie meiner Frau 53
4.2 Wie sie von der Wachtturmgesellschaft eingefangen wurden 56
4.3 Die Kirche stieß sie in die Arme der Zeugen Jehovas 58
4.4 Zurück nach Norwegen 59
4.5 Fortgesetzte und effektive Gedankenkontrolle 60

5 Kindererziehung im Theokratischen Geist 65
5.1 Wir vermissen Kinder 65
5.2 Kinder, die nicht von Tür zu Tür gehen, werden getötet werden 68
5.3 Kinder sind ein unerwünschtes Hindernis 70

6 Richter und Henker 73
6.1 Rechtssicherheit – was ist das? 74
6.2 Terror und Furcht halten die Versammlung zusammen 78
6.3 Die Gesellschaft steht über den Gesetzen des Landes 81
6.4 Verbrechen, Strafe und Angeberei 82

7 Die letzte große Prophezeiung 87
7.1 Wie nahe war das Ende? 87
7.2 Ende in 1975? 88
7.3 Nein, das Ende wird vor dem Jahr 2000 kommen 90

8 Machtdemonstrationen und Frustrationen 91
8.1 Eine Zeit der Enttäuschungen beginnt 91
8.1.1 Die Wachtturmgesellschaft gibt sich als falscher Prophet zu erkennen 92
8.2 Deutlicher Bescheid: Ihr seid dumm gewesen! 95
8.3 Harte Arbeit macht mich noch verwirrter 100

9 Ist die Wachtturmgesellschaft ehrlich? 103
9.1 Der Schwindel mit den Berichtsformularen 105
9.2 Zeit zum Reden - wann? 106
9.3 Forschung 109
9.4 Vermeide unabhängiges Denken 110
9.5 Die Bibel und Literatur der Wachtturmgesellschaft *ist eine Beleidigung des Wortes Gottes* 112

10 Ich nehme Paulus ernst 119
10.1 Was die Gesellschaft ihre Schüler wissentlich gelehrt hatte . . 120
10.2 Was ich zu bedenken vergaß 125
10.3 Die Zeugen werden *psychisch getrimmt* 127

11 Die Lieblosigkeit und Arroganz der Wachtturmgesellschaft führte zum Zusammenbruch 129
11.1 Liebe, was ist das? 129
11.2 Die Probleme meiner Tochter 130
11.3 Das *geistige Paradies* 132
11.4 Die Geschichte von *Trine* 135
11.5 Eine kleine Bemerkung zu meinem Brief 141
11.6 Die grenzenlose Arroganz der Wachtturmgesellschaft 141
11.7 Die Arroganz und das Resultat 143

11.8 Die Arroganz kennt keine Grenzen 144
11.9 Zusammenbruch 144
11.10 Ein pervertiertes Gefühlsleben und eine pervertierte Persönlichkeit. 147
11.11 Was war mit meinem Gefühlsleben los, weil ich anders reagierte? 150
11.12 Problematische Ehen 152
11.13 Keiner soll freigelassen werden 154
11.14 Die Lebenslust schwindet 155
11.15 Wie der Mangel an „Hilfe" mich rettete 157

12 *Der große Bruder* hat immer recht 161
12.1 Der Zusammenbruch stellt sich ein 162
12.2 Ich fand die Wahrheit über die Zeugen Jehovas 166

II Eine nähere Beleuchtung wichtiger Umstände 169

13 Psychische Leiden im *geistigen Paradies* 171
13.1 Die Quelle meiner Erfahrungen 171
13.2 Psychische Probleme wegen missglückter Ehe 173
13.3 Wissenschaftliche Dokumentation 177
13.3.1 Rylander's Untersuchungen in Schweden, 1946 181
13.3.2 Pescor's Untersuchungen in Amerika, 1949 181
13.3.3 Janner's Untersuchungen in der Schweiz, 1963 181
13.3.4 Montague's Untersuchungen in den USA, 1972, 1977 und 1986 182
13.3.5 Die Spencer-Untersuchung in Australien, 1975 182
13.4 Ich habe zwei Gründe für meine Theorie 182
13.5 Erschöpfungsdepressionen 185
13.6 Verschiedene Ursachen für die psychischen Probleme der Zeugen 195
13.7 Die Geschichte vom gestreiften Hemd 196
13.8 Ursachen dafür, dass viele Zeugen Jehovas sich unglücklich fühlen 202
13.8.1 Ernste soziale Probleme der Zeugen untereinander . . 203
13.9 Jehovas Zeugen sollen nicht *etwas sein* 205
13.10 Viel *weltliche* Literatur ist ein Zeichen dafür, dass etwas nicht stimmt 207

14 Unsinn oder Tatsache? 209
14.1 Mehrere Umstände 211
14.2 Jeppe trinkt, aber warum trinkt Jeppe? 213
14.3 Kein Rauch ohne Feuer 214
14.4 Klarer Bescheid: Du bist es, der nichts taugt 214

15 Die Freude kommt allmählich wieder 219
15.1 Einiges, was ich nicht durfte 226
15.2 Offenheit wirkt befreiend 228

16 Ausstieg, Veränderung und Umwälzung 231
16.1 Der Weg von Gottes universaler Gemeinde zur lokalen Gemeinde 233
16.2 Meine Frau erlangt christliche Freiheit 234
16.3 Meine Ansicht von der Gemeinde, dem Leib Christi 235

17 Warum ist es so schwierig, die Zeugen Jehovas zu verlassen? 237
17.1 Die Wachtturmgesellschaft – eine geistige Falle 237
17.2 Die Karotte an der Stange 238
17.3 Die schwierige Situation der Kinder 238
17.4 Ist es Hypnose? 242
17.5 Wie werden die Zeugen Jehovas *hypnotisiert*? 243
17.6 Beraubung des selbständigen Denkens macht Hörende taub und Sehende blind 244
17.7 Ein indoktrinierter Stoppmechanismus 245
17.8 Die Dämonenlehre hält die Zeugen Jehovas gefangen 247
17.9 Der Gedanke, die Familie oder die Freunde zu verlieren, hält sie gefangen 247
17.10 Ein unbegreifliches Paradoxon 248
17.11 Leon Festingers kognitive Dissonanz-Theorie 249
17.12 Anwendung auf den Wachtturm 252
17.13 Wie kann man helfen? 255
17.14 In den meisten Fällen bist du völlig machtlos. 257

18 Acht Kriterien der Bewusstseinsmanipulation 259
18.1 Lifton's acht Kriterien der Bewusstseinsmanipulation 259
18.1.1 Milieukontrolle 259
18.1.2 Mystizistische Manipulation 260
18.1.3 Forderung nach Reinheit 260
18.1.4 Beichtkult 260
18.1.5 „Geheiligte Wissenschaft" 260
18.1.6 Manipulation der Sprache 261
18.1.7 Vorrang der Lehre gegenüber dem Menschen 261
18.1.8 Zu- und Aberkennung der Existenzberechtigung . . . 261

19 Welcher Kirche soll ich mich anschließen 263
19.1 Charakteristiken von abweichenden oder *Rand*-Kirchen 263

20 Bibelauslegung 265

Lektorat: Winfried Müller
Satz: Lutz Donnerhacke
Umschlaggestaltung: Anja Maiwald